LES DESCENDANTS

DES ALBIGEOIS

ET

DES HUGUENOTS

OU

MÉMOIRES DE LA FAMILLE DE PORTAL

PARIS

LIBRAIRIE DE CH. MEYRUEIS ET Cᵉ, ÉDITEURS

RUE DE RIVOLI, 174

—

1860

LES DESCENDANTS

DES

ALBIGEOIS ET DES HUGUENOTS

$I_{,m}^{3} 749$

PARIS. — TYPOGRAPHIE DE CH. MEYRUEIS ET Cⁱᵉ

RUE DES GRÈS, 11

LES DESCENDANTS

DES ALBIGEOIS

ET

DES HUGUENOTS

OU

MÉMOIRES DE LA FAMILLE DE PORTAL

Tolosa, que los matz à matatz!
« Toulouse, qui a mâté les superbes! »
(CHANT DE VICTOIRE DES ALBIGEOIS.)

PARIS

LIBRAIRIE DE CH. MEYRUEIS ET Cie, ÉDITEURS
RUE DE RIVOLI, 174

1860

AVERTISSEMENT

—

Ce livre n'est pas une généalogie, encore moins une œuvre de polémique religieuse ou politique, mais un grave enseignement de tolérance.

J'ai voulu montrer, par l'exemple d'une seule famille, le mal produit par les persécutions, non pas seulement sur ceux qui les subissent, mais sur ceux qui les emploient. Arme à deux tranchants, l'intolérance blesse aussi profondément la main qui frappe que la main qui est frappée.

Les persécutions qui pesèrent si cruellement sur le Languedoc, furent, j'aime à le croire, plus politiques que religieuses. Cette province, la plus civilisée de l'Europe au moyen âge, dont la capitale comptait deux cent mille habitants, défendait sa nationalité contre les envahissements de la France; la liberté religieuse fut

pour elle le symbole et la bannière de la liberté nationale. Les deux races du Nord et du Midi étaient antipathiques ; la politique la plus habile n'aurait amené
leur fusion qu'en traversant de nombreux obstacles ;
la croisade contre les Albigeois et les violences qui en
furent la suite, rendirent les deux peuples irréconci-
liables. La guerre sourde ou déclarée ne prit fin que
lorsque l'honneur outragé du Midi reprit sa revanche
en imposant à la France un roi de son sang et de sa
langue. La conquête injuste de Louis IX ne fut légi-
timée dans le Languedoc que par la juste conquête de
Henri IV.

Mais après la victoire de la langue d'oc sur la langue
d'oil, l'arme ne fut point brisée ; le roi abjura, en donnant à ceux qui l'avaient élevé sur le trône, une charte,
l'édit de Nantes, et des places de sûreté. Les protestants formèrent un Etat dans l'Etat, et les décrets de
la Providence voulaient que la France fût une seule et
grande nation. La tolérance aurait accompli cette œuvre
d'assimilation, l'intolérance la retarda de deux cents
ans. Les protestants menacés groupèrent leurs forces
et devinrent un immense danger pour l'Etat : ils furent
vaincus matériellement à la Rochelle et à Montauban ;
mais le vieux levain huguenot n'en fut que plus aigri,
plus actif, plus puissant à soulever les masses.

La grande faute de Louis XIV, ou plutôt le crime de ses conseillers, fut la révocation de l'édit de Nantes. On persuada au roi que le protestantisme serait perpétuellement dans ses Etats un élément de trouble et de désordre ; dans la crainte d'un mal imaginaire, il créa un mal réel dont les conséquences furent la ruine de la France et la fortune de l'étranger.

Telle fut l'œuvre de l'intolérance ; mais l'œuvre de Dieu s'avançait dans le monde, œuvre de civilisation, de christianisme et de charité. Le roi-martyr fut l'apôtre de la tolérance ; il rendit aux protestants le droit que doit avoir tout homme en ce monde : la liberté de conscience. Son supplice, qui épouvanta l'Europe, fut un deuil national pour les protestants comme pour les catholiques. A l'honneur de ces deux communions, les bourreaux avaient abjuré la foi chrétienne.

Depuis 1787, depuis la reconnaissance du principe de la liberté de conscience, le protestantisme a-t-il bouleversé l'Etat, comme au temps de Charles IX, de Louis XIII et de Louis XIV ; les fruits de la tolérance n'ont-ils pas été la paix, la concorde, l'union. Qui s'informe aujourd'hui si tel général, ministre ou magistrat est protestant ou catholique? Les choses en vont-elles plus mal? Qui voudrait en douter ne serait pas de son siècle.

Les descendants de la famille dont je recueille les traditions, comptent autant de catholiques que de protestants, et s'honorent également d'avoir dans leur proche parenté une sœur de Saint-Vincent de Paul et un chanoine de Saint-Denis. Ainsi la tolérance profite plus au catholicisme qu'au protestantisme.

Lorsque la guerre était déclarée entre les deux croyances chrétiennes, abandonner son drapeau était forfaire à l'honneur ; c'était une lâcheté et une honte que de passer dans le camp ennemi ; plus la persécution s'élevait implacable, plus haut se dressait la barrière infranchissable du point d'honneur.

Aujourd'hui, la paix est faite, les inimitiés éteintes ; un changement de religion n'est plus ce qu'il fut, malheureusement trop souvent, un marché et un scandale, mais une affaire de conscience ; toute conviction est respectable et doit être respectée. Héritier du vieux sang huguenot et de l'esprit indépendant de mes pères, mon récit pourra se colorer au souvenir de ces scènes lugubres et sanglantes ; mais je n'oublierai pas, je l'espère, que si la tolérance est le droit des protestants, leur devoir est de l'appliquer envers les catholiques.

F. DE PORTAL.

Château de Breillan, 1859.

LES DESCENDANTS

DES ALBIGEOIS ET DES HUGUENOTS

I

LES ALBIGEOIS

Illi dison quel es Vaudés et degne de murir.
C'est un Vaudois, qu'on le fasse mourir.
(La Noble Leçon.)

La croisade contre les Albigeois, cette grande œuvre
d'iniquité du moyen âge, n'eut pas pour seules conséquences le massacre des populations du Languedoc, la
confiscation des biens de la noblesse, et l'auto-da-fé de
milliers de schismatiques ; après tant de ruines et de
désolations, l'honneur du moins restait sauf. Mais après
Simon de Montfort, vint la croisade des historiens
étrangers au Languedoc, ignorant sa langue, ses mœurs,
ses traditions, sa foi, mêlant les croyances les plus opposées, les *Vaudois*, les *Ariens*, les *Manichéens*, et de
tous ces éléments hétérogènes, prétendant faire l'histoire de l'albigéisme.

Rendons d'abord justice aux écrivains catholiques

qui vivaient à l'époque des Albigeois, et prirent une
part active aux persécutions. S'ils insultent à tant de
misères, s'il ne leur suffit pas de ruiner et de massacrer dans ce monde, s'ils damnent dans l'autre, du
moins ils n'altèrent pas les faits; ils maudissent, mais
ne calomnient pas. Il n'en est pas tout à fait de même
de quelques écrivains modernes; s'ils n'ont pas de
termes assez énergiques pour flétrir les faits et gestes
des croisés, en même temps ils mettent à la charge des
Albigeois les hérésies les plus choquantes, les croyances
les plus absurdes. Hâtons-nous de le dire, ces écrivains
se trompent de bonne foi en confondant ce qui était
parfaitement distinct, en attribuant aux comtes de Toulouse et aux seigneurs albigeois des croyances qui n'appartenaient qu'à la tourbe populaire, et qui n'avaient
jamais eu plus d'influence sur la cour la plus civilisée
de l'Europe, que les superstitions de nos paysans n'en
ont dans les salons de la capitale.

La famille dont j'ai recueilli les traditions est une
des rares familles de France qui descende des Albigeois et qui soit restée protestante; une des seules qui
ait conservé, à travers les siècles, la croyance primitive de ses pères [1]; c'était donc, à nos yeux du moins,
un devoir pour elle de rétablir les faits et de venger la

---

[1] Nous ne pouvons citer que les familles de Preissac et de Portal. Nous
avons consulté la liste des seigneurs albigeois dans la *Noblesse de France
aux croisades,* par M. P. Roger, p. 314; la liste des anciennes familles de
Toulouse, donnée par de Lamothe-Langon, dans son *Histoire de l'Inquisition en France,* t. II, p. 284, et la *France protestante,* de MM. Haag.

mémoire d'un peuple, non-seulement ruiné et massacré, mais cruellement outragé.

Dans l'étude préliminaire qui va suivre, nous interrogerons trois témoins contemporains irrécusables : 1° Guillaume de Puylaurens, chapelain de Raymond VI, catholique très orthodoxe, mais dévoué à son prince, et qui vivait à la cour de Toulouse, dans l'intimité des grands seigneurs albigeois ; 2° le moine de Vaux-Cernay ; 3° enfin la doctrine des Vaudois, contenue dans la *Nobla Leycson*, qui remonte au moins à l'époque de la croisade, et les autres livres liturgiques qui nous ont été transmis intacts.

Dès son origine, l'Eglise chrétienne fut déchirée par des hérésies ; la plus dangereuse fut celle des ariens, qui niait la divinité de Jésus-Christ : cette doctrine fut anathématisée en 325, par le concile de Nicée ; mais ses erreurs se perpétuèrent parmi les Wisigoths, et elle existait depuis des siècles, à Toulouse, lorsque la secte des Vaudois y fut prêchée à la fin du douzième siècle.

A l'ancienne hérésie arienne, s'était joint le manichéisme ; mais ces deux sectes adoptées par les basses classes du peuple n'avaient aucune influence politique et vivaient inaperçues : c'est ce qui résulte des croisades en terre sainte, antérieures à la croisade contre les Albigeois. Les comtes de Toulouse et les seigneurs toulousains y prirent la part la plus glorieuse. Si Raymond de Saint-Gilles, si ses chevaliers eussent été ariens ou manichéens, auraient-ils pris la croix, auraient-ils combattu pour l'orthodoxie catholique.

Il en fut tout autrement à l'apparition des doctrines enseignées à Lyon, par Pierre Valdo ou Pierre le Vaudois, doctrines profondément distinctes de l'arianisme et du manichéisme.

Le missionnaire lyonnais prêche l'Evangile, non-seulement par ses paroles, mais par ses actes ; il est riche, et il vend ses biens pour les distribuer aux pauvres ; ses sectateurs reçoivent des catholiques le nom qui peint cette pieuse abnégation, qui frappe les esprits et enlève les cœurs : *Les pauvres de Lyon.*

Ce ne sont pas les mendiants seulement qu'il achète avec son or ; les plus grands seigneurs, les dames les plus riches, se convertissent, apportent leurs trésors, leurs parures, prennent des sandales comme les apôtres, s'habillent de noir et deviennent les *pauvres de Lyon.*

Cet entraînement des classes élevées se propage dans toutes les populations voisines ; des missionnaires parcourent le Languedoc, Alby, Toulouse ; la transformation religieuse prépare une révolution politique et sociale ; les puissances de la terre sont averties. Rome fulmine l'ordre de la croisade pour l'anéantissement d'une secte qui prétend revenir aux mœurs primitives du christianisme. Les croisés se réunissent à Lyon ; l'hérésie est étouffée dans son berceau ; puis ils marchent sur Toulouse et ravagent le Languedoc. Pierre le Vaudois convertissait en donnant ses biens aux pauvres ; le pape et le roi de France convertissent en pillant, incendiant, massacrant les populations et confisquant les terres et les propriétés. Devant de semblables arguments, il fallait vaincre ou mourir.

La croisade fut dirigée contre les Vaudois et non contre les sectes infimes des ariens et des manichéens qui croupissaient inaperçus depuis des siècles dans les derniers rangs du peuple.

Innocent III écrit : « Nous enjoignons à tous les peuples de prendre les armes contre les *Vaudois* [1]. Le concile de Lombers assemblé en 1165, dans la ville de ce nom, diocèse d'Albi, anathématise les hérétiques sous le nom général de *Vaudois* [2]. Enfin, le concile d'Albi fulmine de nouveau la condamnation contre les *Vaudois*, qui, à partir de cette époque, reçoivent le nom d'Albigeois [3] ; les autres sectes ne jouèrent qu'un rôle passif pendant la croisade, et cependant elles furent les plus poursuivies et châtiées par l'inquisition, alors qu'il n'y eut plus de terres à confisquer ; les seigneurs albigeois ayant été considérés comme convertis, du moment qu'ils furent ruinés.

Nous invoquerons ici les témoignages que nous avons indiqués, afin de faire connaître les croyances adoptées par ces sectaires et leurs rapports avec les doctrines de la Réforme.

---

[1] *Lettres d'Innocent III*, liv. I, lettre LXXXI. — Cayla, *Histoire de Toulouse,* p. 326.

[2] Raynal, *Histoire de Toulouse*, p. 61.

[3] Lafaille, *Annales de Toulouse*, t. I, p. 102.

Le moine de Vaux-Cernay [1], contemporain de la croisade contre les Albigeois, en a écrit l'histoire et l'a dédiée au pape Innocent III. S'il y eut partialité de sa part, elle ne fut certainement pas en faveur des schismatiques. Dans le chapitre intitulé : *Des diverses sectes des hérétiques*, il présente le tableau le plus sombre des hérésies et des infamies reprochées depuis aux Albigeois; mais il ajoute : « Outre ces hérétiques, il y en « avait qu'on nommait *Vaudois*, d'un certain Waldio « de Lyon; ils étaient mauvais, mais en comparaison « des autres bien moins pervers; en plusieurs choses «ils s'accordaient avec nous, en d'autres ils différaient. » Le moine ne leur reproche que les erreurs suivantes, en omettant, dit-il, un grand nombre d'autres :

1° De porter des sandales comme les apôtres;

2° Que pour aucun motif, il ne fallait jurer ni tuer;

3° Que dans un cas de nécessité, ils pouvaient consacrer le corps du Christ et donner la communion sans avoir été institués par l'évêque;

4° Que le mode de réception était ainsi : « Mon ami, si tu veux être des nôtres, il faut que tu renonces à la foi catholique. — J'y renonce. — Reçois donc le Saint-Esprit par les *Bons hommes;*» et alors ils lui soufflent sept fois dans la bouche; puis ils lui disent : «Renonces-tu à la croix que le prêtre t'a imposée dans le

---

[1] Les Vaux de Cernay, près de Rambouillet (Seine-et-Oise), ancienne abbaye de l'ordre de Citeaux. Voyez les *Etudes sur les abbayes cisterciennes*, par d'Arbois de Jubainville, p. 111.

baptême, sur la poitrine, les épaules et la tête avec l'huile et le chrême? — J'y renonce. — Crois-tu que cette eau opérera ton salut? — Je ne le crois pas. — Renonces-tu au voile que le prêtre a étendu sur ta tête pendant le baptême. — J'y renonce. » Alors il reçoit le baptême des hérétiques et renie le baptême de l'Eglise. A ce moment, tous lui imposent les mains sur la tête et l'embrassent; ils le revêtent d'un vêtement noir, et de cette heure, il est un des leurs [1].

Les reproches et les réticences du moine de Vaux-Cernay étaient le plus bel hommage qu'un ennemi pût rendre aux Vaudois. Le cénobite n'ignorait pas que le concile de Nicée avait été assemblé pour anathématiser l'hérésie d'Arius, et que les Vaudois adoptaient les canons de ce concile et la confession de foi d'Athanase ; il ne pouvait donc pas confondre les sectes qui voulaient le renversement du christianisme avec celle qui en demandait le rétablissement tel qu'il était à sa naissance. Notre bon moine était sans doute peu fort sur la théologie et sur la controverse ; ce qui le frappe, c'est l'extérieur, le rigorisme de ces gens qui ne veulent pas jurer et prétendent abolir la peine de mort, qui se couvrent de vêtements noirs et marchent, comme les apôtres, avec des sandales.

Nous devons ajouter ici ce que le moine de Vaux-

---

[1] *Petri Monachi cœnobii Vallium Cernaii*, caput I. Apud Duchesne, t. V, p. 555. Conférez la traduction de M. Guizot, dans la *Collection des Mémoires*, p. 11.

Cernay ne dit pas, et ce qu'il avait intérêt à ne pas dire : la confession de foi des Albigeois.

Dans la discussion publique qui eut lieu devant le concile de Lombers, en 1165, le chef des schismatiques, anathématisé avec ses adhérents sous la dénomination de Vaudois [1], se tourne vers le peuple et dit :

« Ecoutez, ô bonnes gens, la profession de foi que
« nous faisons par amour pour vous : nous croyons à
« un seul vrai Dieu, à son Fils Jésus-Christ, à la com-
« munication du Saint-Esprit aux apôtres, à la résur-
« rection, à la nécessité du baptême et de l'eucharistie,
« à la possibilité du salut pour l'homme et la femme,
« quand même ils sont mariés. » L'évêque Gaucelin lui ayant demandé s'il voulait jurer d'avoir toujours enseigné cela, il s'y refusa, par le motif que le serment est défendu par Jésus-Christ.

Cette confession de foi se retrouve textuellement dans les livres religieux des Vaudois du Piémont [2].

---

[1] Raynal, *Histoire de Toulouse,* p. 61.

[2] Schmidt, *Histoire des Cathares,* t. I, p. 72. « *Cette confession de foi des Cathares,* dit cet historien, *est pleine de réticences.*» Des réticences ne seraient admissibles que dans le cas où il y aurait eu crainte de châtiment. Cette crainte ne pouvait exister à Lombers, les Albigeois étaient les plus forts; ils repoussèrent toute idée d'interrogatoire et ne voulurent admettre qu'une discussion libre; ils furent, il est vrai, anathématisés; mais ils avaient commencé par lancer leurs anathèmes contre les évêques en les appelant des loups ravisseurs, des séducteurs et des hypocrites. Ainsi cette confession de foi, qu'on retrouve dans les anciens livres des Vaudois, présente tous les caractères de la vérité. Il est vrai qu'elle renverse le système de M. Schmidt, qui veut que tous les Albigeois aient été des cathares, et que les cathares ne fussent pas chrétiens : « *Le catharisme ne peut pas être appelé une hérésie* CHRÉTIENNE » (t. II, p. 5).

Guillaume de Puylaurens, dans le prologue de sa *Chronique*, reconnaît l'existence de trois hérésies très distinctes : « Il y avait, dit-il, des *Ariens*, des *Mani-* « *chéens* et des *Vaudois* ou Lyonnais qui étaient dissi- « dents entre eux ; tous, dans la perversité de leurs « âmes, conspiraient contre la foi catholique ; mais les « Vaudois disputaient ardemment contre les autres. »

Le chapelain du comte Raymond VI confond ces trois sectes dans sa haine et ses malédictions ; mais, vaincu par la force de l'évidence, il fait un aveu qui coûte à son orthodoxie ; il reconnaît que les Vaudois sont d'honnêtes gens et il *le déplore*.

Les mœurs pures des seigneurs albigeois, l'honnêteté de leur vie, ressortit pleinement de la conférence entre Foulques, évêque de Toulouse [1] et le chevalier Pons Adhémar de Rodelle [2]. — « Eh bien, vous re-

[1] Foulques ou Folquet, en latin *Fulco*, l'adversaire acharné des Albigeois et de Raymond VI, fut évêque de Toulouse de 1206 à 1231. (*Biographie toulousaine*.)

[2] Rodelle, en latin *Rodelia*, petite ville près de Rodez en Rouergue. Le seigneur de Rodelle était l'un des chevaliers de la cour des comtes de Toulouse. L'intérêt que l'évêque Foulques portait à sa conversion s'explique par la richesse et la haute position de ce seigneur. Le château de Rodelle, d'origine romaine, fut habité par les Visigoths et les rois d'Austrasie ; soixante-six villages ou hameaux relevaient de cette châtellenie en toute justice, haute et basse. M. Barrau, dans ses *Documents historiques et généalogiques sur le Rouergue* (t. I, p. 286), fait connaître les curieuses légendes qui se rattachent à cette vieille forteresse.

La croisade déposséda les anciens seigneurs de Rodelle ; une nouvelle famille reçut ce vaste domaine en partage et en prit le nom. Le grand nombre de legs faits aux couvents, aux églises, aux prêtres par le chevalier Guillaume de Rodelle le 13 des calendes d'avril 1268, semble prouver que sur son lit de mort il était agité par le souvenir du noble chevalier Pons Adhémar de Rodelle.

« connaissez, dit l'évêque, que vous ne pouvez répon-
« dre à nos arguments; fuyez donc les hérétiques. —
« Je ne le puis, répond le noble chevalier, vaincu dans
« cette joute théologique; je ne le puis; j'ai été nourri
« avec eux; avec eux sont mes parents et nous voyons
« qu'ils vivent honnêtement. » — « Ainsi, ajoute Guil-
« laume de Puylaurens, la fausseté sous l'apparence de
« la pureté de la vie, enlevait à la vérité ces hommes
« imprudents. » (Sic enim falsitas, sola nitidæ vitæ ap-
parentia, subtrahebat incautos homines veritati [1].)

Quel plus bel éloge dans la bouche d'un adversaire?

Ainsi le chevalier Pons Adhémar de Rodelle était
Vaudois, ses parents l'étaient, tous les chevaliers toulousains partageaient les mêmes idées, adoptaient les
mêmes croyances; c'est encore le chapelain du comte
Raymond qui le reconnaît dans l'amertume de son
cœur. Les chevaliers ne faisaient plus élever leurs enfants par les prêtres; ils touchaient les dîmes et avaient
établi la paix ou trêve de Dieu, sur leurs domaines, de
telle sorte que les hérétiques y étaient en sûreté contre
leurs ennemis; la position du clergé catholique devenait intolérable; aussi, lorsqu'un homme tombait dans
le désespoir, il ne disait plus : *J'aimerais mieux être juif,*
il s'écriait : *J'aimerais mieux être curé.* C'est notre chapelain qui le dit [2].

Ce tableau des mœurs et des doctrines des Albigeois

---

[1] *Chron. Guil. de Podio Laurentii,* caput VIII.
[2] In prologo *Chron.*

est le seul qui puisse servir de base à une histoire impartiale de cette secte ; l'inquisition elle-même en reconnut l'exacte vérité. Le frère Bernard Guidon, inquisiteur dans le royaume de France, écrit dans son *Histoire des comtes de Toulouse*, qu'il existait trois sectes dans le comté : les Manichéens, les Ariens et les Vaudois, ainsi, ajoute-t-il, qu'il est pleinement narré dans la *Chronique de Guillaume de Puylaurens* ; il reconnaissait donc l'exactitude et la fidélité de ce récit [1].

Ainsi les historiens catholiques contemporains rendent complète justice à l'austère probité des Vaudois ; ils attaquent leurs rites, les formules de leur culte, mais se taisent sur leurs dogmes, dont la base était l'Evangile.

Les historiens nationaux modernes confirment le récit des contemporains. L'*Abrégé de l'histoire du Languedoc*, dédié, en 1782, au prince de Chalais, commandant en chef dans cette province, renferme ce passage remarquable de justesse, si ce n'est de charité chrétienne (page 33) :

« Quelques arrière-vassaux, tels que le vicomte
« Roger, le plus puissant de tous, et des dames consi-
« dérables, burent le poison de l'erreur et prirent goût
« pour une secte spirituelle, qui faisait la guerre aux
« sens, qui prêchait l'indépendance, et qui, rejetant la

---

[1] « *Comites tolosani* fratris Bernardi Guidonis ordinis prædicatorum, inquisitoris hæreticæ pravitatis in regno Franciæ per apostolicam sedem deputati. » Imprimé dans les *Comtes de Toulouse*, de Catel, aux preuves.

« primauté et les traditions de l'Eglise romaine, pré-
« tendait suivre l'Evangile à la lettre. C'était une
« espèce de quakérisme, mêlé de calvinisme, que l'in-
« quisition, établie en Languedoc, dispersa ou tint ca-
« chée, et qui reparut sous le règne de François Ier. »

Le savant protestant du Moulin avait déjà remarqué, dans son traité de la *Monarchie des Français,* que
le symbole de Calvin était le même que celui des Albigeois.

Ainsi le protestantisme ne date pas des réformateurs
modernes, Luther et Calvin ; si ces hommes célèbres,
sans connaître les doctrines des Vaudois, les reproduisi-
rent dans leurs prédications et leurs écrits, c'est que
sans doute la source à laquelle ils puisaient enseignait
aux anciens Albigeois, comme aux modernes protestants, les mêmes vérités éternelles.

Des témoignages qui précèdent, il résulte que les
seigneurs albigeois et la noblesse toulousaine, n'étaient
ni ariens ni manichéens, mais qu'ils avaient adopté les
doctrines vaudoises, prêchées d'abord par Pierre de
Bruys et son disciple Henry, et plus tard répandues et
popularisées par Pierre le Vaudois de Lyon.

Mais ce ne sont pas seulement les historiens contemporains et nationaux qui établissent ce fait de l'identité de
croyances religieuses entre les habitants des vallées du
Piémont et les Albigeois, les écrivains vaudois l'affirment. Jean Léger, Perrin, Monastier, Jacques Brez, en
ont recueilli les preuves. Cette identité n'a été niée que

par les adversaires de cette secte, qui ont puisé leurs renseignements dans les registres de l'inquisition et ont suivi l'inspiration du R. P. dominicain Benoist, et du jésuite Langlois.

C'est dès lors aux anciens livres des Vaudois que nous devons faire appel pour connaître la doctrine des Albigeois. Ces livres, d'après le témoignage des savants les plus compétents, ont une date antérieure à la croisade; ils sont écrits dans l'idiome nommé par Raynouard langue romane primitive, qui diffère fort peu de l'ancien romano-provençal, parlé à Toulouse aux douzième et treizième siècles [1]. Ces mêmes livres transmis dans les familles formèrent la base des traditions qui se relièrent plus tard aux écrits des réformateurs modernes.

En écrivant son *Histoire des variations*, Bossuet fut sans doute frappé de la haute importance des manuscrits vaudois, qui rattachent d'une manière si éclatante le christianisme primitif à l'Eglise réformée. L'existence de ces livres sapaient son système d'argumentation par la base; il en nia l'authenticité : « Nous « ne pouvons que nous étonner, dit-il, de ce qu'on « nous produit comme authentiques des livres qui « n'ont été vus que de Perrin seul... » Précédemment il avait dit : « Si bien qu'on ne peut se mo- « quer d'une façon plus grossière qu'en nous donnant

[1] Voyez pour ces ouvrages la bibliographie insérée par Muston à la fin de son *Histoire des Vaudois*, p. 85.

« ces discours comme fort anciens » (livre XI, §§ 127 et 128).

Ces manuscrits sont aujourd'hui déposés dans des bibliothèques publiques, à Genève, à Dublin ; ils ont été publiés, traduits et reconnus authentiques par les juges seuls compétents dans cette question d'archéologie et de linguistique [1].

Le monument le plus ancien et le plus remarquable de la littérature religieuse des Vaudois, est la *Noble Leçon*, qui porte la date de 1100 dans ce vers :

Ben ha mil et cent anez compli entierament.

Tout ce que la critique la plus sévère a pu faire est de fixer la rédaction de cet écrit vers l'année 1190, en se fondant sur une interprétation du texte que nous ne saurions admettre [2]. Quoi qu'il en soit, la *Noble Leçon*

[1] Voyez Muston, *Histoire des Vaudois*, t. IV. (Bibliographie.)

[2] Je dois faire connaître ici le sentiment du savant professeur C. Schmidt, qui résume l'opinion opposée à la nôtre dans son *Histoire des Cathares ou Albigeois* (t. II, p. 290). Parlant de la *Nobla Leycson*, il dit : « Dès les « premiers vers, ce poëme parle d'une période de 1,100 ans ; on en a conclu « qu'il a été écrit vers l'an 1100. Voici ce passage (vers 6 et suiv.) :

Ben ha mil et cent anez compli entierament
Que fo scripta l'ora car sen al derier temp ;
Poc devrian cubitar, car sen al remanent.

« On le voit, ajoute M. Schmidt, le poëte dit simplement que mille et « cent ans sont accomplis depuis que fut écrite l'heure du dernier temps, « c'est-à-dire de la fin du monde. L'époque où fut écrite cette heure peut-« elle se rapporter à la naissance de Jésus-Christ ? Il est vrai que, selon « Raynouard, la date de 1100 mérite toute confiance (t. II, p. 142) ; mais « quoiqu'il m'en coûte de contredire une autorité aussi respectable que « celle d'un des plus savants connaisseurs des langues romanes, je ne puis « adopter cette opinion ; je crois devoir me ranger plutôt du côté de

est, de l'aveu de tous les critiques, antérieure au grand
mouvement religieux qui commence en **1204.**

« M. Gieseler, quand il admet (t. II, p. 2 et 561) que, dans les vers sus-
« mentionnés, le poëte ne compte pas depuis la naissance du Christ, mais
« depuis la rédaction de l'Apocalypse, où il est parlé du règne de mille
« ans et de la fin du monde (chap. XX); cela nous conduit, pour l'époque
« de la composition de la *Nobla Leycson*, à la fin du douzième siècle. »
Telle est l'opinion de M. Schmidt; la nôtre est celle de Raynouard, établie
sur la discussion et la critique du texte. Nous regrettons que M. Schmidt
n'ait cité que les trois premiers vers de ce passage. Voici la suite :

> *Tot jorn veyen las ensegnas venir à compliment;*
> *Acreisament de mal e amernament de ben.*
> *Ayczo son li perilh (perilli) que l'Escriptura di :*
> *L'Evangili o raconta, e sant Paul asi*
> *Que neun home que viva non po saber sa fin.*

Raynouard traduit ainsi :

> *Bien a mil et cent ans accomplis entièrement*
> *Que fut écrite l'heure que nous sommes au dernier temps ;*
> *Peu nous devrions convoiter, car nous sommes au reste.*
> *Chaque jour voyons les signes venir à accomplissement ;*
> *Accroissement de mal et diminution de bien.*
> *Ceci sont les périls que l'Ecriture dit :*
> *L'Evangile ceci raconte, et saint Paul aussi*
> *Que nul homme qui vive ne peut savoir sa fin.*

Dans ce passage, l'auteur de la *Noble Leçon* cite l'Evangile et saint Paul,
mais ne fait nulle mention de l'Apocalypse. Le lecteur qui voudra bien
relire le chapitre XXIV de l'évangile de saint Matthieu et le XVe chapitre
de la première épître de saint Paul aux Corinthiens en sera convaincu.
Ainsi la *Noble Leçon* dit que *chaque jour nous voyons les signes venir à
accomplissement.* A quels signes le poëte fait-il allusion ? Dans le verset 3
du chapitre XXIVe de saint Matthieu, les disciples demandent à Jésus quel
sera *le signe* de son avénement et de la fin du monde. Nous ne pouvons,
dans une simple note, reproduire le chapitre entier qui énumère tous les
signes que l'auteur de la *Noble Leçon* croit reconnaître dans les événements de son temps. Nous n'ajouterons qu'un seul mot. Si l'interprétation
de MM. Gieseler et Schmidt était acceptée, la conséquence forcée serait
que les Vaudois possédaient une ère différente de l'ère chrétienne, et qu'ils
comptaient leurs années à partir de la Révélation de saint Jean. Certes,
cette idée bizarre mériterait d'être un peu mieux étudiée avant de se produire en public.

Enfin, le savant professeur de Strasbourg voit une nouvelle preuve de
son assertion dans un passage de la *Noble Leçon* qui se prononce avec
énergie contre les persécuteurs (vers 359 et 360). « Pour admettre qu'elle

Deux vers de ce poëme indiquent toute la doctrine des Vaudois et des Albigeois : c'est celle de Luther et de Calvin.

« remonte jusqu'à 1100, il faudrait, dit-il, pouvoir prouver par des faits his-
« toriques qu'à cette époque les Vaudois ont été persécutés ; or, cela est im-
« possible, à moins qu'on ne veuille, contrairement à l'évidence, confondre
« les Vaudois avec les cathares » (t. II, p. 291). Nous ne confondrons pas
les Vaudois avec les cathares de M. Schmidt, mais avec les précurseurs
des Albigeois. En second lieu, M. Schimdt, qui demande des faits historiques, aurait dû d'abord discuter ceux qu'avancent Jean Léger (1re partie,
p. 149), et Brez (1re partie, p. 53), qui écrivent que durant le onzième
siècle, les Vaudois furent réduits à prêcher sur les montagnes, dans les
bois et les villages les plus écartés, et qui nomment les seuls endroits où ils
conservèrent la prédication libre. Jusqu'à preuve contraire, nous admet-
trons que cette persécution est celle dont fait mention la *Noble Leçon* ; si
M. Schmidt prouve que ces faits sont faux, nous aurons alors une nouvelle
preuve que les Vaudois considéraient comme leurs frères en religion les
sectateurs persécutés de Bérenger, de Pierre de Bruys, etc., et que les
Vaudois et les Albigeois étaient disciples d'une même foi religieuse.

Nous devons mentionner un dernier argument contre la date de 1100.
L'auteur anonyme des *Recherches historiques sur la véritable origine des
Vaudois* (Paris, 1836), s'appuie sur ce fait que, « quand il s'agit d'événe-
« ments importants à rappeler, on cite les siècles et non les années, et
« qu'on dit et écrit chaque jour : Il y a mil huit cents ans que Jésus-Christ a
« paru, sans tenir compte des fractions d'années ou portions de siècles
« qui enjambent sur le siècle suivant » (page 266). L'auteur conclut dès
lors que ce livre a pu être écrit en 1199 ; mais il a pu tout aussi bien être
écrit en 1100.

Voici notre réponse à toutes ces attaques :

A la fin du onzième siècle et au commencement du douzième, la croyance
à la fin prochaine du monde était universellement adoptée dans le monde
chrétien ; peu d'années après l'an 1100, la prédiction des millénaires ne
s'étant point réalisée, leur croyance tomba en complet discrédit. Dès lors,
les peuples chrétiens se reprirent à la vie ; il y eut un immense élan de
joie et de reconnaissance envers la Divinité ; les églises, qu'on avait lais-
sées tomber en ruines, furent réparées ou reconstruites en entier ; la ca-
thédrale de Paris en offre l'exemple : réparée en 1135, on posa la première
pierre de sa reconstruction en 1163.

La croyance des millénaires existait dans toute sa force lors de la rédaction de la *Noble Leçon*. On doit donc fixer sa date à 1100, ou au plus
tard aux premières années du douzième siècle. Ce poëme ne fut donc pas
écrit ou inspiré par Pierre Valdo, qui ne commença ses prédications
qu'en 1160 ou 1170 ; il y avait donc des Vaudois avant *Pierre le Vaudois*.

Mas, si Xrist volen amar et segre sa doctrina,
Nos convent a velhar, e legir l'Escriptura.

« Mais si Christ nous voulons aimer et suivre sa doctrine,
« Il nous faut veiller et lire l'Ecriture. »

(La Noble Leçon, vers 286, 287.)

La lecture assidue de la Parole divine et le sincère désir de mettre en pratique les célestes enseignements qu'elle renferme fit des Vaudois de vrais chrétiens et de parfaits honnêtes gens : c'est à ce caractère d'honnêteté qu'on reconnait les disciples de cette Eglise. Non-seulement dans les vallées du Piémont, mais à Toulouse, dans la Provence et le Dauphiné, cette pureté des mœurs était une amère satire des scandales des autres communions, et attiraient sur le petit troupeau les malédictions et la persécution. La *Noble Leçon* nous l'apprend dans ce passage, vers 367 et suiv. Nous donnons la traduction littérale de Raynouard :

« Mais l'Ecriture dit, et nous le pouvons voir,
« Que si y en a aucun (quelqu'un) bon qui aime et craigne Jésus-Christ,
« Qui ne veuille maudire, ni jurer, ni mentir,
« Ni adultérer, ni occire, ni prendre de l'autrui,
« Ni venger soi de les siens ennemis,
« Ils disent qu'est Vaudois et digne de punir (de mourir [1])
« Et lui trouvent accusation en mensonge et tromperie. »

Les Vaudois se vantaient-ils ? Nous devons appeler ici en témoignage un de leurs mortels ennemis, Reynerus Sacco, établi inquisiteur contre eux, et qui a écrit contre eux un livre dans lequel il leur donne le nom

---

[1] Voyez, pour la variante *mourir* au lieu de *punir*, la version donnée par Jean Léger, *Histoire des Eglises vaudoises*, 1re partie, p. 28.

de Léonistes, d'un ancien schismatique qui vivait vers le troisième siècle et prêchait la même doctrine.

« De toutes les sectes, dit Sacco, qui ont existé ou « qui existent encore, il n'y en a aucune de plus per- « nicieuse à l'Eglise que celle des Léonistes ou Vaudois, « et cela pour trois raisons : 1° Parce qu'elle est la « plus ancienne de toutes, quelques-uns la faisant re- « monter jusqu'au temps du pape Sylvestre (dans le « quatrième siècle), et d'autres jusqu'au temps des apô- « tres ; 2° parce qu'elle est la plus généralement ré- « pandue, n'y ayant presque aucun pays où elle n'ait « pénétré ; 3° parce qu'au lieu que toutes les autres « sectes inspirent de l'horreur par les affreux blas- « phèmes qu'elles vomissent contre la Divinité, celle-ci « a une grande apparence de piété, parce que ses par- « tisans vivent justement devant les hommes, ne croient « de Dieu que ce qu'il en faut croire, et reçoivent tous « les articles du symbole des apôtres. *Seulement ils blasphèment contre l'Eglise romaine et son clergé* [1]. »

Toutes les autres sectes inspiraient l'horreur par leurs affreux sacriléges ; les Vaudois vivaient juste- ment devant les hommes : c'est un inquisiteur qui l'avoue. Nous avons vu précédemment que les Albi- geois ou Vaudois de Toulouse se faisaient remarquer par les mêmes vertus chrétiennes, par une piété et une intégrité qui étonnaient le clergé catholique et en-

---

[1] Voyez la Bibliothèque des Pères de Gretserus, *Traité contre les Vau- dois*, et Jacques Brez, *Histoire des Vaudois*, 1re partie, p. 67 et 73.

traînaient les chevaliers, la noblesse et la bourgeoisie.
Jamais aucun écrivain n'a honoré les ariens et les manichéens d'un semblable panégyrique. Le chevalier
Pons-Adhémar de Rodelle et ses parents, et tous les
seigneurs toulousains cités par Guillaume de Puylaurens, ne professaient donc pas les croyances absurdes
que les critiques modernes mettent à leur charge, et
n'avaient dès lors rien de commun avec les sectes
ariennes et manichéennes contre lesquelles le chapelain du comte Raymond[1] lance l'accusation d'avoir en-
fanté une race de voleurs, d'homicides, d'adultères
et d'usuriers[2].

La piété, la pureté des mœurs, l'austère probité,
forment les marques distinctives des Vaudois entre
toutes les sectes religieuses du moyen âge; de toutes
les illustrations c'est la plus belle, car c'est la seule
devant Dieu.

---

[1] *Chron. Guill. de Podio Laurentii,* in prologo.

[2] Alain de Montpellier (Alanus), théologien catholique qui vivait au
temps des Albigeois, ainsi qu'il nous l'apprend (aiunt hæretici temporis
nostri), fait retomber tout le poids de sa sainte colère contre les hérétiques ariens et manichéens; mais dans le livre spécial qu'il consacre aux
Vaudois, non-seulement il avoue que ces sectaires vivent d'une manière
irréprochable, mais il en forme un chef d'accusation : Il faut, dit-il, se
garder de se laisser prendre à des dehors trompeurs ; les Vaudois sont des
loups revêtus de la peau de l'agneau. *Quidam hæretici, qui se justos esse
fingunt, cum sint lupi veste agni induti, de quibus Dominus dicit : At-
tendite a falsis prophetis, qui veniunt ad vos,* etc., *qui* VALDENSES *dicuntur.*
Ainsi donc, les seigneurs albigeois et les nobles dames renommés par
l'austérité de leurs mœurs, n'étaient ni ariens ni manichéens : leurs plus
grands ennemis contemporains l'avouent, leurs prétendus amis modernes
le nient.
Voyez *Alani insignis theologi opus, adversus hæreticos, et* VALDENSES,
qui postea ALBIGENSES *dicti.* Ed. Masson, archid. Parisiis, 1612.

II

LES CAPITOULS SOUS LES COMTES DE TOULOUSE

> « Souviens-toi du temps d'autrefois, con-
> sidère les années de chaque génération ;
> interroge ton père et il te l'apprendra, tes
> vieillards, et ils te le diront. »
> (*Deutéronome*, XXXII, 7.)

Toulouse, capitale du schisme précurseur de la Réforme, eut seule en Europe l'honneur de sceller ses
croyances par quatre siècles de martyre. Dans ce drame
sanglant, trois grands acteurs jouèrent les principaux
rôles : le *Capitoulat*, personnification de la liberté religieuse et politique ; l'*Inquisition* et le *Parlement*, ex-
pressions violentes du despotisme de l'Eglise et de la
royauté.

Sous les comtes de Toulouse, les capitouls formaient le sénat de la langue d'oc (*consilium linguæ
occitanæ*) [1] ; la puissance législative appartenait au

---

[1] Lafaille, *Traité de la noblesse des Capitouls*, p. 16.

comte suzerain, au chapitre des capitouls (*capitulum*),
au conseil dans lequel entraient les anciens capitouls
(*consilium commune, consilium, consilium juratum*)[1] et
au peuple assemblé pour les affaires d'une haute importance, soit dans un champ ou dans une église. Ces
institutions se conservèrent en partie sous les rois de
France, et reparurent en l'an 1285, lors de la rédaction des coutumes de Toulouse.

Les capitouls exerçaient la puissance judiciaire; ils
formaient la cour du comte et jugeaient sous sa prési-
dence ou sous celle de son représentant, le vicomte
ou viguier (vicarius), d'après l'antique coutume qui remontait à l'établissement des comtes à Toulouse [2].

A ces hautes attributions, les capitouls joignaient la
puissance militaire; ils étaient les chefs des nobles et
de l'armée; de leur propre autorité, et sans en référer
au comte leur suzerain, ils déclaraient la guerre, commandaient les troupes et signaient les traités de paix.
L'expédition entreprise contre le vicomte de Lomagne,
offre un exemple remarquable de l'exercice de ce pouvoir.

Aux douzième et treizième siècles, les routes publiques étaient rares en France et fort mal entretenues; le
cours des fleuves était à peu près la seule voie pour
le commerce; Toulouse, assise sur la Garonne, avait
ses principales relations commerciales avec Bordeaux

---

[1] Catel, *Histoire des comtes de Tolose,* p. 54 et 55.
[2] Durozoi, *Annales de Toulouse*, t. I, p. 341.

et les rives du fleuve. Les bateaux toulousains passaient journellement sous le château d'Auvillars, situé entre Moissac et Agen, et devaient, d'après les coutumes féodales, payer un droit de péage ; ce droit fut élevé au-dessus du taux de l'ancienne coutume ; les Toulousains refusèrent de l'acquitter : de là naquirent des rixes, des voies de fait, le pillage des bateaux, etc.

Les capitouls déclarèrent la guerre au vicomte de Lomagne et d'Auvillars, levèrent une armée et se mirent à sa tête ; le château fut investi et sommé de se rendre ; la résistance fut longue et le pays ravagé ; enfin les assiégés capitulèrent, et le vicomte subit le traité du 14 juin 1204, par lequel ce seigneur et la ville d'Auvillars déclarent se trouver indemnisés des dommages de la guerre, sous la seule condition que les capitouls et la ville de Toulouse oublieront les torts qu'ils auraient pu éprouver, avec promesse de n'exiger à l'avenir le péage, au lieu d'Auvillars, que sur l'ancien pied. Mais il y a cette différence, remarque Lafaille [1], que les capitouls ne s'obligent envers le vicomte que par une simple promesse, au lieu que le vicomte oblige envers eux sa propre personne et celle de son fils, et se soumet même avec serment, d'en passer en toutes choses par la connaissance et décision des capitouls.

La signature d'Oldric de Portal, capitoul (Oldricus de Portale), est apposée au bas de ce traité de paix, curieux

---

[1] *Traité de la noblesse des Capitouls*, p. 23.

monument de l'histoire du droit public au moyen âge [1].

Telle était la puissance des capitouls de Toulouse lorsque les doctrines des Vaudois ou Albigeois envahirent les populations du Languedoc.

Une nouvelle légation envoyée à Toulouse par le pape Innocent III, renouvela les travaux entrepris déjà tant de fois et toujours inutilement pour l'extirpation de l'hérésie. Au mois de décembre 1203, Pierre Castelnau, que le pape avait déjà chargé de la même commission en 1199, et frère Raoul, tous deux de l'ordre de Cîteaux, reçurent le serment des futurs capitouls de l'an 1204, au nombre desquels était Oldric de Portal [2] et les principaux habitants de Toulouse, d'être à jamais fidèles à l'Eglise romaine; mais auparavant, les commissaires du saint-siége durent confirmer eux mêmes, au nom du pape, les libertés et les coutumes de la ville, en déclarant que le serment prêté par les capitouls, ne pourrait jamais porter préjudice à ces libertés [3].

« Ce serment, dit du Rozoï, fit bientôt des parjures [4].

---

[1] Ce traité de paix a été imprimé par la plupart des historiens de Toulouse : Lafaille, *Annales*, t. Iᵉʳ, p. 55 des preuves. — Durozoi, *Annales*, t. Iᵉʳ, p. 118 des preuves.

[2] Du Mège, *Histoire des Institutions de Toulouse*, t. Iᵉʳ, p. 283, 285, semble attribuer ce serment aux capitouls de 1203, et ignorer l'institution des futurs capitouls que nous ferons connaître.

[3] Catel, 236. — Schmidt, *Histoire des Cathares*, t. I, p. 205.

[4] S'il y eut parjure, ce fut le pape qui se parjura, et non les capitouls et les notables de Toulouse. Les libertés et les coutumes de cette ville furent foulées aux pieds, à l'instigation de l'évêque Foulques et du pape, par Simon de Montfort et les rois de France. Les capitouls, les seigneurs et les bourgeois, imbus des doctrines vaudoises, ne voulaient pas cependant rompre avec Rome; ils croyaient que le catholicisme pouvait revenir aux

« Les émissaires des deux légats étaient trop à craindre
« pendant le jour ; la nuit couvrit de ses ténèbres des
« conciliabules d'autant plus recherchés qu'ils étaient
« défendus, et qu'ils pouvaient exposer à une excom-
« munication lancée par des ministres irrités de se voir
« tromper. Saint-Dominique passa dans ce même temps
« à Toulouse [1].

L'inquisition, ou recherche des hérétiques, ne s'ar-
rêtait pas aux vivants, elle s'étendait aux morts. « Les
« cadavres exhumés étaient traînés par les rues, précé-
« dés d'un héraut public qui criait aux habitants saisis

siècles primitifs du christianisme, et n'attachaient que fort peu d'importance aux formes extérieures du culte. Parmi les Albigeois, les schismatiques purs formaient le petit nombre, la grande masse restait extérieurement catholique ; on ne les reconnaissait qu'à la pureté de leur vie, à
leur charité, à leur intègre probité : ce sont ces caractères, dit la *Noble
Leçon* (vers 372), qui révèlent les Vaudois. M. Schmidt voit dans ce passage la preuve que ce poème religieux a été écrit à une époque où les
Vaudois croyaient encore pouvoir rester dans le sein de l'Eglise de Rome,
c'est-à-dire vers la fin du douzième siècle (*Hist. des Cathares*, t. II, p. 292).
Les Albigeois ou Vaudois du Languedoc crurent pouvoir y rester longtemps avant et après cette époque. Les familles d'Escalquens et de Portal,
dépossédées de leurs biens comme albigeoises, restèrent extérieurement
catholiques ; d'Escalquens assista vivant à ses obsèques dans une église catholique de Toulouse ; les tombeaux de la famille de Portal aux quinzième
et seizième siècles, étaient placés dans l'église catholique de Bagnols.

L'albigéisme, se présentant comme le christianisme primitif, demandait avant tout la réforme de l'homme et n'attachait qu'une importance
secondaire à la réforme du culte extérieur. Jésus et les apôtres assistaient
aux cérémonies du culte judaïque, de même les Albigeois pensaient pouvoir suivre les rites des catholiques qu'ils considéraient comme les nouveaux pharisiens. Lorsque les Albigeois furent les maîtres absolus à Toulouse, alors que leur évêque Foulques prêchait dans le camp des croisés,
en excitant au meurtre et à la ruine de son troupeau, on ne vit point
s'élever autel contre autel, il n'y eut jamais un service national du culte
albigeois, auquel auraient assisté le comte, les capitouls, les chevaliers,
les bourgeois et le peuple.

[1] Durozoi, *Annales de Toulouse*, t. Ier, p. 221.

« d'horreur à la vue de ce hideux spectacle : QUI AINSI
« FERA AINSI PÉRIRA [1]. »

L'ignoble scandale de ces exécutions posthumes ne
pouvait être toléré dans la ville la plus civilisée de l'Europe ; la conscience publique se révolta, les capitouls
avisèrent ; mais la présence des légats et de saint Dominique, armés des foudres du Vatican et des bûchers
de l'inquisition, leur commandaient la prudence. Dans
un long règlement de police relatif aux eaux pluviales,
aux jongleurs, aux jeux, aux enterrements, Oldric de
Portal et ses collègues introduisirent un article, le seul
important, et le seul qui ait été omis par les historiens :
« *Que personne, dit-il, homme ou femme, ne puisse être*
« *accusé d'hérésie après sa mort s'il ne l'a été pendant sa*
« *vie, à moins que par faiblesse il ne se soit livré aux hé-*
« *rétiques ou ne soit mort dans leurs mains* [2]. »

Cet acte de l'autorité publique fut le commencement de la lutte entre le capitoulat et l'inquisition. Les
capitouls n'interdisent pas les conciliabules nocturnes,
et ils le pouvaient d'après leurs attributions ; ils se
bornent à établir deux catégories d'hérétiques, ceux qui
s'étaient déclarés ouvertement et qui pouvaient être recherchés même après leur mort, et ceux qui n'ayant

[1] Schmidt, *Histoire des Cathares*, t. II, p. 199.
[2] Cette charte porte la date du 10 mars 1204, qui correspond au
10 mars 1205, l'année commençant alors à Pâques. Elle est imprimée en
entier et en latin dans Catel, *Histoire des comtes de Tolose*, p. 229, et re-
produite en partie par Raynal, *Histoire de Toulouse*, p. 99 ; par Durozoi,
Annales de Toulouse, t. Ier, p. 354, etc.

point été recherchés pendant leur vie et n'ayant point vécu avec les hérétiques, ne pouvaient être dès lors excommuniés et damnés.

Ce règlement, favorable aux Albigeois, fut soumis par les capitouls au *Conseil commun* [1], composé d'anciens capitouls ; l'opposition aux inquisiteurs devint dès lors une affaire de corps et une question nationale.

L'année suivante 1205, Foulques, ancien troubadour licencieux, occupe le siége épiscopal de Toulouse. « A'cette époque, dit Guillaume de Puylaurens, l'épiscopat était mort, et Foulques, comme un nouvel Elisée, vint le ressusciter. L'Eglise de Toulouse donnait alors le scandale de deux évêques élus en même temps par le même chapitre : Raymond Arnaud, dépossédé en 1205, et Raymond de Rabastens, déposé pour simonie, en 1231 [2]. »

L'albigéisme grandissait à l'ombre de ces dissensions. Foulques, au commencement de son épiscopat, ne touchait plus ni dîmes ni casuel ; ses créanciers le poursuivaient pour dettes devant la cour des capitouls, et il n'osait envoyer ses quatre mules à l'abreuvoir public, dans la crainte qu'elles ne fussent saisies par autorité de justice [3].

---

[1] « Cum communi consilio Tolosæ urbis et suburbii. » (Cfr. Catel, *Histoire des comtes de Tolose*, p. 230.)

[2] Voyez la Table chronologique des évêques dans la *Biographie toulousaine*.

[3] Guil. de Podio Laurentii, cap. VII.

Les évêques subissaient une sorte de siége de la part des riches toulousains qui, presque tous Vaudois, avaient fermé les cordons de leurs escarcelles. Les prédécesseurs de Foulques n'étaient guère plus riches ; l'évêque Fulcrand (mort en 1200) fut obligé pour vivre de plaider contre son chapitre, qui lui accorda par jour une livre de pain et une pinte de vin, comme aux chanoines, et de la viande, poisson et fromage, comme à deux chanoines ; il en advint autant à Raymond, son successeur, dit Catel [1].

Cet évêque Fulcrand n'osait visiter ses paroisses sans un sauf-conduit des seigneurs [2]. Presque tous les châteaux du pays toulousain appartenaient à la noblesse vaudoise. A Toulouse, ce fut le bourg ou citadelle (Burgum) qui fut le berceau du schisme : c'est là qu'il prit toute son extension. La famille de Portal, ainsi qu'une grande partie des seigneurs toulousains, habitait cette partie du territoire de la ville. Vingt-deux fois les Portal représentèrent le bourg dans le capitoulat.

En 1209, le bas peuple de Toulouse était courbé sous la domination du clergé ; l'évêque institua une *confrérie* dite *la blanche*, en faveur du catholicisme ; le bourg se déclara publiquement pour les Vaudois et établit une *confrérie noire* [3].

---

[1] Catel, *Mémoires du Languedoc*, p. 889-894.
[2] Catel, *ibid.*
[3] Dans les recherches archéologiques le moindre détail peut conduire à

Les deux partis en présence en vinrent promptement aux mains. « *C'est ainsi,* dit Guillaume de Puy-« laurens, *que Dieu établit, par le ministère de l'évêque,* « *son serviteur, non une mauvaise paix, mais une bonne* « *guerre* [1]. » Chaque jour voyait une nouvelle bataille dans les rues de Toulouse ; les chevaliers bardés de fer, bannières déployées, sortaient du bourg et venaient rompre leurs lances contre les habitants de la ville [2].

Les Portal, nombreux et puissants à cette époque, furent des premiers à prendre les armes ; leur blason en transmit le souvenir à leurs descendants. Le comte Simon de Montfort, élu chef de la croisade contre les Albigeois, un an avant, en 1208, avait pour armoiries le *lion d'argent* ou blanc, couleur de la confrérie catholique ; les Portal mirent en noir le lion de leur écusson, comme un emblème des combats de la confrérie vaudoise. Ces armoiries furent représentées ainsi sur le livre des capitouls, dès l'an 1295, date de l'établisse-

une découverte ou à une confirmation ; la couleur noire, adoptée par les Albigeois de Toulouse et les Vaudois des vallées du Piémont, confirme l'identité des croyances religieuses des deux peuples.

Le noir était, dans l'Eglise vaudoise, l'emblème du péché originel et des ténèbres morales et religieuses qui obscurcissent l'âme humaine avant sa régénération. Les antiques armoiries des Vaudois du Piémont et de Luzerne, leur capitale, étaient sept étoiles entourant un flambeau brillant dans les ténèbres, avec cette devise : *Lux lucet in tenebris* (La lumière brille dans les ténèbres). Le nom de Luzerne, qui signifie un flambeau, prouve la haute antiquité de ce blason. (Voyez Léger, *Histoire des Vaudois.*)

[1] « Non pacem malam sed gladium bonum. » (*Chronica Guill. de Podio Laurentii.* Apud Duchesne. V. 675.)

[2] *Histoire de la croisade contre les Albigeois,* écrite en vers provençaux, trad. par Fauriel, p. 77, vers 1040. Cfr. Du Mège, *Histoire de Toulouse,* t. III, p. 81.

3

ment de ce registre ; *Alaric de Portal* étant capitoul.
(D'argent au lion rampant de sable [1].)

Cependant les deux partis se décimaient sans y avoir
gagné, quand ce vint à la fin, d'après l'expression originale d'un poëte provençal, *la valeur d'un gland ou
d'une pomme gâtée* [2].

Cette même année (1209), Simon de Montfort faisait
massacrer la population entière de Béziers, soixante
mille âmes [3].

L'antagonisme entre les familles patriciennes et l'inquisition se transmit de générations en générations
jusqu'à la réforme du seizième siècle et se conserva
comme un type dans l'antagonisme du bourg et de la
cité. Après la défaite des Albigeois, le parti catholique
fit tous ses efforts pour effacer les haines des deux partis. Pour atteindre ce but politique, il voulut réunir le
bourg à la ville ; une transaction eut lieu, l'an 1269,

---

[1] Le lion rappelle la patrie originaire de cette famille, *le royaume de
Léon* ; elle s'établit à Toulouse à la suite d'Elvire, fille d'Alphonse IV, roi
de Castille et de Léon, qui épousa Raymond de Saint-Gilles, comte de
Toulouse, l'an 1094. Les noms d'Oldric et d'Alaric, portés par les Portal
au treizième siècle, établissent dès cette époque leur prétention de descendre des anciens *hidalgos* ou fils de Goths. Quelques autres familles de
Toulouse, entre autres celles d'Astorg, eurent la même origine.
Les armes de Léon sont d'*argent au lion rampant de gueules*.
« Comme c'était originairement des princes souverains ou des sei-
« gneurs suzerains que les premiers chevaliers tenaient le titre et l'épée
« dont ils étaient décorés, ils s'étaient fait, à leur réception, un devoir et
« un honneur d'adopter les armoiries de ceux qui les avaient reçus dans
« l'ordre de la chevalerie. » (La Curne de Sainte-Palaye, *Mémoires sur
l'ancienne chevalerie*, t. Ier, p. 293.)
[2] Poëme traduit par M. Fauriel.
[3] Bouillet.

entre les habitants des deux quartiers ; il y fut arrêté que, pour le bien de la paix, la ville et le bourg seraient en communauté de revenus, avec un seul trésorier. L'esprit de cet acte ressort de ce fait que les ordres religieux en furent seuls les témoins, ainsi que le remarque Catel, qui donne cet acte dans son entier [1].

A partir de cette époque, les capitouls prirent un costume mi-parti *rouge et noir ;* antérieurement ils portaient la robe comtale rouge, couleur de Toulouse [2]. Ce changement n'indique-t-il pas une protestation en faveur de l'ancienne confrérie noire ?

En 1347, le bourg fut incorporé à la ville par une même ceinture de murailles, tellement, dit Catel, que

[1] Catel, *Mémoires du Languedoc,* p. 138.

[2] *Livre des Capitouls.* — Charles Nodier et Taylor, *Voyages dans l'ancienne France.*

Bertrandi, dans les *Gestes des Tolosains,* dit : « Il est à noter que non « pas seulement le nombre des capitols a esté mué souventesfois, mais « aussi pareillement la couleur de leurs robes ; car devant comme l'on « treuve és livres antiques, et pareillement és painctures des murailles « estoient de couleur de rose, et aulcunesfoys de persique (couleur de « pêche), et le plus souvent de couleur noyre et rouge, et maintenant les « robes estoient longues, maintenant courtes, laquelle chose dénote va- « riété d'entendement. »

Lors de l'entrée de Charles IX à Toulouse, le 1er février 1565, on éleva un arc de triomphe sur lequel étaient peints, d'un côté les anciens rois de Toulouse, et de l'autre les comtes, vêtus de manteaux partis de rouge et de noir, « avec les armines pareilles en tout, dit une ancienne description « de la cérémonie, aux manteaux que les capitouls portent ; et par là dé- « clare que les capitouls n'ont commencé porter les robes et manteaux de « rouge et de noir pour marque d'aucune faute, comme aucuns impos- « teurs ont voulu avancer ; ains par honneur, retenant marques de la di- « gnité comtale. » (Durozoi, *Annales de Toulouse,* t. II, p. 97 des preuves.)

Les comtes de Toulouse ne portèrent jamais la robe partie de rouge et de noir, et celle des capitouls eut pour origine non une *faute,* mais un schisme.

la ville et le bourg furent une même chose [1] ; ajoutons : moins un même esprit. Catel, historien très catholique, nous en offre la preuve à la même page (138) ; à l'époque où il écrivait, en 1633, l'animosité du bourg et de la ville n'était point éteinte, et aux processions annuelles des Rogations, les jeunes garçons se divisaient en deux camps, criant, les uns : *Vive cité*, et les autres : *Vive bourg*, et se battant outrageusement à coups de pierres.

Les faits et gestes de la confrérie blanche n'étaient pas de nature à être facilement oubliés. Fuyant les lances de la confrérie noire, traîtres à leur seigneur Raymond VI [2], ils passent la Garonne au gué du Bazacle, au nombre de cinq mille, et déploient la bannière de la confrérie au camp de Lavaur. La ville fut prise le 3 mai 1211 ; les prélats entonnèrent le *Veni Creator*, et les croisés s'élancèrent dans la place, faisant main basse sur tous les habitants. Cependant les bûchers s'allument dans tous les quartiers, et quatre cents Albigeois *parfaits* sont brûlés vifs « *avec une joie extrême,* » dit le fanatique Vaux-Cernay.

Le lendemain, les Toulousains de la confrérie blanche partirent du camp, et rentrés dans leurs foyers, ils racontèrent, au nombre de leurs exploits, le supplice de la haute et puissante châtelaine Guiraude, dame de La-

---

[1] Catel, *Mémoires du Languedoc,* p. 142.
[2] Voyez Guillaume de Puylaurens et Catel, *Histoire des comtes de Tolose,* p. 265.

vaur, la femme la plus remarquable de cette époque par sa beauté, son esprit et son courage. Montfort la fit précipiter dans un puits que l'on combla de pierres [1].

Que faisait alors Raymond VI, le représentant de la puissante maison de Toulouse, l'égale en force des maisons royales de France et d'Angleterre? Au lieu d'appeler à sa défense ses vaillants chevaliers, sa noblesse dévouée, il se rend à la citation du concile de Valence (18 juin 1209), fait amende honorable, et les épaules nues, il est publiquement fouetté. L'année suivante, il comparaît avec son beau-frère, le roi d'Aragon, devant le concile d'Arles; il attend à la porte et à la pluie la décision des prélats. L'abbé de Cîteaux ordonne d'introduire le roi et le comte, et met dans la main de ce dernier la charte contenant le projet de traité. Voici quelques-unes de ses dispositions :

On ne servira aux repas, dans tous les domaines du comte, que deux sortes de viande;

Il chassera tous les hérétiques et leurs fauteurs de ses Etats;

Aucun habitant de ses domaines, noble ou bourgeois, ne pourra porter aucun habillement de prix, mais seulement des CAPES NOIRES *et mauvaises :* « souque capos negros et maissantos » (petite vengeance contre la confrérie noire et les vêtements noirs des Vaudois);

Il fera raser les fortifications de toutes les places;

---

[1] Pour le siége de Lavaur, voyez *Montfort et les Albigeois,* par Barrau et Darragon, t. 1er.

Les villes sont défendues à tous gentilshommes et nobles lui devant hommage; MAIS SERONT MIS DEHORS, *par les champs, comme s'ils étaient vilains ou païsans :* « MAIS « PER DEFOROS PER LES CAMPS COM SI ERON VILAS OU « PAISANS [1]. »

« *Le comte de Tolose se print à rire* » et passa la pièce au roi d'Aragon. « *Plan t'an pagat,* » dit le roi. (Eh bien, ils t'ont payé, tu as ce que tu mérites.)

Rome avait accumulé sur la tête de Raymond plus d'outrages que ne pouvait en subir un noble chevalier. Il part de la ville d'Arles, accourt à Toulouse, et assemble devant son château les clercs, les chevaliers et les bourgeois. Tous s'écrièrent qu'avant de subir ces conditions et de devenir des serfs et des paysans, ils se laisseraient écorcher vifs. *Disen cascun qué aban quels fassen ne consenten en aquo que plus leu se layssaran tous vius scorgiar [2].*

Un jour Montfort apprendra devant Toulouse que le serment de ses habitants n'était pas une vaine bravade.

La bataille de Muret est perdue ; le roi d'Aragon meurt frappé d'un coup de lance ; Toulousains et Aragonais sont mis en déroute. « Ceci arriva le jeudi, « dans l'octave de Notre-Dame de septembre, an 1213, « et grands furent le dommage, le deuil et la perte,

---

[1] Voyez cette charte, en langue d'oc, imprimée dans Catel, *Histoire des comtes de Tolose*, p. 262.

[2] *Histoire originale de la croisade*, en prose. Cfr. Mary-Lafon, *Histoire du midi de la France*, t. II, p. 430.

« grande fut la honte pour Toulouse et la chrétienté[1]. »

Montfort entre à Toulouse; nouvel Attila, il pille, massacre et saccage; là fut sa perte. Sa soif du sang et de l'or assouvie, il s'éloigne croyant avoir maté ce peuple en lui extorquant trente mille marcs et mettant ses murs au niveau de l'herbe. Cette profonde détresse sauva Toulouse; elle se soulève; elle est libre. Les capitouls font retentir le cri de guerre : *Toulouse! Toulouse!* Bourgeois, nobles, riches, marchands, les hommes, les femmes, les enfants, travaillent sans cesse, jour et nuit, élevant des lices, des barrières, des murs de traverse, des postes d'archers et ces grandes machines de guerre presque aussi meurtrières que notre artillerie, et que les Toulousains étaient si habiles à manier.

Raymond, suivi des comtes de Foix et de Comminges, rentre dans sa fière cité. Bientôt s'engage un combat désespéré; il n'est dans le camp des croisés armures si bien trempées qui ne volent brisées en éclats; les écus, les heaumes, les lances rompues n'ont pu défendre les cadavres qui jonchent la terre abreuvée de sang. Avant de lever le siége, Montfort tente un suprême effort; il ordonne l'assaut; alors les carreaux d'acier, les pierres, les flèches, sifflent et tombent pressés sur les brillantes armures des hommes du Nord comme des grêlons fouettés par l'ouragan; Montfort

---

[1] *Histoire manuscrite de la croisade*, vers 3093.

accourt pour ranimer le courage de ses chevaliers ; il est blessé au flanc et à la tête ; son frère Guy est renversé à ses pieds ; il le relève. A cet instant, une pierre lancée par un pierrier manœuvré par les femmes de Toulouse, écrase le front du superbe.

Un immense cri de victoire s'élève sur les remparts :

> *E dins cridan Toloza, que los matz a matatz!*
> *Car la crotz escarida a l' leo abeurat,*
> *Et lo rays de l'estela a l'escur alumnat* [1].

> Toulouse, Toulouse, qui a maté les superbes !
> La croix carrée a abreuvé le lion,
> Et les rayons de l'étoile ont illuminé les ténèbres.

Personne, que je sache, n'a compris le sens de ce passage, cependant très clair. L'écusson de Toulouse était une croix à quatre branches égales ou *croix carrée* ; Montfort portait un *lion* dans ses armoiries ; l'étendard des Vaudois du Piémont représentait sept *étoiles* entourant un flambeau allumé avec la devise : Lux lucet in tenebris. *La lumière brille dans les ténèbres.*

Ainsi les Albigeois de Toulouse combattaient sous la double bannière des comtes de Toulouse et de l'Eglise vaudoise du Piémont. Un simple fait emprunté à un art fort dédaigné de nos jours, le *blason*, tranche la question que nous avons tenté d'éclaircir dans le chapitre premier. LES ALBIGEOIS DE TOULOUSE, SOUS UN AUTRE NOM, N'ÉTAIENT QUE DES VAUDOIS [2].

---

[1] *Histoire originale de la croisade*, vers 6418.
[2] Cfr. la note 2 de la page 18. Nous verrons reparaître les étoiles vau-

Dans la défense de Toulouse, les deux confréries, la blanche et la noire, s'unirent et marchèrent sous la bannière du comte de Toulouse. Si l'étendard constellé des Vaudois flotta au-dessus des panaches des chevaliers, les capitouls donnèrent également satisfaction aux croyances du menu peuple, en exposant à sa vénération la châsse du grand saint Exupère, cet héroïque évêque de Toulouse, qui imposa une barrière infranchissable au torrent des Vandales[1]. Il fut manifeste, dès lors, que la croisade contre les Albigeois n'était pas une œuvre religieuse, mais une affaire de *vandalisme*, catholiques et Vaudois étant traités également par les massacreurs et les pillards [2].

doises sur l'écusson de la branche cadette de la famille de Portal, lors de la réaction albigeoise, au seizième siècle.

La petite ville de *Lux*, dans le Lauraguais, était au centre de l'albigéisme; son nom, qui signifie *la lumière*, indique qu'elle fut fondée ou presque exclusivement habitée par des Vaudois, qui lui donnèrent ce nom mystique. Cette petite ville fut une des seigneuries de la famille d'Astorg, et passa dans la branche cadette protestante, les barons de Lux. Cette branche s'éteignit dans Isabeau d'Astorg, qui épousa Pierre de Portal en 1698. Les armoiries de la baronnie de Lux représentaient un soleil levant.

[1] Conférez Du Mège, *Histoire des institutions de Toulouse*, t. Ier, p. 343, 344.

[2] M. Mary-Lafon résume en ces quelques mots l'œuvre inique de la croisade : « On vit alors, dit-il, que les malheureux Albigeois n'étaient plus qu'un prétexte, et que ce drame terrible, qui marchait depuis vingt ans à travers le sang et le feu sur quatre cent mille cadavres, n'avait été joué jusqu'au bout que pour donner Avignon au pape et Toulouse au roi de France. » (*Histoire du midi de la France*, t. II, p. 451.) M. Mary-Lafon est un des rares écrivains qui aient bien compris l'histoire et la doctrine des Albigeois. Pour écrire l'histoire d'un peuple, l'intelligence parfaite de sa langue est la première et la plus indispensable des conditions; M. Mary-Lafon a prouvé qu'il la remplissait en publiant sur la langue romano-provençale un ouvrage couronné par l'Institut.

Nous ne suivrons pas les péripéties de ce grand drame qui, durant vingt ans, de 1209 à 1229, se déroule dans les larmes, la boue et le sang. Raymond le Vieux meurt excommunié en 1222; son fils Raymond le Jeune lui succède sur le champ de bataille. Malgré sa brillante bravoure, écrasé par le nombre, entouré de trahisons, il recule devant l'oriflamme et les avides bourdonniers de la croisade, et subit, le 12 avril 1229, le honteux traité de Paris, plus honteux pour la reine Blanche et le pape que pour le comte de Toulouse. « *C'était pitié*, dit Guillaume de Puylaurens, *de voir un si grand personnage, après avoir résisté à tant de nations, être conduit jusqu'à l'autel, en chemise, en haut de chausses et nu-pieds;* » le cardinal-légat le battant de verges.

Le traité de paix disposait que le comte ne conserverait que les seuls biens qu'il possédait dans l'évêché de Toulouse, et dont il n'aurait que l'usufruit ; que sa fille Jeanne pourrait seule hériter de ses domaines, ainsi que les enfants issus de son mariage avec Alphonse, frère de saint Louis, et comme expiation de ses hérésies, il irait combattre contre les Sarrasins pendant cinq ans ; que de plus, il payerait cinq mille marcs d'argent, etc. [1]

---

[1] Voyez ce traité dans Catel, *Histoire des comtes de Tolose*, p. 332. Ce traité porte la date de 1228; mais, comme le remarque Raynal, *Histoire de Toulouse*, p. 80, depuis la fin du onzième siècle l'année ne commençait que le jour de Pâques. Cet usage a duré jusqu'à l'édit de 1564: ainsi la véritable date du traité est 1229.

Ainsi s'accomplit la plus indigne spoliation que l'histoire ait enregistrée ; le midi de la France perdit sa nationalité ; la noblesse fut dépouillée d'une partie de ses terres et de ses priviléges, et une ville de deux cent mille âmes pleura la mort du plus grand nombre de ses habitants. Tels furent les crimes et les sanglants affronts que plus de trois siècles et toutes les flammes de l'inquisition se montrèrent impuissants à effacer.

Cette même année 1229, un concile s'assembla à Toulouse et dressa seize canons pour déterminer l'ordre qui serait suivi dans la recherche ou *inquisition* des hérétiques et de leurs fauteurs. Chaque évêque était encore le seul juge compétent en matière de foi dans son diocèse ; bientôt les dominicains ou frères prêcheurs s'attribuèrent l'exercice exclusif de cette juridiction.

« En 1233, on ne voyait dans les rues que malheu- « reux traînés par des satellites, ou pour aller au sup- « plice, ou pour subir l'interrogatoire qui devait les « y conduire ; les cadavres même étaient tirés de leurs « sépultures pour subir une condamnation [1]. »

Les peuples se lassèrent de murmurer, les habitants de Toulouse chargèrent les capitouls de supplier le comte Raymond de mettre un frein aux excès des inquisiteurs. Ce prince prit la défense de son peuple, mais vainement ; l'inquisiteur *Guillaume Arnaud*, pour braver les capitouls et fouler aux pieds l'ordonnance

---

[1] Durozoi, *Annales de Toulouse*, t. 1er, p. 293.

d'Oldric de Portal et de ses collègues, de 1204, qui interdisait de faire le procès aux morts, fait exhumer plus de vingt cadavres ; on les traîne dans la fange des rues et on donne aux Toulousains le hideux spectacle d'un immense *auto-da-fé* de corps putréfiés. Les capitouls indignés défendent à l'inquisiteur d'insulter aux tombeaux et lui interdisent de citer les habitants à son tribunal ; le moine dominicain répond par de plus nombreuses et plus cruelles exécutions. Les capitouls menacent de la peine capitale ceux qui feraient des citations au nom de ce tribunal ; l'inquisition dédaigne la menace. Les capitouls publient la défense de communiquer avec les inquisiteurs, et de leur vendre quoi que ce soit ; les dominicains poursuivent paisiblement leurs citations, leurs procédures et leurs *sermons publics* (auto-da-fé). La querelle ne pouvait se terminer que par le supplice des capitouls, ou par le bannissement des frères prêcheurs.

Quatre dominicains citent les *barons du Capitole* à comparaître devant l'inquisition ; c'était un insolent appel à la force, la force resta à la loi. Le 6 novembre 1233, quarante frères prêcheurs sortirent de la ville en procession. Les capitouls furent excommuniés ; mais pendant quatre ans Toulouse fut délivrée de la honte et des flammes de l'inquisition.

Les tribunaux du saint office s'établirent quelques années plus tard à Carcassonne, à Cahors, Alby et Moissac. Mais ils furent bientôt abolis. Celui de Toulouse se maintint seul, et en 1331 son chef prit le titre d'inquisiteur en tout le royaume de France [1].

En 1242, quatre frères prêcheurs se présentent aux portes d'Avignonet, petite ville du Lauraguais ; la population est consternée, mais son effroi se change bientôt en fureur ; le château de Raymond VII où sont les dominicains est envahi ; les frères, réveillés par les vociférations du peuple, tombent à genoux et attendent la mort ; ils sont massacrés. Un seigneur albigeois coupe la langue à l'inquisiteur *Guillaume Arnaud*, et le châtelain de Monségur reproche aux meurtriers de ne lui avoir pas apporté le crâne de ce dominicain, dont il voulait faire un hanap pour boire, orné d'un cercle d'or [2] ; exemples exécrables des sanglantes représailles des deux partis.

Raymond VII fut accusé du meurtre des inquisiteurs ; pour dissiper ce soupçon, il fit punir sévèrement les auteurs de cet assassinat [3] ; mais l'orage grondait sourdement, et les populations exaspérées n'attendaient qu'un chef pour prendre les armes. Blanche de Castille, en régente habile, s'empressa d'imposer aux habitants de Toulouse une nouvelle ratification du traité de paix de Paris de 1229 ; cet acte eut lieu environ

[1] Voyez Durozoi, loc. cit., et Raynal, *Histoire de Toulouse*, p. 84 et suivantes.

[2] Registres de l'inquisition de Carcassonne. Cfr. Cayla, *Histoire de Toulouse*, p. 409. Schmidt, *Histoire des Cathares*, t. Ier, p. 321. De Lamothe-Langon, *Histoire de l'inquisition*, t. II, p. 510.

[3] Raynal, *Histoire de Toulouse*, p. 84.

quatre mois après le meurtre des inquisiteurs, le 20 septembre 1242, veille de la Saint-Matthieu. La charte conservée aux archives générales de France[1] est inédite; elle
fait connaître les noms des capitouls, au nombre desquels
figure *Bérenger de Portal*, et les noms d'environ mille
nobles toulousains, parmi lesquels on lit ceux de *Pierre
de Portal* et de *Tholomée de Portal* (Tholomée, nom précieux pour les traditions toulousaines, car il prouve
que la légende du roi fabuleux Tholomée existait au
commencement du treizième siècle)[2].

---

[1] *Trésor des chartes*, carton F. 305, pièce n° 29.

[2] Cette légende racontait que Toulouse avait été fondée par *Tholus* et
son fils *Tholomée*. Noguier et Bertrandi nous l'ont transmise et ont été
accusés de l'avoir inventée. La charte que nous venons de citer prouve le
contraire.

Toulouse fut une colonie grecque dont l'origine se voile sous le mythe
historique de Tholus et Tholomée.

Un vers antique, cité par Noguier, dit que Tholus, conduit par une divinité, fonda Toulouse et lui donna son nom :

Tholosam Tholus construxit numine ductus.

« Et comme de Tolus Tolose prit commencement, ainsi receut de lui le
« nom de grande signifiance et singulière admiration... Fini le règne de
« Tolus, Tolomeus vint en sa place, et fut receu du peuple, pource que
« de droit fil, le point de succéder lui étoit deu, tant à occasion de la dé-
« pendance de lignée et parenté de Tolus, que pour la noblesse logée en
« son cœur, qui le faisait digne non-seulement d'être roi, mais plutôt mo-
« narque de la terre pierreuse et bruissante mer, d'autant plus que sa no-
« blesse était accompagnée d'une vaillance admirable, dont il s'en savait
« très bien aider même à l'urgence. » (Noguier, *Histoire tolosaine*.)

Telle est la tradition dans sa naïveté ; Bertrandi y ajoute quelques détails
dans ses *Faits et gestes des Toulousains* (*De Tholosanorum gestis*, fol. X).
Tholus et Tholomée, dit-il, furent les premiers rois de Toulouse; chassés
de l'Orient par des pirates, ils s'établirent dans le pays où s'élevèrent
Toulouse et Tolète.

Le sens de ce mythe doit paraître clair aux archéologues. Toulouse fut
nommée *Palladienne*, parce que Pallas ou Minerve y avait un *tholos*
ou temple circulaire qui porte ce nom en grec, θόλος. L'abbé Audibert
cite, dans ses *Origines de Toulouse*, les autorités qui établissent ce fait

Le serment des capitouls et des nobles toulousains forme le livre d'or de la capitale des Raymonds au treizième siècle; les plus grands noms de la province y sont inscrits : les Villeneuve, les Castelnau, les Caraman, les Montaigu, les de Noé, les Toulouse issus des comtes, les anciens de Bruyères, les d'Escalquens, les Maurand, les Fumel, etc., tous hérétiques ou fauteurs d'hérésie.

Aux fêtes de la Noël de l'an 1244, Raymond tint une cour plénière à Toulouse, et y créa deux cents chevaliers pour récompenser la fidélité de ses braves compagnons d'armes. Louis IX faisait ses préparatifs pour la croisade, il détermina le comte de Toulouse à l'accompagner; Raymond prit la croix comme il y était obligé par le traité de Paris.

Avant de partir pour la terre sainte les croisés se préparaient à ce voyage comme on se prépare à mourir; chacun faisait son testament, réparait ses torts et se réconciliait avec ses ennemis [1]. Tandis que le roi de France remplit ce devoir pieux, Raymond, avant de s'éloigner de Toulouse, assemble ses habitants dans

---

(p. 31). C'est ce temple qui imposa son nom à la cité palladienne (*Tholosa Palladia*) ou temple de Pallas.

Tholomée est l'Hercule toulousain, ainsi que l'indique son nom Τολμήεις, l'*audacieux*, l'*intrépide* et le *clément;* c'est par ces vertus, symbolisées dans un mythe, que la colonie orientale s'établit et civilisa les anciennes peuplades du pays. La société toulousaine, fondée par la religion, se maintient par la force et la justice; c'est la traduction de cette vieille légende.

[1] Le sire de Joinville, *Histoire de saint Louis.* — Durozoi, *Annales de Toulouse*, t. Ier, p. 311, 312.

leur palais commun, et là, entouré de ses chevaliers et
des capitouls, il confirme les priviléges de sa ville capitale. Ce fut son testament politique. Soixante chevaliers témoins du comte, ont leurs noms inscrits sur
cet acte avant ceux des capitouls, témoins pour les habitants de Toulouse.

La famille de Portal avait été une des plus dévoués ;
Raymond-Géraud de Portal figure au nombre des témoins du comte avec l'évêque de Toulouse, le comte
de Comminge, Sicard Alaman, premier ministre, Jour-
dain de l'Isle, Pons de Villeneuve, etc. [1]. Les noms
de ces soixante chevaliers furent seuls inscrits, les autres chevaliers présents furent seulement désignés dans
l'acte par une mention générale.

Tous ces chevaliers partirent pour la croisade avec
le comte Raymond, comme nous l'apprend son chapelain, Guillaume de Puylaurens [2].

Le comte de Toulouse se rendit à Saint-Denis pour
recevoir les insignes de son pèlerinage; Louis IX in-
sista de nouveau auprès de lui pour l'engager à le suivre; Raymond traîna en longueur, parcourut ses vastes
domaines en recevant l'hommage de ses vassaux; il
passa ensuite en Castille, où il eut une conférence avec
Alphonse , fils aîné du souverain de ce royaume. Sa
pensée secrète se trahit dans ces démarches; les che-

---

[1] Cette charte, datée du 6 janvier 1247, est imprimée en latin dans Catel, *Histoire des comtes de Tolose*, p, 885, et traduite dans le *Traité de la
Noblesse des Capitouls* de Lafaille, p. 103.

[2] *Chronica Guill. de Podio Laurentii*. Duchesne. V. 700.

valiers qui l'accompagnent ne se sont pas armés pour
aller guerroyer en terre sainte, mais pour reconqué-
rir son héritage. Il poursuit les hérétiques ariens et
manichéens, pour endormir les soupçons de la cour de
France et attend le départ du roi (25 août 1248); un
an après, Raymond reçoit les adieux de Jeanne, sa
fille, et du gendre que le traité de Paris lui a imposé,
Alphonse de France; ils mettent à la voile pour la Pales-
tine. Raymond est libre, il n'a plus d'ennemis sur le
sol de la patrie ; il se rend dans le Rouergue, mais arrivé à Milhaud, atteint d'une fièvre violente, il meurt
le 27 septembre 1249, à l'âge de 52 ans.

Raymond-Géraud de Portal, qui l'accompagnait, lui
resta fidèle après sa mort ; il ne voulut pas rentrer à
Toulouse sous la domination d'un prince français. La
doctrine des Vaudois vivait encore réfugiée dans les
vallées du Piémont, dans les Cévennes et dans quelques villages de Provence, où elle ne cessait d'élever
la voix contre Rome [1]. C'est dans un de ces refuges de
l'albigéisme, près de Nîmes, à Marguerittes, que Raymond Géraud s'établit et que nous retrouvons ses descendants, qui donnèrent des martyrs à la foi protestante [2].

---

[1] Mary-Lafon, *Histoire du midi de la France,* t. III, p. 384.
[2] La famille de Portal possède quelques chartes qui font connaître cette
descendance aux treizième, quatorzième et quinzième siècles.
Lothaire de Portal, charte de l'an 1284, passée à Marguerittes.
Pons de Portal, 1285 (*ibid.*).
Bertrand de Portal, 1289 (*ibid.*).
Messire *Vésian de Portal,* 1311 (*ibid.*).

Une petite Eglise albigeoise existait au quinzième siècle dans cette partie du Bas-Languedoc. En 1417, Catherine Sauve fut brûlée à Maguelone, près Montpellier, pour avoir soutenu que le baptême reçu d'un mauvais prêtre est nul; qu'il en est de même de la sainte Cène, et pour avoir rejeté la confession et la croyance au purgatoire[1].

Ce fut la première des quatre émigrations de la famille de Portal hors de Toulouse.

Guilhem de Portal, 1317 et 1327 (*ibid.*).
Pierre de Portal, 1324, 1327 (*ibid.*).
Antoine de Portal, 1341 (*ibid.*).
Bertrand de Portal de Besouce, 1377 (*ibid.*).
Jehan de Portal, 1432 (*ibid.*).

A cette branche appartenaient *Moïse Portal,* pasteur de La Salle, persécuté en 1684, d'après Benoît, *Histoire de l'Edit de Nantes,* t. V, p. 669, 670, et banni au mois d'octobre 1685. Les protestants cévenols soulevés établirent leur quartier général sur une de ses propriétés saisies et l'appelèrent le *Camp de l'Eternel.* Le beau-frère de Moïse Portal, nommé Cadornihac, et catholique, demanda au roi le don de ces biens. Voyez le dossier de cette affaire aux Archives générales de l'empire, Affaires des religionnaires, T. 195, pièces cotées *Don des biens de Portal.*

Henri Portal, de Saumane, l'ami et le compagnon de Brousson dans son apostolat des Cévennes. Tous deux furent suppliciés (Brueys, *Histoire du Fanatisme,* t. Ier, p. 169).

Marc Portal, pasteur dans les basses Cévennes (C. Coquerel, *Histoire des Eglises du désert,* t. Ier, p. 538, et t. II, p. 598).

[1] Voyez Mary-Lafon, *Histoire du midi de la France,* t. III, p. 384. Cette confession de foi se retrouve dans les livres liturgiques des Vaudois du douzième siècle, imprimés par Jean Léger, Perrin, Monastier, etc.

III

De grand noblesse prend titoul
Qui de Tholose es capitoul.
(Ancien adage.)

Alphonse, guerroyant contre les infidèles, fut fait prisonnier. Lorsqu'il apprit la mort de Raymond VII, il eut le bonheur de recouvrer la liberté ; il revint en France accompagné de la comtesse Jeanne, et fit son entrée solennelle à Toulouse, le 23 mai 1251. Son premier soin fut de faire casser le testament de son beau-père pour ne pas payer les legs. Il jura de maintenir les habitants dans leurs priviléges et coutumes, puis il se retira au château de Vincennes, où il reçut chaque année les hommages de ses vassaux. Les fiefs de la comté de Toulouse relevèrent dès lors directement du donjon de Saint-Louis.

La politique du nouveau comte fut d'abattre la puissance nationale, représentée par le capitoulat, et de s'attacher la noblesse du Languedoc par des faveurs de la cour ; ce double but fut poursuivi par les rois de France pendant trois siècles.

En 1255, Alphonse envoie deux commissaires à Toulouse avec mission de détruire les libertés municipales; les habitants s'assemblent et députent quatre capitouls à Vincennes, deux de la ville et deux du bourg. Alphonse les accueille avec bienveillance, accorde leurs demandes ; mais bientôt, oubliant sa promesse, il prétend s'arroger le droit de nommer les capitouls. Sa conduite cauteleuse le rendit bientôt odieux à tous les peuples soumis à sa domination [1].

Les deux races du Nord et du Midi étaient antipathiques ; le midi de la France était civilisé, les seigneurs savaient lire, écrire, comprenaient le latin et tenaient à honneur de se livrer aux travaux de l'intelligence ; les hommes du Nord n'estimaient que la force brutale et la violence. Cependant le temps, ce calmant suprême des agitations politiques et des révolutions, rapprocha les deux nations ennemies. Vers le milieu et la fin du treizième siècle, la noblesse toulousaine présenta un exemple de ce que nous avons vu à la suite de nos révolutions modernes.

Les légitimistes purs émigrèrent; dépouillés de leurs terres, ils végétèrent dans les provinces loin de la présence des usurpateurs. Une branche de la maison de

---

[1] Voyez pour ces faits l'*Histoire de Toulouse*, de Cayla, p. 415, 416.

Portal, réfugiée dans la petite ville de Marguerittes près de Nîmes, nous en a offert le type.

Une seconde catégorie de la noblesse resta à Toulouse, troublant les usurpateurs dans la possession de leurs domaines confisqués ; le vainqueur fut obligé d'entrer en composition et de transiger avec le vaincu. Guillaume de Puylaurens l'affirme en ce qui concerne la vaste seigneurie de Verfeil donnée par Simon de Montfort aux évêques de Toulouse, avec vingt forteresses qui en dépendaient et dont une, Montpitol, appartenait à la famille de Portal. Les anciens seigneurs tourmentaient si fort ces bons évêques qu'ils ne purent s'en délivrer qu'en leur cédant une part de la proie conquise [1]. Nous verrons bientôt, en 1278, *Bérenger de Portal* et un grand nombre d'habitants de Toulouse obtenir la restitution d'une partie de leurs biens confisqués pour cause de religion. Les mêmes lois révolutionnaires conduisent aux mêmes conséquences; le treizième siècle eut son indemnité des émigrés comme le dix-neuvième.

Cette partie de la noblesse du Languedoc, plus ou moins indemnisée, se résigna au nouvel ordre de choses en continuant à habiter Toulouse et à prendre part aux charges et aux fonctions publiques. La suite des capitouls de la famille de Portal l'établit.

Une troisième catégorie de la noblesse se rattacha

---

[1] Catel, *Mémoires du Languedoc*, p. 894.

complétement au nouveau comte, suivit Alphonse à la croisade, et accepta des fonctions et des faveurs personnelles ; on croit lire ici l'histoire de l'ancienne noblesse française sous Napoléon Ier.

Les cadets de Gascogne, fils déshérités de familles ruinées, furent contraints de se rallier au nouveau gouvernement sous peine de mourir de faim ou d'être refoulés dans les rangs du peuple. C'est à cette troisième catégorie, *les dévoués*, que nous devons rattacher *Jehan de Portal*, clerc et notaire juré de la cour suzeraine de Riom.

Alphonse, comte de Toulouse, était seigneur suzerain de Riom[1]. Ce fut à cette époque, sous Louis IX, qu'eut lieu en France la première création des notaires royaux ; Alphonse de France voulut en établir dans ses domaines, mais la noblesse du Nord ne savait signer qu'avec le pommeau de son épée[2] : Alphonse choisit pour cette charge de haute confiance, un membre de l'aristocratie toulousaine. En nommant *Jehan de Portal* à Riom, il voulut sans doute s'attacher une des familles puissantes de sa ville capitale, qui, à la fin du treizième siècle, dans l'espace de dix-sept ans, entra neuf fois dans le capitoulat.

Les notaires étaient à cette époque des espèces de chanceliers qui rédigeaient les actes, les signaient et

---

[1] Dictionnaire d'Expilly, t. VI, p. 298.
[2] Ces charges n'étaient exercées que par la noblesse. Voyez de La Roque, *Traité de la noblesse*, p. 360.

apposaient les sceaux ; au-dessous d'eux étaient les tabellions et les gardes-notes chargés de la garde des titres et d'en donner des grosses ou expéditions [1].

Jehan de Portal était encore notaire juré de la cour suzeraine de Riom au mois de juillet 1284, d'après une charte conservée dans la famille ; Pierre de Portal lui succéda dans cette charge.

Les rois et les comtes nommant des notaires, les capitouls n'hésitèrent pas à revendiquer le même droit et à en prendre possession ; ils créèrent des offices semblables, avec le droit d'exercer en tous lieux, *ubique terrarum.* Il est vrai qu'en 1330 le sénéchal cassa les notaires nommés par les capitouls, mais on ne peut nier qu'il fut obligé de les réintégrer dans leur charge. Ce privilége régalien fut aboli sous François Ier [2].

Alphonse, comte de Toulouse, mourut en 1271; sa femme décéda le jour suivant de mort subite. Des bruits d'empoisonnement coururent à ce sujet [3]. A peine cette nouvelle se répandait-elle dans les pays de France et de la langue d'oc, que Philippe le Hardi, fils et successeur de Louis IX, écrivit à Guillaume de Cohardon, sénéchal de Toulouse, de prendre possession des immenses domaines dont il héritait par le traité de Paris.

---

[1] *Dictionnaire des Origines,* au mot *Notaires.*
[2] Lafaille, *Annales de Toulouse,* t. Ier, p. 68.
[3] Gaffarelli, *Annales de Gênes.* — Cayla, *Histoire de Toulouse,* p. 420.

Cet empressement du roi Philippe à s'emparer de l'héritage des Raymonds indique une méfiance motivée sur les dispositions peu favorable des Toulousains, à l'égard de la France. Guillaume de Cohardon eut beaucoup de difficultés à vaincre pour triompher de leur répugnance, et, d'après un historien espagnol, *Zurita*, les Toulousains envoyèrent des messagers au roi d'Aragon pour le prier de venir prendre possession de la comté [1].

L'intimidation fut le premier moyen politique employé par Philippe le Hardi, pour réprimer l'esprit de rébellion de ses nouveaux sujets. Vers l'an 1275, le sénéchal parcourut la province, faisant brûler les Vaudois et un grand nombre de sorciers de l'un et l'autre sexe [2].

Ces moyens de persuasion ne paraissant pas avoir obtenu tout le succès qu'on en espérait, on essaya des voies de la douceur, et trois ans plus tard, en 1278, on rendit aux habitants de Toulouse une partie des terres et biens héréditaires qui avaient été saisis par suite des guerres religieuses.

Dans la charte de restitution paraissent Bérenger de Portal et Etienne d'Escalquens, répondant pour euxmêmes et pour les héritiers des frères Guilhem d'Escalquens et Arnaud d'Escalquens, décédés, et pour la dame Comdors, veuve dudit Guilhem d'Escalquens [3].

---

[1] Zurita, *Annales d'Aragon*, liv. III, chap. LXXV. — Cayla, p. 422.
[2] Garinet, *Histoire de la Magie*. — Lafaille, *Annales*, t. Ier, p. 6.
[3] *Trésor des Chartes*, carton T. 313, pièce n° 95. L'ancienne famille

Cette indemnité était un acte politique qui avait pour but d'éteindre les animosités, et de faire cesser les rixes qui s'élevaient chaque jour entre les anciens propriétaires et les détenteurs des biens saisis sur les Albigeois. Cependant les querelles loin de se calmer s'envenimèrent, et deux ans après, en 1280, sous le capitoulat de *Pierre de Portal*, le roi de France nomma une commission temporaire chargée du jugement des causes pendantes entre les habitants de Toulouse.

Sous le gouvernement national, les capitouls étaient juges souverains, même dans les affaires où le comte lui-même était partie; leurs jugements étaient sans appel[1]. Alphonse, en violation du serment qu'il avait prêté de maintenir les priviléges de la langue d'oc, avait établi, en 1264, un parlement auprès de sa personne, à l'exemple du roi Louis IX son frère, pour juger en dernier ressort les affaires qui y seraient portées de toute l'étendue de ses domaines et de ceux de la comtesse Jeanne sa femme. Alphonse résidait à Vincennes; la ville de Toulouse le supplia de nommer des juges sur les lieux, pour épargner aux peuples les dangers et les frais d'un aussi long voyage à la cour. Cette grâce ne fut point accordée, puisque après l'accession de la comté à la couronne de France, sous Philippe le Hardi, les causes de la sénéchaussée de

d'Escalquens, albigeoise, entra seize fois dans le capitoulat, de l'an 1285 à l'an 1353.

[1] Raynal, *Histoire de Toulouse*, p. 466. — Lafaille, *Noblesse des Capitouls*.

Toulouse furent portées aux divers parlements tenus à Paris.

Le parlement tenu à Toulouse en 1280 ne réalisa point ce vœu des Toulousains; les commissaires ou vice-gérants du roi n'avaient qu'une mission temporaire. Les pays vaincus étaient encore trop hostiles à la France pour qu'on leur accordât même l'image d'un parlement national.

Ces commissions royales ne s'assemblèrent qu'à des époques fort éloignées; on n'a même aucune preuve de la tenue d'un parlement dans la province depuis celui de 1287, qui fut prorogé pendant quatre années de suite, jusqu'à la régence de Charles VI [1].

Il nous importait seulement de signaler un grand fait historique qui eut lieu à Toulouse pendant le capitoulat de *Pierre de Portal*, fait dont toute la portée ne se révéla qu'à l'époque où le parlement devint sédentaire, en 1420.

Cependant cette première tenue d'un parlement français à Toulouse éveilla la jalousie des anciennes familles capitulaires; les Languedociens apprenaient à voir à Toulouse d'autres juges que les capitouls; l'ancienne magistrature nationale n'occupait plus que le second rang; chaque jour ses priviléges lui étaient déniés, soit par le gouvernement du roi ou par l'inquisition. La présence du parlement, qui venait pour pa-

---

[1] Raynal, *Histoire de Toulouse*, p. 109.

cifier les esprits, apporta une nouvelle cause d'agitation.

Pour arrêter les envahissements de la cour de France, le vœu unanime des Toulousains fut de faire rédiger leurs anciennes coutumes et de les faire sanctionner par la puissance souveraine. Philippe le Hardi fit un voyage à Toulouse au mois d'octobre 1283; les capitouls de cette année, au nombre desquels était *Vital de Portal*, lui demandèrent de faire rédiger leurs coutumes; ce prince le leur promit, et pour leur donner force de loi, il commit à cet examen Bertrand de Montaigu, abbé de Moissac, qui avait la réputation d'être un habile jurisconsulte; Eustache de Beaumarchais, sénéchal de Toulouse, et Etienne de Mortel, aidèrent l'abbé dans son travail. Les capitouls nommèrent des commissaires pour rédiger les coutumes, en faisant la recherche et le relevé des registres où elles étaient inscrites sans ordre et sans distinction. *Vital de Portal*, capitoul, et *Pierre de Portal* paraissent parmi ces commissaires ou députés, et le procès-verbal de leur serment est inscrit dans le préambule de la coutume.

Deux ans après, en 1285, *Raymond de Portal* étant capitoul[1], on convoqua une assemblée générale des

---

[1] Les listes des capitouls, publiées par Lafaille, Raynal, Durozoi, Du Mège, etc., inscrivent Pierre de Portal sous l'année 1285 : c'est une erreur; il faut lire *Raymond de Portal*, ainsi qu'en fait foi le serment des commissaires. Pierre de Portal avait été capitoul en 1280, il fut réélu en 1286; il n'aurait pu l'être s'il avait été en fonctions l'année précédente : on ne pouvait être capitoul deux années de suite. Le préambule de la coutume relate le serment de Raymond de Portal, CAPITOUL; de Vital de Por-

Toulousains dans l'église de Saint-Pierre de Cuisines,
pour la promulgation de ce code de lois. « Il y eut, dit
« Durozoi [1], quelques-uns des articles contenus dans le
« cahier de demandes des capitouls auxquels Philippe
« fit mettre ces mots : *videbitur* ou *non placet* (on verra,
« ou il ne nous plaît pas); mais aucun monument,
« ajoute le même auteur, n'a conservé un détail exact
« de ces articles. »

L'histoire, en effet, se tait sur les restrictions apportées par le roi aux demandes des capitouls ; mais il est
facile de suppléer à ce silence. La coutume de Toulouse
ne contient aucun article important relatif aux capitouls ; les articles réservés concernaient donc ces magistrats, leurs attributions, leur élection et leur nombre.
La demande de la rédaction des coutumes avait eu
pour principal motif de faire constater et consacrer
leurs priviléges, dont les principaux étaient, d'après
la charte de Raymond de l'an 1247, la nomination
de leurs successeurs sans l'intervention royale, et la
pleine jouissance de la haute et basse justice dans toute
l'étendue de la viguerie, sans appel aux parlements.
Philippe refusa de sanctionner ces prétentions, mais
accorda encore aux capitouls des priviléges et des attri-

---

tal, ancien capitoul ; et de Pierre de Portal, habitant notable de Toulouse.
Vital de Portal est désigné comme ancien capitoul, parce que ce fut sous
son capitoulat que la rédaction des coutumes fut demandée, autorisée et
commencée. (Voyez le *Coutumier général de France*, de Bourdot de Richebourg, t. IV, p. 1037.)

[1] *Annales de Toulouse*, t. II, p. 40, 41.

butions considérables; les nouvelles restrictions qui y furent apportées en 1335 indiquent toute leur étendue. Les capitouls choisissaient leurs successeurs, mais ils devaient recevoir l'investiture royale; le viguier, lieutenant du souverain, avait le droit de *veto*. Ces magistrats étaient alors au nombre de douze. L'intervention du viguier n'altérait que fort peu le caractère oligarchique des institutions toulousaines; aussi les mêmes familles patriciennes se transmettaient le capitoulat de génération en génération.

Les attributions judiciaires, quoique restreintes par le roi, paraîtraient aujourd'hui excessives; Toulouse avait deux tribunaux, la cour supérieure des capitouls et le tribunal inférieur, *Parva curia*, nommé dans la langue du pays la *Cour pauco*[1]. En 1286, année qui suivit la promulgation des coutumes, des lettres patentes furent données par le roi pour confirmer les capitouls dans le droit de connaître et de juger les causes des juifs[2].

« Les magistrats commis par le roi, dit Du Mège, « voyaient avec peine les capitouls formant un tri- « bunal respecté, et dont les arrêts avaient autant « de force que ceux même du parlement de Paris. « *Les délits commis par les nobles et les ecclésiastiques,* « *non-seulement dans la ville et la banlieue, mais même*

---

[1] Catel, *Histoire des comtes de Tolose*, p. 34. — Du Mège, *Institutions de Toulouse*, t. II, p. 23.
[2] Du Mège, t. Ier, p. 390.

« *dans toute la viguerie, ressortissaient de la cour des*
« *capitouls*. Mais ils furent souvent troublés dans la
« jouissance de ce droit. Dans l'année 1309, un
« arrêt contradictoire, rendu par le conseil du roi,
« maintint les capitouls dans le droit de juger ces
« délits [1]. »

Nous devions indiquer ces quelques faits pour mieux
apprécier les péripéties de la lutte engagée entre le
parlement, l'inquisition et le capitoulat. Un conflit
d'attribution entre ces trois pouvoirs eut lieu en 1288.
« Un criminel s'étant réfugié dans l'église de Nazareth
« de cette ville, les capitouls, qui étaient occupés à
« lui faire son procès, l'en firent arracher; on le con-
« duisit dans leurs prisons et on l'appliqua à la torture
« pour lui faire avouer son crime. Le chapitre de
« Saint-Etienne, à qui cette église a toujours appar-
« tenu, se plaignit hautement aux gens tenant alors le
« parlement de Toulouse, que l'on eût violé un asile
« jusqu'alors respecté. Le parlement rendit un arrêt
« par lequel il fut ordonné aux capitouls de remettre
« le prisonnier dans l'église, et de plus, cet arrêt por-
« tait que le coupable avait la permission *d'y manger*
« *et d'y dormir* [2]. »

François Ier abolit le droit d'asile; dans cette circonstance, le capitoulat se montra de deux cent cinquante
ans en avance de la civilisation française. Le chef de

[1] Du Mège, t. II, p. 10.
[2] Durozoi, *Annales de Toulouse*, t. II, p. 53, 54.

la famille de Portal, *Raymond-Géraud*, capitoul cette
année (1288), prit une part active dans cette affaire;
s'il fut vaincu avec ses collègues par le parlement, du
moins l'énergie qu'il avait montrée eut sa récompense :
il fut réélu capitoul en 1294 et en 1297, et un de ses
proches parents succéda à son premier capitoulat,
Oldric de Portal (IIe du nom), capitoul en 1289[1].

La puissance capitulaire perdait ainsi chaque jour
quelques-uns de ses antiques priviléges; mais les institutions toulousaines étaient si vivantes et si populaires,
qu'il fallut encore près de deux siècles avant que le
capitoulat ne passât sous le joug de Rome et de la
France.

Le droit de justice souveraine, exercé par les capitouls sous les comtes, appartenait alors au roi; mais
un droit plus éminent encore, celui de lever et de commander les armées, avait été reconnu et confirmé par
Philippe le Hardi et n'avait point reçu d'atteinte. Une
occasion favorable se présenta pour le faire consacrer
de nouveau.

En 1294, sous le second capitoulat de *Raymond-
Géraud de Portal*, la guerre fut déclarée entre la France
et l'Angleterre; le connétable de Nesle fut placé à la
tête de l'armée française. Les capitouls, de leur propre
mouvement et sans invitation du gouvernement, levè-

---

[1] Raymond-Géraud de Portal était fils de Bérenger de Portal, capitoul
en 1242 et 1274, et petit-fils d'*Oldric de Portal* (Ier du nom), capitoul
en 1204; il était probablement le filleul du chevalier Raymond-Géraud de
Portal.

rent un corps de troupes considérable ; plusieurs combats heureux, plusieurs places conquises signalèrent les armes des Français. Après la campagne, le connétable congédia les troupes toulousaines et donna aux capitouls une attestation signée de son scel. « Jamais, dit « l'annaliste Durozoi, témoignage rendu par un géné- « ral ne fut plus glorieux que celui que le connétable « crut devoir à la valeur des Toulousains. Il ajouta que « cette ville, en récompense des services rendus par « ses citoyens, méritait non-seulement qu'on lui con- « servât ses anciens priviléges, mais encore qu'on lui « en accordât de nouveaux [1]. »

« Ce n'est poit la seule fois que Toulouse ait ainsi « bien mérité de la patrie en lui faisant hommage de la « vie de ses habitants. Pendant toutes les guerres « contre les Anglais elle se signala par de semblables « secours. Les capitouls commandaient en personne, « et non-seulement les troupes prenaient les ordres « d'eux seuls, mais eux seuls aussi exerçaient sur elles « une justice suprême [2]. »

En 1303, Philippe le Bel confirma le règlement de Philippe III, par lequel Toulouse ne devait fournir des

---

[1] Lafaille, dans le *Traité de la noblesse des Capitouls*, dit : « Il y a une « attestation de Raoul de Nesle, connétable de France, sous Philippe le Bel, « de l'an 1294, portant que les capitouls et citoyens de Toulouse l'ont gran- « dement secouru cette campagne-là, n'ayant retiré leurs troupes de l'armée « que par son ordre ; à cause de quoi, ajoute ce connétable, *s'adressant au* « *roi,* ils méritent que leurs priviléges leur soient non-seulement conser- « vés, mais augmentés » (p. 21).

[2] Durozoi, *Annales de Toulouse*, t. II, p. 56, 57.

troupes qu'en corps de communauté; c'était faire droit à la demande du connétable [1].

L'attestation de Raoul de Nesle était du plus grand prix pour les capitouls; la campagne avait été certainement entreprise pour que leurs priviléges leur fussent *non-seulement conservés mais augmentés.*

Le moment était bien choisi; cette même année, de graves démêlés s'étaient élevés entre la cour de Rome et le clergé de Toulouse. Boniface VIII occupait la chaire pontificale; il divisa le diocèse en deux parties; l'évêque Mascaron se rendit à Rome dans l'espoir d'empêcher ce démembrement, Boniface fut inflexible; le prélat toulousain mourut de dépit. La nomination d'un nouvel évêque appartenait de droit au chapitre de Saint-Etienne; le pape, sans respecter des prérogatives consacrées par le temps, élut de sa seule autorité Louis, fils aîné de Charles II, roi de Naples. Cette nomination mit en émoi le clergé de Toulouse [2]. Il voulait bien qu'on renversât les priviléges des capitouls, mais il n'entendait pas qu'on touchât aux siens.

L'année suivante (1295), *Alaric de Portal* fut élu capitoul. Les nouveaux magistrats consulaires suivirent l'exemple de leurs prédécesseurs dans la défense de leurs priviléges. Un de ceux auxquels tenaient le plus les familles capitulaires était le *droit d'images* (jus ima-

---

[1] Lafaille, *Annales*, t. 1er, p. 34.
[2] Cayla, *Histoire de Toulouse*, p. 430.

ginum), droit particulier aux nobles romains, et qui consistait à faire peindre les portraits ou images des capitouls revêtus de la robe comtale sur les murs du Capitole. Alaric de Portal et ses collègues établirent un registre dans lequel le nom et le blason de chaque capitoul dut accompagner son portrait. C'est à ce livre que Toulouse doit l'authenticité d'une partie de ses annales, et la suite non interrompue de ses capitouls jusqu'à l'époque de la Révolution.

Le livre des capitouls commence ainsi :

Incipit liber venerabilium atque nobilium capitulariorum magnæ atque regiæ civitatis et suburbii Tolosæ.

(Ici commence le livre des vénérables et nobles capitouls de la grande et royale cité et du bourg de Toulouse [1].)

L'établissement de ce nobiliaire du capitoulat nous paraît un indice certain de l'amoindrissement de la puissance capitulaire, qui cherchait à se consolider en se rattachant aux anciennes traditions ; moins les capitouls eurent d'autorité et plus on leur décerna de vains titres de noblesse ; des lettres patentes de Henri IV de 1609, de Louis XIII de 1610, et un arrêt du conseil d'Etat, de 1641, déclarent les capitouls *chefs des nobles* [2].

La puissance, les immunités et les titres nobiliaires

---

[1] Lafaille, *Traité de la noblesse des Capitouls*, p. 13. — Durozoi, *Annales de Toulouse*, t. IV, 2e partie, p. 51 et suivantes des preuves. — Raynal, *Histoire de Toulouse*, p. 111, etc.

[2] Durozoi, *Annales de Toulouse*, t. IV, 2e partie des preuves, p. 55.

des capitouls étaient populaires à Toulouse , parce qu'ils formaient la sauvegarde des libertés publiques.

> De grand'noblesse prend titoul
> Qui de Tholose ès capitoul,

disait l'ancien adage populaire[1]. Les Toulousains voyaient dans la haute noblesse de leurs magistrats, le principe tutélaire de leurs libertés ; si tous n'étaient pas nobles, tous pouvaient le devenir, et réclamaient les bénéfices de ces franchises ; c'est ainsi que sous le troisième capitoulat de *Raymond-Géraud de Portal*, en 1297, le roi Philippe le Bel reconnut et consacra solennellement le droit de tous les habitants de Toulouse de posséder des biens nobles ou des fiefs, sans en vider leurs mains, selon la coutume, ajoute la charte, qui confirme cette antique franchise [2].

Raymond-Géraud de Portal était sans doute un homme habile et d'un grand caractère ; ses trois capitoulats sont marqués par des événements importants. En 1288, il veut faire respecter la souveraineté du droit de justice des capitouls en arrachant d'une église un criminel qui réclamait le droit d'asile. En 1294, ses collègues et lui lèvent des troupes et viennent au secours de l'armée française en guerre contre l'Angle-

---

[1] Lafaille, *Noblesse des Capitouls*, p. 37.

[2] Du Mège, *Histoire des Institutions de Toulouse*, t. 1er, p. 396, 397. Cette charte, de 1297, a été traduite et imprimée dans le *Traité de la noblesse des Capitouls*, de Lafaille, p. 106. La lettre du roi est précédée d'un préambule des capitouls Raymond-Géraud de Portal, etc.

terre. Enfin, en 1297, ils demandent à Philippe le Bel et obtiennent la confirmation des anciennes coutumes de Toulouse sur les fiefs.

L'influence de *Raymond-Géraud de Portal* sur ces actes publics, est marquée par la reconnaissance des familles capitulaires qui, deux fois, désignèrent pour occuper sa place un de ses proches parents : *Oldric de Portal* en 1289 et *Alaric de Portal* en 1295.

L'honneur de deux capitoulats de suite, dans une même famille, était fort rare et fort ambitionné ; il n'était décerné que comme la récompense de grands services rendus au pays. Cette récompense ne fut accordée qu'à la famille de Portal, en 1289 ; il en résulte que Raymond-Géraud fut le principal acteur dans la querelle relative au droit d'asile. Nous verrons bientôt que sa famille en subit les conséquences, en attirant, sur elle la haine du parti opposé aux capitouls[1]. Ajoutons que les familles Maurand et de Portal obtinrent la même faveur en 1295, ce qui désigne *Raymond Maurand* et *Raymond-Géraud de Portal* comme les chefs de l'armée toulousaine, qui combattit avec honneur sous le connétable de Nesle. Les troupes toulousaines en campagne étaient commandées par deux capitouls, l'un de la cité et l'autre du bourg[2] ; *Raymond Maurand* étant capitoul de la cité et *Ray-*

---

[1] La famille de Portal fut éloignée du capitoulat pendant vingt-six ans, de 1297 à 1324. Nous allons en montrer les motifs.

[2] Comme on le voit à l'année 1324, etc. Voyez Du Mège, t. II, p. 33. — Cayla, *Histoire de Toulouse,* p. 437.

mond-Géraud de Portal capitoul du bourg, ainsi que cela résulte de l'ordre de préséance dans la liste des capitouls [1].

Le nom de Maurand évoque les souvenirs les plus dramatiques de l'histoire des Albigeois. Vers le milieu du douzième siècle *Pierre Maurand* naquit à Toulouse; sa famille, l'une des plus illustres et des plus riches, avait la prétention de descendre des anciens princes d'Aquitaine. *Pierre Maurand* fut le chef de la secte des henriciens ou Vaudois de Toulouse ; ses biens furent confisqués, ses châteaux rasés, à l'exception de celui qu'il possédait dans les murs de la ville [2]; il fit amende honorable, fut exilé pendant trois ans en terre sainte où il fut mis au service des pauvres; chaque matin il devait visiter les églises nu-pieds et se fustiger les épaules nues. Rentré à Toulouse, il fut élu trois fois capitoul, en 1183, 1184 et 1192. Sa famille compta plusieurs martyrs de la foi vaudoise : *Maurand*, condamné en 1234 ; *Aldric Maurand*, capitoul, excommunié en 1235 et en 1237 ; *Guiraud Maurand*, brûlé vif en 1244; *Louis Maurand*, déporté en terre sainte en 1262 [3].

---

[1] Ce n'est qu'à partir de l'établissement du livre des Capitouls, en 1295, que les capitoulats ou quartiers de la ville et du bourg sont indiqués à côté de chaque capitoul. *Alaric de Portal* représentait le capitoulat de Matabiau; l'ordre de préséance supplée presque toujours à cette indication générale. (Voyez Lafaille, t. Ier, à l'année 1295.)

[2] Toulouse, habitée par une noblesse nombreuse et guerrière, était hérissée de forteresses et avait reçu le surnom de *Urbs turrita* (la Ville des Tours).

[3] *Biographie toulousaine.* — Lamothe-Langon, *Histoire de l'Inquisition*

Le chevalier Pierre Maurand[1], indignement outragé et persécuté, fut élu trois fois capitoul; sa famille martyrisée entra quatre-vingt-huit fois dans le capitoulat[2]. Ces chiffres indiquent suffisamment l'esprit d'opposition religieuse et politique qui animait les anciennes familles capitulaires.

en *France*, t. II, p. 545, 602. — Schmidt, *Histoire des Cathares ou Albigeois*, t. I, p. 78.

[1] « Dans l'ancien temps, dit Lafaille, les capitouls, même les plus distingués, ne prenaient aucun titre ni de seigneurie ni de qualité. Les Maurand étaient seigneurs de Montrabe, Belvèze, Gragnague, Pompignan, etc., depuis l'an 1141 » (Lafaille, *Noblesse des Capitouls*, p. 45, 50).

[2] *Biographie toulousaine.*

IV

LES CAPITOULS SOUS LA DOMINATION FRANÇAISE AU XIVᶜ SIÈCLE

Liberté! liberté! Mourons pour nos coutumes et nos priviléges.
(*L'Emeute à Toulouse.*)

Noùs avons déjà remarqué (page 54) qu'à la fin du treizième siècle, dans l'espace de dix-sept ans, de l'an 1280 à l'an 1297, la famille de Portal était entrée neuf fois dans le capitoulat[1] ; à partir de cette dernière année, un long intervalle de vingt-six ans se passe sans que cette famille obtienne le même honneur; ce ne fut qu'en 1324 que Pierre de Portal, fils de Raymond-Géraud, fut élu capitoul. Les graves événements religieux et politiques qui eurent lieu à Toulouse à cette époque expliquent l'éloignement de la famille de Portal des affaires publiques.

---

[1] Voici les noms de ces capitouls et les dates :
Pierre de Portal, capitoul en 1280 et 1286.
Vital de Portal,   —   . 1283.
Raymond de Portal, —   1285.
Raymond-Géraud de Portal,   1288, 1294 et 1297.
Oldric de Portal,   —   1289.
Alaric de Portal.   —   1295.

Armée de la sainte inquisition, la cour de Rome élevait des prétentions intolérables. Boniface VIII ne se contentait plus de la puissance spirituelle, il voulait la puissance temporelle absolue, sans partage. Philippe le Bel résista; le pape donna alors à l'évêque de Pamiers, Bernard de Saisset, son ambassadeur, la mission secrète de soulever la France contre son souverain légitime. Le Languedoc n'était que trop bien disposé à la révolte; le sang des quatre cent mille Albigeois égorgés par Simon de Montfort criait encore vengeance, et les taxes exorbitantes, les exactions du roi *faux monnayeur*, surexcitaient les ressentiments populaires.

L'agent de Boniface, exploitant par de sourdes menées la vieille haine du Languedoc contre la France, sollicite le comte de Foix de se liguer avec les Anglais pour chasser les Français de Toulouse, lui promettant cette ville et son territoire. Puis il excite le comte de Comminges à la révolte, lui rappelant qu'il descend des anciens souverains de Toulouse par les femmes, et que cette ville est prête à lui ouvrir ses portes; il s'agite alors auprès des capitouls et des notables habitants, pour leur faire adresser des propositions formelles au comte de Comminges. L'histoire se tait sur la participation directe des Toulousains à ce complot, mais la vengeance du roi nous instruit des sentiments de l'aristocratie et du peuple de la capitale du Languedoc.

L'évêque de Pamiers fut arrêté, l'acte d'accusation

met à sa charge les faits qui précèdent[1]. Toulouse humiliée vit ses priviléges foulés aux pieds, et le régime du bon plaisir succéder à ses antiques franchises. Il n'entre pas dans notre sujet de poursuivre le récit des scandaleux démêlés de la cour de France et du Vatican, de montrer Philippe excommunié par le pape, et maudit jusqu'à la quatrième génération, le pape à son tour saisi sur son trône pontifical, frappé à la face par le gantelet de fer de l'un des envoyés de la France et mourant suffoqué dans le paroxysme de la fureur[2].

L'évêque de Pamiers avait été sommé de comparaître, le 6 octobre 1300, devant le conseil du roi[3]. La violation des priviléges des capitouls eut lieu au mois de mars de l'année suivante, 1301. Le rapprochement de ces dates indique la cause de l'un des événe-

---

[1] Voyez les détails de cette longue affaire dans Durozoi, *Annales de Toulouse*, t. II, p. 66, 67.

[2] Voyez de Lamothe-Langon, *Histoire de l'Inquisition en France*, t. III, p. 7 et suivantes et p. 13.

Le principal envoyé de la France était un Albigeois, *Guillaume de Nogaret*; son aïeul avait été brûlé avec plusieurs de sa secte. Le second envoyé était Sciarra-Colonne, prince romain, ennemi de Boniface. Lorsque Nogaret somma le pape de se présenter au concile général : « Je me con- « solerai aisément, répondit-il, de me voir condamné par des *Patarins*. » A cet outrage, Sciarra-Colonne frappa la joue de Boniface de son gantelet, et l'aurait tué s'il n'eût été retenu par Nogaret, qui, s'adressant au chef de l'Eglise, lui dit : « Toi, chétif pape, admire et considère de Monseigneur « le roi de France, qui tant est loin, de toi te gardes par moi et te défends « contre tes ennemis, comme ses prédécesseurs ont gardé les tiens. » Nogaret le prit sous sa sauvegarde ainsi que ses neveux; mais peu de jours après, Boniface expira dans un accès de fureur.

La maison de Nogaret entra dix-huit fois dans le capitoulat de Toulouse, de 1357 à 1462.

[3] Durozoi, *Annales de Toulouse*, t. II, p. 65.

ments les plus considérables de l'histoire des institutions toulousaines. Les chroniqueurs l'enregistrent sans en comprendre ni la signification ni la portée.

« Un fait, dit Du Mège, qui a passé en quelque sorte
« inaperçu, et qui cependant eut une très grande im-
« portance, fut la violation des priviléges de la ville
« pour l'élection de ses magistrats municipaux. Cette
« année (1301), en effet, des commissaires envoyés
« par le roi (Missi Dominici) et chargés de la réfor-
« mation de la sénéchaussée de Toulouse et d'Alby,
« s'emparèrent du pouvoir électoral. Lafaille, sans
« rechercher les causes d'un événement si étrange,
« dit : *Les capitouls furent nommés et élus le dimanche*
« *avant la fête de saint Grégoire pape, au mois de mars,*
« *par vénérables et discrètes personnes Richard Neveu ar-*
« *chidiacre de Lisieux, et Jean Pincon, vidame d'Amiens,*
« *commissaires députés par le roi.* Une telle usurpa-
« tion, ajoute M. Du Mège, n'eut pas lieu apparem-
« ment sans quelque motif; mais les causes de cet
« oubli des principes qui, jusqu'alors, avaient dominé
« dans les conseils du gouvernement, durent être pro-
« voquées par quelque cause que Lafaille aurait dû
« rechercher, et à laquelle cependant il ne paraît pas
« même avoir songé [1]. »

---

[1] Du Mège, *Hitoire des Institutions de Toulouse*, t. II, p. 2.
Lafaille ne fait ici que copier le livre des Capitouls, qui se tait toujours,
nous en verrons des preuves, sur tous les événements qui peuvent com-
promettre l'honneur du capitoulat. Comme l'histoire était rédigée chaque

La cause que Lafaille *aurait dû rechercher* et à laquelle M. Du Mège *ne paraît pas même avoir songé*, appartient cependant à l'histoire. Toulouse voulut secouer le joug de la France, la France lui ravit ses priviléges[1].

Les conséquences de ce coup d'Etat furent graves; Toulouse ne fut pas privée de ses anciennes institutions seulement pendant un an, comme le suppose M. Du Mège, mais pendant seize ans, de 1301 à 1317.

Nous devons apprécier d'abord le fait en lui-même, rechercher les causes de son existence et de sa durée dans les agitations et les soulèvements populaires de cette époque, et montrer l'influence de ces événements politiques sur la famille de Portal.

Le mode de nomination des capitouls fut violé dans la forme et dans le fond. Les capitouls, dans l'état normal, entraient en fonctions au commencement de l'année, fixé à Pâques sous la troisième race de nos rois[2], mais leur élection précédait de plusieurs mois; elle avait lieu vers la Toussaint, quelquefois au mois de septembre ou d'octobre de l'année précédente.

---

année en conseil des capitouls, nous ne savons que ce qu'il leur a plu de nous faire savoir.

[1] Quoique nous ne partagions pas les opinions religieuses de M. Du Mège, et que nous soyons en désaccord sur quelques questions historiques, nous devons reconnaître que son grand ouvrage nous a été fort utile, et que ses recherches forment le plus précieux répertoire de l'histoire et de l'archéologie de Toulouse.

[2] Un édit de Charles IX, de 1564, fixa le commencement de l'année au 1er janvier. (Voyez Bouillet, *Dictionnaire des sciences*, au mot *année*.)

Ainsi, on ne nommait pas les capitouls pour entrer immédiatement en fonctions, mais on nommait *les futurs capitouls;* la charte de Philippe de Valois, que nous examinerons plus loin, le dit formellement : *In futuros capitularios eligendæ*, et ajoute que les capitouls et les douze conseillers appelés pour l'élection, devaient jurer de ne révéler à personne la nomination jusqu'à ce qu'elle fût publiée par le seigneur viguier [1].

Cette obligation du secret imposée aux futurs capitouls et à ceux qui les avaient élus prouverait déjà que la nomination précédait l'entrée en fonctions d'un espace de temps assez considérable. Après la sanction accordée par le viguier, les futurs capitouls prêtaient serment et portaient *le chaperon noir*, entraient aux assemblées de l'Hôtel de ville et jouissaient de tous les priviléges attachés aux fonctions capitulaires; mais ils n'étaient que stagiaires et non fonctionnaires. A la fin de l'année, un magnifique festin leur était offert par les anciens capitouls, qui résignaient leurs charges en transmettant *le chaperon rouge* à leurs successeurs. Le lendemain, les nouveaux seigneurs du Capitole se promenaient à cheval dans la ville, accompagnés de leurs assesseurs, de leur bedeau, des huissiers, précédés par les trompettes et escortés de la compagnie du guet,

---

[1] « Et insuper jurabunt dicti capitularii, et alii duodecim consiliarii quod nemini dictam nominationem revelabunt quousque fuerit per dominum vicarium publicata » (*Coutumier général*, de Bourdot de Richebourg, t. IV, p. 1064).

qui, par des salves de mousqueterie, annonçait au peuple les nouveaux magistrats de la ville [1]. Cet usage se perpétua jusqu'à la Révolution française.

Les élections anticipées existaient sous les comtes, puisque nous avons vu que les capitouls de 1204, au nombre desquels était Oldric de Portal, prêtèrent serment au mois de décembre de l'année précédente, 1203. Cette institution avait un grand sens politique ; les futurs capitouls disposaient de plusieurs mois, non-seulement pour mettre ordre à leurs affaires domestiques, mais pour s'instruire des affaires publiques auxquelles ils devaient un dévouement absolu, tout leur temps et toutes leurs forces. Les capitouls en charge initiaient alors leurs successeurs à la politique et aux traditions de leurs ancêtres dans le capitoulat; car le capitoulat était une grande famille, dont les traditions se transmettaient vivantes de générations en générations.

Cette institution fut brisée par le fait de la nomination directe par le roi; les capitouls n'eurent plus d'ancêtres politiques; ils furent les agents subalternes et soumis du monarque et de l'inquisition. Les magistrats nommés en violation des lois et coutumes tâchèrent d'effacer, autant que possible, les traces de l'illégitimité de leur élévation. Le coup d'Etat de l'an 1301 fut inscrit sur les registres de l'Hôtel de ville; mais, pour les années suivantes, on reprit l'ancienne formule, en

---

[1] Raynal, *Histoire de Toulouse*, p. 462.

disant que les capitouls furent élus devant le viguier[1]. Mais par qui? Nous disons que ce fut par une commission nommée par le viguier et l'inquisiteur, et nous en trouvons une première preuve dans le fait que durant ces dix-sept années de suspension du droit, il n'y eut pas de *futurs capitouls*. Non-seulement les nominations ne furent pas anticipées comme le voulaient les anciennes coutumes, mais elles furent retardées d'année en année; elles eurent lieu au mois d'avril en 1306, au mois de mai en 1307, au mois de juin en 1311, au mois de juillet en 1313 et au mois d'août en 1317[2], de telle sorte que l'année capitulaire ne correspondait plus à l'année civile, et que les actes publics émanés d'un même capitoulat durent être datés de deux années, ce qui ne put jamais avoir lieu dans l'état légal et normal.

La raison d'Etat avait imposé à la France l'obligation de suspendre à Toulouse l'exercice de ses institutions nationales; le Languedoc vaincu subissait le joug du vainqueur, mais aspirait au jour de la délivrance; ses plaintes étaient incessantes contre la tyrannie politique et religieuse dont elle subissait le joug.

En 1303, Philippe le Bel vint à Toulouse et reçut les doléances des habitants de la province contre les frères prêcheurs, qui tenaient l'inquisition de cette ville et faisaient accuser d'hérésie « les nobles et autres du

[1] Voyez Durozoi, t. II, p. 117.
[2] Voyez ces dates dans les *Annales*, de Lafaille.

« pays, et, sous ce prétexte, après les avoir empri-
« sonnés, les mettaient à rançon et en exigeaient de
« grosses sommes. Pour connaître de cet abus et y
« donner ordre, le roi, quelque temps après, envoya
« à Toulouse pour son sénéchal Picqueni, vidame d'A-
« miens, chevalier sage, savant et bon catholique, qui,
« non content d'avoir tiré des prisons de l'inquisition
« plusieurs qui avaient été faussement accusés, fit en-
« core arrêter quelques-uns de ces frères, ce qui lui
« attira l'indignation des inquisiteurs, tant qu'ils le dé-
« noncèrent pour excommunié; mais il appela de leur
« sentence au pape, et mourut sur les chemins de
« Rome, allant poursuivre son appellation. Selon Bel-
« leforêt, le pape leva cette excommunication; mais la
« *Chronique* (de Bardin), qui finit en 1380, dit le con-
« traire..... *Il fut dénoncé pour excommunié par le com-*
« *mandement du pape*[1]. »

Tel est le passage extrait de l'*Histoire officielle de
Toulouse*, imprimée aux frais de la ville.

Ainsi les frères prêcheurs eurent le champ libre pour
commettre leurs extorsions, et ils en usèrent.

La position de Toulouse et du Languedoc était intolérable. En 1304, la ville de Carcassonne proclame
Ferdinand, fils du roi de Majorque, roi du pays[2]. Cette
sédition fut bientôt comprimée, mais les sentiments populaires n'en devinrent que plus hostiles et plus em-

[1] Lafaille, *Annales de Toulouse*, t. I, p. 34.
[2] De Lamothe-Langon, *Histoire de l'Inquisition*, t. III, p. 30.

pressés de saisir les moindres prétextes de soulèvement.

« Les Toulousains, qui regrettaient encore la domi-
« nation de leurs anciens comtes, dit un historien de
« Toulouse, profitèrent des troubles suscités par la
« mort des templiers[1], pour se mettre sur la défensive
« contre les commissaires du roi. La levée d'un nou-
« veau subside exaspéra les Languedociens, et la
« sédition fut générale dans le pays toulousain. Au
« moment où l'on conduisait à l'échafaud un chevalier
« nommé *Boissac*, condamné à mort par une commis-
« sion royale, trois cents personnes masquées arra-
« chèrent le patient des mains du bourreau.

« *Liberté! liberté! mourons pour la conservation de nos*
« *coutumes, franchises et priviléges*, criaient les Toulou-
« sains.

« On tendit des chaînes, on éleva des barricades dans
« les principales rues, on pilla la maison du président
« de la commission royale, et tous les commissaires
« quittèrent Toulouse, où il n'y avait plus de sûreté
« pour eux; ils se hâtèrent d'instruire le roi de ce qui
« s'était passé dans la capitale du Languedoc. Les Tou-
« lousains députèrent aussi deux de leurs capitouls,
« *Duverger* et *Barravi*, pour justifier leur conduite.
« Philippe fut inflexible, et les envoyés toulousains
« eurent beaucoup de peine à se sauver. Le mécon-
« tentement était à son comble, lorsque la disette et la

---

[1] Le grand maître Jacques Molay fut livré au feu le 18 mars (1313, vieux style) 1314.

« contagion réduisirent le Languedoc aux dernières
« horreurs de la misère [1]. »

Le grand maître des templiers, Jacques de Molay,
avait lancé ces paroles du haut de son bûcher :

« *Clément ! juge inique et cruel bourreau, je t'ajourne*
« *à comparaître, dans quarante jours, devant le souverain*
« *juge ! et toi, Philippe, je t'y appelle également.* »

Le pape et le roi moururent dans l'année [2].

Les Toulousains respirèrent, ils crurent que l'avénement au trône d'un nouveau souverain ouvrirait
pour eux une ère de liberté, ces espérances furent dé-
çues ; on lit dans la *Chronique* : « Philippe le Bel étant
« mort (1315) Louis le Hutin monta sur le trône, et
« les consuls et les habitants prêtèrent serment de fidé-
« lité au nouveau monarque, tout en réservant leurs
« droits, leurs coutumes, leurs priviléges, leurs fran-
« chises et leurs libertés. »

« Le nouveau roi, par des lettres patentes données
« à Paris, confirma, en faveur des capitouls et de leur
« postérité, le privilége de ne pouvoir être appliqués
« à la question, si ce n'est pour crime de lèse-
« majesté [3]. »

La seule exemption de la torture n'était-elle pas une
sombre menace ?

---

[1] Cayla, *Histoire de Toulouse*, p. 436.
[2] De Lamothe-Langon, *Histoire de l'Inquisition*, t. III, p. 68.
[3] Du Mège, *Histoire de Toulouse*, t. II, 17.

Enfin Philippe le Long, à son avénement au trône, rendit aux peuples du Languedoc leurs anciens priviléges, confirmant leurs coutumes et franchises, semblables à celles dont le pays jouissait, non pas sous les comtes, mais au temps du roi saint Louis. Des lettres patentes furent expédiées de Bourges, le 3 avril 1317; on y voit l'ordre donné aux officiers du souverain de réparer toutes les infractions qu'ils pourraient avoir faites à ces priviléges [1].

Ainsi les priviléges de Toulouse avaient été violés, c'est le roi qui le reconnaît en rendant à cette ville ses anciennes franchises. Les capitouls rentrèrent dès lors dans l'exercice du droit de nommer leurs successeurs, sous la sanction du viguier. Cette restauration du capitoulat n'est indiquée, dans les annales de l'Hôtel de ville, que par un changement de date dans l'élection; mais cette date est significative. Les capitouls de l'an 1317 furent nommés par leurs prédécesseurs au mois d'août de cette année pour entrer immédiatement en fonctions ; ces capitouls, deux mois après leur investiture, s'empressèrent d'élire les futurs capitouls de l'année suivante (1318). Elus le 7 octobre 1317, ils entrèrent en fonctions à la Pâque de l'année 1318. A partir de cette époque les capitouls d'une année sont nommés l'année précédente. Nous en donnerons la preuve aux années 1324, 1331, 1423, etc.

---

[1] Du Mège, t. II, p. 19.

L'importance que nous avons donnée à un simple changement de date dans l'élection des magistrats de Toulouse est d'autant mieux justifiée, que ce changement nous offrira plus tard le moyen de constater les nouvelles violations des priviléges des capitouls et d'en connaître la durée.

Toulouse, rétablie en possession de ses libertés et franchises, jouit durant quelques années d'un peu de repos. Dans sa lutte contre la domination étrangère, elle avait épuisé ses forces ; ses blessures étaient nombreuses, profondes : une grande partie de sa noblesse, dédaignée par la cour de France, traquée par l'inquisition, avait une seconde fois pris le chemin de l'émigration, emportant dans ses châteaux forts les richesses qui donnaient le mouvement et la vie à la capitale du Languedoc. Si de nos jours les familles opulentes de France étaient, par suite de tracasseries incessantes, contraintes d'abandonner Paris et d'habiter leurs terres, les arts et le commerce n'en subiraient-ils pas une grave atteinte ? Toulouse était, au moyen âge, de plusieurs siècles en avance de la civilisation du nord de la France ; sa noblesse vivait comme vit aujourd'hui la noblesse française, dans les villes, à Paris, à Toulouse. Il fallait de graves motifs pour obliger ces familles patriciennes à rompre avec toutes leurs habitudes, et à aller végéter et mourir dans l'isolement et l'ennui. Lorsque sous Raymond VI le concile d'Arles condamna ces fiers seigneurs albigeois à habiter les champs *comme des vilains et des manants,* on se rappelle leur cri formidable et la vengeance qui éclata sur l'armée des croisés.

Et cependant à toutes les époques où la noblesse languedocienne fut comptée pour rien dans le maniement des affaires publiques et le gouvernement de l'Etat, elle s'exila volontairement, contracta des alliances avec les familles qui habitaient loin de la capitale, et n'y rentra que rappelée par des emplois publics.

Une branche de la maison de Portal prit le chemin de l'exil et se fixa dans la partie de la Provence où se cachaient encore les derniers vestiges de l'ancienne Eglise vaudoise.

Raymond de Portal, damoiseau de Valbonnette, était seigneur du château fort de ce nom, situé entre Arles et Aix, ainsi que l'établit une charte de 1334[1]. Cette

---

[1] D'Hozier, *Armorial général,* registre VI, famille de *Lauris,* p. 3 et 4 des preuves; il donne cette charte en entier.

Le titre de damoiseau, damoisel, donzel, signifiait seigneur; le *Don* espagnol en est le diminutif; il était donné dans le Languedoc aux cadets des familles nobles. (Lafaille, *Noblesse des Capitouls,* p. 46).

Ce titre, placé avant le nom d'une terre, désignait le seigneur de ce fief. *Lou Donzet de Lafite,* de ce château qui a donné son nom au premier cru des vins du Médoc, était un puissant seigneur ayant haute et basse justice sur le bourg de Pauillac et des communes voisines; le titre de damoiseau était attaché à cette seigneurie et se transmettait avec elle; il en était de même du fief de Valbonnette et de celui de Requinizio, dont il est fait mention dans le titre publié par d'Hozier. La plus illustre des seigneuries portant le titre de damoiseau était celle de Commercy (Meuse), qui appartint à la maison de Sarrebruck. (Voyez de La Roque, *Traité de la Noblesse,* p. 6.)

En Espagne ce titre paraît n'avoir jamais été attaché qu'à la personne, du moins d'après l'auteur des *Titres d'honneur de Catalogne,* qui dit:

terre féodale était placée au centre de l'insurrection vaudoise qui éclata quarante et un ans plus tard, en 1375 [1].

Raymond fut la souche d'une branche de la famille de Portal qui donna aussi des martyrs à la foi protestante [2].

« Los donzells son aquels que no son armatz cavalers, sino son fils y descendens dels cavallers armats. » (Voyez Sainte-Marie, *Dissertation sur la chevalerie*, p. 7.)

[1] « Il s'éleva vers ce temps (1375), dit Vely, un démêlé très vif entre « les officiers royaux et les inquisiteurs de la foi. Le Dauphiné nourris- « sait encore dans son sein un reste des anciens Vaudois, qui parurent « alors vouloir ranimer les débris de cette secte que la persuasion et la « sévérité des supplices ne purent jamais entièrement abolir. Les héré- « tiques répandus dans cette province et dans la Savoie commirent plu- « sieurs désordres. Ils massacrèrent quelques inquisiteurs jusque dans les « maisons des frères prêcheurs, qui étaient alors les plus ardents mi- « nistres de ce redoutable tribunal. Le pape, informé de ces excès, écrivit « au roi et au gouverneur du Dauphiné pour les engager à réprimer « les entreprises des rebelles au saint office. Un évêque italien et un « frère mineur, grand inquisiteur de Vienne, vinrent, armés d'amples « pouvoirs, pour punir les coupables. On en arrêta un si grand nombre, « que bientôt les prisons ordinaires furent trop étroites pour les contenir ; « il fallut en construire de nouvelles. » (Vely, *Histoire de France*, t. X, p. 337.)

Les inquisiteurs se payaient de leurs mains en confisquant à leur profit les biens des hérétiques ; le pape et le roi Charles V leur en firent défense formelle, mais les cinq provinces d'Arles, d'Aix, d'Embrun, de Vienne et de Tarentaise furent imposées pour subvenir aux frais du saint office, à payer d'abord 4,000 florins d'or, et 800 par an pendant cinq années, à prendre sur la restitution des biens mal acquis par l'inquisition et des legs incertains. (Vely, *ibid.*)

Le petit village de Valbonnetto, département des Bouches-du-Rhône, canton de Lambesc, qui ne compte aujourd'hui que 21 habitants, est situé entre *Arles* et *Aix*.

[2] Gaspard de Portal fut massacré à Besse, près de Brignoles (Var), en 1562. (Voyez la liste des martyrs de Provence en 1562, publiée dans la *France protestante*, pièces justificatives, p. 470.)

La famille Portalis de Provence descend-elle de la maison de Portal ? De nombreux indices le font supposer. *Portalis* étant la traduction latine du nom et de la particule *de Portal*, un grand nombre de chartes, depuis

L'esprit et les sentiments qui animaient les classes élevées de la société toulousaine, au commencement du quatorzième siècle, se peignent dans une institution qui eut un grand retentissement non-seulement en France, mais en Europe : l'établissement des Jeux floraux, qui fut l'origine de toutes les académies.

Toulouse redevenue libre se livra à tout l'essor de sa nature méridionale vive et spirituelle ; six ans après la rentrée en jouissance de ses anciennes franchises, vers la fin de l'an **1323**, quelques troubadours firent

le treizième siècle, des titres et des actes notariés postérieurs, désignent les mêmes individus par ces noms latinisés : *de Portale, de Portali, de Portallo, Portalis, Portaldus*, etc. Une simple note ne pourrait contenir l'inventaire et la discussion de ces chartes et titres ; qu'il nous suffise d'en citer deux.

Dans le contrat de mariage en latin de François de Portal, passé à Bagnols le 19 avril 1530, on lit : *Inter nobilem Franciscum Portalis filium naturalem et legitimum nobilis Johannis Portalis*. Ce François de Portal épouse Madeleine Desmares, ainsi que cela résulte du même contrat. Or, le 13 mai 1570, le même François de Portal fait son testament par acte notarié en français ; il y prend le nom de Portal et institue pour ses héritiers universels, *noble Madeleine Desmares sa femme bien-aimée, et noble Jehan de Portal son fils aîné.*

Une descendante de ce François de Portal, *Charlotte*, épouse, le 26 juillet 1617, Jacques Robin, seigneur de Beaulieu, gentilhomme ordinaire de la chambre du roi. Besons, dans ses *Jugements de la noblesse du Languedoc*, la nomme *Charlotte de Portal* (t. II, des pièces justificatives pour servir à l'*Histoire de France*, par d'Aubaïs). C'est bien son nom ; mais Pithon Curt, dans son *Histoire de la Noblesse du comté venaissin et de la principauté d'Orange*, la nomme *Charlotte de Portalis* (t. III, p. 90).

Ces deux familles, *Portal* et *Portalis*, habitaient les mêmes provinces, et étaient continuellement en rapports ; nous en citerons un exemple. Dans un rôle de la montre et revue faite dans la ville d'Aiguemortes, près de Nîmes, de cinquante hommes de guerre, paraissent *Claude de Portal, Joseph d'Agoust*, et plusieurs autres gentilshommes de la province comme hommes de guerre. *Pierre Portalis* intervient en qualité de trésorier provincial de Languedoc (10 octobre 1602).

un appel aux poëtes de la langue d'oc : le concours fut fixé au mois de mai de l'année suivante.

Les mainteneurs de la gaie science décernèrent la première violette d'or en présence des capitouls de l'année 1324, qui avaient été élus en 1323 et au nombre desquels était *Pierre de Portal* [1]. Ces magistrats décidèrent que les frais de cette institution seraient chaque année à la charge de la ville [2].

[1] Pierre de Portal, premier du nom, dans la généalogie directe.

[2] Le registre des Jeux floraux, cité par Caseneuve, dit que les sept personnages élus pour juger les poëmes s'assemblèrent en présence des capitouls de l'année 1324. Ce registre ne cite que quelques noms de ces capitouls; mais Caseneuve a rétabli la liste complète, après l'avoir vérifiée sur le livre des capitouls. (*L'Origine des Jeux floraux de Toulouse,* par de Caseneuve, p. 69 et suivantes.)

L'historien Du Mège, en s'appuyant de l'opinion de M. de Ponsan (*Histoire des Jeux floraux,* p. 26), prétend que les capitouls qui fournirent la première violette d'or et présidèrent aux Jeux n'étaient pas les capitouls désignés par le registre, mais ceux de 1323. S'inscrire en faux contre le premier feuillet du registre des Jeux floraux est grave. L'année qui suivit l'établissement de la Fête des fleurs, l'assemblée reçut la forme d'une académie; on élut un chancelier et un bedeau; le chancelier dut apposer les sceaux sur les poëmes couronnés, et le bedeau fut chargé de les écrire sur un registre spécial (Lafaille, *Annales,* t. Ier, p. 62, et Durozoi, *Annales,* t. II, p. 157). Ce registre date donc de 1325 : comment croire que le bedeau et les mainteneurs pussent ignorer sous quelle année et sous quels capitoulats la première fête avait eu lieu, lorsque cette fête était celle de l'année précédente? Il faudrait vraiment leur supposer une mémoire bien courte.

Présentons maintenant l'argument de MM. Ponsan et Du Mège. Les capitouls de 1324 ne furent élus qu'à la Toussaint de l'an 1324; ils ne pouvaient donc pas assister en cette qualité à la fête du 1er mai 1324.

MM. Du Mège et Ponsan confondent deux choses parfaitement distinctes, les *futurs capitouls* et les *capitouls* en charge. Pierre de Portal et ses collègues, élus à la Toussaint de l'année 1323, entrèrent en fonctions au commencement de l'année suivante, à Pâques, c'est-à-dire en avril, et présidèrent la Fête des fleurs le 1er mai 1324. Nous ne pouvons transformer une simple note en dissertation; mais nous devons ajouter que puisque les anciennes familles capitulaires revendiquent encore aujourd'hui pour leurs pères l'honneur d'avoir présidé à ces fêtes, il paraît

Réveiller l'amour des lettres c'était ranimer le souvenir des temps passés, c'était évoquer les faits et gestes de l'épopée nationale, et par les jeux de l'esprit faire vibrer les cordes les plus sensibles du cœur. Le patronage des capitouls eut un but, non-seulement littéraire, mais politique. On ne saurait nier l'influence des souvenirs de la guerre des Albigeois, au quatorzième siècle, lorsque ces souvenirs, unis à ceux des troubadours, exaltent encore l'imagination des peuples du Midi.

« La langue romane, dit un écrivain catholique, était
« depuis longtemps celle des poëtes du midi de l'Eu-
« rope. Favorisés par les seigneurs, admis dans les
« cours des rois de Castille, des comtes de Provence,
« de Toulouse et de Poitiers, les troubadours jouirent
« de la faveur des potentats ; leurs chansons étaient
« répétées avec enthousiasme. Créateurs d'un nouveau
« genre, ils firent entendre à des peuples encore à
« demi sauvages, les hymnes consacrés à la valeur et
« à la beauté. Embouchant la trompette guerrière, ils
« appelèrent les chrétiens à la défense des saints lieux ;
« maniant avec succès l'arme de la satire, ils flétrirent
« les vices de leur siècle, décelèrent les crimes de
« l'ambition, les abus du pouvoir, l'hypocrisie et l'i-
« gnorance fanatique des moines, la tyrannie et la lâ-

naturel de penser que ces mêmes pères n'y apportaient pas un moindre intérêt. Si le premier registre des Jeux floraux avait commis une erreur, cette erreur aurait été rectifiée à la demande énergique des douze familles intéressées.

« cheté des barons ; reconnaissants et fidèles, ils com-
« battirent pour leurs souverains ; et lorsque la noble
« maison de Toulouse, victime de sa loyauté, tomba
« du trône qu'elle avait illustré par son courage, on
« ne vit point les troubadours flatter les vainqueurs de
« la triste Occitanie, et devenir les complices de l'étran-
« ger ; leurs voix ne proférèrent que les cris de la ven-
« geance, ou les accents de la douleur. Quand tout
« espoir fut perdu, la lyre du ménestrel resta muette,
« et les muses s'enfuirent loin de nos régions livrées à
« l'ignorance et couvertes de bûchers par les inquisi-
« teurs de la foi [1]. »

L'institution des Jeux floraux fut un appel à l'esprit national, ce but politique ne saurait être mis en doute. Lorsque vers la fin du quinzième siècle la plus grande partie
des familles chevaleresques abandonna Toulouse, les
jeux de la violette et de l'églantine furent abandonnés ;
plus tard il y eut un nouveau réveil que la chronique
attribue à la fille d'un chevalier, *Clémence Isaure*. Nous
verrons à cette époque les troubadours glorifier encore
les anciennes familles patriciennes, et attaquer dans
des satires amères la bourgeoisie enrichie et anoblie,
qui avait hérité des fonctions capitulaires [2].

En suivant l'ordre des temps, nous devons mentionner ici une étrange cérémonie qui eut lieu à Toulouse

[1] *Biographie toulousaine.*
[2] Voyez l'article *Isaure*, dans la *Biographie toulousaine.*

en 1326 (1327). Un capitoul descendant d'une ancienne famille albigeoise, *d'Esqualquens*, fit faire son
enterrement de son vivant ; couché dans un cercueil,
il fut porté à l'église des Frères prêcheurs, où toutes
les cérémonies du culte catholique furent accomplies
avec la plus grande pompe. Etait-ce un accès de folie,
un acte de piété ou d'impiété, une lugubre plaisanterie
tournant en dérision les mystères sacrés de la mort, ou
un vertige d'ascétisme monacal. Les historiens mention-
nent le fait, mais se taisent sur la cause ; le sens et la
portée de cette excentricité nous semblent pouvoir s'expliquer par les traditions des familles qui eurent des
représentants dans cette solennité.

Précisons d'abord le fait ; nous lisons dans les *Col-
lections de conciles* d'Hardouin et de Mansi :

« Le mercredi, 22 avril 1327, le seigneur d'Escal-
« quens, l'un des capitouls de la ville de Toulouse,
« voulut être enterré de son vivant, ses obsèques fu-
« rent faites dans l'église des Prêcheurs ; ce qui eut
« lieu avec une grande pompe funèbre, tous les capi-
« touls étant présents ; d'Escalquens posé dans la
« bière, couché comme les morts, les mains join-
« tes et entouré de quarante torches ardentes. La
« grand'messe des morts ayant été célébrée et toutes
« les cérémonies funèbres usitées accomplies, le cercueil
« et le corps furent levés comme réclamés par la sépul-
« ture, et déposés près du grand autel ; et là se termina
« l'office des morts. D'Escalquens revint chez lui avec

« ses collègues et ils s'assirent au repas funèbre. Pen-
« dant que cela se passait le seigneur archevêque était
« absent; de retour et informé des faits, il convoqua
« le synode de ses suffragants et de tous les abbés de
« sa province, qui s'assemblèrent à Toulouse dans le
« palais archiépiscopal, le 8 juin. La question fut so-
« lennellement agitée durant les trois jours suivants, .
« de savoir s'il était juste et rationnel de célébrer les
« funérailles et obsèques d'un vivant comme s'il était
« mort : il fut pleinement reconnu que les cérémonies
« funèbres anticipées, n'étaient permises par aucun
« droit, soit ecclésiastique ou séculier, et que l'Eglise
« les considérait comme superstitieuses; enjoignant à
« tous les ecclésiastiques, tant réguliers que séculiers,
« de s'en abstenir dorénavant sous peine de l'excom-
« munication [1]. »

Au quatorzième siècle les drames religieux nommés
mystères jouissaient d'une grande faveur; on représentait journellement devant le peuple des scènes bibliques, la passion de notre Seigneur, sa mort et sa
résurrection ; cette mise en scène serait considérée de
nos jours comme une indigne profanation, il n'en était
pas de même au moyen âge, ces drames étaient dans
les mœurs publiques.

Les funérailles de d'Escalquens furent un drame religieux ou mystère, le capitoul n'y fut qu'un simple

---

[1] Le texte en latin a été publié de nouveau dans l'ouvrage de M. Mignet
sur Charles-Quint.

acteur représentant le *Capitoulat*, que naguère les dominicains ou frères prêcheurs avaient traité comme
mort, et qui était ressuscité avec les franchises de
Toulouse.

Cette interprétation peut paraître bizarre, elle ne
l'est pas plus que la cérémonie.

Si d'Escalquens, par un motif quelconque de piété
ou d'impiété, avait voulu faire représenter sous ses
yeux une répétition de son enterrement, aurait-il
choisi le moment où il était revêtu des honneurs capitulaires? ses collègues auraient-ils donné leur assenti-
ment à ce caprice lugubre? Les capitouls ne consentent
pas seulement; ils assistent en grande pompe, revêtus de
leurs insignes. En autorisant et en participant à cette
cérémonie publique, pensaient-ils accomplir un acte
de haute piété? Mais alors pourquoi choisir le jour où
l'évêque est absent? Sa présence n'aurait-elle pas ajouté
un plus grand lustre à l'éclat de ces obsèques; pourquoi choisir l'*église de l'inquisition?*

Les noms des douze capitouls renferment le mot de
l'énigme. Trois appartiennent à l'ancienne et illustre famille des Maurand, une des plus riches de la comté de
Toulouse, et celle de toutes qui eut le plus à souffrir de
l'inquisition et qui, pour cette cause, fut revêtue le plus
souvent des honneurs du capitoulat, ainsi que nous l'a-
vons vu plus haut. Les Maurand étaient-ils rentrés à
cette époque dans le giron de l'Eglise orthodoxe, ou vou-
laient-ils faire amende honorable? J'en doute; sur ces

trois Maurand, deux portent le prénom d'*Aldric* ; or un Aldric Maurand, également capitoul, avait été excommunié en 1235 et 1237 [1]. Il paraît que sa famille n'en avait pas perdu la mémoire. D'Escalquens, l'auteur principal de ce drame mystique, descendait d'une famille albigeoise dépouillée par suite de la conquête des Français ; nous lisons encore le nom d'un Villeneuve parmi ses collègues, etc.... Toutes ces familles étaient, sinon atteintes, du moins, à cette époque, véhémentement soupçonnées d'hérésie. Mais...... la cérémonie fut magnifique et magnifiquement payée ; les frères prêcheurs acceptèrent le rôle qu'on leur fit jouer, voulant bien considérer cette solennité publique comme un acte de contrition et de haute piété, comme une sorte d'amende honorable de ces familles pécheresses. L'évêque et les abbés de la province, qui n'avaient pas d'aussi bonnes raisons pour légitimer cet acte, le virent tel qu'il était, et sans vouloir poursuivre les auteurs du scandale, ce qui eût entraîné la guerre civile, ils le défendirent à l'avenir sous peine de l'excommunication.

Malgré les canons du concile de Toulouse, ce drame funèbre fut considéré, en France et en Europe, comme un acte éminemment pieux, et les moines du couvent de Yuste en firent honneur à l'empereur Charles-Quint, qui n'avait aucune bonne raison de vouloir, pendant sa vie, assister à ses funérailles, et qui en avait d'ex-

---

[1] Voyez ci-dessus, chap. III, p. 69.

cellentes pour ne le point faire, entre autres des raisons de haute économie. Les moines auraient-ils confondu leur désir avec la réalité?

L'affaire de l'écolier Bérenger, qui suivit de peu
d'années l'enterrement honoraire de d'Escalquens, confirme le sens que nous lui donnons, en montrant le peu
de cas que les capitouls faisaient de l'autorité ecclésiastique et des admonitions du pape.

Le capitoulat, placé à la tête du parti national, représentait en droit les trois pouvoirs, législatif, judiciaire et exécutif, qu'il avait exercés concurremment
avec les comtes; en fait, il ne possédait intacts, au quatorzième siècle, que les priviléges de commander les
troupes, de réglementer la police urbaine, de juger
en première instance au civil et au criminel et de faire
exécuter les arrêts du parlement de Paris et de l'inquisition; il était le bras séculier [1].

D'autant plus jaloux de son autorité qu'elle était
amoindrie et chaque jour contestée, il se roidissait
contre les envahissements incessants des pouvoirs an-
tagonistes, qui pouvaient le briser mais non le courber sous leur joug. Nous allons assister à l'une de ces
résistances désespérées et fatales qui hâtèrent l'asservissement du Languedoc.

---

[1] Nous en voyons un exemple singulier en 1268; les capitouls firent
brûler un rabbin juif et un cadavre atteints et convaincus d'hérésie par l'inquisition.

Avant d'entrer dans le récit de l'une des scènes les plus émouvantes du grand drame de la nationalité toulousaine, nous devons indiquer sommairement la position des partis à cette époque.

La politique habile de nos rois sut attirer, par les faveurs de la cour, quelques familles puissantes du Languedoc; d'autre part, une grande partie des fiefs confisqués par Simon de Montfort appartenait aux nouvelles familles françaises qui avaient usurpé les terres et les noms des anciens possesseurs; Toulouse était ainsi tenue en échec.

Le clergé possédait un moyen d'influence aussi direct, plus lent, mais plus sûr, dans l'éducation des enfants des familles distinguées; l'université était dans ses mains, les écoliers formaient son armée.

Le parti national se composait du peuple et des anciennes familles patriciennes, qui se transmettaient le capitoulat comme un héritage et considéraient les autres titres de noblesse comme au-dessous de leur dignité [1].

---

[1] Lafaille, dans son *Traité de la noblesse des Capitouls*, dit : « Dans « l'ancien temps les capitouls, même les plus distingués, ne prenaient au- « cun titre, ni de seigneurie, ni de qualité. Plus on monte haut dans les « listes, plus on trouve la pratique de cet usage, jusque-là que dans les dé- « nombrements des capitouls qu'on lit dans les chartes de nos anciens « comtes, on n'en saurait trouver un seul de titré, quoiqu'on ne puisse « douter qu'il n'y en eût d'une fort grande noblesse et qui possédaient des « terres considérables, etc. » (p. 45.)

J'ajouterai que l'indication des titres de qualité ou de seigneurie n'était donnée, sur le livre des capitouls, que pour éviter la confusion entre deux membres d'une famille portant les mêmes nom et prénom ; ainsi, trois membres de la famille *Maurand* furent capitouls en 1326 (1327), deux se

C'est ce parti qu'il fallait abattre et qui fut abattu.

Le jour de la fête de Pâques de l'an 1331, *François de Gaure*, capitoul, revenant vers le soir de se promener du côté de Villeneuve, en compagnie de quatre ou cinq de ses amis, et suivi d'un soldat du guet, nommé *Léglise*, et de deux écuyers ses domestiques, rencontra une troupe de gens armés, parmi lesquels étaient le *vicomte de Lautrec* et *Bérenger*, qui appartenait à une famille du Rouergue. Celui-ci ayant mis l'épée à la main, *Doüat*, un des écuyers du capitoul, tira aussi l'épée pour défendre son maître, en disant à *Bérenger* s'il en voulait au capitoul. Sur cela, *Lautrec* et les autres s'étant retirés, et Gaure continuant son chemin par une petite rue qui va à *Pré-Montardi*, il les rencontra une seconde fois qui revenaient sur lui. Gaure s'étant saisi d'un des agresseurs nommé *Posols*, Lautrec alla embrasser le capitoul pour l'apaiser, le priant de lui rendre Posols, qu'il disait être

nomment *Aldric Maurand*, le troisième *Jean*; ce dernier ne prend pas de titre, parce qu'il était probablement le seul de ce nom à Toulouse; mais pour distinguer les deux *Aldric*, le livre des capitouls ajoute au nom du premier, *seigneur de Bausèle*, et au nom du second, *seigneur de Valségure*.

Plus rarement encore, car il n'y en a que deux exemples, l'un pour un *Villeneuve*, en 1326, l'autre pour *Pierre de Portal*, capitoul en 1324 et 1333, le livre des capitouls indique la filiation; ainsi *Pierre de Portal* est désigné comme fils de *Raymond-Géraud de Portal*, ancien capitoul, afin de le distinguer d'un autre *Pierre de Portal*, d'une branche collatérale, qui fut capitoul en 1329 et 1338. Ainsi l'exception même prouve la règle. (Voyez les listes publiées par M. Du Mège, *Histoire des institutions de Toulouse*, t. II, p. 31.)

son domestique ; sur son refus, Lautrec s'écrie : « *Ambor, ambor, firets firets* (c'était apparemment, dit Lafaille, quelque cri de guerre en *narquois* de ce temps-là). Les agresseurs mettent tous flamberge au vent et se précipitent contre de Gaure et sa suite désarmée. Il n'y avait que Léglise et les deux écuyers qui eussent des épées ; ils les tirèrent pour défendre leur maître. Léglise reçut une grave blessure à la tête, et Bérenger, ayant attaqué le capitoul, lui coupa le nez et la mâchoire inférieure d'un coup de revers. De Gaure tomba frappé mortellement ; Bérenger et sa troupe prirent la fuite [1].

Les capitouls s'assemblent à la hâte, et à dix heures du soir, accompagnés de deux cents hommes en armes, ils poursuivent les assassins. Ils apprennent que Bérenger s'est réfugié dans une maison où cinq frères de la noble et ancienne famille de Péne en Albigeois, étudiants à Toulouse, avaient leur domicile ; ils arrêtent Bérenger, trois des cinq frères et Pierre de Péne leur frère bâtard, et les mènent prisonniers à l'Hôtel de ville.

A la nouvelle de ce guet-apens, le peuple s'émeut ; plus de cinq mille habitants accourent au Capitole criant : *Vengeance ! vengeance ! mort aux coupables !* Ils comprennent qu'en assassinant de Gaure, c'est le capitoulat et leurs institutions nationales qu'on a voulu frapper. L'in-

---

[1] Les chirurgiens déclarèrent la blessure mortelle. (Arrêt du Parlement.)

struction criminelle se poursuit avec activité, Bérenger et son complice, le bâtard de Péne, sont appliqués à la question ; on les accuse du crime politique de haute trahison dont ils se prétendent innocents. Ce n'est pas seulement le meurtre qui forme le principal chef d'accusation, celui-là ne saurait être nié, mais le dessein prémédité de renverser les institutions du pays.

L'injure sanglante faite au capitoulat ne pouvait demeurer impunie ; en la châtiant de sa seule autorité, le capitoulat devait être brisé ; ainsi la conspiration atteignait sûrement son but. Les instigateurs savaient qu'en blessant l'orgueil national, le châtiment suivrait l'outrage ; on voulait un suicide, on l'obtint.

L'instruction ne dura que deux jours ; le mercredi la cour des capitouls condamna Bérenger : « à faire le « *cours* de la ville, attaché à la queue d'un cheval, de- « puis l'Hôtel de ville jusqu'au devant de la maison du « capitoul de Gaure, où il aurait le poing coupé, et de « là, traîné sur une claie aux fourches patibulaires du « château Narbonnais, où il aurait la tête tranchée, son « corps et sa tête exposés aux fourches et ses biens « confisqués ; et à l'égard du bâtard de Péne, on le « délaissa à l'official comme on avait fait auparavant « de ses trois autres frères [1]. » Bérenger fut exécuté le même jour.

Cet arrêt fut un coup d'Etat. Pour l'apprécier à sa

---

[1] Lafaille, *Annales de Toulouse*, t. Ier, p. 70.

juste valeur, il faut connaître les principes sur lesquels reposait l'ancien gouvernement du pays toulousain.

Le chapitre des douze capitouls était ce que fut le conseil des Dix à Venise : les citoyens revêtus de cette haute dignité étaient sacrés; ils étaient la personnification de la cité et de son territoire, la comté de Toulouse. Appelé aux honneurs capitulaires, on entrait comme dans un ordre monastique ; l'homme abdiquait pour faire place au capitoul. C'est ainsi que dans le commandement des troupes en campagne, on n'envoyait jamais un seul capitoul d'épée, mais deux collègues, et leurs noms n'étaient jamais inscrits sur les registres de l'Hôtel de ville. On reconnaît en cela la jalousie ombrageuse des oligarchies; elle était poussée si loin à Toulouse, que les noms des capitouls inscrits sur les listes de chaque année ne portent jamais aucune indication de titres de qualité ou de seigneuries, à moins d'une nécessité absolue, pour éviter la confusion des personnes portant les mêmes nom et prénom, ainsi que nous l'avons établi plus haut. Tous les capitouls étaient égaux, solidaires dans tous leurs actes ; l'honneur qu'ils conquéraient ne leur appartenait pas, mais l'injure qui leur était faite retombait sur le gouvernement national.

Ces principes, si éloignés de nos idées et de nos mœurs, étaient populaires à Toulouse; aussi l'assassinat d'un membre de ce corps vénéré ne fut pas seulement un homicide, mais un sacrilége. L'arrêt en sanctionnant ces principes ne se préoccupe nullement des autres accusés, il les renvoie devant les juges ecclésiastiques, qui avaient les écoliers dans leur ressort, et Lautrec, qui paraît au commencement de la sédition, n'est pas même recherché. Ce n'était donc pas une question judiciaire à vider, c'était un duel à mort.

L'arrêt était à peine prononcé, que les oppositions du clergé s'élevèrent menaçantes ; le capitoulat avait pour lui le droit et la force, il passa outre ; mais la vengeance ne devait pas être tardive.

Les capitouls ne furent point mis en cause, mais le capitoulat. Peu importait de punir quelques hommes pour avoir commis un abus de pouvoir, c'est l'institution qu'on voulait renverser et avec elle les dernières traces des libertés nationales.

Cette affaire, dit l'annaliste Lafaille, eut de grandes suites. Les amis et les parents de Bérenger, qui étaient de condition, poursuivirent vivement, au parlement de Paris, la réparation de sa mort. Les professeurs et les *suppôts* de l'université de cette ville, en firent aussi de grandes plaintes au pape Jean XXII. Ils prétendaient que Bérenger étant écolier, étudiant dans cette ville, les capitouls n'avaient aucune juridiction sur lui ; et que par sa condamnation ils avaient violé la sauvegarde du roi, sous laquelle étaient tous ceux de cette profession ; ils se plaignaient aussi que depuis la capture de Bérenger, les écoliers de cette ville étaient journellement insultés et maltraités par le peuple, sans que les capitouls daignassent y donner ordre. Sur ces plaintes, le saint-père adressa un bref monitoire aux capitouls et aux citoyens de cette ville, pour les obliger à donner contentement à l'université ; à réparer les torts qu'on lui avait faits, en tant qu'il était au pouvoir de la ville, et à empêcher qu'il ne lui en fût fait à l'avenir.

Ce bref fut présenté aux capitouls par Bertrand de Saint-Genès, doyen d'Angoulême, chapelain du sacré palais.

Le vingt-troisième du mois d'août de cette année, 1331, deux capitouls, Rubei et Berenguier, anciens collègues de Gaure, allèrent au couvent des Jacobins de cette ville, où ce commissaire apostolique était logé, et lui signifièrent un acte par lequel ils déclaraient que l'Université avait surpris le pape, et qu'avec tout le respect qui était dû à Sa Sainteté, ils offraient de prouver, par des témoins irréprochables, que la plupart des faits contenus dans ce bref étaient supposés. C'était un démenti formel. L'Université, voyant le peu de succès des armes spirituelles sur ces vieilles races albigeoises, toujours entachées d'hérésie et qui occupaient alors le capitoulat, les *Maurand*, les *d'Escalquens*, etc., tournèrent leurs batteries du côté du pouvoir temporel.

Pendant que l'instruction du procès des capitouls se poursuit avec lenteur devant le parlement de Paris, nous jetterons un coup d'œil sur une question de chronologie que nous avons déjà soulevée, et qui fournira ici quelques lumières nouvelles.

Rubei et Bérenguier, collègues du capitoul assassiné, *de Gaure*, forment opposition au bref du pape le 23 août 1331 ; cette date, relevée avec attention par Lafaille [1], est de la plus haute importance pour fixer d'une manière définitive les dates indiquées par le livre des capitouls. En ouvrant les *Annales de Toulouse*, de Lafaille, qui ne sont qu'une reproduction amplifiée des Annales officielles de l'Hôtel de ville, nous lisons, au-dessous de la liste des douze capitouls de l'an 1331 :

« *Ils furent élus dans l'Hôtel de ville, le vingt-septième* « *du mois d'octobre, par le viguier Odoard Merin.* »

Mais à quelle année répond cette élection ? Est-ce à l'année 1331 ou 1330 ? Il semble, au premier aperçu, que l'année de l'élection doit correspondre avec l'année des fonctions des capitouls ; il n'en est pas ainsi cependant.

D'après le système de Caseneuve, de Ponsan et de M. Du Mège, ainsi qu'ils l'ont appliqué à la date de l'institution des Jeux floraux, les capitouls de 1331 auraient été élus au mois d'octobre de la même année. Mais alors, comment de Gaure aurait-il été assassiné à Pâques, c'est-à-dire au mois d'avril précédent ? comment Rubei et Bérenguier, ses collègues dans le capitoulat, auraient-ils été en charge au mois d'août 1331 ? Il n'est qu'un seul moyen, en respectant la chronologie, de satisfaire à ces faits contradictoires.

---

[1] Car j'ay trouvé, dit-il, que le 23e d'aoust de cette année (1331), deux capitouls, etc. (*Annales de Toulouse*, t. I, p. 71.)

Les capitouls de 1331 furent nommés le 27 octobre 1330 en qualité de futurs capitouls; ils entrèrent en charge au commencement de l'année, fixée à Pâques sous la troisième race de nos rois. Ce fut donc le jour de son entrée en fonctions que de Gaure fut assassiné; cette date, que l'histoire ne nous explique pas, se révèle à nous dans toute sa signification; les conjurés choisirent la fête de Pâques, jour d'interrègne, comme le plus favorable à leur complot.

Les capitouls de 1332 ne furent pas élus, comme les années précédentes, au mois d'octobre, mais le second jour de février [1]; pourquoi ce changement, si ce n'est que le gouvernement, par l'organe du viguier, retarda l'élection des futurs capitouls aussi longtemps qu'il le put? Ce retard dans les élections était un obstacle à la transmission d'une même politique d'un capitoulat à un autre : un intervalle de quelques mois était nécessaire pour instruire les nouveaux élus des devoirs de leur charge, des secrets de l'Etat, et des traditions sur lesquelles reposait la puissance de ce corps.

Ce retard dans les élections indique donc ici, comme dans toutes les révolutions des institutions toulousaines, un esprit d'envahissement et de mauvais vouloir. Le capitoulat fut ainsi gêné dans son action; mais le but principal que les capitouls accusés voulaient at-

---

[1] D'après l'interprétation de M. Du Mège, on pourrait croire que de Gaure fut assassiné le jour de Pâques 1332; mais alors que devient l'élection du mois de février de cette même année?

teindre, une énergique défense, le fut par leurs successeurs.

L'instruction du procès des capitouls dura quatre
ans. Les communications entre Paris et Toulouse
étaient rares à cette époque, difficiles et très longues.
Nous avons déjà remarqué que Toulouse réclamait depuis longtemps la présence d'un parlement national;
en se fondant sur les difficultés du voyage et la longueur interminable des procès. Cette lenteur permit
aux capitouls de préparer tous leurs moyens de défense et d'élire des successeurs animés des mêmes sentiments.

Les noms des capitouls qui furent appelés à présen-
senter et à soutenir la défense de leurs anciens collègues sont significatifs; presque tous appartiennent
aux vielles familles capitulaires. Dans la liste de 1332,
nous lisons les noms de *Villeneuve*, de *Maurand*, de
Pagèse; l'année suivante, ceux de *Durfort*, de *Maurand*,
de *Prinhac*, de *Roaix*, de *Pierre de Portal;* enfin,
en 1334, *Pons Izalguier*, de *Villeneuve*, de *Durfort*, de
Garigiis, de *Goirans*, de *La Tour*, de *Manas* et *Guillaume d'Escalquens*, ce capitoul qui assista à ses propres
funérailles, et qui était le collègue, en 1331, du capitoul de Gaure, assassiné, etc., etc.

Le nom de Guillaume d'Escalquens, qui sort un
des derniers de l'urne qui va être brisée dans la main
des capitouls, présente en ce moment de singuliers
rapprochements. D'Escalquens est chargé avec ses

collègues, non-seulement de présenter la défense, mais de faire le panégyrique, de prononcer l'oraison funèbre d'une institution qui doit périr, mais qui ressuscitera. D'Escalquens s'était couché une heure dans sa tombe pour se relever entouré des honneurs capitulaires; il en sera de même des institutions toulousaines; l'enterrement du capitoul et du capitoulat se suivront pas à pas, et le résultat final sera, dans l'une et l'autre affaire, une affaire d'argent.

Le hasard fut-il le seul auteur de la singulière coïncidence de deux faits historiques dont le premier est l'image prophétique du second? je ne saurais le croire. Les capitouls avaient besoin d'une grande mise en scène pour frapper l'imagination du peuple; le principal acteur du drame mystique devait être appelé à jouer un rôle dans le drame réel.

L'arrêt du parlement de Paris, rendu le 17 juillet 1335, fait connaître les moyens de défense invoqués par les capitouls. Ils prétendent avoir le droit de juger les nobles comme les non-nobles, et invoquent les jugements rendus et exécutés contre Renaud et Guillaume de Sarci, chevaliers, ainsi que contre plusieurs autres nobles étrangers à Toulouse, qui avaient commis des crimes sur son territoire.

Que ce pouvoir judiciaire avait été exercé par eux de tout temps, avant, pendant et après les comtes de Toulouse, et remontait à l'époque de la fondation de cette ville. Ici les capitouls font observer, avec une or-

gueilleuse contrition, qu'à l'origine du christianisme
ils étaient païens et seuls maîtres à Toulouse, et qu'ils
avaient condamné et fait exécuter saint Saturnin, le
compagnon de saint Jean-Baptiste; cette raison péremptoire est la dernière, et vraiment, les juges qui
avaient ordonné le martyre de ce grand saint avaient
bien le droit de châtier un méchant écolier. Les capitouls n'oubliaient qu'une seule chose, c'est qu'ils n'é-
taient plus païens et qu'ils avaient des maîtres à Toulouse; c'est ce dont les avertit le parlement par le
dispositif de son arrêt, qui ordonna : « que le corps
« de Bérenger serait levé des fourches patibulaires et
« rendu à ses parents pour être enterré, avec les cé-
« rémonies de l'Eglise; qu'il serait fondé une cha-
« pelle de quarante livres de revenu annuel, pour
« faire prier Dieu pour le salut de l'âme du défunt;
« que la somme de quatre mille livres serait distri-
« buée à ses parents et amis, pour le remboursement
« des frais par eux faits à la poursuite de l'arrêt, la
« Cour se réservant de délibérer comment et par
« qui le corps de Bérenger serait levé, ensemble de
« la sépulture et de la chapelle, comme aussi du
« fonds nécessaire, tant pour la fondation de cette
« chapelle, que pour le remboursement des quatre
« mille livres payables aux amis et aux parents de
« Bérenger. »

« Par le même arrêt, la ville, les capitouls et tous
« les habitants sont privés du droit de corps et de com-

« munauté, avec confiscation au roi du patrimoine de
« la ville[1]. »

Cet arrêt a été flétri par l'histoire comme une indigne spoliation. Les capitouls avaient agi, ainsi que
le porte l'arrêt, à leurs périls et risques (*suo periculo
exercentes*); c'est par conséquent contre la personne
des capitouls, s'ils avaient outrepassé leurs pouvoirs,
qu'il devait y avoir *appel comme d'abus;* on pouvait les
accuser, les condamner et les faire exécuter dans leurs
vies et leurs biens; mais on ne pouvait pas légalement
frapper la ville et la communauté des habitants. On ne
privait point les seigneurs bannerets de leurs justices
pour les abus de leurs juges, on n'en pouvait pas davantage priver les villes. Le procureur général le reconnut en basant son argumentation sur un fait his-
toriquement faux et absurde, sur ce qu'un conseil
général de la ville aurait participé à la condamnation
de Bérenger. Il n'y avait pas d'autres tribunaux à Toulouse que les tribunaux des capitouls, et l'émeute, qui
criait vengeance sur la place de l'Hôtel de ville, ne
pouvait être considérée comme un corps constitué
agissant au nom de la cité[2].

Les capitouls qui avaient prononcé l'arrêt de condamnation de Bérenger ne furent pas mis en cause,
leur nom même ne fut pas prononcé.

---

[1] Voyez cet arrêt dans Lafaille, *Annales,* t. Ier, p. 86 des preuves.
[2] Le *Concilium commune* ne fut point assemblé, et, dans tous les cas, il
ne pouvait donner que des avis, mais jamais rendre des arrêts.

Les commissaires du roi chargés de la mise à exécution arrivèrent à Toulouse vers la mi-septembre; le
détail des cérémonies a été extrait par Bardin d'un rôle
du greffe du parlement de Paris.

« On commença par un service qui fut célébré dans
« la chapelle de l'Hôtel de ville pour l'âme de Bé-
« renger; l'Hôtel était tout tendu de noir, et tous les
« chefs de famille avaient eu ordre de s'y rendre.
« Après le service, on s'achemina processionnellement
« vers les études, où les capitouls firent satisfaction
« aux professeurs de l'Université de l'infraction de ses
« priviléges, en présence de trois mille écoliers; de là,
« tous les écoliers s'étant joints au convoi, on se rendit
« aux fourches du château Narbonnais, où le corps de
« Bérenger était encore exposé; ce ne pouvait être que
« le squelette ou les ossements, vu le long temps qui
« s'était passé depuis son exécution. Là, en présence
« de tout le peuple à genoux criant miséricorde, le
« corps fut levé, mis ensuite dans un cercueil, et porté
« à la chapelle de l'Hôtel de ville, où il reposa jusqu'au
« lendemain, qu'on l'enterra dans le cimetière de la
« Daurade avec la même cérémonie. Enfin, le jour sui-
« vant, les commissaires s'étant rendus dans l'Hôtel
« de ville, cassèrent publiquement les capitouls, et
« donnèrent au viguier le gouvernement de la ville et
« l'administration des affaires publiques. »

Toulouse s'empressa d'envoyer une députation au
roi, qui renvoya les députés aux commissaires. Un ac-

commodement fut fait à Montpellier; il plut aux commissaires de rendre à la ville une partie de ses priviléges, moyennant la somme de cinquante mille livres,
environ un million de notre monnaie [1], « LÉNITIF ORDI-
« NAIRE DE CES SORTES DE PLAIES, » ajoute l'annaliste
Lafaille.

Toulouse montra, par un lourd sacrifice d'argent,
combien ses institutions étaient populaires : les capitouls étaient pour elle les représentants de la liberté et
de l'honneur national. Mais ces vieilles coutumes ne
furent octroyées par la puissance royale qu'après avoir
subi un amoindrissement. Les commissaires imposè-
rent deux règlements.

Le premier déroge au droit que possédaient les capitouls de nommer leurs successeurs *purement et simplement* [2]. Chaque capitoul devait nommer six sujets;
ces six étaient réduits à trois par douze électeurs, et
après cette réduction, le viguier en choisissait un pour
chaque quartier de la ville ou *capitoulat*. Cette forme
se maintint jusqu'à la Révolution française.

Un capitoul ne put être réélu qu'au bout de six
ans; il dut être âgé de vingt-cinq ans; le père et le
fils, deux frères ou cousins consanguins, l'oncle et le
neveu, ne purent faire partie du même capitoulat.

Le second règlement détruisit l'égalité qui existait

---

[1] Le taux de l'argent était vingt fois plus élevé à cette époque que de nos
jours, comme on le voit par les prix des objets de commerce.
[2] Voyez Raynal, *Histoire de Toulouse*, p. 139.

entre la ville et le bourg; la ville eut huit capitouls et le bourg quatre [1]. Un grand nombre d'anciennes familles habitaient cette partie de Toulouse; leur tour d'entrée dans le capitoulat fut, par suite, réduit d'un tiers, l'aristocratie amoindrie, et le but constant de la royauté près d'être atteint. Ce changement entraîna de nouvelles émigrations. Une branche de la maison de Portal, qui avait pour chef Pierre de Portal, capitoul en 1329 et 1338, s'éloigna de Toulouse; cette famille avait toujours habité le bourg et le représentait dans le capitoulat; ce fut la troisième branche qui disparut de cette ville, elle n'eut dès lors pour représentant que la branche aînée, qui avait pour chef à cette époque Pierre de Portal (fils de Raymond-Géraud), capitoul en 1324 et 1333 [2].

L'histoire des oligarchies est difficile à connaître. A Toulouse, comme à Venise, le secret était un des principes de la politique. Les annales de l'Hôtel de ville, seul livre historique des treizième et quatorzième siècles, ne contenaient que ce que la censure des capitouls permettait d'y insérer; tout ce qui pouvait blesser

---

[1] Le premier de ces règlements fut rendu le 3 janvier 1335. Nous devons faire observer de nouveau, pour l'intelligence des dates qui précèdent, que l'année commençait à Pâques, fête mobile qui peut tomber du 22 mars au 25 avril, d'après Arago; le mois de janvier était le dixième de l'année. Ainsi, les commissaires arrivèrent à Toulouse en septembre 1335, et un règlement fut rendu le 3 janvier de la même année, environ quatre mois après, ainsi qu'on le voit dans l'*Extrait du livre blanc du Sénéchal*, imprimé à la suite des *Consuetudines Tolosæ*. (*Coutumier général*, de Bourdot de Richebourg, t. IV, p. 1063.)

[2] Pierre de Portal, premier du nom dans la descendance directe.

l'honneur de ce corps ou de la ville était comme non avenu; ainsi, il n'y est fait nulle mention de l'affaire de Bérenger. L'arrêt du parlement, dit Lafaille [1], ne se trouve nulle part dans nos archives ni dans nos registres. Il le trouva autre part, malgré les soins que les capitouls avaient mis à en effacer les traces et le souvenir.

De même, après le rétablissement du capitoulat, en 1335, les élections furent faites au moment de l'entrée en fonctions, au mois d'avril, et même aux mois de mai, en 1341, et de juin, en 1342, 1343, 1344 et 1345. Ainsi il n'y avait plus de *futurs capitouls*, les dates l'indiquent, mais les seigneurs du Capitole se dispensent de nous apprendre la perte de l'un des priviléges auquel ils attachaient justement la plus haute importance.

Les anciennes institutions nationales furent rendues à Toulouse en 1345 et 1346, en partie du moins; à partir de cette époque, les élections eurent lieu au mois de novembre, il y eut donc dès lors rétablissement des *futurs capitouls* [2]. Les annales se taisent, ne voulant

[1] Lafaille, *Annales,* t. Ier, p. 74.
[2] Les capitouls de 1345 furent nommés le 19 juin de cette année pour entrer immédiatement en fonctions; les capitouls de 1346 furent nommés au mois de novembre, mais de quelle année? 1345 ou 1346? Lafaille prétend que ce fut le premier novembre 1346; je prétends que c'est impossible. Les capitouls ne pouvaient rester qu'un an en fonctions; dépasser ce terme était violer la constitution. Elle fut violée trop souvent, il est vrai; mais en 1345, la guerre étant déclarée contre l'Angleterre, et Toulouse étant près des frontières, le roi ne pouvait se passer des services de ses habitants et leur rendit un des priviléges auxquels les capitouls tenaient

avouer la privation de ce droit qu'il appartenait au viguier d'accorder ou de retenir, mais la date existe et
cet indice certain doit trouver son explication dans l'histoire ; les faits qui suivent feront saisir l'importance de
cette observation.

La guerre de Guyenne fut rallumée avec plus d'ardeur contre les Anglais en 1345 ; Toulouse devint le
centre des opérations militaires ; la politique de la
France exigeait que les habitants de cette ville fussent
satisfaits, ils le furent et se préparèrent au combat.

Le duc de Normandie, *Jean*, fils de France, qui succéda au roi Philippe de Valois, son père, en 1350, vint
dans la capitale du Languedoc en 1346, où il avait placé
le quartier général de son armée, une des plus nombreuses que la France eût mis sur pied depuis Philippe
le Hardi. Elle comptait cent mille hommes. Les Anglais
ne purent tenir la campagne ; le prince, après s'être
rendu maître de plusieurs places sur la Garonne, in-
vestit Aiguillon. Ce fut un des plus mémorables siéges
de ce siècle : jamais place ne fut plus vigoureusement
attaquée ni plus obstinément défendue ; on donnait trois
assauts par jour. Froissard nous apprend que les trou-

---

le plus, le droit de nommer des futurs capitouls. Ainsi les capitouls
de 1345, élus le 19 juin de cette année, s'empressèrent, quatre mois et
demi après leur entrée en fonctions, de nommer les *futurs capitouls*
de 1346.

D'autres patentes furent accordées en même temps à Toulouse, portant
la faculté d'établir de nouvelles impositions, et de prendre du bois dans
les forêts domaniales pour les réparations des fortifications. (Voyez Lafaille, t. Ier, p. 87.)

pes de Toulouse et du Haut-Languedoc formaient la première attaque; cette ville avait envoyé huit grosses machines de guerre pour battre la place. La sanglante bataille de Créci fit lever le blocus.

Toulouse avait bien mérité de la France, le prince la récompensa dignement; par ses lettres datées d'Agen, au mois d'août 1346, il permit d'entourer la ville de murailles, fossés et autres fortifications nécessaires à sa défense. Aucun privilége ne pouvait être plus sensible au cœur des Toulousains que la reconstruction de ces vieilles murailles, de ces tours et donjons démolis par Simon de Montfort, après la bataille de Muret, et rasés une seconde fois en exécution du traité de Paris, passé entre saint Louis et le comte Raymond le Jeune, terribles et ineffaçables souvenirs de l'abaissement national.

Le livre des capitouls se tait sur le rétablissement des *futurs capitouls;* le même silence existe pour les noms des deux capitouls qui commandaient les troupes de Toulouse à l'armée du prince Jean; nous savons que ce n'était pas un oubli.

L'héritier du trône s'entoura des familles toulousaines qui s'étaient distinguées dans cette guerre et leur accorda de hautes faveurs. *Bérenger de Portal* fut nommé *clerc secrétaire du roi.*

Sous les rois Philippe de Valois et Jean II, l'administration publique était dirigée par un collége de fonctionnaires nommés clercs du roi; ils formaient deux ordres distincts : 1° les clercs secrétaires ou clercs du roi (*clericus noster*); et 2° les clercs notaires qui dans tous les actes devaient ajouter leur qualité de notaire à celle de clerc du roi.

En 1343, Philippe de Valois avait sept secrétaires, dont deux servaient aussi dans la maison de la reine et dans celle de Jean, duc de Normandie, son fils, et soixante-quatorze notaires.

Les clercs du roi étaient les dépositaires et les gardiens des secrets de l'Etat; ce fut pour ce motif que sous Philippe le Bel on les appela *clercs du secret* et secrétaires sous Philippe le Long; ils signaient et ils expédiaient les lettres closes, les lettres patentes, les dépêches et expéditions qui contenaient les ordres et les grâces du roi. En 1547, Henri II en ordonna quatre pour expédier les affaires et les dépêches d'Etat suivant les provinces qui leur furent attribuées; ils reçurent dès lors le titre de secrétaires d'Etat et des commandements. Telle est l'histoire abrégée de nos ministres modernes[1].

La nomination de Bérenger de Portal à ces hautes fonctions témoigne des sentiments de bienveillance que le prince portait aux habitants de Toulouse et dont il leur donna des preuves nombreuses; les Toulousains s'en montrèrent reconnaissants, et la famille de Portal en faisant revivre dans ses descendants les noms du roi

---

[1] Voyez de La Roque, *Traité de la Noblesse.*

Jean et de *Bérenger* perpétua le souvenir des faveurs dont le duc de Normandie l'avaient honorée[1].

Les archives de Toulouse nous ont transmis deux ordonnances de Jean II, datées de l'an 1352; la première défendait au sénéchal d'évoquer à son tribunal les procès à juger devant les capitouls, le viguier et les juges d'appeaux, et d'en prendre connaissance autrement que par appel.

La seconde ordonnance portait que les armes des habitants de Toulouse, destinées à leur propre défense et à celle de la ville, ne pourraient être saisies pour quelque dette que ce fût. Enfin, que ces habitants ne pourraient être appelés en justice que devant leurs juges naturels, nonobstant tous priviléges à ce contraires [2].

Le roi ne pouvait reconnaître plus hautement les services rendus par les armes toulousaines qu'en rendant ces armes insaisissables; c'est peut-être le seul exemple dans l'histoire, de l'anoblissement des armes d'un peuple.

La bataille de Poitiers fut perdue le 19 septembre 1356; le roi Jean était prisonnier.

[1] Dans un amortissement du roi Jean en faveur du collége de Bayeux, à Paris (anno 1353), on trouve pour une maison située à Paris : « Contiguam ex una parte domui seu jardino Magistri *Berengarii de Portalo,* clerici nostri et aboutantem ad..... » (Registre du *Trésor des chartes,* pièce 870, archives générales.)

Il est question dans cet amortissement du grand collége de Bayeux, situé rue de la Harpe, et fondé en 1308, par Messire Guillaume Bonet, évêque de Bayeux. (*Antiquités de Paris,* par Pierre Bonfons, p. 146.)

[2] Durozoi, *Annales de Toulouse,* t. II, p. 229, 230.

Dans cet immense malheur, Paris et les provinces furent indignes; Toulouse seule, cette capitale des Raymonds, persécutée, ruinée, déshéritée par nos rois, fut, dans cette agonie de la France, la seule ville française.

Tandis que les états généraux de la langue d'oil, assemblés à Paris, loin d'accorder des secours au dauphin Charles, insultent à son infortune par des propositions insolentes; tandis que Paris le menace d'une révolte et qu'il ne trouve dans son voyage de ville en ville que des cœurs refroidis, les états généraux de la langue d'oc réunis à Toulouse acclament à l'unanimité la levée et l'entretien de cinq mille hommes d'armes, à deux chevaux au moins chacun, mille archers à cheval et deux mille pavoisiers ou fantassins armés d'écus. Chacun, noble, bourgeois ou simple habitant, veut contribuer de sa personne et de sa bourse; on s'arme à la hâte, tandis que les dames viennent offrir leurs joyaux et leurs riches parures pour le salut de la patrie [1].

Mais ces démonstrations ne suffisent point encore à la langue d'oc, elle veut porter le deuil de son roi bien-aimé, les états ordonnent : « Que hommes ne « femmes ne pourroient par le dit an, se le roi n'étoit « avant délivré, porter sur leurs habits, or, argent, « ne perles, ne vair, ne gris, robes ne chaperon dé-

---

[1] Lafaille, *Annales,* t. Ier, p. 102.

« coppés, ne autres cointises (*parures*) quelconques;
« et que aucuns ménestrels ou jugleurs ne joueroient
« de leur métier. »

Le traité de Bretigny rendit la liberté au roi Jean
(8 mai 1360). Le prix de sa rançon était de trois mil-
lions d'écus d'or; Toulouse donna deux cent soixante
mille francs, en différents payements, de sorte que ses
trois sénéchaussées, dit l'annaliste Durozoi, payèrent
presque en entier la rançon du roi [1].

La famille de Portal prit une part active à ces événements, et l'année de la délivrance du roi Jean,
Pierre de Portal (IIe du nom) [2] fut élu capitoul pour
la seconde fois, le 21 novembre 1360; il entra en
fonctions à la Pâque de l'année suivante 1361. Ce
fut pendant ce capitoulat que la comté de Toulouse
fut définitivement annexée à la France; nos rois l'a-
vaient gouvernée jusqu'à cette époque à titre de comtes. Jean II, par une déclaration donnée à Paris au
mois de novembre 1361, réunit à perpétuité la comté
de Toulouse à la couronne de France [3]. Il n'y eut que
des Français à Toulouse.

Le corps d'armée que le Languedoc avait mis sur
pied pour secourir le roi captif avait surexcité l'ardeur

---

[1] Durozoi, *Annales de Toulouse*, t. II, p. 240 à 249. — Vely, *Histoire de France*, t. IX, p. 211, etc.

[2] Pierre de Portal (IIe du nom), fils de Pierre de Portal (Ier du nom) dans la généalogie directe, avait été capitoul en 1348.

[3] Lafaille, *Annales de Toulouse*.

belliqueuse de la jeune noblesse toulousaine; elle attendait avec impatience l'occasion de se signaler dans les combats; cette occasion se présenta bientôt et fut saisie avec enthousiasme.

Les mœurs toulousaines de cette époque différaient beaucoup de celles des autres provinces de France. L'éducation des enfants des familles chevaleresques avait pour base les belles-lettres, le droit et l'art de la guerre. Un gentilhomme devait parler latin, connaître à fond les lois romaines et les coutumes nationales et se montrer habile à rompre des lances dans les joutes.

L'entrée dans le capitoulat était le but de l'éducation; les capitouls étaient en même temps les commandants militaires de l'armée et les magistrats prononçant des arrêts au civil et au criminel.

Nous avons déjà vu trois membres de la famille de Portal appelés à rédiger et à donner leur avis sur les coutumes de Toulouse sanctionnées par le roi, et nous verrons plus loin que Jehan de Portal, viguier de Toulouse, était, d'après l'histoire, *homme de guerre et bon légiste.*

Enfin les capitouls présidaient aux Jeux floraux, et lorsque les anciennes familles expatriées furent remplacées dans le capitoulat par des marchands enrichis, mais ayant reçu peu d'éducation, il n'y eut sorte de quolibets qu'on ne lançât contre ces jugeurs de poésies, qui ne savaient pas même le latin.

La spécialité a envahi de nos jours l'éducation comme les métiers; l'art et la science y ont gagné sans doute, mais l'homme y a perdu. La jeunesse dorée de Toulouse, chaque jour en sortant des bancs de l'école s'exerçait à une gymnastique qui n'était pas stérile comme la nôtre, qui ne défendait pas seulement contre les maladies, mais qui apprenait à se défendre contre l'ennemi.

Cette double éducation littéraire et martiale devait produire un peuple de raisonneurs et de batailleurs; ces deux mots résument l'histoire des Albigeois et des huguenots de Toulouse, de ces hérétiques aussi chatouilleux sur le point de droit que sur le point d'honneur, et toujours prêts à se disputer contre les clercs et les moines et à se battre contre les laïques. On se rappelle ces chevaliers albigeois du bourg courant sus contre les hommes d'armes de la ville et se décimant réciproquement sans autre résultat que l'exercice du noble jeu de la guerre. Cette éducation explique de plus le profond dédain de la noblesse toulousaine à l'encontre des hommes du Nord, qui certes se battaient bien, mais qui n'étaient pas plus forts sur Virgile et Horace que sur les Institutes et les Pandectes de Justinien.

Charles V monta sur le trône en 1364; jamais la France n'avait été dans une aussi profonde détresse; ruinée par des impôts excessifs et par des troupes de brigands, nommés *malandrins*, *routiers*, *tard-venus*, elle était à la veille de soutenir une guerre contre le roi de Navarre. Charles V par sa sagesse et son habileté remédia à tous ces maux ; il s'unit par un traité avec Pierre IV, roi d'Aragon, le seul ennemi qui pût alarmer le roi de Navarre et obliger celui-ci à demander la paix.

Cependant les troupes anglaises composées de pillards, après avoir été licenciées conformément au traité de Bretigny, infestaient le Languedoc et, malgré les clauses formelles de ce traité de paix, refusaient d'évacuer plusieurs places. Le roi saisit une occasion favorable pour en délivrer la France ; le pape venait de déposer Pierre le Cruel, roi de Castille, pour avoir empoisonné son épouse, la reine Blanche de Bourbon, sœur de Jeanne, femme de Charles V. Duguesclin fut chargé de conduire les compagnies de fortune en Espagne ; l'armée eut son quartier général à Toulouse où résidait le duc d'Anjou, frère du roi et gouverneur du Languedoc.

La noblesse toulousaine courut aux armes ; l'élan irrésistible qui entraînait l'élite de la population à cette croisade contre les Maures d'Espagne, appelés par don Pèdre à son aide, est décrit dans un poëme en langue romane, dédié à Clémence Isaure, et qui nous a transmis les détails de cette expédition :

« Dieu ! le beau temps que c'était alors !
« Les femmes qui étaient enceintes

« Auraient voulu être délivrées
« Et que leurs fils fussent assez grands
« Pour porter les colliers d'or
« Et les belles lances aiguës [1].

« *Les enfants quittaient leurs pères, plusieurs abandon-*
« *nèrent la charrue, d'autres les lettres, un grand nombre*
« *leurs femmes, quelques-uns s'échappèrent du collége pour*
« *prendre l'arc et le carquois.* (Ce furent les pages, var-
« lets et écuyers qui combattirent sous le pennon de
« chaque chevalier.)

« *Ils partirent tous très contents,* ajoute notre poëte,
« *croyant qu'ils allaient se donner du passe-temps et*
« *conquérir l'Espagne d'emblée, sans combat ni perte*
« *de leurs gens; mais il y en aura beaucoup qui*
« *ne seront pas contents après que vous m'aurez en-*
« *tendu.*

« *L'honneur, la foi, l'amour de Dieu étaient les seuls*
« *motifs qui les engagèrent à faire la guerre aux cruels*
« *Sarrasins; c'est ce qui fit que nos Toulousains marchèrent*
« *sous la bannière de Duguesclin.*

« *Ils étaient en tout quatre cents, parmi lesquels les plus*
« *vaillants et les plus renommés dans les tournois étaient*
« Simon Lautrec, Portal du Pont, Lordat, Gramont,
« Roaix, Goirans, etc. »

---

[1]
Deu! Qu'eraquo en aquet temps!
Las fennas qu'eran labés prens
Bouleban estar ajagudas
E que lous enfans fouron grans
Per poudé pourta lous carcans
Dam las bellas lanças acutas.

Après avoir raconté les hauts faits de ces braves Toulousains, le troubadour termine en disant :

« *C'est ainsi que finit dans peu de temps la guerre contre*
« *les mécréants, ce qui ne se fit pas sans perdre quantité de*
« *nos braves chevaliers qui périrent dans les combats et*
« *les alertes.*

« *Deux cents braves Toulousains périrent dans cette ex-*
« *pédition ; mais je m'aperçois, dame Clémence, que vous*
« *souffrez d'entendre raconter la mort de tant de braves*
« *guerriers, dont une partie aurait suffi pour reculer les*
« *frontières de la France* [1]. »

Le duc d'Anjou accueillit les chefs de l'armée et les chevaliers toulousains avec une joie extrême ; avant le départ, les troupes furent rangées en bataille, et après la revue générale le prince convia les seigneurs à un banquet d'une somptuosité royale ; après le repas, il leur dit « qu'il souhaiterait que ses affaires lui pussent
« permettre de prendre la croix dans une si belle occa-
« sion et de se voir, pour la défense de la foi chrétienne,
« à la teste des plus vaillans hommes de la terre, mais
« qu'il en estait empêché par des raisons invincibles,
« qu'il désirait d'autant plus surmonter, qu'en faisant
« le voyage d'Espagne il pourrait espérer le plaisir de
« punir le roi don Pèdre de son infidélité envers Dieu,
« de la tyrannie qu'il avait exercée contre ses sujets et

---

[1] Ce poëme a été imprimé, avec la traduction, dans les *Annales de Toulouse*, de Durozoi, t. II, p. 14 et 15 des notes historiques, publié dans les *Œuvres de Goudelin*, etc.

« de l'horrible cruauté avec laquelle il avait fait mourir
« la reine Blanche de Bourbon, sa femme, la plus sage
« et la plus vertueuse princesse qui fust au monde. Il
« mesla tant de force au discours qu'il leur fit, que tous
« les chefs entrèrent dans son sentiment et lui promi-
« rent d'un commun accord de venger sur ce mauvais
« roi tous les outrages qu'il avait faits à Dieu, à ses peu-
« ples et au sang royal de France [1]. »

D'après une ancienne tradition et de vieux sceaux,
le chevalier Portal du Pont, cité dans le poëme en langue d'oc comme un des plus vaillants à la guerre et des
plus renommés dans les tournois, prit pour cri de
guerre ou devise :

Armet nos ultio regum.

(Arme-nous, vengeance des rois.)

Ce cri reproduit le serment prêté dans les mains du
duc d'Anjou, de venger la mort de la reine Blanche,
et fait allusion à ce fait que le même chevalier avait
pris les armes pour venger le roi captif Jean II.

Cette tradition présente un intérêt historique en indiquant qu'à cette époque les familles chevaleresques de
Toulouse étaient complétement françaises.

Jusqu'au règne de Jean II, les Toulousains s'armaient
pour venger les injures faites à Toulouse ou pour élever
son importance politique, jamais pour venger les rois
de France qu'ils considéraient comme leurs ennemis.

---

[1] Hay Du Châtelet, *Histoire de Du Guesclin*, p. 92.

Le serment qui fut le premier cri de guerre de cette expédition montre un état de choses nouveau, une transformation complète de l'esprit national.

Mais les chevaliers toulousains en se montrant dévoués au roi, dévoués à la foi chrétienne, en prenant la croix contre les mécréants, n'entendaient nullement s'enrôler sous la bannière du clergé et faire amende honorable pour leurs ancêtres albigeois. Cette même année 1366, qui vit partir cette brillante jeunesse dont la moitié devait être moissonnée sur la terre espagnole, les capitouls firent preuve de peu de sympathie et de respect pour les chefs de l'orthodoxie catholique. Les humiliations que l'archevêque et l'université leur avaient fait subir lors du procès de Bérenger pesaient sur eux comme une grave atteinte portée à leur honneur. Une querelle élevée entre le clergé séculier et les moines devint l'occasion d'une éclatante revanche.

Peu de temps après la cérémonie de son couronnement, Jean II fit un voyage à la cour d'Avignon ; à son retour le roi passa par le Languedoc. « Le vicaire gé-
« néral de l'archevêque de Toulouse, Etienne Alde-
« brand, vint de la part de ce prélat se plaindre de la
« rigueur excessive dont les moines usaient envers
« ceux de leur communauté qui se rendaient coupables
« de grandes fautes. Les mettant dans une prison obs-
« cure et perpétuelle qu'ils appelaient *vade in pace*, ils
« ne leur donnaient pour nourriture que du pain et de
« l'eau, et leur ôtaient toute communication avec leurs

« confrères, en sorte que ces malheureux mouraient
« toujours désespérés[1]. »

Les capitouls embrassèrent la cause des moines ; le
vade in pace les touchait beaucoup moins que le souvenir de l'évocation de l'affaire de Bérenger par l'archevêque, et des funestes conséquences qui suivirent le
refus des capitouls d'y obtempérer[2].

Longtemps assoupie, la mésintelligence entre l'archevêque, les moines et les capitouls éclata en 1364. Cette
année Pons de Gaure, de la famille du capitoul assassiné par Bérenger, remplissait les fonctions capitulaires,
la ville de Toulouse députa aux états généraux de la
province assemblés à Nîmes, Etienne de Nogaret, capitoul, et Jacques Izalguier qui l'avait été. « Ces dé-
« putés représentèrent aux états que l'archevêque de
« Toulouse avait entrepris de défendre à l'inquisiteur
« de la foi dans cette ville de faire à l'avenir sa fonction
« d'inquisiteur sous peine d'excommunication, ce qui
« était contraire aux droits de la province, à l'instance
« de laquelle l'inquisition avait été établie, et deman-
« dèrent qu'il fût ordonné aux syndics généraux du
« pays de faire instance, au nom de la province, pour
« la défense de l'inquisiteur. Cela fut ordonné, nonob-
« stant l'avis contraire de tous les prélats, excepté celui
« de Viviers. A quelques jours de là, ce différend fut
« terminé par le gouverneur Arnoul d'Andrehan, qui

---

[1] Vely, *Hist. ecclés.*, règne de Jean II, t. IX, p. 29.
[2] Voyez Lafaille, *Annales de Toulouse*, t. I, p. 71.

« cassa tout ce qui avait été fait par l'archevêque et
« maintint l'inquisiteur dans sa fonction[1]. »

Sans doute, le chef du clergé de Toulouse ne courba
pas le front devant la décision des états généraux.
Nous ignorons les détails des hostilités. Elles furent
violentes, puisque en 1366 les capitouls firent arrêter
et déposer dans leurs prisons le grand vicaire de
l'archevêque.

Les prouesses des chevaliers toulousains en Espagne
avaient exalté l'imagination des capitouls, au nombre
desquels paraissent les vieux noms d'*Izalguier*, de
Toulouse, d'*Escalquens*, de *Castelnau*, de *Morlanes*, de
Nogaret; ils croyaient être encore au temps des Raymonds, mais ils comptaient sans la vengeance de l'archevêque et sans la récompense que leur réservait
l'inquisition : leur asservissement prochain.

L'archevêque lança l'interdit contre la ville; dès
lors cessation complète du culte divin, enterrement
dans les caves ou dans les champs, etc. Le peuple
fut dans une extrême consternation d'être ainsi châtié
pour la plus grande punition des seigneurs du Capitole qu'on n'osait attaquer directement. Cet état de
choses ne pouvait se terminer que par un schisme ou
par une amende honorable. L'heure de la Réformation n'était pas encore sonnée, les capitouls se soumirent; trois membres de ce corps furent envoyés

---

[1] Lafaille, *Annales de Toulouse,* t. Ier, p. 108.

vers le pape, Urbain V, qui avait sa résidence à Avignon, pour se réconcilier avec l'Eglise; l'absolution leur fut donnée par le saint père, après une pénitence publique devant la porte du sacré palais [1].

La violence est une mauvaise conseillère et presque toujours un indice et une cause d'affaiblissement; les capitouls en firent la triste expérience; tout l'avantage de cette lutte fut acquis au clergé.

A ce moment les familles illustres de Toulouse perdaient leurs représentants les plus jeunes et les plus énergiques dans cette noble folie de la croisade contre les Maures d'Espagne. Enfin, les exactions du règne de Charles VI et les attaques dirigées contre le capitoulat achevèrent l'œuvre de ruine et de destruction commencée par Louis IX.

La trêve qui existait avec l'Angleterre étant expirée en 1385, la France arma la plus grande flotte qu'elle eût jamais mise en mer. Certains écrivains gascons prétendent que le nombre des vaisseaux était si grand qu'en les liant ensemble on eût fait un pont sur la Manche; ils confondaient sans doute ce bras de mer avec la Garonne.

Pour subvenir aux frais de la guerre, les impôts furent tellement exagérés, la taille si excessive dans le Languedoc que, d'après l'annaliste Lafaille [2], elle dépassait la valeur des biens; plusieurs familles s'expa-

---

[1] Lafaille, *Annales de Toulouse*, t. Ier, p. 112.
[2] *Annales de Toulouse*, t. Ier, p. 135.

trièrent, abandonnant la France qui ne pouvait plus les nourrir. Les fonds encaissés, il ne fut plus question de guerre; les historiens du temps accusent les oncles du roi de lui avoir fait abandonner ce dessein pour profiter des immenses trésors amassés pour cet armement.

Les capitouls et les habitants de Toulouse qui avaient prouvé sous le roi Jean qu'ils ne marchandaient ni leur fortune ni leur vie lorsque la patrie était en danger, trouvèrent cette spoliation scandaleuse et se permirent de l'exprimer en termes énergiques qui déplurent à la cour. La réponse à leurs remontrances fut la suspension des institutions toulousaines.

Les capitouls furent directement nommés par le viguier, le 1ᵉʳ mars 1386, et continués jusqu'à la Pentecôte de l'année 1388. Ainsi, pour punir Toulouse de lui avoir extorqué son argent, on déchira ses chartes; il est vrai que le duc de Berry, par ses lettres datées du château de Nesle à Paris, au mois de juin 1386, défendit d'inquiéter ces faux capitouls : « *pour* « *aucune sorte d'affaires publiques, même pour celles du* « *roi.* » Il paraît que ces magistrats étaient peu populaires.

Nous devons signaler ici le grave embarras des chroniqueurs qui, dans tous ces revirements de magistrats, ont perdu cinq mois de l'histoire des capitouls, et ne savent où les retrouver. Ce qui met le comble à leur étonnement, c'est que les Toulousains, qui n'auraient pas été administrés pendant ce laps de temps, ne s'en aperçurent point, et que l'histoire n'en dit pas un mot.

Les faux capitouls furent prorogés jusqu'à la Pentecôte de l'année 1388; les nouvelles élections eurent lieu au mois de novembre; la conséquence, d'après Lafaille, est que Toulouse fut privée de ses magistrats durant l'espace de temps compris entre la Pentecôte et la Saint-Sernin, ce qui paraît assez bien raisonné; ou bien que le livre des capitouls n'a pas su ce qu'il disait, ce qui devient plus difficile à comprendre.

Un seul mot lève les difficultés. Les élections eurent lieu l'année précédente, c'est-à-dire en 1387, et les futurs capitouls entrèrent en fonctions à la Pentecôte au lieu de Pâques, qui était le commencement de l'année 1388.

Ainsi le livre des capitouls ne s'est point trompé, et Toulouse ne resta pas veuve de ses magistrats un seul jour de l'année 1388. Ce livre, en effet, indique le mois et le jour de l'élection, mais non pas *l'année*. Nous avons ici une nouvelle preuve matérielle du fait que nous avons déjà signalé : *Que l'élection des futurs capitouls avait lieu dans l'année qui précédait leur entrée en fonctions dans l'état légal et normal.*

Comment les chroniqueurs ignoraient-ils cela? Ou plutôt comment l'oubliaient-ils?

V

> Les villes meurent comme les hommes.
> (Lucien.)

L'impôt excessif de la taille qui ruinait la propriété foncière ne fut pas le seul expédient employé sous le règne de Charles **VI** pour remplir les coffres vides de l'Etat ; les moyens les plus oppressifs et les plus honteux furent mis en œuvre ; Toulouse fut une des principales victimes de ce système de spoliation.

L'arrêt du parlement de Paris dans l'affaire de Bérenger avait privé Toulouse de ses institutions ; le rachat de ses libertés fut un précédent fatal. Le gouvernement eut un moyen facile de battre monnaie en enlevant avec ou sans le moindre prétexte la totalité ou une partie des droits des capitouls et les leur restituant moyennant *finances*. On ne s'arrêta pas dans cette voie inique, et bientôt le capitoulat fut mis à l'encan et adjugé au plus offrant et dernier enchérisseur.

Le livre des capitouls ou annales de l'Hôtel de ville
se tait sur ces marchés scandaleux, qui amoindrissaient
l'institution en jetant sur quelques-uns de ses membres
la déconsidération publique; mais les dates et le chroniqueur Bardin nous révèlent une partie de ce honteux
trafic.

Le 17 février 1373, le duc d'Anjou, gouverneur de
la province, crée les capitouls de son autorité privée;
tel est son bon plaisir; il continue leurs pouvoirs jusqu'à
la fin d'août 1375. Les annales officielles enregistrent
ce fait sans commentaires; mais Bardin, dont le père
assistait à ces événements, nous avertit que la rumeur
publique accusait le duc d'Anjou d'avoir reçu 600 écus
d'or.

Les anciennes familles capitulaires, atteintes non-
seulement dans leurs privilèges, mais dans leur honneur, adressèrent au roi d'humbles mais vives remontrances pour voir cesser un état de choses intolérable.
En 1405, sous le troisième capitoulat de Pierre de
Portal (IIIe du nom)[1], qui avait pour collègues Izalguier, de Gaure, de Pagèse, etc. « Le roi, disent les
« annales, par ses patentes datées de Paris, le troisième
« juin, enjoignit à tous ses officiers de la ville de Tou-
« louse de jurer entre les mains des capitouls de garder
« les libertés et usages de cette ville, suivant son an-
« cien privilège[2]. »

---

[1] Il avait été capitoul en 1376 et 1398.
[2] Voyez Lafaille, *Annales de Toulouse.*

Ces lettres patentes furent loin de satisfaire l'opinion publique; non-seulement le roi et son représentant le gouverneur brisaient et réintégraient les capitouls selon leur caprice, mais trop souvent aussi en laissant aux élections l'apparence de la liberté, ils nommaient directement un ou plusieurs capitouls... *reconnaissants;* c'est ce que nous apprend ingénument l'annaliste Lafaille.

« Comme la charge de capitoul, dit-il, a toujours « été fort recherchée dans Toulouse, ceux qui ne pou- « vaient y parvenir par des voies ordinaires obtenaient « souvent des lettres du roi ou du duc de Berri, gou- « verneur de la province, pour se faire nommer à cette « charge. Cette année (1407), le roi déclara par des « patentes qu'il entendait qu'on n'eût aucun égard à de « semblables ordres et ordonna qu'à l'avenir l'élection « se ferait suivant l'usage et les coutumes de cette « ville. »

Cette promesse de Charles VI fut dérisoire; son successeur, Charles VII, viola ces coutumes en 1425, 1428, 1434 et 1441 [1].

Ainsi le capitoulat allait chaque jour s'appauvrissant; ce que la violence n'avait pu obtenir on l'acquérait par l'avilissement, qui offrait le double avantage de saper une autorité importune et de procurer des sommes considérables [2].

[1] Voyez les *Annales* de Lafaille, sous ces années.
[2] Sous le règne de Louis XV, le capitoulat devint une marchandise qu'on vendait, qu'on achetait, dont on se parait, sans prendre nul souci des fonctions à remplir. Laissons parler l'historien Du Mège :

Les princes gouverneurs du Languedoc avaient attaqué les libertés de Toulouse avec des armes déloyales ;
le parlement et l'inquisition entrèrent dans cette voie
si largement tracée et confisquèrent à leur profit les
dernières prérogatives du capitoulat.

Le 29 mai 1420, le parlement de la langue d'oc fut
installé à Toulouse ; il se composait de Dominique de
Florence, archevêque président, de trois conseillers
lais et de trois conseillers clercs ; ces officiers avaient
été oris, partie du pays de la langue d'oil et partie de
la langue d'oc, c'est-à-dire de deçà et de delà la Loire.

Le chroniqueur Guillaume Bardin, dont l'oncle Jean
Bardin était un des conseillers lais, nous fournit les
détails suivants :

Le 14 du mois de juin qui suivit l'installation, un
nommé Querbaut de Toulouse ayant proféré des blas-
phèmes contre Jésus-Christ et la sainte Vierge, ceux
qui étaient en sa compagnie en eurent horreur et se sé-
parèrent de lui après l'avoir injurié ; un seul témoin

« Les charges municipales de Toulouse furent souvent, durant ce règne
« (de Louis XV), occupées par des étrangers, qui achetaient le titre de
« capitoul afin d'acquérir en même temps la noblesse et tous les privi-
« léges qui en étaient la suite. Ils n'habitaient Toulouse que pendant quel-
« ques mois, et laissaient à deux ou trois de leurs confrères le soin d'ad-
« ministrer ; ils se contentaient du titre qu'ils avaient reçu moyennant
« une somme plus ou moins forte ; leurs noms étaient inscrits sur les re-
« gistres, leurs portraits étaient peints dans les livres de l'histoire muni-
« cipale et dans les galeries du Capitole ; ils étaient regardés comme nobles
« de race ; leurs fils entraient comme officiers dans nos régiments, et quel-
« ques-uns même dans l'ordre de Saint-Jean de Jérusalem : ils ne deman-
« daient pas autre chose. » (*Histoire des Institutions de Toulouse*, t. II,
p. 405.)

Voilà où conduisit la vénalité des charges.

nommé Bardou ne dit rien. Tous deux furent accusés devant le parlement ; le premier du crime de blasphème, le second du *crime de silence* (ce sont les propres termes de Bardin et de l'annaliste Lafaille).

Le 30 juillet, le parlement, présidé par l'archevêque, condamna Querbaut à avoir la langue coupée, la tête tranchée et ses biens confisqués au profit de l'Eglise et du roi, ce qui fut exécuté. Le prévenu du crime de silence fut renvoyé devant l'inquisiteur de la foi, qui le condamna à jeûner en prison, au pain et à l'eau pendant deux mois, tous les mercredi et vendredi de la semaine. Ce fut le premier arrêt rendu par le parlement pour fait de crime.

Les juges naturels des blasphémateurs étaient les capitouls ; ce droit dont ils avaient été de tout temps en possession leur fut restitué cinq ans après. Ainsi, dès ses premières audiences, le parlement humilie la magistrature nationale, usurpe sa compétence, partage ses dépouilles avec l'inquisition et inaugure sa présence à Toulouse par un arrêt dont l'ineptie le dispute à la cruauté ; dignes prémisses de cette puissance parlementaire qui marqua son passage dans l'histoire de Toulouse par une longue trace de sang.

Les capitouls courbèrent la tête et restèrent spectateurs silencieux de la violente tempête que cet arrêt déchaîna entre le clergé et les moines.

« *Tout le monde fut surpris*, dit Lafaille, *que l'Eglise*
« *ayant tant d'horreur du sang, un prélat et quatre ecclé-*

« *siastiques eussent assisté à ce procès pour faire mourir ce*
« *coupable. Tous les moines de la province et particulière-*
« *ment ceux de cette ville en firent grand bruit.* » Nous
en savons le motif; ce n'était pas précisément l'horreur
du sang, mais la vieille inimitié contre les archevêques
et le clergé régulier qui inspiraient aux moines ces paroles charitables. Ils disaient que ce prélat avait par ce
fait perdu sa juridiction spirituelle et qu'il devait être
réhabilité par un concile ou par le souverain pontife;
que ceux qui obéissaient à ses mandements en matière
spirituelle péchaient mortellement, et que ses suffragants et ceux qui avaient droit d'élection étaient obligés
en conscience de le déposer et d'élire un successeur.

L'archevêque lança l'excommunication sur ceux qui
prétendaient avoir des idées opposées aux siennes. Les
moines en appelèrent à Rome.

Les plus ardents parmi les opposants étaient les dominicains ou frères prêcheurs, et cependant l'archevêque appartenait à leur ordre et portait leur habit[1]:
les haines de famille sont implacables.

En faisant entendre du haut de la chaire sa justifica-
tion et la condamnation de ses adversaires, le chef de
l'Eglise de Toulouse invoqua l'exemple de Moïse qui
avait ordonné à la tribu de Lévi de passer au fil de l'épée
les adorateurs du veau d'or. L'archevêque aurait pu
choisir des exemples plus modernes et plus applicables

---

[1] Raynal, *Histoire de Toulouse*, p. 162.

à la circonstance dans l'histoire de son ordre[1] ; qu'on nous permette de réparer cet oubli.

Le père Percin, dominicain, né à Toulouse en 1633, a écrit l'histoire des frères prêcheurs de cette ville ; je laisse à un catholique le soin de faire connaître l'esprit et le résumé de cet ouvrage curieux :

« Le père Percin, homme connu d'ailleurs par sa « piété sans bornes, par la douceur de ses mœurs, se « montre dans son livre animé de cet épouvantable « esprit de fanatisme qui rend le cœur cruel au nom « de Dieu, et qui porte à commettre les atrocités les « plus infâmes, les crimes les plus noirs, avec ce « calme, cette résignation qu'inspire à l'âme trompée « l'idée qu'elle sert les intérêts du ciel. Percin ne « tait aucune des cruautés de l'inquisition ; il les ra- « conte avec tendresse, avec délectation ; ceux qui les « ont commises, *les bons frères* (comme il les appelle) « vont dîner *joyeusement*, après avoir fait brûler devant « eux une femme hérétique : *bénissant Dieu de ce qui* « *vient de se passer pour l'exaltation de la foi et la* « *gloire de saint Dominique.* Il appelle le registre où « s'inscrivent ces arrêts de sang, *le livre de vie*; et « lorsque, par une sortie violente, en appelant la dé- « nonciation au secours des inquisiteurs, un prédica-

---

[1] Les dominicains ou frères prêcheurs suivaient la règle de saint Augustin. Les fonctions inquisitoriales leur furent attribuées en 1233. Ils portaient en France le nom de *Jacobins*, parce que leur premier couvent à Paris fut bâti dans la rue Saint-Jacques. (Bouillet.)

« teur a épouvanté son auditoire, le père Percin ajoute
« avec une effusion de cœur parfaite : *C'est bien en un*
« *cas pareil que Chrysostome se serait écrié : Voyez quelle*
« *douceur porte avec elle la prédication !* (Exclamasset
« Chrysostomus, videte quantam habet mansuetudi-
« nem sermonis libertas!) Tout enfin porte, dans l'ou-
« vrage du père Percin, le cachet de cet enthousiasme
« si dangereux quand il est mal dirigé, et si propre à
« nuire à notre sainte religion [1]. »

Voilà ce qu'écrit un catholique croyant, voilà ce
que l'archevêque de Toulouse aurait pu opposer aux
dominicains si leur histoire n'eût pas été la sienne.

J'affaiblirais, en voulant la décrire, la répulsion de
notre siècle pour ces scènes d'horreur; je n'ajouterai
qu'une seule réflexion : la violence donne la mesure
de la faiblesse, nous en avons vu l'expérience; la religion romaine devait être bien faible à Toulouse pour
recourir à des moyens aussi épouvantables.

Au commencement du mois de novembre 1422,
l'évêque du Puy, légat du pape, arriva à Toulouse
pour réconcilier à l'Eglise les moines excommuniés par
l'archevêque. L'absolution leur fut accordée, les dominicains triomphèrent et firent acte de puissance
quelques jours après.

Le 28 novembre, les futurs capitouls sont élus pour
entrer en fonctions au commencement de l'année sui-

---

[1] *Biographie toulousaine*, article *Percin*.

vante (1423), qui s'ouvrait à Pâques [1]. Ce fut entre cette date de l'élection et celle de la réception qu'eurent lieu les faits suivants :

« En ce temps-là, dit Lafaille, on avait accoutumé
« de porter l'élection des capitouls à l'inquisiteur de
« la foi, pour l'examiner et voir s'il n'y aurait point
« quelqu'un de suspect d'hérésie. Cette année, l'élec-
« tion ayant été communiquée à frère Barthélemy Gis-
« card, lieutenant de l'inquisiteur, il mit au bas qu'un
« *Albert*, qui était dans cette élection, devait en être
« tiré, parce qu'il était un insigne jureur de Dieu,
« comme il offrait de le prouver par des témoins ir-
« réprochables. L'élection rapportée aux capitouls, ils
« rayèrent cet Albert et mirent en sa place Pierre de
« Sarlat. »

Pierre de Portal (IVe du nom), capitoul du bourg en 1423, eut à subir cette humiliation ; ce fut la dernière : la famille de Portal ne rentra plus dans le capitoulat, qui passa sous le joug de l'inquisition et du parlement.

« Avant la fixation du parlement dans Toulouse,
« dit Raynal, la place de capitoul était une des plus
« distinguées de cette ville et de la province ; les per-

---

[1] Lafaille dit ici (t. Ier, p. 182) et répète encore p. 191, que l'année, à cette époque, commençait le 25 mars ; c'est une erreur. Sous la troisième race de nos rois, le dimanche de Pâques était le premier jour de l'an (Bouillet, *Dictionnaire des sciences*) ; il en fut de même à Toulouse, d'après Raynal (p. 80), jusqu'à l'édit de Charles IX, de 1564. Lafaille aura appliqué à toutes les années ce qui eut lieu pour une seule. La fête

« sonnes les plus qualifiées se faisaient un honneur
« de l'occuper [1]. »

A partir de cette époque commence la grande émigration de la noblesse, constatée par les historiens du
Languedoc ; après l'incendie et la peste de 1462, il
ne resta presque plus un seul nom historique dans
Toulouse ; c'est jusqu'à cette date, qui fut celle de
l'expatriation de la famille de Portal, que nous con-
tinuerons le récit des événements qui expliquent l'é-
loignement des familles patriciennes des affaires publiques.

mobile de Pâques peut tomber du 22 mars au 25 avril, d'après Arago
(*Astronomie populaire*, t. IV, p. 702).

[1] Raynal, *Histoire de Toulouse*, p. 462.

Montluc dit dans ses *Commentaires* (l. VII, t. IV, p. 10) : « Il faut que
« j'escrive en passant, une chose que j'ai toujours dite, et que je dirai tant
« que vivrai, que la noblesse s'est fait un grand tort et dommage de dé-
« daigner ainsi les charges des villes, principalement des capitales, comme
« Toulouse et Bordeaux. Je sçai bien que de mon premier âge j'oyais
« dire que des gentilshommes et seigneurs de bonne maison acceptaient
« la charge de capitoul à Toulouse et de jurat à Bordeaux, mais encore
« plus à Toulouse. Car refusant ces charges ou les laissant prendre, les
« gens de ville s'emparent de l'autorité, et quand nous arrivons, il les faut
« boneter et leur faire la cour. Ç'a esté un mauvais advis à ceux qui en
« sont premièrement cause. Plust à Dieu que, comme en Espagne, nous
« eussions toujours logé dans les villes, nous en serions plus riches, et
« si aurions plus d'autorité. Nous avons la clé des champs et eux des
« villes. »

Montluc naquit en 1502. Dans son jeune âge il entendait dire ce qui se
passait autrefois comme règle générale, ce qui n'était qu'une exception de
son temps. Bertrandi, qui écrivait ses *Gestes tolosaines* en 1515, se plai-
gnait de l'intrusion dans le capitoulat de gens qui n'auraient pas dû y être.
Ce fut vers le milieu du quinzième siècle, ainsi que nous allons le constater, que les anciennes familles déclinèrent les fonctions capitulaires. Avant
cette époque, le capitoulat recevait son lustre des grandes familles qui
l'occupaient ; après, ce furent les familles nouvelles qui ambitionnèrent ces
honneurs pour acquérir la noblesse et la considération publique. Il y eut
sans doute de nombreuses exceptions, mais j'indique la règle générale.

Au mois d'avril de l'an 1425, des moines appelés *Jésuates*, ou clercs apostoliques, au nombre de cinq, vinrent d'Italie. C'étaient, dit Lafaille, des gens de sainte vie et de grande littérature; ils vivaient du travail de leurs mains avec un jeûne perpétuel. Les capitouls leur accordèrent l'autorisation de s'établir à Toulouse, de leur seule autorité et sans en référer au Conseil général (*Consilium commune*), qui s'y opposa. Deux capitouls se présentèrent au parlement pour lui demander qu'il lui plût d'autoriser leur délibération; il fut fait droit à leur requête, par arrêt du 18 du mois d'avril, nonobstant l'opposition des bourgeois de Toulouse [1].

Cet acte fut l'abdication et la déchéance du capitoulat, qui dès lors devint l'antagoniste des anciennes familles et de l'esprit national. En parcourant les *Annales* de Lafaille, on voit que l'histoire de Toulouse avant 1425 se résume dans l'histoire des capitouls; les années qui suivent ne forment qu'une longue et fastidieuse chronique du parlement.

Les Toulousains avaient assez de moines et n'en voulaient plus; les capitouls leur en imposent de nouveaux, en opposition au vœu public et à la délibération du conseil général des anciens capitouls. Cet acte de servilisme devait avoir sa récompense; ces humbles

---

[1] Le titre de bourgeois de Toulouse désignait les anciens capitouls, qui formaient l'assemblée générale ou conseil commun; à cette époque il était encore composé en majorité par les familles patriciennes.

serviteurs du pouvoir furent continués dans leur emploi l'année suivante : *par ordre du roi.*

Le gouvernement comprit cependant le danger qu'il
y avait à ne tenir aucun compte des susceptibilités nationales; en enlevant aux capitouls leur pouvoir réel,
en les condamnant au rôle d'agents subalternes, on
leur rendit quelques priviléges honorifiques ou insigni-
fiants.

Ces magistrats avaient toujours eu dans leurs attributions le jugement des blasphémateurs; le parlement
leur avait enlevé ce privilége dans sa première affaire
criminelle; mais la cour souveraine s'étant réfugiée
à Béziers pour fuir la peste, l'inquisition et les capitouls réclamèrent l'exercice de ce droit. La contestation fut déférée au sénéchal, qui débouta l'inquisiteur de sa prétention et maintint les capitouls dans
leur ancienne juridiction.

La peine dont on punissait le coupable de ce crime
était le supplice de l'estrapade : on le plongeait à
trois reprises dans la rivière enfermé dans une cage
de fer. Le parlement n'avait pas jugé ce châtiment
assez sévère pour amener à résipiscence le blasphé-
mateur Querbaut, condamné à avoir la langue coupée
et la tête tranchée.

A dater de cette année (1425) commença la
désorganisation complète du capitoulat; non-seulement ses membres sont élus sous la pression du parlement, du viguier et de l'inquisiteur, mais, comme

récompense de leurs bons et loyaux services, ou de leur *soumission*, on les proroge pendant deux ou trois ans.

Parvenue à ce degré d'abaissement, l'institution devait être, au moindre prétexte, abolie ou suspendue; c'est ce qui eut lieu à deux reprises rapprochées. Pendant quatre ans, de 1449 à 1453, il n'y eut pas de capitouls à Toulouse; le gouvernement fut confié au viguier, lieutenant du roi. Lafaille suppose que des feuillets des annales de l'Hôtel de ville auront pu être arrachés : cette supposition ne nous paraît pas admissible. Le livre des capitouls renfermait, comme le livre d'or à Venise, les titres de noblesse des familles patriciennes; si un seul feuillet de ce registre officiel, seul monument historique de Toulouse, eût été lacéré, on l'aurait rétabli, et le scandale d'une semblable action aurait été poursuivi à la requête des familles intéressées et puni d'une manière exemplaire; enfin, des traces de ces capitouls se seraient conservées dans les chartes publiques de cette époque, et Lafaille avoue qu'il lui a été impossible de retrouver un seul de ces magistrats durant cette période de quatre ans.

Nous avons déjà remarqué le silence des annales de l'Hôtel de ville, ou livre des capitouls, sur les événements fâcheux; on taisait tout ce qui n'était pas à l'honneur et à la gloire de la cité; les rares chroniqueurs eux-mêmes, par esprit national, par dévouement aux capitouls ou dans la crainte de leur déplaire, observaient le même mutisme.

Le fait que nous venons de signaler se reproduisit bientôt; aux années 1456, 1457 et 1458, Lafaille dit: « *Ces trois années n'ont ni capitouls ni histoire dans nos* « *annales.* »

Ainsi le capitoulat fut détruit de droit et de fait, et cependant les anciennes familles ne pouvaient se résoudre à accepter leur nouvelle position : elles rêvaient encore le retour des âges passés qui ne devaient plus revenir; comme les émigrés de 1814, elles n'avaient rien appris et rien oublié. L'éducation des fils de famille était toujours dirigée dans l'espoir qu'ils parviendraient un jour au capitoulat rétabli dans ses antiques priviléges. Ces ultra-légitimistes repoussaient les honneurs vulgaires d'une charge sans pouvoir réel, mais apprenaient à leurs enfants à la remplir dignement un jour. C'est ainsi que sur un feuillet du livre des capitouls nous voyons un jeune Portal assesseur des capitouls en 1438 [1].

Ces illusions ne devaient pas être de longue durée. En 1461 les capitouls élisent leurs successeurs dans la forme ordinaire; le parlement, sur la réquisition du procureur général, casse l'élection et renvoie au séné-

[1] Miniature du livre des capitouls, publiée dans les *Voyages pittoresques et romantiques dans l'ancienne France,* par Taylor et Charles Nodier.

chal et au viguier pour faire conjointement, et sans la participation des capitouls, une nouvelle élection de trois candidats par quartiers de la ville, pour des trois en être élu un par la cour. Le parlement casse de rechef cette élection et nomme, de son autorité privée, les capitouls suivants :

De Champagne,

Rixoil,

D'Auterive,

Jean Burnet,

Bernard de Nogaret,

Jean Astorg, chevalier,

Guillaume Guizot [1],

Jean de La Croisille, seigneur de Villeneuve.

« L'arrêt contenant cette élection, dit Lafaille, qui « est du dixième de décembre de cette année [2], porte « que par exprès que ce fut après que le parlement en « eut conféré avec les plus notables habitants de « chaque quartier, qu'il convoqua pour ce sujet : *tem-*

---

[1] Des cinq nouvelles familles élevées au capitoulat en 1462 et dont une seule, *d'Auterive*, avait eu le même honneur, en 1445, quatre ne rentrèrent jamais dans cette charge ; la cinquième, celle de Guizot, eut des capitouls en 1476, 1485, 1499 et 1514. Cette récompense donnée aux descendants de Guillaume Guizot indique que ce capitoul rendit d'éminents services lors des désastres de 1462 et 1463.

Les Villeneuve et les Nogaret renoncèrent aux honneurs capitulaires à partir de 1462 ; les d'Astorg furent une des seules anciennes familles capitulaires qui acceptèrent cette charge jusqu'en 1596.

[2] Lafaille retombe toujours dans la même erreur de date. L'élection des capitouls de 1462 eut lieu le 10 décembre 1461 ; si l'élection eût été faite *cette année* 1462, au mois de décembre, comment ces capitouls auraient-ils été en fonctions au mois de mai de la même année, ainsi que nous allons le voir ?

10

« *pérament raisonnable,* ajoute l'annaliste, mais que
« cette compagnie ne suivit pas depuis dans les occa-
« sions où elle se donna la même autorité. Les termes
« dans lesquels cet arrêt est conçu marquent bien que
« ces officiers croyaient avoir besoin pour cela de tout
« leur pouvoir : *La Cour, par manière de souveraineté*
« *et pour cette fois tant seulement, a nommé, élu et créé*
« *capitouls pour l'année, etc...,* le tout sans préjudice
« *des ordonnances, statuts, priviléges, libertés et coutumes*
« *de la dite ville.* »

Rappeler les priviléges et les libertés d'une institution brisée avec dédain était joindre l'insulte à la violation du droit. Les capitouls, honteux des honneurs
qui leur étaient imposés, se gardèrent d'inscrire sur
leurs registres les considérants de l'arrêt de la cour
souveraine. Voici la phrase ambiguë dont se sert le
livre des capitouls : « *Ils furent publiés* (les capitouls)
« *dans l'Hôtel de ville, le vingt-huitième de décembre,*
« *après que Nicolas Berthelot, conseiller et commissaire*
« *du parlement, eut reçu leur serment.* »

« Les registres du parlement, remarque Lafaille,
« nous apprennent au long ce que les annales ne font
« qu'indiquer. »

Et cependant ce dernier vestige, cette ombre de
l'ancien capitoulat en imposait encore; si le nom de
capitoul n'était plus qu'un vain titre, les familles patriciennes n'étaient point encore abattues; leurs forte-

resses élevées au sein de la ville, entourées de leurs vassaux, commandaient le respect.

En violant le principe d'élection au mépris des lois du pays, le parlement cherche à légitimer son coup d'Etat; il assemble les notables dans chaque quartier et respecte le droit des anciennes familles d'être toujours représentées dans le premier corps national.

D'après la charte de Raymond VII, partant pour la croisade, du 6 janvier 1247, la moitié des capitouls devait être choisie parmi les premières familles patriciennes et l'autre moitié parmi les familles moyennes[1]. Le parlement choisit trois noms historiques : Jean d'Astorg, chevalier ; Jean de La Croisille, seigneur de Villeneuve, et Bernard de Nogaret. Ces familles étaient sans doute hostiles au parlement, mais il s'était réservé la majorité dans les cinq autres capitouls. Les d'Astorg et les Villeneuve embrassèrent la Réforme à son origine et s'allièrent à la famille protestante de Portal[2].

Les capitouls du parlement durent se repentir amèrement d'avoir accepté ces charges illégitimes et d'être contraints à les exercer encore l'année suivante. L'ancien capitoulat national fut aboli dans leurs personnes,

---

[1] « Quorum medietas sit majorum, et alia medietas mediorum. » (Charte imprimée dans Catel, *Histoire des comtes de Tolose*, p. 386.)

[2] Hugues de Villeneuve, baron de Crousille (*alias* Croisille), épousa Paule de Portal le 17 octobre 1620, et Pierre de Portal épousa Isabeau d'Astorg le 8 juin 1698; elle descendait en ligne directe de Jean d'Astorg, chevalier capitoul en 1462. (Besons, *Jugements de la noblesse de Languedoc*.)

l'ancienne Toulouse périt incendiée sous leur administration.

Le 7 du mois de mai, le feu prend à la maison d'un
boulanger, le vent d'autan soufflait avec impétuosité,
en peu d'heures l'incendie se propage dans tout le
quartier. La plupart des maisons étaient construites en
charpente et torchis, l'embrasement devient général ;
les flammes surmontent les plus hauts monuments et
ne s'arrêtent qu'aux quartiers du Taur, des Cordeliers
et du Basacle, après avoir réduit en cendres ou complétement ruiné les trois quarts de la ville. Il y périt un
grand nombre d'habitants, dévorés par les flammes ou
écrasés par la chute des maisons ; d'innombrables familles furent réduites à la mendicité et contraintes à
aller chercher à vivre autre part, les biens de ceux qui
avaient été épargnés dans ce grand désastre étant insuf-
fisants pour assister leurs concitoyens qui avaient tout
perdu.

Le chroniqueur Nicolas Bertrand raconte que cet incendie dura onze jours. « On voyait en l'air, dit-il, de
longues traînées de flammes s'élancer d'un quartier de
la ville à l'autre et se prendre aux pointes des tours et
des clochers ; dans quelques églises l'ardeur du feu
fondit les cloches, un grand nombre de monastères et
d'édifices publics furent complétement détruits, l'Hôtel
de ville et ses archives furent consumés. »

Toulouse, avant l'incendie de 1462, ne ressemblait
guère à ce qu'elle fut depuis, ni à ce qu'elle est de nos

jours, ni à aucune autre ville de France du moyen âge. Son aspect féodal présentait une réunion de donjons avec ponts-levis, barbacanes et mâchicoulis. Ces forteresses qui lui avaient fait donner le nom de Ville des Tours (*Urbs turrita*) étaient, comme les châteaux de la campagne, entourées de maisons en pans de bois et torchis; celles de Toulouse avaient pignon sur rue avec étages superposés en encorbellement et soutenus par des corbels curieusement ouvrés. Toulouse était une ville d'art, de science et de littérature, habitée par une noblesse riche et civilisée qui avait en horreur l'habitation des champs, comme nous l'avons constaté sous le comte Raymond VII. Les fiefs des familles patriciennes et leurs vassaux formaient les quartiers de la ville; les maisons qui s'abritaient sous leurs créneaux leur appartenaient et étaient données par eux à cens.

Cette organisation explique les guerres civiles et intestines de cette ville; les factions des deux confréries, la blanche et la noire, nous en ont offert l'exemple; elle explique également la présence à Toulouse et l'influence d'une aristocratie puissante et populaire. L'incendie de cette ville eut pour conséquence immédiate la ruine de la noblesse et son émigration. D'après l'historien Raynal, sept mille soixante-quatre maisons furent consumées[1]. Jean Aymier, chevalier, maître d'hôtel du roi, en perdit trente-huit; il reçut des

---

[1] Raynal, *Histoire de Toulouse*, p. 174.

dédommagements. Louis XI octroya aux autres gentilshommes et officiers royaux, ruinés par ce sinistre, la
licence de faire trafic et exercice des marchandises honnêtes sans déroger [1], et au peuple l'abolition du droit
d'aubaine et la dispense de la taille pendant cent ans.

Les propriétés de la famille de Portal étaient situées
dans le quartier du Taur, circonscription de Matabiau;
elles furent préservées de l'incendie, qui s'arrêta devant
le *Portal de Matabiau*, dernier vestige d'un château
démoli par Simon de Montfort et qui fut le berceau de
la famille de Portal [2].

Aux immenses ravages causés par l'incendie succé-
dèrent la peste et la famine.

Sous les décombres amoncelés et fumants gisaient
les cadavres des malheureux qui avaient péri dans les
flammes et les éboulements, et les corps putréfiés des
animaux écrasés et à demi consumés. La peste se déclara, ses ravages furent épouvantables et se renouve-
lèrent presque chaque année pendant soixante ans; la
famine vint couronner cette œuvre de désolation. Le
parlement fut transféré à Béziers et les anciennes familles nobles abandonnèrent cette terre maudite, la
plupart n'emportant que le souvenir de leur splendeur
passée.

Toulouse alluma les bûchers de l'inquisition en

---

[1] Durozoi, *Annales de Toulouse*, t. III, p. 108-110.

[2] Cette vieille tour, carrée et crénelée, servait de porte entre le bourg et
la cité. Je la dessinai en 1822; elle existe probablement encore.

France, en Espagne, en Italie; Toulouse périt dans les flammes; à la lueur de cet immense *auto-da-fé* sortirent de ses murs, comme une longue procession de pénitents, et sa noblesse antique et ses poëtes et ses artistes. Un jour la vie viendra battre encore au cœur de la capitale de la noble race des Raymonds; un dernier crime, le massacre des huguenots, la marquera au front du sceau des réprouvés, *la mort.* « Les « villes meurent comme les hommes, » dit Lucien [1].

L'ancienne Toulouse ne survécut point à ses vieilles institutions; la même année vit tomber ses capitouls et ses murailles. La ville que Charlemagne avait érigée en capitale de ce royaume d'Aquitaine, dont la Loire, l'Ebre, le Rhône et les deux mers baignaient les frontières, ne sera plus désormais que le chef-lieu d'une circonscription provinciale et ses magistrats consulaires descendront au niveau des échevins des bourgades voisines.

Nous jetterons ici un dernier coup d'œil sur ces institutions déchues en recherchant le principe qui leur donna une vie si puissante, que deux siècles et demi de domination étrangère purent à peine les détruire, malgré l'emploi des moyens les plus énergiques : la croisade contre les Albigeois, l'inquisition et le parlement.

---

[1] Sentence qui sert d'épigraphe à l'*Histoire des institutions de Toulouse*, par Du Mège.

Toulouse et Venise eurent des institutions semblables; même après la conquête, Toulouse conserva sa forme municipale et oligarchique; durant des siècles, elle fut plutôt patronée que gouvernée par les comtes et même par les rois de France. Il n'entre pas dans notre dessein de comparer minutieusement les constitutions de Venise et de Toulouse, mais seulement d'esquisser les grands traits de ressemblance.

Tout le poids du gouvernement à Venise reposait sur le Conseil des Dix et sur le grand Conseil, comme à Toulouse sur le chapitre des capitouls et sur le Conseil de la commune ou Conseil juré. Les fonctions des Dix et celles des capitouls étaient annuelles; ils ne pouvaient être réélus qu'après un certain laps de temps; la parenté était exclue entre leurs membres.

Dans l'une et l'autre république, l'ancienne noblesse était la base du gouvernement. Le livre d'or à Venise, le livre des capitouls à Toulouse, renfermaient les noms des familles patriciennes; en dehors, il n'existait pas de noblesse politique et gouvernementale [1].

Les dissemblances de ces institutions étaient toutes à l'avantage de la capitale du Languedoc.

Le Conseil des Dix était à Venise un tribunal politique; sa puissance fut une usurpation. Il était en op-

---

[1] Ce principe était si fortement enraciné à Toulouse, que quelques auteurs ont été jusqu'à nier non-seulement la noblesse, mais l'existence de la famille de *Clémence Isaure,* ce nom n'étant point inscrit sur le registre des capitouls.

position presque constante avec le grand Conseil, qui le nommait et dont il accaparait les attributions. Son despotisme sanguinaire était l'effroi de la noblesse, qui l'abhorrait et était impuissante à secouer son joug.

Le chapitre des capitouls était également un tribunal politique, comme le prouve l'expulsion des inquisiteurs en 1233, mais de plus la justice civile et criminelle et la puissance militaire entraient dans ses attributions.

Les rois de France, pas plus que les comtes, n'avaient le droit de lever des troupes dans Toulouse. Cette ville guerrière commandait la frontière des Anglais établis dans la Guienne; son armée, levée, équipée et soldée à ses frais, ne recevait des ordres que des capitouls seuls; ils étaient seigneurs bannerets; le ban et l'arrière-ban de la noblesse combattaient sous leur bannière.

A Venise, le grand Conseil élisait les Dix; à Toulouse, les capitouls nommèrent d'abord directement leurs successeurs, plus tard, ils présentèrent chacun six candidats pour l'élection de leur remplaçant.

Le grand Conseil de la commune ou des jurés était formé par les anciens capitouls, qui prenaient le titre de *Bourgeois de Toulouse*, dans sa vieille acception de défenseurs de la ville fortifiée (*Burgum*); l'*ancienne bourgeoisie* se composait des premières familles du Languedoc : les Villeneuve, les Durfort, les d'Astorg,

les Nogaret, etc. Les fonctions de membre du grand
Conseil étaient à vie.

Aucun antagonisme ne s'éleva jamais entre les deux
grands corps politiques de Toulouse, si ce n'est en 1425,
alors que les institutions furent violées. Ainsi les traditions se conservaient intactes et montrent par leur durée
leur puissance presque indestructible.

Le Prince, de Fra-Paolo, livre écrit sur la demande de
la sérénissime république par un ancien membre du
Conseil des Dix, renferme les principes politiques suivis
à Toulouse.

« Que les premières dignités de l'Etat, dit-il, soient
« conférées, autant qu'il se peut, à ceux qui par héri-
« tage ont en quelque sorte le droit d'y prétendre,
« excepté le cas de quelque mérite extraordinaire, car
« alors la *prodigalité* devient vertu. Hors de ce cas,
« vouloir élever à de hautes dignités des personnes qui,
« remontant au troisième ou au quatrième quartier, ne
« peuvent compter de pareilles illustrations, c'est don-
« ner matière d'envie aux grands et d'étonnement aux
« petits, et en même temps exciter les prétentions des
« hommes les plus vils, qui, n'imaginant plus que ces
« grandes places soient au-dessus des talents ordinai-
« res, ne peuvent comprendre comment tels et tels y
« sont parvenus et pourquoi eux-mêmes en sont ex-
« clus.....

« J'ajouterai à toutes ces considérations, dit Fra-Paolo,
« que les sujets s'habituent difficilement à respecter à

« un certain point un personnage pour qui ils n'avaient
« avant son élévation qu'une estime médiocre; qu'ils
« sont même tentés de croire que ces dignités ne sont
« guère considérables, puisqu'on les confère à des gens
« si peu considérés[1]. »

Ainsi l'ambition du peuple était contenue; celle des
grands l'était plus encore.

La raison d'Etat exige dans les républiques démocra-
tiques ou oligarchiques qu'une famille ne s'élève jamais
au-dessus des autres. L'ostracisme frappait à Athènes
de trop grandes vertus; de trop grands services attiraient à Venise le bannissement et la mort[2]. A Toulouse une action d'éclat était tenue secrète, mais elle
était récompensée. Un seul capitoul ne commandait
jamais les troupes, Toulouse craignait la popularité d'un
chef victorieux : on lui donnait un collègue pour obs-
curcir sa gloire; son nom n'était pas inscrit sur le livre
des capitouls qui mentionnait ses faits d'armes, mais
l'année suivante le chaperon de capitoul était offert en
récompense à un membre de sa famille; Raymond-
Géraud de Portal nous en a offert l'exemple.

Toutes les familles patriciennes de Toulouse étaient
politiquement égales; aucun titre de chevalerie ou de
seigneurie ne suivait leurs noms sur le registre officiel,
à moins d'une nécessité absolue, pour éviter la confu-

---

[1] *Le Prince,* de Fra-Paolo, p. 28.
[2] Amelot de La Houssaie, *Histoire du gouvernement de Venise,* t. Ier,
p. 206.

sion des mêmes noms et prénoms. Le capitoulat était ainsi une école de patriotisme et d'abnégation.

Les institutions toulousaines étaient surtout remar-quables par leur principe d'unité, toutes leurs parties s'harmoniaient et tendaient au même but : la puissance nationale. Aussi jamais gouvernement ne fut plus popu-laire. Tout citoyen pouvait par d'éminents services par-venir au capitoulat, comme tout soldat français peut conquérir le bâton de maréchal ; la vanité du peuple était satisfaite, tandis que l'orgueil aristocratique était réprimé ; la noblesse était comme en Angleterre une fonction publique, en dehors de cette fonction on était simple citoyen.

Mais lorsque la faveur du roi, de l'inquisition ou du parlement fut le seul titre pour atteindre à la première dignité, cette vieille charpente si habilement construite s'écroula pièce à pièce et fut remplacée par une déco-ration théâtrale, où l'on vit figurer encore des titres et des costumes, mais dont les personnages réels étaient absents.

Pour le peuple, qui ne voyait la société qu'à la surface, rien sans doute n'était changé à Toulouse ; cette illusion fut, sinon partagée, du moins entretenue par les capitouls et les chroniqueurs : à tout prix il fallait sauvegarder l'honneur national ; le corps resta le même, mais l'âme n'y était plus. En voici le plus mémorable exemple.

Louis XI fait son entrée solennelle à Toulouse le

25 mai 1462; il foule en pleurant, disent les historiens, les cendres encore brûlantes de cette cité désolée; les capitouls, plus soucieux de l'étiquette qu'ils ne l'avaient été de l'illégalité de leur nomination, n'omettent aucun détail de l'antique cérémonial.

Un autel est dressé à la porte de Muret. Le roi descend de cheval, pose les mains sur un missel et prononce le serment que lui demandent les capitouls : *de garder les coutumes, franchises et priviléges de la ville et de la comté de Toulouse;* alors le roi se leva, baisa l'image du crucifix, et reçut les clefs de la ville qu'il rendit à d'Astorg, un des capitouls d'épée, en lui disant : *Nous vous les commandons et gardez.*

Je plains ce noble chevalier, allié au vieux sang des Raymonds et qui fut un de nos pères [1], d'avoir subi l'honneur de recevoir les clefs de cette ville en cendres, et le serment du roi de maintenir des libertés si outrageusement violées.

La famille de Portal s'éloigna de Toulouse pour n'y rentrer qu'un demi-siècle plus tard, emportant quelques débris de sa fortune réalisée à la hâte. Elle forma d'abord un premier établissement dans les montagnes

---

[1] Jean d'Astorg, chevalier, seigneur de Montbartier, capitoul en 1462, avait épousé Anne de Monclar, fille d'Amalric, vicomte de Monclar, issu des anciens comtes de Toulouse; de cette union était issue la branche protestante d'Astorg, barons de Lux, dont descendait Isabeau d'Astorg, mariée à Pierre de Portal, le 8 juin 1698, à Montauban. (Voyez Saint-Allais, t. IV, p. 221 et suiv.; Besons, *Jugements de la noblesse du Languedoc,* et la *France protestante,* aux mots *Astorg* et *Portal.*)

du Rouergue qui étaient préservées de la peste. Un antique usage du Languedoc, celui de donner son nom à sa terre, nous permettra de suivre sur la carte de Cassini, les migrations de cette famille, et de contrôler les documents historiques, les titres publics et les traditions de ses descendants.

Près de Millau, en Rouergue, est un pays montagneux et désert de trente lieues carrées de superficie, nommé Larzac [1]; il formait une retraite assurée contre la contagion. C'est dans ce lieu sauvage et ignoré que la famille de Portal posa sa tente, entre La Blaquerie et La Bouscarie, près de la petite ville de La Cavalerie; elle imposa son nom à cette habitation, en se conformant à la terminaison des noms de lieux du pays: *La Portalerie* [2].

C'est de ce point de départ que la famille s'étendit vers le Bas-Languedoc et le Dauphiné, et forma les établissements qui portent son nom sur la carte de Cassini et se rattachent à son histoire. *La Portalière*, près de Romans en Dauphiné; *Portal* et *Enportal*, dans le Lauraguais, près de Puylaurens [3]; *Portal*, près de Rochemaure et de Montélimart; dans les Cévennes,

---

[1] Monteil, *Description du département de l'Aveyron,* t. Ier, p. 175 et suivantes.

[2] Carte de Cassini, n° 56.

[3] Dans ce canton du Lauraguais, où une branche de la famille de Portal s'établit, presque toutes les habitations ou les métairies portent le nom du propriétaire qui les a construites précédé de la particule *en*, qui signifie *chez* ou *appartenant à*; ainsi *Envalette, Enfabre, Enduret, Enrialettes, Enizarn, Enpradelles,* etc. (Voyez la carte de Cassini.)

près de Souvignargues et de Saint-Cézaire de Graizi-gnan, etc. [1].

Les quatre branches de la famille de Portal, établies à Toulouse au commencement du treizième siècle, émigrèrent successivement, et toutes se dirigèrent vers l'orient, vers les pays où s'étaient réfugiés les Albi-geois et les Vaudois. Les derniers émigrés suivirent le chemin de leurs devanciers; l'habitation du Larzac ne fut qu'un campement; la famille s'établit bientôt à Ba-gnols, dans le Bas-Languedoc. Les tombeaux des Por-tal, conservés dans l'église de cette ville, remontaient à la génération qui avait fui l'incendie, la peste et la famine de 1462, ainsi que nous l'apprend le testament de François de Portal, en date du 15 mai 1570, qui déclare vouloir être enterré « *en l'église paroichielle de* « *Baignolz, au tombeau de ses parens et ancestres prédécé-dez,* » c'est-à-dire de son père et de son grand-père [2].

Loin de la terre natale, la famille de Portal détour-nait sa pensée d'un passé qui lui rappelait d'amers

---

[1] De La Roque, dans son *Traité de l'origine des noms*, p. 29, dit que c'était la maxime des Hébreux, selon la remarque du roi David dans son psaume XLVIII (XLIX) : « *Ils veulent que leurs habitations subsistent* « *d'âge en âge, et ils ont imposé leurs noms à leurs terres,* » que la no-blesse donnât son nom à ses terres, en suivant la terminaison en usage dans le pays; ce qui, dit-il, était fort honorable, puisque cela témoignait ou qu'une terre était de toute ancienneté dans une famille, ou que l'habi-tation avait été édifiée par ceux qui en portaient le nom. *La Portalerie* était environnée de villages ayant la même terminaison; de même *La Portalière* était près de *La Richardière, Fredière, La Roussière,* etc.

[2] François de Portal était le chef de la branche cadette, qui n'adopta publiquement les dogmes de la Réforme qu'à l'époque de la Saint-Barthé-lemy, en 1572, ainsi que nous l'établirons.

souvenirs, et fixait ses regards vers sa nouvelle patrie d'adoption, la France. Bérenger de Portal, clerc du roi, et le chevalier Portal du Pont s'étaient illustrés sous le règne de Jean II. Le premier enfant qui naquit loin de Toulouse reçut le nom de *Jean*. Les Portal s'étaient transmis le nom de Pierre avec le capitoulat pendant une longue suite d'années; le nom de Pierre disparut avec cette dignité et ne reparut qu'après le retour de la branche aînée à Toulouse.

Nous devons croire que les traditions de la famille de Portal à cette époque se rattachaient surtout au règne du roi Jean; non-seulement ce nom de Jean ou Jehan reparaît à chaque génération, mais celui de Bérenger revit de nouveau, et la devise de la famille ou cri de guerre : *Armet nos ultio regum* (Arme-nous, vengeance des rois), fait allusion à des faits d'armes de cette époque. Enfin, des alliances contractées avec des familles dont l'illustration historique remontait au règne de ce malheureux roi, démontrent l'existence de ces traditions et l'importance qu'y attachait la famille.

L'adoption et la transmission des noms de baptême forment un des indices les plus certains de l'esprit politique et religieux qui anime les familles à une époque donnée; les noms bibliques adoptés par les anciens protestants en offrent un exemple.

Ainsi, la famille dont nous recueillons les traditions cherchait à effacer de ses souvenirs ce qu'un passé

récent lui offrait de pénible, pour se rattacher avec ardeur à ses anciennes illustrations historiques, qui relevaient son existence présente et assuraient celle de ses
descendants dans l'avenir. Toulouse cependant vivait
toujours dans ses pensées et ses affections ; elle y rentra un jour pour le malheur de l'un de ses plus nobles
et fidèles enfants.

VI

> *Ciutat de mos aujols, ô tan genta Tholosa.*
> Cité de mes aïeux, ô si belle Toulouse !
> *(Clémence Isaure.)*

Les historiens ont remarqué que les anciennes familles chevaleresques avaient presque entièrement disparu de Toulouse vers le quinzième siècle ; d'après
Lamothe-Langon, qui en a dressé le catalogue, elles
étaient au nombre de soixante-dix-sept ; la famille de
Portal en faisait partie [1]. Ces familles furent remplacées dans le capitoulat principalement par les classes
anoblies, par les bourgeois et les marchands enrichis.

Après l'incendie de 1462 il y eut une transformation sociale complète ; le vieux Toulouse avait péri.
non-seulement dans ses maisons incendiées, dans sa
population ravagée par la peste, mais plus encore dans

---

[1] De Lamothe-Langon, *Histoire de l'Inquisition en France*, t. II, p. 284.

son esprit, dans ses traditions, dans ses vieilles races
expatriées, qui avaient entraîné à leur suite les
sciences, les lettres et les arts [1]; et lorsque à la voix de
la fille d'un noble chevalier, *Clémence Isaure*, la lyre
des troubadours vibra de nouveau dans des chants nationaux, on n'entendit que l'exaltation des hauts faits
des anciennes familles et le dédain des nouvelles.

Ce fut dans l'une des solennités de la Fête des fleurs
que l'ode sur l'expédition de Du Guesclin fut adressée
à Clémence Isaure (vers l'année 1496). Nous avons
cité ce poëme, qui célèbre les exploits des chevaliers
toulousains qui se distinguèrent dans la croisade contre
les Maures d'Espagne, et qui signale au nombre des
meilleures lances le chevalier Portal du Pont.

Ces chants, qui faisaient revivre les vieilles légendes
populaires et les noms des familles dont les descendants n'habitaient plus la ville de leurs pères, devaient
déplaire à la nouvelle noblesse capitulaire. Pour com-
primer ces aspirations poétiques vers le passé, les capitouls voulurent s'emparer de la direction des Jeux
floraux; les troubadours leur firent sentir d'une manière peu respectueuse qu'il était plus facile d'être
noble que lettré. Boyssoné, qui écrivait sous les règnes
de Louis XII et de François Ier, fit une satire sanglante
contre les capitouls marchands qui jugent des fleurs en
Tholose.

---

[1] Les Jeux floraux, maintenus pendant quelques années, cessèrent entièrement en 1484. (*Biographie toulousaine*, t. Ier, p. 317.)

La guerre fut ainsi allumée entre les capitouls et les troubadours, les premiers prétendant présider et juger et les seconds se permettant de rire aux dépens de ces oisons du Capitole.

« Il paraît, dit le biographe de Clémence Isaure, « qu'à une certaine époque il suffisait d'être capitoul « ou seulement à la solde de la ville, pour devenir « l'ennemi de l'institution littéraire qui l'honore le « plus. En effet, si l'on recherche avec soin les écrits « publiés contre *Clémence*, on verra que presque tous « ses détracteurs furent ou magistrats municipaux, « ou commis dans les bureaux de l'Hôtel de ville, « ou descendants des anciens capitouls marchands [1]. »

Ces querelles entre la nouvelle aristocratie et les classes lettrées étaient un symptôme, un signe des temps. Le capitoulat ne représentait plus le principe national, qui avait été détruit par l'inquisition et le parlement. Les capitouls n'étaient alors que de simples conseillers municipaux à la dévotion du pouvoir; la capitale des Raymonds était devenue une petite ville de province. La littérature seule protestait de loin en loin; mais que pouvaient quelques rimes contre le torrent politique qui entraînait la France vers l'unité nationale.

La grandeur des familles fit la grandeur du capitoulat avant le quinzième siècle. Après cette époque,

---

[1] *Biographie toulousaine*, t. 1er, p. 315.

ce fut le capitoulat qui anoblit et illustra les familles. En perdant ses vieux noms chevaleresques, cette institution perdit la plus grande partie de son importance et de sa popularité. La noblesse capitulaire, que l'historien Lamothe-Langon considère comme l'une des mieux établies de l'Europe [1], déclina, dans l'opinion publique, au troisième ou au quatrième rang, et le beffroi de l'Hôtel de ville, qui annonçait au peuple ses nouveaux capitouls, leur donna son nom, *les nobles de la cloche.*

Ainsi l'ancien parti national avait perdu ses représentants naturels dans les capitouls alors vaincus et dédaignés, et cependant les vieilles traditions étaient toujours vivantes et à la veille de se manifester dans une terrible et suprême réaction. Le vieux sang albigeois n'attendait qu'une occasion favorable : la Réformation la lui offrit.

Ce fut dans ces circonstances qu'une branche de la famille de Portal rentra dans le pays toulousain.

Jehan de Portal, qui habitait Bagnols vers la fin du quinzième et au commencement du seizième siècle, eut trois enfants, deux fils et une fille :

---

[1] « La noblesse des familles illustres de Toulouse, dit M. de Lamothe-« Langon, reposait sur des titres inattaquables consignés dans les re-« gistres de l'Hôtel de ville, où, depuis le douzième siècle, on rencontrait « les noms de ses gentilshommes; là aucune faveur ne pouvait faire de « passe-droit. Cette noblesse, bien plus authentique que toute autre, pré-« sentait avec orgueil ses preuves admises dans tous les chapitres de l'Eu-« rope. » (*Histoire de l'Inquisition en France*, t. II, p. 284.)

1° Jehan de Portal le Jeune, de Montpitol[1], héritier et chef de la branche aînée rentrée à Toulouse. Le surnom de le Jeune lui fut donné pour le distinguer de son père.

2° François de Portal, chef de la branche cadette, d'où descendent les rameaux existants de cette famille ;

3° Catherine de Portal, qui épousa Jehan de Sibert de la maison des barons de Cornillon[2].

Selon l'usage du Languedoc, le fils aîné fut émancipé et reçut en dot une ancienne propriété de la famille à *Montpitol*, près de Verfeil, petite ville à cinq lieues de Toulouse.

Nous avons déjà dit que Simon de Montfort donna à l'évêque de Toulouse et à ses successeurs le château de Verfeil, avec vingt villages et forteresses confisqués sur les seigneurs albigeois, ce qui fut confirmé par le traité de Paris entre saint Louis et le comte de Toulouse. Le village et le château de Montpitol étaient compris dans cette donation, ainsi qu'il résulte de la *Philippine*, ou lettres patentes de Philippe le Hardi. Plus tard, les évêques, incessamment inquiétés par les anciens propriétaires, furent obligés d'entrer en composition avec eux[3].

---

[1] *Johanne Portal juniore de Montepitolio.* (Charte passée à Verfeil, le 16 juin 1531. Arch. de la famille.)

[2] Voyez d'Hozier, *Armorial général*, Ve registre, t. II, famille de Sibert, barons de Cornillon.

[3] Catel, *Mémoires du Languedoc*, p. 894. — Catel, *Histoire des comtes de Tholose*, p. 313 et 347. — Lafaille, *Annales*, t. II, recueil de pièces I.

Nous savons également par une charte conservée aux archives générales de l'empire que les domaines de la famille de Portal furent confisqués par Simon de Montfort, et qu'une composition eut lieu plus tard en l'an 1278 [1]. Montpitol faisait partie de ces domaines, cela ressort manifestement de la présence d'un Portal à Montpitol au commencement du seizième siècle. Il n'est pas plus probable qu'une famille d'anciens Albigeois ait acheté à cette époque une terre conquise et démembrée par Simon de Montfort, en reconnaissant la seigneurie et l'hommage dû à l'archevêque et au chapitre de Toulouse, qu'il ne serait probable qu'une famille de nobles émigrés eût acheté sous l'empire de Napoléon Ier une terre vendue nationalement [2]; ce serait d'autant plus extraordinaire que les Portal étaient restés longtemps absents et venaient de rentrer à cette époque dans le pays toulousain.

Quel fut le résultat de la transaction passée entre les possesseurs de ces *biens nationaux* et les anciens propriétaires? Ceux-ci perdirent la propriété féodale directe et ne conservèrent que la propriété utile en totalité ou en partie, c'est-à-dire qu'on leur enleva la seigneurie, le droit de haute et basse justice, et que l'on consentit sur leurs instances réitérées à ce qu'ils ne

---

[1] Archives générales, *Trésor des chartes*, titre côté J. 313, n° 95.

[2] Je pourrais citer à l'appui de ces considérations la noble conduite du baron Portal d'Albarèdes, offrant à un ancien émigré de lui acheter la terre qui ne lui appartenait plus. (Voyez Ribadieu, *Châteaux de la Gironde*.)

mourussent pas de faim et de misère. Ainsi, de hauts et puissants seigneurs, ils devinrent vassaux et feudataires de l'archevêque; c'est ce que la *Philippine*, ou lettres patentes du roi Philippe le Hardi, en date de 1279, déclare formellement et notamment pour Montpitol[1].

En rentrant dans le vieux donjon démantelé de ses pères, Jehan de Portal vit se dresser devant lui les traditions de la guerre des Albigeois, dont sa famille subissait encore, au commencement du seizième siècle, les funestes conséquences. Verfeil avait été l'un des principaux centres de l'albigéisme[2]; Montpitol et les autres forteresses voisines étaient alors occupés par des seigneurs dévoués à la maison des Raymonds et aux doctrines des Vaudois. A l'époque de l'émigration de la noblesse toulousaine, la famille de Portal s'établit auprès des populations vaudoises qui encore à cette époque habitaient le Dauphiné; Montfort n'avait pu les vaincre; Aimar, comte de Valentinois, à la tête des révoltés, avait opposé une vive résistance dans les comtés de Valence et de Die, et conclu une paix qui ne fut

---

[1] Voyez la *Philippine*, imprimée à la fin du deuxième volume des *Annales de Toulouse*, de Lafaille, qui attribue par erreur cette charte à Philippe le Bel.

[2] Schmidt, *Histoire des Albigeois*, t. Ier, p. 350, etc. Il y avait à Verfeil ou dans les environs cent maisons de chevaliers, tous fauteurs de l'hérésie. Saint Bernard voulut prêcher au milieu d'eux, mais il avait à peine prononcé quelques mots que tous les habitants se levèrent et sortirent de l'église; l'ardent abbé de Clairvaux les poursuivit de ses paroles, ils se mirent à rire et le laissèrent seul. Saint Bernard, secouant la poussière de ses sandales, maudit cette ville sourde à son éloquence. (Voyez l'*Histoire de la guerre contre les Albigeois*, par de Parctelaine, p. 16.)

point rompue. La nature des croyances de ce peuple ne peut être douteuse ; leurs pasteurs ou *barbes* venaient des vallées du Piémont. En 1491, on leur fit une guerre d'extermination ; plus tard, sous le règne de Louis XII, en 1513, non content de confisquer leurs biens, on voulut contraindre les chefs de famille à dénoncer aux inquisiteurs leurs femmes et leurs enfants, et ceux-ci leurs maris et leurs pères. Un historien du Dauphiné, *Chorier*, ajoute que ceux qui persistèrent dans leurs erreurs furent brûlés ; il y eut même, dit-il, des peines pour ceux qui se soumirent, car il leur fut ordonné de porter à l'avenir sur leurs habits, s'ils étaient jaunes, une croix blanche, et s'ils étaient blancs, une croix jaune [1].

Que produisit ce luxe de châtiments ? L'historien du département de la Drôme nous en instruit. « Malgré, « dit-il, que l'on eût employé sans relâche, avec une « sévérité digne de ces temps de ténèbres et d'igno- « rance, le fer et le feu pour ramener ces malheureux « dans le sein de l'Eglise ; que l'on eût livré leurs biens « au pillage, il restait encore des sectateurs de Valdo « dans ce département (de la Drôme), lorsque les ré- « formateurs du seizième siècle parurent, et ils en « adoptèrent la doctrine [2]. »

Le principal établissement de la famille de Portal, après son départ de Toulouse, avait été à Bagnols, mais

---

[1] Chorier, *Histoire du Dauphiné*, livre VII, p. 82.
[2] Delacroix, *Statistique de la Drôme*.

elle s'était bientôt répandue dans les villes environnantes ; elle possédait près de Montélimart une propriété qui porte son nom sur la carte de Cassini (n° 90). Montélimart appartenait au Valentinois et était au centre des Vaudois.

Ainsi, en quittant la terre des nouvelles persécutions, Jehan de Portal retrouvait à Montpitol tous les souvenirs de la croisade contre les Albigeois. Nous pouvons supposer que les anciennes traditions et les croyances de sa famille ne furent point par lui mises en oubli, et qu'il les transmit à ses enfants. La part active que ceux-ci prirent à l'établissement de la Réformation en France en est un sûr garant.

Noblesse oblige, dit le vieil adage ; dans le Languedoc, noblesse obligeait non-seulement dans la carrière des armes, mais aussi dans l'étude des lettres. Les railleries quelque peu brutales que les troubadours se permettaient d'adresser aux nouveaux anoblis plus riches d'argent que de grec et de latin, obligeaient l'ancienne aristocratie à se maintenir au niveau des connaissances du siècle. Les trois fils de Jehan de Portal de Montpitol, Bérenger, Antoine et Jehan, reçurent l'éducation militaire et classique que l'on avait toujours donnée à l'ancienne noblesse toulousaine ; ils avaient peu de fortune, moins encore de crédit à la cour; mais ce qui arrête les natures médiocres est le stimulant des hommes de tête et de cœur.

Bérenger de Portal devint chevalier, seigneur de

La Pradelle, conseiller du roi, trésorier général en Languedoc, résident à Toulouse ;

Antoine fut bailli de Revel ;

Et Jehan viguier de Toulouse.

Singulières destinées de ce monde : la famille de Portal, qui disparaît de l'histoire de Toulouse pendant un siècle, rentre dans cette ville plus puissante que jamais ; la garde des châteaux, le commandement des troupes, la haute administration et les finances, lui sont confiés ; toutes les forces du pays sont dans ses mains. Cependant, ce nom était significatif à Toulouse. Il représentait l'ancien capitoulat, la vieille nationalité du Languedoc et la lutte contre l'inquisition et le parlement. De deux choses l'une, ou la famille de Portal fit amende honorable, revêtue du *san-benito* et le cierge à la main, ou bien il y eut à cette époque une réaction de la cour de France en faveur de l'ancien ordre de choses. Je ne veux pas faire dire à l'histoire autre chose que ce qu'elle dit ; je lis dans l'historien le plus populaire, *Bouillet :*

« Henri II, fils de François Ier, lui succéda en 1547.
« Le but constant de sa politique fut d'affaiblir la puis-
« sance espagnole. Après s'être fait rendre Boulogne
« par les Anglais en 1550, il s'allia aux protestants
« d'Allemagne insurgés contre Charles-Quint et com-
« mença la guerre par la prise de Metz, Toul et Ver-
« dun en 1552. Charles, accouru avec une nombreuse

« armée, assiégea Metz sans succès, et, après la dé-
« faite d'une partie de son armée à Renti, signa à
« Vaucelles une trêve de cinq ans en 1556. Henri II
« rompit la trêve après l'abdication de Charles-
« Quint. »

Sans doute, Henri II était un zélé catholique. Maimbourg l'affirme, et cet historien du calvinisme ne saurait être suspect d'hérésie ; mais ce roi, en vénérant le
saint-siége, avait cependant déclaré la guerre au pape
Jules III, se gardant toutefois de confondre le pape
avec la papauté [1].

La même politique fut mise en pratique à Toulouse ; l'inquisition était une arme espagnole. Le souverain qui s'alliait aux protestants d'Allemagne, et qui
faisait la guerre au pape, vit avec ombrage la puissance occulte du tribunal du saint office, maître absolu de la capitale d'une province limitrophe de l'Espagne et pouvant devenir dès lors un puissant
auxiliaire de Charles-Quint et de Philippe II. Il importait de surveiller les démarches politiques de cette
puissance, égale et quelquefois supérieure à celle des
rois, et au besoin de la contenir. Cette politique était
sage, l'histoire l'affirme : *la première ligue fut signée à
Toulouse après le massacre des huguenots.*

Divide et impera (divise pour régner), telle fut dans
cette circonstance la règle de conduite de Henri II ;

---

[1] Voyez Maimbourg, *Histoire du calvinisme*, p. 93.

pour surveiller et contenir le saint office, il appela au pouvoir *les fils des Albigeois.*

Cette conduite habile fut suivie par les successeurs de Henri II, et lorsque sept ans après, en 1562, le viguier Jehan de Portal périt, malgré la foi jurée, victime de la vengeance du parti qu'il avait contenu, la cour de France prit ouvertement le parti des victimes du parlement, faisant proclamer *le regret et déplaisir* que le roi en avait. (Charles IX !)

Ce fut pendant la guerre contre Charles-Quint, en 1555, que Jehan de Portal fut nommé viguier de Toulouse [1]. Bérenger de Portal occupait déjà les fonctions de trésorier général de Languedoc.

---

[1] Voyez la liste des viguiers de Toulouse dans la *Biographie toulousaine,* et dans Du Mège, *Histoire des Institutions de Toulouse.*

VII

> « L'historien sçaura les guerres de Thèbes
> « et ignorera ce qui se fait chez lui. »
> (MORNAY.)

En 1520, Luther brûle solennellement sur la place de Wittemberg la bulle du pape qui le condamne et les volumes du droit canonique.

Cette même année, les doctrines du réformateur pénètrent dans Toulouse. « La veille de Saint-Thomas, dit « l'annaliste Lafaille, un hérétique fut brûlé vif, et le « même jour on y arrêta plusieurs *marranes*[1] et quel- « ques autres suspects d'hérésie. Les annales de l'Hôtel « de ville, d'où j'ai tiré ce fait, n'en disent pas davan- « tage. Elles ne marquent pas non plus quelle estoit « l'hérésie de ce misérable. Il ne faut pas douter que « ce ne fussent les nouvelles opinions de Luther qui

---

[1] *Marranes* ou *marrans,* nom donné en Espagne et dans le midi de la France aux juifs convertis, toujours suspects de judaïsme. (Voyez le *Dictionnaire des hérésies,* du R. P. Pinchinat.)

« s'estoient déjà glissées dans cette ville. » (II, p. 23.)

Ce qu'avance ici Lafaille est fort probable ; Toulouse était dès longtemps préparée à recevoir les doctrines de la Réforme ; les écrits de Luther et surtout son traité de la *Captivité babylonique* avaient traversé promptement le Rhin, ils étaient lus avec avidité et trouvaient déjà des défenseurs dans le sein de l'Université de Paris et même parmi les membres de la Faculté de théologie. La Sorbonne, appelée à se prononcer, vit le danger de différer ; elle se hâta, en 1521, de condamner comme hérétique le hardi docteur [1]. L'inquisition de Toulouse l'avait précédée d'une année.

Ainsi, le premier martyr de la foi protestante aurait été à Toulouse et non pas à Meaux. Jean Le Clerc, d'après Théodore de Bèze, eut les prémisses du martyre dans cette dernière ville, en 1523 [2].

Jehan de Portal naquit cette même année 1520 ; la date de sa naissance et celle de sa mort sont les dates de la naissance et de l'anéantissement du protestantisme à Toulouse.

La Réformation fit bientôt de rapides progrès dans cette ville ; en 1531, le parlement fit arrêter un grand nombre de suspects d'hérésie, des avocats, des procureurs, des religieux, des ecclésiastiques, même des curés. Le plus notable de ces suspects était Jean Bois-

---

[1] Crottet, *Petite Chronique protestante*, p. 11 et 12.
[2] Théodore de Bèze, *Histoire des Eglises reformées*, édit. princeps, t. Ier, p. 6.

soné, professeur en droit civil, qui fut condamné par sentence de l'official à faire publiquement abjuration de ses erreurs, avec amende de mille livres envers les pauvres et confiscation de sa maison. L'abjuration judiciaire se faisait avec une solennité qui manquait son but : on dressait un échafaud contre l'église et près du portail de Saint-Etienne ; le pénitent, vêtu d'une robe grise, la tête nue et rasée, était exposé aux regards de la foule ; l'inquisiteur de la foi, monté sur une chaire joignant l'échafaud, faisait un sermon, adressant la parole tantôt au peuple et tantôt au pénitent ; après cette scène d'ignominie, le repentant, touché de la grâce, par arrêt de MM. les grands vicaires, prononçait son abjuration à haute voix et apposait sa signature sur l'acte dressé pour en établir l'authenticité [1].

Cette mise en scène des abjurations, loin d'arrêter le mouvement de l'opinion publique, inspirait le dégoût et augmentait chaque jour le nombre des adhérents aux doctrines nouvelles.

En 1548, les quatre mille étudiants de Toulouse étaient protestants ; à leur tête était le docte professeur Coras, qui fut depuis conseiller au parlement et l'un des plus zélés calvinistes de son temps [2].

Ainsi, la Réformation gagnait chaque jour du terrain dans la noblesse par les souvenirs des Albigeois, et

[1] Voyez Lafaille, *Annales de Toulouse*, t. II, p. 76.
[2] Lafaille, *Annales de Toulouse*, t. II, p. 151.

parmi les étudiants et la bourgeoisie, par l'influence de professeurs d'un grand mérite.

En 1551, on condamna au feu les sectaires que l'on put découvrir depuis Béziers jusqu'à Bagnols; le mal ne fit qu'empirer. L'année d'après (1552), des prédicants de Genève prêchent à Nîmes, derrière la Tour Magne, les doctrines de Calvin, conformes au symbole des Vaudois. Dès le règne de Louis XII, on poursuivait les Vaudois en Provence, ce qui prouve, dit un catholique orthodoxe, qu'ils s'étaient perpétués en Languedoc, dans un temps où il n'était pas question de Luther [1].

C'est dans ces graves circonstances que le roi Henri II nomma, en 1555, Jehan de Portal aux fonctions de viguier de Toulouse; déjà Portal avait été initié aux affaires administratives, il remplissait en 1553 la charge de contrôleur trésorier des finances [2]; deux ans plus tard, le roi l'attacha à sa personne, le nomma officier de sa maison [3] et viguier de Toulouse.

Le viguier ou vicomte (*vicarius comitis*), représentant de la puissance souveraine, remplissait les fonctions militaires, administratives et judiciaires; il convoquait et commandait les troupes de la viguerie pour les chevauchées, et veillait à la garde du pays et des forte-

---

[1] *Abrégé de l'Histoire civile et générale du Languedoc*, p. 109 et 115 de la première partie.

[2] Mss. de la Bibliothèque impériale, dossier de Portal, titre du 7 octobre 1553.

[3] Mss. de la Bibliothèque impériale, dossier de Portal, titre de 1556.

resses ; il recevait le serment des magistrats et autres
officiers, et chaque année parcourait l'étendue de la viguerie pour présider à l'élection des magistrats municipaux ; enfin, il se saisissait des malfaiteurs et jugeait soit
au criminel, soit au civil [1].

Ces attributions ne pouvaient être confiées qu'à un
gentilhomme ou homme d'épée, à un administrateur et
à un légiste. Jehan de Portal, d'après la *Biographie
toulousaine*, réunissait ces conditions : « Sa famille, dit
« le biographe, comptait parmi les plus anciennes du
« Toulousain ; elle était déjà illustre dès le douzième
« siècle et entra, depuis Oldric de Portal, en 1204,
« vingt-deux fois dans le capitoulat... Jehan de Portal
« était à la fois homme de guerre et bon légiste [2]. »

Cette nomination, nous l'avons déjà remarqué, était
significative. Rappeler aux affaires publiques les anciennes familles albigeoises au moment où la Réformation était déjà puissante à Toulouse, était manifester la
ferme volonté du roi de contenir les menées du parti
ultramontain et espagnol. La puissance confiée au viguier était grande. Portal sut l'exercer avec modération,

---

[1] *Biographie toulousaine*, t. Ier, p. XLVIII. — Du Mège, *Histoire des
Institutions de Toulouse*, t. III, p. 325. — Durozoi, *Annales*, t. III,
p. 86 et 87.

[2] Je me permets de corriger ici deux erreurs échappées au biographe
sur le nombre des capitoulats qu'il fixe à dix-neuf, ne connaissant pas
quelques chartes découvertes depuis, et le nom de baptême du viguier,
qui était *Jehan*, et qu'il confond avec celui de son frère *Antoine*, bailli de
Revel.

La *Biographie toulousaine* rétablit le nom de Jehan ou Jean dans la
table chronologique des viguiers, t. Ier, p. XLIX.

mais avec suite et succès ; il présida à la grande transformation de l'albigéisme dans les doctrines de la Réforme et lors de la sédition de 1562 où il périt, tous
les capitouls et toutes les anciennes familles toulousaines étaient protestants. Les Durfort, les Villeneuve,
les d'Astorg, les Lautrec, issus des comtes de Toulouse,
le baron de Lanta, avaient été les premiers à montrer
l'exemple [1].

Portal fut accueilli avec joie à Toulouse par l'ancien
parti national et par les nombreux adhérents à la Réforme. Se croyant secrètement appuyés par la cour,
les sacramentaires, c'est ainsi qu'on les nommait à
cette époque, relevèrent la tête et se livrèrent parfois
à des actes condamnables qui avançaient les affaires
des catholiques plus que celles des confédérés ou huguenots. Les quatre mille étudiants de Toulouse ne
pouvaient être que difficilement contenus par les chefs
du parti. Ces jeunes têtes exaltées n'avaient pas oublié qu'en 1553 un jeune homme de la ville de Con-
dom nommé *Lignac*, revenant de Genève avec un
ballot de livres, avait été condamné à être brûlé vif
et exécuté. Sa constance dans le supplice, dit l'historien officiel de Toulouse, Lafaille, ne servit pas peu à
ceux de sa secte [2].

Les étudiants se rappelaient encore qu'en 1554
quatre écoliers avaient été condamnés au feu par le

[1] Voyez ces noms dans la *France protestante* de MM. Haag.
[2] Lafaille, *Annales*, t. II, p. 170.

parlement, et qu'ayant abjuré, on les avait détenus prisonniers au pain et à l'eau dans le château de Verfeil [1].

Tous les ans, ajoute Lafaille [2], le luthéranisme fournissait des exemples de justice. Ces exemples cessèrent à partir de la nomination de Portal (1555), non qu'il eût pu les empêcher; mais le parti, devenu puissant et qu'on ne pouvait toujours contenir, aurait éclaté devant le premier bûcher élevé sur une place publique.

Cette même année 1555, on accusa les sacramentaires d'avoir brisé et jeté dans des puits les images des saints et de la Vierge, qui étaient placées au coin des carrefours. En expiation, on fit une procession générale où assistèrent tous les ordres de la ville [3].

Ces scènes de désordre et de scandale étaient contraires à l'esprit du protestantisme, dont la seule et unique base est l'Evangile. On peut accuser ses partisans de le mal interpréter, de ne pas le mettre en pratique, mais on ne saurait sans injustice rendre cette doctrine solidaire des erreurs ou des excès commis en son nom.

Le parti sage et modéré parmi les huguenots de Toulouse voulait l'ordre et la légalité; le viguier appartenait à cette classe d'hommes distingués par leurs fonctions et leurs lumières et qui étaient déjà nombreux

---

[1] Lafaille, t. II, p. 174.
[2] Lafaille, t. II, p. 170.
[3] Lafaille, t. II, p. 181. — Du Mège, t. II, p. 272.

dans le parlement et même dans l'Eglise. Ils furent débordés par les exaltés du parti et entraînés fatalement dans une ruine commune.

Le viguier Portal voulut, dans l'accomplissement de ses fonctions, atteindre un double but :

1° Surveiller et contenir les menées du parti espagnol, qui voulait faire de la France une province de l'empire de Charles-Quint, et qui avait son siége à Toulouse et pour chef l'inquisition; telle était sa mission officielle, nous en donnerons les preuves;

2° Rétablir le capitoulat dans ses anciens priviléges en le délivrant du joug du parlement, c'était se conformer à la tradition de ses pères; son nom seul l'indique; les faits qui suivront l'établissent.

Portal reconnut bientôt que son autorité serait trop faible pour balancer la puissance inquisitoriale. Le seul moyen d'annuler l'influence politique du saint office était de transformer ce corps en le sécularisant par l'adjonction des évêques et des gens du roi, enfin d'éloigner le grand inquisiteur de Toulouse, pour le placer à Paris sous la main du souverain, Henri II devenant par ce moyen le chef de l'inquisition en France comme Philippe II l'était en Espagne.

Cette politique fut adoptée et suivie. Le viguier de Toulouse eut sans doute des instructions secrètes pour agir dans ce sens; l'accord des faits qui eurent lieu dans le Languedoc et à Paris ne nous permet pas d'en douter.

Par ses fonctions, le viguier exerçait une très grande influence sur l'administration des villes de son ressort. Tous les ans, il parcourait la viguerie pour présider aux élections municipales. Ces villes étaient celles qui subissaient plus que les autres l'oppression insupportable des inquisiteurs; Jehan de Portal, aidé du concours actif de ses deux frères, Bérenger, trésorier général de France dans le Languedoc, et Antoine, bailli de Revel, fit comprendre à ces villes que leurs plaintes, adressées aux états de la province, seraient favorablement accueillies à la cour. Le trésorier général et le viguier assistaient aux états comme commissaires du roi [1]. Les villes y envoyaient leurs syndics; un capitoul en charge et un ancien capitoul y entraient de droit [2].

En 1557, deux ans après l'entrée de Portal dans les fonctions de viguier, « les états du Languedoc, « convoqués à Montpellier et présidés par l'évêque « d'Uzès, entendirent leurs syndics sur les malversa- « tions, les abus et les injustices criantes dont se ren- « daient coupables les inquisiteurs de la foi. Ils don- « naient çà et là des commissions en blanc pour « informer contre le premier venu, que la malice d'un « ennemi leur dénoncerait, ou que leur propre avi-

---

[1] Voyez le dossier de Portal, aux manuscrits de la Bibliothèque impériale, et Dom Vaissète, *Histoire du Languedoc*, t. V, p. 182 et 184, édit. in-folio.

[2] Louvet, *Histoire du Languedoc*, p. 191.

« dité voudrait trouver coupable, ne communiquant
« rien de ceci aux évêques, attentant à leur juridic-
« tion, lançant des monitoires, et faisant d'autres
« usurpations manifestes sur le pouvoir épiscopal.
« Les états décidèrent qu'il en serait fait doléance,
« qu'on porterait plainte au parlement, en deman-
« dant l'adjonction des gens du roi, et que la pro-
« vince interviendrait dans le cas où l'inquisition ten-
« terait de punir les syndics d'une dénonciation qu'il
« était dans leur devoir de faire [1]. »

Ce fut un des premiers actes de la scène politique
qui se jouait au grand péril de l'inquisition. Henri II
faisait agir les états du Languedoc pour le seconder
dans un acte d'une haute habileté et si bien dirigé,
que le pape, l'inquisition, les parlements et les historiens même s'y sont trompés.

Le roi donna l'ordre au cardinal de Lorraine de

---

[1] *Archives des Etats du Languedoc.* — De Lamothe-Langon, *Histoire
de l'Inquisition en France,* t. III, p. 485.

Il y avait trois syndics généraux perpétuels aux états de Languedoc,
chargés de faire connaître les vœux des populations. (Voyez Louvet, *Histoire du Languedoc,* p. 75.)

Outre ces syndics généraux, les villes avaient leurs syndics particuliers
qui allaient aux états. Le diocèse de Toulouse avait onze villes diocésaines
qui assistaient aux états par tour, savoir : Saint-Félix de Carmaing, Saint-
Julien de Gras-Capou, Auterive, Montgiscart, Saint-Sulpice, Miremont,
Villefranche, Buzet, Montesquieu, Auriac et Verfeil.

Ces onze villes *maîtresses* élisaient tous les ans un de leurs consuls
syndic par tour; il allait aux états avec le syndic sorti de charge, de
sorte qu'un syndic y allait deux fois de suite. (Louvet, *Histoire de Languedoc* (assiette de chaque diocèse), p. 191.)

C'était sur ces villes et ces syndics que l'influence du viguier de Toulouse agissait directement.

solliciter à Rome le rétablissement de l'inquisition dans tout le royaume de France. Paul IV s'empressa de satisfaire au désir de Henri II, et envoya la bulle suivante :

« Paul, évêque, serviteur des serviteurs de Dieu, à
« tous nos enfants qui marchent dans la droite voie,
« salut et bénédiction apostolique.

« Nous avons toujours désiré ardemment de voir la
« religion catholique florissante par toute la terre et
« l'hérésie enfin exterminée. Il faut, pour parvenir à
« ces glorieuses fins, que les hérétiques, ces adorateurs
« de Satan, soient châtiés d'une manière si terrible,
« que le souvenir en puisse effrayer les races futures.

« Sur ce, notre cher fils en Jésus-Christ, le très
« chrétien Henri, roi des Français, nous a fait exposer
« par son ambassadeur qu'il nous suppliait très hum-
« blement de rétablir dans son royaume et dans tous
« les lieux soumis à sa domination le saint office de l'in -
« quisition, si avantageux à la foi orthodoxe.

« En vertu de notre autorité apostolique et voulant,
« par notre bénignité, obvier aux maux de la religion,
« nous nous sommes rendus aux vœux, aux prières et
« aux supplications du Roi Très-Chrétien.

« Nous établissons, nommons et députons en France
« un nombre suffisant d'inquisiteurs soumis à des chefs
« zélés qui sauront éteindre la secte de Luther, les
« autres hérésies et schismes, et exterminer les sorciers
« ou autres amis et sectateurs des démons.

« Nous les invitons de tout notre pouvoir, et nous
« leur donnons pleine puissance de poursuivre avec les
« juges et punir tous ceux qu'ils soupçonneront être
« ennemis de l'Eglise et de la foi, *leur permettant de se*
« *placer, en cas d'urgence, au-dessus des lois ordinaires,*
« *de mettre à la question les simples suspects, d'éclairer*
« *leurs doutes par les tortures les plus rigoureuses,* d'ab-
« soudre les innocents, mais de délivrer la France des
« coupables, selon les statuts du saint office établi ail-
« leurs.

« Nous ordonnons aux juges et aux autorités sécu-
« lières de prêter main-forte aux inquisiteurs contre les
« rebelles. Nous recommandons aux juges du saint
« office de faire secrètement les procédures et les tor-
« tures de ceux dont on pourrait craindre les amis, de
« ne ménager ni leurs propres parents, ni les plus
« puissants du royaume, le tout pour le bien de la reli-
« gion catholique.

« Nous nommons de ce jour inquisiteurs généraux
« en France les cardinaux de Lorraine, Charles de
« Bourbon, Eudes (ou Odon de Chatillon), cardinal, du
« titre de saint Adrien, etc.

« Donné à Rome, sous le sceau de l'anneau du Pê-
« cheur, le 27 avril 1557.

« *Signé* : PAUL, évêque [1]. »

Le roi de France était-il sincère dans sa demande

---

[1] *Recueil des Bulles pontificales.* — De Lamothe-Langon, *Histoire de*
l'Inquisition, t. III, p. 487.

auprès du saint siége? Les faits historiques établissent le contraire ; la bulle du saint père fut l'extrême onction donnée à cette institution sinistre qui, à dater de cette époque, d'après l'expression de l'historien de l'inquisition en France, traîna une existence éphémère, terminée par une agonie obscure [1].

Le roi porta lui-même la bulle au parlement et la fit enregistrer comme loi du royaume, malgré les vives répugnances de la cour. Henri II apportait cependant certaines restrictions qui dévoilent l'esprit dans lequel cet acte fut conçu. Le roi astreignait les grands inquisiteurs *à lui soumettre dans son conseil la nomination des inquisiteurs ordinaires.* Ceux-ci devaient, en présence de ce conseil, prêter serment de ne point s'écarter des saints canons, suivre dans leur procédure la règle que les conciles avaient tracée, et *soumettre les affaires à la connaissance d'un tribunal particulier et suprême, institué dans chaque diocèse, composé d'ailleurs de dix membres et dont feraient partie nécessairement six juges pris parmi ceux des cours souveraines* [2].

Ainsi l'inquisition fut complétement soumise au roi et le saint office de Toulouse enlevé à l'influence espagnole.

Le parlement de Paris donna le coup de grâce ; ne voulant se départir de ses maximes précédentes, il traça une ligne de démarcation profonde entre les cas des

---

[1] De Lamothe-Langon, t. III, p. 491.
[2] De Lamothe-Langon, *Histoire de l'Inquisition,* t. III, p. 490.

clercs et ceux des laïques, abandonnant les moines et les prêtres au tribunal qu'ils avaient appelé de leurs vœux, et ne permettant au saint office à l'égard des autres que d'instruire leur procès et de se borner à la déclaration d'hérésie.

Ce n'était pas tout à fait ce qu'entendait le pape. Ainsi, le roi de France doit être lavé dans l'histoire de l'injure sanglante d'avoir rétabli une institution odieuse à la nation entière. Henri II choisit pour grands inquisiteurs ses créatures ou des hommes qui auraient décrié et amené la chute de l'institution la plus populaire :

Charles de Bourbon, frère du roi de Navarre, prince débauché, âgé de vingt-cinq ans, que le pape devait proclamer plus tard roi de France, sous le nom de Charles X ; voulant placer un grand inquisiteur sur le trône de Philippe-Auguste ;

Le cardinal de Chatillon, frère de Coligny, créé cardinal et grand inquisiteur à treize ans ; à dix-huit, archevêque de Toulouse [1], et si peu catholique qu'il se fit protestant [2].

Ces choix ne dévoilent-ils pas la politique secrète de la cour de France ?

Une des principales attributions du viguier jusqu'au quinzième siècle avait été la nomination des capitouls de l'année suivante, en les choisissant sur une liste de candidats présentée par les capitouls en charge ; le par-

[1] De Lamothe-Langon, t. III, p. 491.
[2] Voyez la *France protestante*, article *Chatillon*, et tous les historiens.

lement et l'inquisition s'étaient emparés de ce privilége qui plaçait les chefs de la ville sous leur influence directe; plus tard, ces pouvoirs s'étaient arrogé le droit de casser et de nommer directement les capitouls. Cette violation du droit public de Toulouse avait été une des causes les plus actives de l'émigration de l'ancienne noblesse; les vieilles familles capitulaires, en rentrant dans les affaires publiques, devaient employer leur crédit pour rétablir l'institution du capitoulat dans son état primitif.

Trois ans avant l'entrée de Portal dans les fonctions de viguier, le coup de grâce avait été porté à la puissance capitulaire. Par des lettres patentes du 6 novembre 1552, le roi Henri II « ordonna qu'à l'avenir « il ne serait fait élection que de quatre capitouls et « qu'il en demeurerait quatre de l'année qui avait couru. « Suivant cette déclaration, les capitouls étant à la fin « de leurs charges retinrent quatre d'entre eux. Cette « retenue se fit de la même manière que l'élection des « quatre nouveaux, c'est-à-dire par les huit capitouls « et par leurs conseillers en pareil nombre, à la pluralité « des suffrages. On opina premièrement sur les quatre « de la retenue et ensuite sur les quatre nouveaux[1]. »

Le motif apparent de ces lettres patentes était de conserver la tradition des affaires dans un corps qui se renouvelait chaque année. Ce motif, qu'on avait

---

[1] Lafaille, *Annales*, t. II, p. 168.

présenté au roi pour surprendre sa signature, était un leurre; le seul moyen d'atteindre le but aurait été le rétablissement de l'institution des *futurs capitouls* nommés six mois à l'avance. Or c'est ce qu'on ne voulait pas. Ce nouveau règlement des capitouls devait avoir pour résultat inévitable l'intrigue, les cabales et la division, chaque membre étant présumé vouloir être renommé. Le précepte machiavélique : Divise pour régner, *Divide et impera,* trouvait ici sa parfaite application.

Les capitouls, qui s'étaient entendus pour retenir quatre d'entre eux la première année, ne purent se mettre d'accord l'année suivante, et portèrent leurs réclamations et leurs doléances au pied du trône. Intervint alors une nouvelle déclaration, « portant (je « cite textuellement) qu'au lieu de quatre capitouls « que le roy avoit ordonné qui seroient retenus de « l'élection précédente, il n'en demeuroit que deux. « On voit dans la liste que ce furent Toron et Dufaur. « Cette seconde déclaration contenoit deux motifs. Le « premier, que, par l'ancien usage de cette ville, les « capitouls nouvellement élus n'entreront en charge « que quinze jours après leur élection, pour être in- « struits des affaires de la ville par ceux qui les ont « nommés; CE QUE LE ROY DISOIT N'AVOIR PAS SÇU, LORS- « QU'IL FIT SA PREMIÈRE DÉCLARATION [1]. La deuxième

[1] Nous voyons ici la démonstration de ce que nous avons dit plus haut

« raison estoit prise de ce qu'on avoit de la peine à
« trouver quatre capitouls qui voulussent être conti-
« nuez. Les choses, ajoute notre candide annaliste,
« ont bien changé depuis. Je n'en ay guère vu à qui
« une semblable continuation ait été désagréable. J'en
« sçay même qui l'ont recherchée [1]. »

Lafaille s'étonne qu'après cette faveur accordée par
le roi, les capitouls aient encore retenu trois de leurs
membres pour l'année suivante, *Toron, Dufaur* et *Antoine Tournier*. « *Je ne sçay*, dit-il dans une note, *com-
« ment ni pourquoy il* (Tournier) *fut retenu.* » Ce serait, en effet, fort surprenant.

Notre naïf chroniqueur, en copiant le livre des capitouls, ne s'aperçoit pas que son horloge retarde
d'une année : *Toron, Dufaur* et *Tournier*, capitouls en
1553, furent retenus en 1554. Il fut impossible aux
capitouls de se mettre d'accord sur le quatrième membre. Alors intervint la supplique de ce corps, demandant au roi d'élire huit capitouls; le roi réduisit à
deux le nombre des retenus.

Lafaille nous apprend que cette seconde déclaration
eut lieu à la fin de 1554. Or elle ne pouvait statuer
que pour l'avenir, pour l'année 1555; c'est ce qu'elle
fit. Les deux capitouls de 1554 retenus en 1555 furent
Pierre Delpech et *Raymond de Baldare*. Le livre des

sur les *futurs capitouls*, qui, aux époques de la puissance capitulaire,
étaient nommés plusieurs mois avant leur entrée en charge.

[1] Lafaille, *Annales*, t. II, p. 173.

capitouls, que notre chroniqueur transcrit sans le lire,
ajoute après ces deux noms le mot *continués* [1].

Les cabales agirent avec la même ardeur sur la retenue de deux membres que sur la retenue de quatre.
Le roi ne voulant plus se mêler de ces querelles de
petite ville, il fallut bien, pour mettre un terme à la
discorde, en appeler au parlement. Il mit les capitouls
d'accord, comme le juge dans la fable des Plaideurs,
en les nommant de son autorité privée. Tel avait été
le but de l'intrigue ourdie par ce corps, et qui rendit une fois de plus les capitouls ses très humbles
vassaux.

Voici le passage textuel qui relate ce fait historique :
« Les capitouls (de 1556) estant à la veille de sortir
« de leurs charges, autorisez par une délibération de

---

[1] Lafaille retombe toujours dans la même erreur en supposant que la
date de la nomination des capitouls indiquait l'année de leur capitoulat,
tandis que cette nomination était faite à la fin de l'année précédente,
ainsi que l'indique le simple bon sens. Nous avons vu dans quelles inex-
tricables difficultés l'entraîne ce singulier système de chronologie. Citons
ici un fait qui aurait dû l'éclairer. Sous l'année 1564 (1565) il dit : « Ce
« fut en ce temps-là que, suivant le dernier article de l'ordonnance de
« Roussillon, qui venoit d'estre faite, on commença à compter l'année
« par le premier jour de janvier, au lieu qu'auparavant on ne commen-
« çoit qu'à la fête de Pâques. Ce changement produisit cet effet à l'égard
« des capitouls, que ces magistrats, qui régulièrement n'entrent en charge
« que le 13 de décembre, jour de Sainte-Luce, n'eurent après cela que
« dix-neuf jours de l'année en laquelle ils sont élus ; au lieu qu'aupara-
« vant, outre ces dix-huit jours, ils avoient le mois de janvier et de fé-
« vrier et presque tout mars. Ce changement fera que je ne mettray plus
« les capitouls sous l'année de leur élection, mais sous la suivante, qui
« sera celle du calendrier romain. » (*Annales*, t. II, p. 274.)
Ainsi Lafaille, oubliant ce qu'il a dit et répété, reconnaît ici que les capitouls étaient élus à la fin de l'année qui précédait leur magistrature.

« ville, demandèrent au parlement que, sans préju-
« dice des édits du roi, et sous son bon plaisir, il leur
« fût permis d'élire huit nouveaux capitouls, sans es-
« tre astraints d'en retenir *deux* de leur administra-
« tion passée. Le parlement, au lieu de prononcer sur
« cette demande, fit d'office les capitouls suivans,
« sans en retenir aucun de ceux de l'année d'aupa-
« ravant; mais, en revanche, il prit tous les huit du
« corps des anciens capitouls [1]. »

Nous devons rendre cette justice au parlement,
qu'en confisquant à son profit les priviléges des capitouls, il y mit toujours une excessive politesse.

Non-seulement il y avait dans cet acte violation des
libertés de la ville, libertés jurées par les souverains
en montant sur le trône, mais violation des attribu-
butions du viguier, auquel seul appartenait le droit
de nommer les capitouls sur une liste de candidats.

Portal avait été revêtu de sa charge l'année précédente; il n'éleva aucune réclamation contre le parlement. Sa famille était bien placée auprès du roi et de
la cour; il attendit.

Une contestation élevée entre le parlement et le
capitoulat pouvait seule offrir au viguier le moyen de
faire valoir ses droits; il fallait de plus que le parlement fût dans son tort, et que le roi voulût le punir en restreignant ses attributions. La question ainsi

[1] Lafaille, *Annales*, t. II, p. 188.

posée était difficile à résoudre ; le corps des capitouls était formé par les créatures du parlement, et toute mésintelligence entre eux devenait difficile sinon impossible. L'esprit de corps blessé par un manque d'égard fut la goutte d'eau qui fit déborder la coupe.

Nous lisons dans Lafaille qu'au commencement de l'année 1558, les capitouls eurent un différend avec un conseiller au parlement nommé Du Tournoer, et que la discorde s'ensuivit entre cette compagnie et l'Hôtel de ville. Ce conseiller devait douze livres d'arrérages de taille. En grand seigneur qui ne paye pas ses dettes, il refusa l'acquittement de sa cotisation ; le trésorier de la ville le fit exécuter par la saisie de sa mule. Du Tournoer entreprit de se rendre justice à soi-même ; il décréta ce trésorier de prise de corps par un ordre écrit de sa main. L'huissier eut l'impudence de se transporter à la maison de ville et, en présence des capitouls, de constituer prisonnier non le trésorier, sans doute absent, mais un de ses commis. Les capitouls n'y mirent nulle opposition ; mais l'arrestation faite, l'homme mis en prison, ils requirent l'huissier de leur exhiber la provision en vertu de laquelle il avait fait cette exécution, le condamnèrent en cent sols d'amende et mirent le commis en liberté. Le parlement, tout en blâmant la conduite de son conseiller, qu'il censura, fut indigné de l'outrage fait à sa dignité, et ordonna par arrêt que l'ordonnance des magistrats de la ville, condamnant l'huissier, serait rayée des registres de l'Hôtel de ville et chaque capitoul condamné en l'amende de cent sols.

L'affaire était ainsi conduite au point que désirait le viguier : la dissension existait entre les deux grands corps de la ville, et le parlement était dans son tort.

Les capitouls en appelèrent au conseil du roi, et, au mois de septembre, l'arrêt du parlement fut cassé et l'ordonnance des capitouls maintenue ; défense au parlement de connaître des tailles et autres impositions ; injonction à Du Tournoer de comparaître devant le conseil du roi et ordre de suspendre l'huissier de sa charge pendant trois mois.

Le dernier dispositif de cet arrêt du conseil en fait connaître l'esprit :

Il fut ordonné... « *que le parlement ne pourroit à* « *l'avenir prendre aucune connaissance du fait de l'élec-* « *tion des capitouls, ny des assemblées de ville,* excepté « en cas d'abus et de délit. (C'estoit, ajoute Lafaille, « une des demandes que les capitouls, ou le syndic « de la ville, avoient faites incidemment [1].) »

Cet *incidemment* était toute l'affaire poursuivie depuis longtemps et qui, en reconstituant les libertés du capitoulat, faisait passer dans les mains du viguier le droit de sanction et de nomination.

Les capitouls de 1559 furent choisis par Jehan de

---

[1] Lafaille, *Annales*, t. II, p. 196.

Portal sur la liste des candidats présentés. Les noms des magistrats élus indiquent qu'ils devaient appartenir en majeure partie à l'ancien parti de la nationalité languedocienne ; sept sur huit étaient gentilshommes et possédaient des terres seigneuriales. L'influence de Portal se fit ainsi ressentir dès la première élection. Cette année, les sacramentaires, que l'on commença à nommer huguenots, mécontents et sentant leurs forces, tentèrent de se soulever. La conjuration d'Amboise s'en suivit; ce fut une faute politique et le premier échec grave du protestantisme en France.

Cependant la Réforme grandissait à Toulouse, s'appuyant sur les anciennes traditions nationales et profitant des scandales qui affaiblissaient le parti du parlement et du clergé.

Cette année 1559, Raymond Bonail, conseiller d'Eglise, fut, par arrêt du parlement, chassé du palais pour inconduite notoire, sa maison confisquée. Antoine de Malras, troisième président au parlement de Toulouse, fut condamné, par arrêt du conseil, à être dégradé de sa charge pour crime de faux. Des moines de Saint-Benoît, du couvent de la Daurade, assassinèrent leur prieur pendant les matines ; deux furent écartelés. Dans un autre couvent, les capitouls firent saisir quatre filles publiques entretenues par les moines; les autres se sauvèrent; trois de ces femmes furent pendues devant les trois portes du couvent. « Un des moines, « *je ne sçay si c'estoit le prieur*, dit Lafaille, *fut renvoyé*

« les fers aux pieds au grand vicaire ; les autres furent
« élargis[1]. »

La vie licencieuse des seigneurs et des moines du
douzième siècle avait eu pour conséquence l'albigéisme ;
les désordres du seizième siècle enfantèrent la réformation. Deux fois le schisme sauva d'une ruine fatale,
non le christianisme qui ne pouvait périr, mais le catholicisme. La pureté des mœurs des Albigeois, l'austérité des calvinistes furent l'entraînement des âmes
honnêtes, repoussées par la conduite honteuse de ceux
qui leur devaient l'exemple.

Toulouse eut ses scandales, la réaction fut immédiate. Cette même année 1559, quatre cents écoliers se
présentèrent chez le premier président du parlement,
Mansencal, et lui demandèrent l'autorisation d'établir
une église « pour y prêcher, dit Lafaille, à la mode de
« Genève, ce qui étonna les catholiques[2]. »

L'étonnement devint une véritable panique ; les capitouls renforcèrent le guet et mirent sur pied les
dizaines pour rassurer la population, qui croyait la sédition imminente.

Le commencement de l'année 1560 (1561)[3] fut si-

---

[1] Voyez pour ces faits, sur lesquels je ne veux pas m'étendre, Lafaille,
t. II, p. 197 et 199.

[2] *Annales de Toulouse*, t. II, p. 204.

[3] Nous devons rappeler ici que les dates de cette époque varient d'une
année, selon que les historiens suivent l'ancien mode de computation ou le
nouveau.

Charles IX fixa le commencement de l'année au 1er janvier, par son
édit de Roussillon du 1er janvier 1564 ; l'année commençait, avant

gnalé par des troubles précurseurs de la guerre civile.

François II meurt à la fin de l'année 1560 (5 décembre). Charles IX, en montant sur le trône, trouve le trésor obéré et sans ressources. Le roi fit mander à ses villes capitales de province d'aviser aux moyens de combler le déficit ; les capitouls et les seize se réunirent en conseil [1] ; les discussions qui agitèrent cette assemblée mirent les deux partis en présence et furent le signal des hostilités.

Les huguenots étaient les plus nombreux et les plus influents ; ils avaient pour eux la moitié des capitouls et se sentaient appuyés par les classes élevées de la société. Des membres du conseil proposèrent de vendre le temporel du clergé. « En quoi faisant, dit Théodore « de Bèze, le roi pourroit racheter son domaine, payer

cette époque, à Pâques. (Voyez Palma-Cayet, *Chronologie novenaire*, p. 174, et Raynal, *Histoire de Toulouse*, p. 80.) Ainsi, par un calcul rétrospectif, l'année 1561 n'avait commencé qu'au mois d'avril, par conséquent le 1er janvier de cette année appartenait à l'année 1560. Nous donnons ici les deux dates, en suivant l'exemple de Raynal dans son *Histoire de Toulouse*.

[1] « Dans les grandes affaires, et surtout lorsqu'il s'agissait de départir « quelque imposition sur tous les habitants, on donnait aux capitouls seize « adjoints, qu'ils choisissaient eux-mêmes dans tous les ordres, même « parmi le clergé. Ces adjoints formèrent, dans la suite, un conseil fixe « pour toute l'année. Le conseil général s'en attribua l'élection sur une « nomination de trente-deux sujets, dont le choix fut réservé aux capi- « touls, mais seulement parmi ceux qui avaient été décorés de cette di- « gnité. C'est ce conseil qu'on appela le *Conseil des Seize*. Ses fonctions « consistaient à départir, conjointement avec les capitouls, la taille et les « autres impositions sur tous les contribuables.» (Raynal, *Histoire de Toulouse*, p. 192.)

En principe général on ne pouvait entrer dans les conseils de Toulouse que lorsqu'on était *bourgeois*, ce qui, dans le vieux langage, signifiait *ancien capitoul*. (Voyez Raynal, p. 193.)

« ses dettes et accroître son Etat par les investitures
« des seigneuries occupées par les ecclésiastiques, et
« si il resteroit encore bonnes sommes, lesquelles mises
« entre les mains des maires et échevins suffiroient à
« rendre même revenu qu'auparavant aux ecclésiasti-
« ques[1]. » .

Les anciennes traditions nationales se redressent ici
de toute leur hauteur, les fils des Albigeois réclament
l'investiture des seigneuries confisquées sur leurs pères
et transmises par Simon de Montfort à l'évêque et au
clergé de Toulouse, la belle terre de Verfeil, la seigneurie de Montpitol et un grand nombre d'autres.

Mais une semblable proposition devait entraîner une
proposition opposée; deux avocats, Babut et Jessé,
opinèrent pour que l'on condamnât les huguenots
comme hérétiques, et que l'on confisquât leurs biens
pour payer les dettes du roi et apaiser la colère divine.

Ainsi qu'il advient dans toutes les assemblées délibé-
rantes, la majorité eut raison et fit prévaloir le premier
avis, quelque dangereux qu'il fût en soi ; le conseil députa aux états du Languedoc, assemblés à Montpellier,
Jean Dufaur, seigneur de Marnac, « au grand regret,
ajoute Théodore de Bèze, de ceux qui tenoient les gros
bénéfices[2]. »

---

[1] Théodore de Bèze, *Histoire ecclésiastique des Eglises réformées au royaume de France*, édition princeps de 1580, t. Ier, p. 815.

[2] D'après Raynal, les états généraux se bornèrent à taxer le clergé « à

Depuis cette manifestation, les assemblées des huguenots devinrent moins secrètes. Le 10 mars 1560 (1561),
les écoliers se réunissent avec un grand nombre d'habitants pour entendre un ministre protestant et établir
publiquement l'exercice de leur culte ; les capitouls accourus avec leur garde dispersent cet attroupement
illégal. Le lendemain, les mêmes écoliers, l'épée au
poing, parcourent la ville en chantant les psaumes de
Marot ; aucun magistrat ne se mit en devoir de les en
empêcher ; mais le jour suivant les capitouls assemblent
le conseil de ville qui vote un ban portant défense de
s'assembler, de porter des armes et de chanter les
psaumes en langue vulgaire dans les rues ou les maisons particulières, à peine de la vie ; avec injonction à
ceux qui avaient déjà été recherchés pour cause de religion à vider les lieux et sortir de la ville le même jour
sous la même peine de la vie et autres.

Ne pouvant chanter dans les rues ni dans les maisons particulières, un casuiste mauvais plaisant entreprit de chanter dans une église, le ban des capitouls
ne portant point défense pour les édifices publics.
C'était à la fin du carême, dans l'église de la Dalbade,
et pendant le sermon, que cet écolier mal appris entonna un psaume de Marot. Une grêle de coups s'abattit
sur sa tête et on faillit l'assommer sur place ; on l'entraîna tout sanglant au palais, le peuple murmurant et

« un octroi de quatre décimes à la fois, payables dans quatre ans, et le
« surplus fut payé par le peuple. » (P. 228.)

accusant tout haut les capitouls d'être la cause de ce désordre et menaçant de mettre le feu à leurs maisons.

Dans l'église de Saint-Sernin, pendant le sermon, un marchand, nommé Robert Lamothe, ne pouvant se contenir en entendant probablement quelques invectives contre les huguenots, se lève et crie : *Tu en as menti, cafard de moine.* On se rue sur lui, on l'entraîne hors de l'église et on le massacre; les capitouls accourent, font transporter le cadavre à l'Hôtel de ville et le font enterrer avec les honneurs de l'Eglise. Le peuple accusa ces magistrats d'avoir fait mettre un chapelet dans la poche de ce huguenot *pour faire confusion aux catholiques,* dit Lafaille [1].

Théodore de Bèze rapporte ces faits tout autrement, peu importe; mais ce que l'annaliste de Toulouse n'aurait pas dû oublier, c'est que la populace déterra et jeta à la voirie le corps du huguenot ou prétendu huguenot massacré, et que les capitouls condamnèrent à mort quatre des assassins. Sur l'appel au parlement, le jugement *resta suspendu* [2]. Ainsi la cour suprême de Toulouse pactisait avec les massacreurs.

Le parti espagnol, qui voulait le renversement de

---

[1] Lafaille, *Annales,* t. II, p. 207. Cfr. Théodore de Bèze, t. Ier, p. 817.

[2] Théodore de Bèze, *Histoire ecclésiastique des Eglises réformées,* t. Ier, p. 818, de l'édition princeps de 1580.

la dynastie française au profit de Philippe II et de l'inquisition, profita de ces émotions populaires. Nous
devons, pour l'intelligence des faits qui vont suivre,
jeter un coup d'œil sur l'histoire générale.

Henri II, marié à Catherine de Médicis, nièce du
pape Clément VII, ne consentit jamais cependant à
devenir le vassal de la papauté et de Charles-Quint;
en 1552, il envahit et plaça sous sa protection les
trois évêchés, Metz, Toul et Verdun, sorte de confé-
dération qui relevait de l'Empire. Ferdinand Ier, empereur d'Allemagne, frère puîné de Charles-Quint, et
son successeur à l'Empire, renouvelait chaque année
le décret de recouvrement de ces belles provinces[1].
Ne pouvant s'en rendre maître par la force, il eut
recours à la ruse et envoya des émissaires à Toulouse
se mettre en rapport avec les agents de l'Espagne.
L'astucieux et impitoyable Philippe II occupait alors
le trône de Charles-Quint. Après la victoire de Saint-
Quentin, ne sachant profiter de ce succès, il conclut,
en 1559, la paix de Cateau-Cambrésis, qui fut suivie
de son mariage avec Elisabeth, fille de Henri II. Cette
alliance, loin de le faire renoncer à ses vastes projets
de monarchie universelle, fut une clef pour entrer en
France et s'emparer d'un trône, but constant de ses
convoitises. Ses moyens d'action furent l'inquisition,
la Ligue et les Guises; Toulouse, seule ville de France

---

[1] Voyez la légende du cardinal de Lorraine, dans la collection des *Mémoires de Condé*, par Secousse et l'abbé Lenglet du Fresnoy, p. 21.

qui eut le malheur de subir le saint office, devait être
et fut le centre de ses intrigues [1].

Nous allons assister aux sourdes menées de ces factieux de Toulouse, traîtres à leur patrie et à leur roi,
qui, ne trouvant d'appui que dans la tourbe populaire,
excitaient le fanatisme des classes ignorantes, non
dans un but religieux, mais dans un intérêt purement
humain. Les huguenots formaient une digue protec-
trice contre ces soudoyés des princes étrangers; leur
massacre fut résolu et exécuté. La France devait être
sauvée par les fils de ces huguenots, par Henri IV et
par la destruction de la Ligue.

En 1560 (1561), on arrêta à Toulouse, « à la porte
« d'Arnaud Bernard, un Italien, nommé *Galterot*,
« chargé d'un écrit contenant des mémoires à l'Em-
« pereur, pour se saisir des terres de ce royaume
« sur lesquelles l'Empire avoit des prétentions. *Gal-*
« *terot*, interrogé quy lui avoit donné cet écrit, répon-
« dit que c'estoit un autre Italien, appelé *Martinosi*,
« qu'il avoit laissé à Saint-Nicolas de la Grave, lieu
« distant de Toulouse d'environ huit ou dix lieues.
« Les capitouls trouvèrent cette affaire assez impor-
« tante pour en donner avis au roi par un de leurs
« collègues ; ils députèrent Dufaur. Ils envoyèrent
« aussi prendre *Martinosi*, qui fut mené prisonnier à
« Toulouse. Le roi fit cet honneur aux capitouls de

---

[1] Dans les autres villes de France, il n'y avait que des inquisiteurs ex-
traordinaires et temporaires.

« leur écrire pour les remercier. Peu de jours après,
« il leur manda de mettre Galterot en liberté et de
« retenir Martinosi jusqu'à nouvel ordre [1]. »

Lafaille a inséré ce passage dans ses *Annales* sans
voir qu'il compromettait gravement le parti qu'il représente. Pourquoi Galterot et Martinosi ne sont-ils
point arrêtés dans les évêchés réclamés par l'empereur Ferdinand, mais dirigent leur voyage vers une
des villes de France les plus éloignées de l'Empire?
Pourquoi entrent-ils à Toulouse comme des conspira-
teurs, l'un d'eux restant en arrière? Pourquoi les capitouls ne veulent-ils en référer au roi par écrit, mais
envoient l'un d'eux? Pourquoi Galterot est-il mis en
liberté et Martinosi gardé en prison? La réponse à
ces questions découle des faits que nous avons fait
connaître.

Toulouse était le centre de la faction qui voulait le
renversement de la dynastie française. L'Empereur
députait vers cette ville des émissaires chargés de
s'entendre avec les familiers de l'inquisition et de
Philippe II, héritier présomptif des Valois, selon le
vœu des ligueurs [2]. Martinosi était le chef de cette

---

[1] Lafaille, *Annales*, t. II, p. 208.
[2] Toute la pensée de Philippe II se révèle dans sa lettre aux états de la
Ligue, qu'il fit remettre et commenter par son ambassadeur le duc de Féria:
« Que les estats ne se dissolvent, dit cette missive, qu'on n'aye au préa-
« lable, résolu le poinct principal des affaires, qui est l'eslection d'un roy,
« lequel soit autant catholique que le requiert le temps où nous sommes,
« à ce que par son moyen le royaume de France soit restitué en son an-
« cien estre, et de rechef serve d'exemple à la chrestienté. Or, puisque je

mission; Galterot était son secrétaire. Ce dernier révéla le complot sur la promesse qui lui fut faite d'abandonner les poursuites à son égard.

Ce seul fait suffirait à prouver l'existence à Toulouse d'un foyer d'intrigues criminelles et la nécessité pour le roi d'avoir nommé et de maintenir dans les fonctions de viguier un homme qui, par les traditions de sa famille, ne pouvait jamais appartenir à ce parti de factieux et de traîtres.

L'intervention de Portal dans la découverte et la répression de ce premier complot résulte de ce que lui seul pouvait faire arrêter Martinosi sur le territoire de la viguerie.

La vigilance du viguier et des capitouls eut sa récompense : le roi leur accorda le droit de nommer huit capitouls sans en retenir aucun. C'était depuis plusieurs années le but incessant de leurs démarches [1].

A cette époque, la tolérance ou plutôt la suspicion

« fais en cecy ce qu'on void, la raison veut que ne laissiez par de là es-
« couler ceste occasion et opportunité, et que, par ce moyen, j'aye le con-
« tentement de tout ce que je mérite à l'endroict de vostre royaume, en
« recevant une satisfaction, laquelle, quoy qu'elle vise purement à vostre
« bien, jestimeray néanmois estre fort grande pour moy-mesme, etc., etc. »
(*Chronologie novenaire*, de Palma-Cayet, p. 480, édit. Buchon.)
Nous verrons plus loin que la Ligue prit naissance à Toulouse.

[1] Terlon, député aux états généraux en 1561 dit, dans son rapport au conseil, que sur la demande d'élire à l'avenir huit capitouls, en dérogeant à la déclaration de Henri II, le roi avait ordonné un interlocutoire. (Lafaille, t. II, p. 205.) Cette faveur ne fut accordée qu'après l'arrestation de Martinosi; le parlement, furieux, fit demander au roi le droit de faire cette nomination, comme nous allons le voir.

des deux partis était la politique de la cour de France.
Les affaires des catholiques étaient en fort grande
souffrance ; des prédicateurs montent en chaire et,
avec une incroyable audace, appellent le peuple à
la révolte, dénoncent les magistrats de la ville et exci-
tent à la désobéissance et à la rébellion envers le roi
et son conseil ; un cordelier, un jacobin, un frère mi-
nime et un jésuite se montrent les plus séditieux. Une
enquête est ordonnée par les capitouls contre ces
moines fauteurs de régicide. Ils fuient ; on les arrête
dans Toulouse, à Pamiers et à Alby, et ils sont mis
entre les mains du viguier Jehan de Portal pour être
menés devant le roi, c'est-à-dire jugés. Le viguier,
d'après Théodore de Bèze [1], était le principal commissaire dans cette affaire. Il avait donc reçu une délé-
gation spéciale pour agir contre ces excitateurs de
troubles et de guerre civile [2].

[1] Théodore de Bèze. t. Ier, p. 816.

[2] Le viguier Portal était abhorré par le parti du désordre. Voici un passage extrait d'un livre que le roi fit condamner au feu comme *libelle
diffamatoire*, par arrêt du conseil privé du 18 juin 1563, et qui est intitulé *Histoire de Bosquet sur les troubles advenus en la ville de Tolose
l'an* 1562. Il raconte ainsi l'arrestation de l'un des séditieux. (Voyez la
Biographie toulousaine, article *Bosquet*. Nous donnerons plus loin cet
arrêt en entier.)

« Peletier, saisi de grand'rudesse et prins au corps par Boniol, licencié
« du mandement du dit viguier (Portal) à Pamiers, où feust trouvé au
« lict, depuis longtemps fébrissitant, pressé de grandes douleurs de costés,
« à extrémité de vie, envelopé de cataplasmes, ayant prins médecine,
« l'accès ne faisant que le prendre : et à peine lui estant permis monter à
« cheval, conduit aux prisons de Saverdun, et consécutivement remué à
« celle d'Auterive ; desquelles feust encore cruellement entrêné par le
« dit Portal jusques à Verdun, et là comme aux autres lieux, détenu en

Le parti espagnol et catholique présenta une requête au parlement 'pour enlever les prévenus *aux*
mains des suspects. Le parlement ordonna qu'ils seraient livrés à des huissiers. Un conflit d'autorité allait
entraîner une rupture éclatante entre les deux camps
ennemis, lorsqu'une commission du roi, adressée à
deux présidents au parlement, leur commit la connaissance de cette affaire.

La cour de France voulant tenir une juste balance
entre les deux partis, Charles IX envoya un de ses
gentilshommes porteur des lettres de lui et de la
reine régente au parlement de Toulouse. La réception
qui fut faite à cet officier montre toute la faiblesse du
pouvoir royal à cette époque. « *La cour le reçut si mai-*
« *grement*, dit Théodore de Bèze, *qu'on ne le feit ni cou-*
« *vrir ni asseoir, et fallut que debout et nue teste il pro-*
« *posa sa créance comme s'ensuit :*

« grande détresse, se consumant dans les crotons (cachots) en sa pourri-
« ture (quoy que plusieurs honnestes personnes, par compassion, le de-
« mandassent chez eux et voulussent plaiger pour luy), avec telle animo-
« sité, que le dit viguier se plaignoit à la maison de l'un des plus apparans
« de sa secte, que l'argent lui manquoit à l'entretenement de tant de gens
« occupez à la garde et conduite du jésuite, craignant son évasion comme
« d'un insigne voleur, luy estant répondu n'avoir besoin de si grande
« garde pourveu qu'il eust les fers, manda incontinent à ses gens que luy
« fussent apliquez, n'ayant de quoy pour y frayer davantage, lesquels
« néanmoins fléchis à quelque humanité, par la présance, très dure et
« longue détantion du patient, le laissèrent en l'estat qu'il estoit, jusques
« à ce que ce cruel et impitoyable (Portal), s'aprestant pour le ravir de là,
« et, comme il le disoit, en faire un présent au roy, etc. » La position de
ce pauvre homme était vraiment lamentable, entouré de cataplasmes,
une médecine dans le corps et à cheval; quel dommage que ce soit une
affreuse menterie !

« *Le roi accuse des troubles de Toulouse l'indiscrétion*
« *des prescheurs, qui ont presché tout le caresme és églises*
« *de cette ville, lesquels avec des propos insolens et im-*
« *pudens ont incité et esmeu le peuple à s'eslever, et mes-*
« *mes se sont desbordés jusques à parler du gouvernement*
« *du roi, de son aage, et beaucoup d'autres choses indi-*
« *gnes de la modestie de leur profession, qui sont les com-*
« *mencemens de susciter une grande sédition.* »

Le roi engage ensuite le parlement à la prudence et
à la douceur, « *car tant s'en faut*, dit-il, *que l'exemple des*
« *tourmens puisse oster ceste opinion à ceux qui l'ont, que*
« *plustost la constance dont plusieurs sont allés au supplice*
« *a gagné une infinité de personnes de leur costé*[1]. » C'est
le roi Charles IX qui parle par la bouche de Catherine
de Médicis.

Le parlement ne tint nul compte de ces remontrances
royales, la position des deux partis resta la même jusqu'au commencement de l'année suivante; ce ne fut
que le vendredi, 6 février 1562, que cette cour enregistra l'édit du 27 janvier (1561-1562), par lequel l'exercice de la religion protestante était permis hors des
villes[2].

La querelle entre le capitoulat et le parlement était
toujours vivante et dominait toutes les questions.
L'avocat Durdes avait été envoyé à Paris par les par-

---

[1] Théodore de Bèze, t. Ier, p. 849.
[2] Voyez les art. 3 et 4 de cette ordonnance dans les *Ordonnances de Néron*, t. II, p. 877.

lementaires pour paralyser les poursuites contre les
moines arrêtés par le viguier ; le parlement se servit
de ce partisan dévoué pour faire présenter au conseil
du roi une requête, au nom du syndic de la ville, pour
qu'il fût permis au parlement de nommer des capitouls
d'office pour l'année suivante. Durdes, soutenu avec
ardeur par le cardinal de Tournon, venait de réussir
à faire mettre en liberté ces *prescheurs insolens et impu-
dens* signalés dans la lettre de Charles IX. Le parlement
espérait qu'il aurait un second succès avec l'aide puissante du même protecteur. Ce corps prévoyait que si on
laissait aux capitouls la liberté de nommer des successeurs à leur gré, les quatre membres du parti huguenot
ne manqueraient point de choisir les hommes les plus
influents de leur parti ; « qu'il pourrait même arriver,
« dit Lafaille, comme ils estoient tous quatre fort ha-
« biles, qu'ils supplanteroient leurs collègues catholi-
« ques, pour faire une élection toute de calvinistes.
« Cette permission estoit nécessaire au parlement à
« cause de l'arrêt du conseil de 1558, qui deffendoit à
« cette compagnie de prendre connaissance des délibé-
« rations de ville, ny des élections des capitouls, autre-
« ment que par la voye de l'appel [1]. »

Durdes échoua, et ambassadeur malheureux, il fut
désavoué.

Les capitouls devant entrer en charge furent élus

[1] Lafaille, t. II, p. 211.

14

par Jehan de Portal au mois de novembre 1561 [1]; tous, d'après Lafaille, étaient huguenots [2].

Le parlement, indigné de se voir vaincu à Toulouse, prétendit exercer son autorité sur les autres villes de son ressort. Le président Daffis et deux conseillers députés se transportèrent dans les villes de Béziers, de Nîmes, de Beaucaire et dans quelques autres du Bas-Languedoc, procédant avec énergie contre les prétendus séditieux, qui ne voulaient ni de Philippe II pour roi, ni de l'inquisition pour reine et maîtresse.

Portal et les capitouls agissaient de leur côté auprès de la cour de Charles IX, fort mal disposée pour le parlement; les procédures furent cassées par le conseil du roi, et les prisonniers dirigés sur Toulouse par les officiers du parlement remis en liberté.

Peu soucieux de ce que pensait et voulait le roi de France, ce parlement factieux tourne ses regards vers Montauban; les habitants de cette ville ferment les portes à ses conseillers; d'autres, envoyés à Lectoure, y sont reçus avec honneur, mais les huguenots accourus de la campagne arrêtent ces officiers dans une église et

---

[1] Raynal, *Histoire de Toulouse*, p. 229, 230.

[2] Lafaille, *Annales*, t. II, p. 212. D'après l'usage de cette époque, les capitouls étaient élus quinze jours avant d'entrer en fonctions, ainsi que nous l'avons vu par les lettres patentes de Henri II, sous l'année 1554. (Lafaille, t. II, p. 173.) Leur investiture avait lieu le 13 décembre, jour de la Sainte-Luce. (Lafaille, t. II, p. 274.) Les capitouls de 1562, élus au mois de novembre 1561, entrèrent en fonctions au mois de décembre. Nous verrons, en effet, deux de ces capitouls assister avec le viguier au premier prêche protestant, le 7 février qui suivit leur élection.

les jettent hors de la ville. « Ils retinrent même, dit
« Lafaille, deux de leurs suppôts, qu'ils ne mirent en
« liberté qu'après leur avoir fait payer une grosse
« rançon[1]. »

L'année 1562 s'ouvrit sous de funestes auspices ;
l'exaltation des deux partis en présence faisait présager
une lutte prochaine et sanglante. La légende catholique
vient ici se mêler au drame protestant. Lorsque ces nouveaux capitouls vinrent prêter serment devant le viguier
de Portal, « ce qui se fait toujours vers l'heure de midy,
« avec un grand concours de peuple, le tems s'obscurcit
« comme s'il eût esté nuit ; d'où l'on augura que ces
« capitouls causeroient quelque grand trouble dans
« cette ville : et il y eut un des assistants qui s'écria
« qu'on avoit mis pour capitouls les rois des hugue-
« nots. Ces paroles pensèrent lui coûter cher, car le
« premier acte de justice de ces nouveaux capitouls fut
« de luy faire son procès, et de le condamner à faire
« amende honorable et au bannissement ; mais le par-
« lement réforma la sentence. Ils donnèrent aussi, dès
« qu'ils furent entrez en charge, des preuves visibles
« de leurs sinistres intentions, qui fut de destituer tous
« les officiers de l'Hôtel de ville, même ceux qui estoient
« à vie, pour en mettre d'autres de leur faction en leur
« place[2]. » Lafaille oublie d'ajouter que quelques mois
après les catholiques d'Espagne ne se bornèrent pas à

---

[1] Lafaille, *Annales,* t. II, p. 211, 212.
[2] Lafaille, *Annales,* t. II, p. 213.

mettre dehors ces intrus huguenots, mais leur coupèrent la tête.

L'édit du 17 janvier 1562 fut enregistré par le parlement de Toulouse seulement le 6 février, avec la plus
grande répugnance et des restrictions; par cet édit,
l'exercice du culte protestant était permis hors des murs
des villes et bourgs du royaume, sous certaines conditions.

Le lendemain de cet enregistrement, les huguenots,
impatients de jouir du peu de liberté qui leur était accordé, se réunirent hors de la porte de Montgaillard,
lieu d'assemblée qui leur avait été assigné par les magistrats. Tous ceux qui s'étaient cachés jusqu'alors, dit
Raynal, n'hésitèrent plus à paraître, et les catholiques,
que la nouveauté de ce spectacle avait attirés, furent
surpris de voir cette assemblée aussi nombreuse que les
leurs, aux jours des plus grandes fêtes [1].

Le viguier Jehan de Portal, tenant la verge d'argent,
insigne de sa dignité [2], et deux capitouls, revêtus de
leurs costumes, le chaperon et la robe comtale rouge,
accompagnèrent le ministre protestant Denort, qui avait
prêté serment dans leurs mains. L'un de ces capitouls,
Pierre Hunaut, baron de Lanta, se vantait, d'après Du
Mège [3], de descendre du célèbre Hunaut de Lantar, l'un

---

[1] Raynal, *Histoire de Toulouse,* p. 230.

[2] Cayla et Perrin-Paviot, *Histoire de Toulouse,* p. 474. Les comtes de
Toulouse portaient la verge d'or, et leurs lieutenants ou viguiers la verge
d'argent. Voyez le portrait de Pons, cinquième comte de Toulouse, dans
Catel, *Histoire des comtes de Tolose.*

[3] Du Mège, *Histoire de Toulouse,* t. II, p. 284.
La famille de Lanta ou Lantar, qui prit son nom de la ville de Lanta,

des diacres des Albigeois au treizième siècle. Pour ces vieilles familles, la Réforme n'était que la renaissance de l'albigéisme [1].

Un vaste temple en pans de bois, pouvant contenir environ huit mille personnes, s'éleva bientôt auprès de la porte de Villeneuve, vers le point où l'enceinte du bourg touchait aux murs romains de la vieille cité; là existait un champ couvert de ruines, de ronces et d'arbres sauvages; on le nommait le *champ d'enfer*. Les légendaires catholiques s'emparèrent de ce nom comme d'une preuve suffisante que les huguenots étaient des suppôts de Satan [2]. L'affluence cependant augmentait toujours et plus de la moitié des fidèles restaient à la porte.

chef-lieu du Lantarais, près de Toulouse, fut une des principale victimes des fureurs de la croisade et de l'inquisition. Guillaume-Bernard Hunald, frère du seigneur de Lantar, fut brûlé vif comme *parfait*. Le chevalier Jordan de Lantar, qui fut, en 1219, un des défenseurs de Toulouse contre les croisés, était prédicateur albigeois, etc. (Guill. de Tudèle. — Schmidt, *Histoire des Cathares*, t. Ier, p. 302, 307, 308.)

La baronnie de Lanta était une des vingt-deux baronnies qui donnaient entrée aux états du Languedoc, et le droit de se faire représenter par un envoyé. (Louvet, *Histoire de Languedoc*, p. 171 et 185.)

[1] Le libelliste Bosquet dit: « Tolose estant régie de certain mélange de « capitouls composé de trois espèces, catholiques, huguenots et tempori- « seurs..... et encore d'une quatrième, sçavoir de l'*ancienne hérésie*, jà « consolidée en ses racines. » (Bosquet, *Histoire des troubles advenus en la ville de Tolose l'an* 1562, chap. VII. Bibliothèque de Bordeaux.)

Cette ancienne hérésie dont parle Bosquet était celle des *Albigeois*.

[2] Du Mège, *Histoire de Toulouse*, t. II, p. 285. Voici ce que dit Lafaille: « Quoy qu'en ayent voulu dire les calvinistes, il est constant que « de tout tems, et avant que Calvin fût au monde, ce champ s'estoit ap- « pellé le *champ d'enfer*. Il ne faut donc pas estre surpris si les catho- « liques les plus retenus d'alors tiroient de la rencontre de ce nom une « espèce de preuve prophétique, si l'on peut parler ainsi, contre la reli- « gion prétendue. » (*Annales*, t. II, p. 215.)

Le peuple catholique s'émut et bientôt injuria les religionnaires qui se rendaient au prêche ou en revenaient; les voies de fait suivirent les injures. Le viguier et les capitouls résolurent non-seulement d'assister aux prêches, mais d'accompagner avec la force armée les ministres, les baptêmes et les enterrements; il n'est point fait mention des mariages; on ne se mariait guère à Toulouse à cette époque.

Si le parlement eût voulu faire acte d'autorité pour maintenir la tranquillité publique, les esprits, sans doute, se seraient calmés; loin de là, le parlement excitait les fauteurs de désordre en violant ouvertement l'édit et en contraignant les capitouls à élargir les séditieux arrêtés par leurs ordres.

Cependant de nouvelles confréries se créaient à Toulouse, remettant en honneur les jours de deuil de la croisade contre les Albigeois; leurs processions se déroulaient dans les rues fréquentées par les huguenots, et aux heures où ils allaient ou revenaient du prêche[1]. Les chaires tonnaient contre le culte naissant; les rixes devenaient imminentes; la guerre, une guerre d'extermination, se préparait.

Le 2 avril, une protestante mourut; le convoi, composé d'un petit nombre de parents et d'amis, car c'était l'heure du service, se rendait au cimetière; des prêtres du faubourg Saint-Michel arrachent le corps des mains

---

[1] Théodore de Bèze, *Histoire ecclésiastique des Eglises réformées*, t. III, p. 3.

des porteurs et l'enterrent avec les rites du culte catholique. S'animant après cet acte inqualifiable, ce vol au cadavre, ils mettent les cloches en branle, sonnent le tocsin, ameutent la populace et obtiennent un premier massacre.

Vitalis, substitut d'un procureur au parlement, *de Bazac* de Viterbe, *Claude Caron* et un écolier furent tués, plusieurs jetés dans les puits, un grand nombre blessés ; le pillage des maisons s'en suivit.

Les religionnaires prennent les armes et se rendent au Capitole pour se placer sous la protection des magistrats de la ville ; les dizaines se rassemblent, le guet et quelques écoliers de bonne volonté font tête à l'émeute ; les massacreurs sont mis en déroute, et quelques prêtres cachés et masqués sont découverts et conduits en prison. La sédition, comprimée un moment, recruta de nouvelles forces dans la populace ; des barricades s'élèvent dans les rues, quatre conseillers au parlement et les capitouls accourent sur les lieux du tumulte et de la sédition : ils sont reçus à coups de pierre et d'arquebuse ; les conseillers se retirent, les capitouls, accompagnés des dizaines, montent sur les remparts, ripostent au feu et tuent deux séditieux. A la nuit, les capitouls rentrent à la maison de ville, les émeutiers se ruent alors contre deux maisons de religionnaires, dont ils sont vaillamment repoussés.

Le parlement de France qui avait montré le plus d'ardeur à faire torturer et brûler les hérétiques, le parlement de Toulouse, eut peur du parti catholique qui avait méconnu sa voix et tiré sur ses membres. Les présidents s'assemblent avec les capitouls, et le lendemain, 3 avril 1562, après midi, on publia, à son de trompe, que l'édit de janvier aurait son exécution et que les prêtres qui feraient sonner le tocsin seraient brûlés vifs; enfin, que le sénéchal, le viguier et les capitouls jugeraient les séditieux sans appel, suivant les édits du roi. Cette détermination ne pouvait calmer que le parti le plus faible en irritant le plus fort. « Aussi, dit Théo-« dore de Bèze, ces articles furent très bien couchés par « escrit, après longues disputes, et clairement publiés « à son de trompe ; mais l'effet s'en esvanouit avec le « son[1]. »

Les écoliers, nombreux à Toulouse, demandent l'exécution des articles de l'édit; six des principaux perturbateurs sont conduits devant les capitouls, assistés des magistrats du sénéchal et du viguier, et condamnés à mort. Le parlement, violant l'édit et sa propre ordonnance, évoque l'affaire, réforme le jugement sur deux des prévenus, les condamnant à être fouettés et bannis; les quatre autres furent pendus et étranglés.

Cette exécution, loin d'apaiser le désordre, lui fournit un nouvel aliment; les catholiques s'arment et occupent militairement les églises, les clochers et les cloi-

[1] Théodore de Bèze, t. III, p. 6. — Lafaille, *Annales*, t. II, p. 218.

tres ; de la poudre et des munitions de guerre entrent dans Toulouse, les capitouls les saisissent, le parlement les fait rendre aux séditieux. Avertis de ce péril imminent, les huguenots s'arment et se placent sous la garde et la protection des capitouls ; la guerre civile allait éclater.

La prudence la plus vulgaire engageait les protestants à rester sur la défensive, à demander des secours à leurs frères des villes environnantes, à n'accepter enfin la bataille qu'après avoir organisé leur armée. L'étourderie d'un pasteur protestant, son ardeur que ne conduisait pas toujours l'Esprit de Dieu, d'après l'expression de Théodore de Bèze, fit jaillir l'étincelle qui embrasa Toulouse et fit rayer vingt mille âmes du nombre de ses habitants.

Le 10 mai, le ministre Jean Cormère, dit Barrelès [1], monte en chaire et fait appel aux passions de ses coreligionnaires; il annonce la sainte Cène pour le dimanche suivant, qui était la fête de la Pentecôte ; il ajoute que les frères des Eglises circonvoisines auxquels on avait écrit viendraient y participer.

Les conséquences de cette imprudence ne pouvaient se faire attendre. Le lendemain, 11 mai, la maison de ville reçoit une garnison de quatre cents catholiques, la sainte Cène est interdite et les étrangers professant le nouveau culte expulsés de la ville ; le soir même, les

---

[1] Voyez la *France protestante*, article *Cormère*.

chefs des huguenots se rassemblent chez le viguier Jehan de Portal.

Le viguier, homme sage et très considéré, disent les *Annales de Toulouse* de Durozoi[1], mais qui était affaibli par la goutte qui le tourmentait alors, voulut les engager à patienter encore ; il prononça un discours que l'histoire nous a conservé et que nous empruntons à l'apologiste du parti catholique de cette époque, *Lafaille*.

« Les plus sages têtes, écrit cet historien, et entre au-
« tres le viguier qui estoit en grande estime parmi eux,
« estoient d'avis de temporiser ; il dit qu'on avoit pu
« prétendre d'opprimer les catholiques par une sur-
« prise telle qu'on l'avoit projetée, mais que de croire
« balancer leurs forces dans un combat déclaré c'estoit
« une trop grande témérité, d'autant plus qu'on n'es-
« toit pas bien assuré du secours d'Arpajou (le vicomte
« d'Arpajon), au lieu que celuy que les ennemis de-
« voient recevoir de Montluc leur estoit immanquable ;
« que ce secours estoit d'autant plus à craindre, qu'il
« estoit composé de troupes réglées, sous les ordres
« d'un capitaine brave et expérimenté, et surtout grand
« ennemy des réformez ; que Montluc n'auroit pas plu-
« tôt mis le pied dans Toulouse, que par ses ordres et
« par ceux du parlement, on y verroit accourir à grands
« flots toute la noblesse catholique des environs ; que
« puisque le sort avoit voulu que leur dessein fût dé-

[1] Durozoi, *Annales*, t. III, p. 504.

« couvert[1], la prudence vouloit aussi qu'on attendît une
« conjoncture plus favorable, qui, selon toutes les ap-
« parences, ne pouvoit manquer d'arriver bientôt ; que
« personne n'ignoroit que le prince de Condé estoit sur
« le point de se mettre en campagne avec une grosse
« armée ; que ceux qui avoient les meilleurs avis ne
« doutoient pas que la reine régente, pour se tirer de
« la domination des Guises, ne se déclarât incontinent
« en faveur de ce prince ; qu'il ne se pouvoit faire que
« la jonction de ces deux puissances ne rendît le parti
« des réformez supérieur dans tout le royaume ; ce-
« pendant qu'on n'avoit qu'à patienter et à demeurer

---

[1] Ce dessein était d'obtenir la protection armée du prince de Condé, dans le cas de persécutions et de violences du parti catholique.

Nous ne connaissons le discours du viguier que par la version de Lafaille ; en admettant que ce discours, rapporté par un ennemi des hugue- nots, soit exact dans toutes ses parties, il n'en ressort nullement qu'il y eut un complot pour s'emparer de Toulouse et livrer cette ville au prince de Condé, ainsi que le prétend Lafaille (t. II, p. 220). La preuve bien manifeste que ce complot n'existait pas résulte du discours même de Portal, qui combattit l'opinion de Barrelès, qui demandait qu'on s'emparât de Toulouse ; cette preuve résulte mieux encore du fait que Toulouse fut au pouvoir des huguenots et que, loin d'assurer et de poursuivre le succès de leur entreprise, que nul n'osait à ce moment leur disputer, ils entrè- rent immédiatement en pourparlers et en négociations avec le parlement, ne demandant que la stricte application de l'édit de janvier.

Le baron de Lanta avait été envoyé auprès du prince de Condé pour lui faire connaître les graves dangers que couraient les huguenots de Tou- louse et lui demander son appui. Condé envoya des ordres à l'un de ses lieutenants, le vicomte d'Arpajon, ordres qui, malheureusement, ne furent pas exécutés. Les conseillers Coras et Cavagne ne jouèrent aucun rôle dans cette affaire ; ce que rapporte Lafaille, d'après un simple *on dit*, est une pure fable ; sur le moindre indice, ces conseillers auraient été dé- crétés de prise de corps et condamnés par le parlement. Je ne puis, par conséquent, admettre la version adoptée par MM. Haag. (*La France pro- testante*, aux articles *Saux, Coras* et *Cavagne*.)

« unis ; que le parlement ne tenant point Lanta, et
« n'ayant aucunes preuves de sa négociation avec le
« prince, il n'avoit aucune prise sur eux ; que cette
« compagnie, de même que les autres compagnies de
« justice, ne pouvant agir que dans les formes, il n'y
« avoit rien à craindre de sa part ; que ce qu'elle venoit
« d'ordonner sur le sujet des adjoints donnés aux capi-
« touls et de la garnison qu'elle avoit arrêté qui seroit
« mise dans l'Hôtel de ville, que tout cela n'estoit pas
« capable de le faire changer d'avis, parce que dès lors
« qu'on laissoit les capitouls en place on ne leur ôtoit
« pas le moyen d'introduire dans l'Hôtel de ville ceux
« de leur parti quand l'occasion le demanderoit ; après
« tout, qu'il valoit mieux subir pour un tems l'injus-
« tice du parlement sur le sujet de quelques articles
« de l'édit, ou à l'égard de quelques particuliers, que
« de risquer la ruine totale du parti [1]. »

« Cet avis, dit le biographe toulousain, était le plus
« sage, aussi ne fut-il pas suivi. Le ministre Barrelès,
« Espagnol et cordelier apostat, sans s'occuper de parler
« à leur raison, ne chercha qu'à émouvoir leurs âmes ;
« il demanda des inspirations au fanatisme et il fut ap-
« prouvé par les passions [2]. »

[1] Lafaille, *Annales de Toulouse*, t. II, p. 223.
[2] *Biographie toulousaine*, article *Portal*.

Ce Barrelès, moine espagnol, n'était-il pas un espion et un agent provocateur de Philippe II et de l'inquisition ? Son discours incendiaire imprimé
dans Lafaille semble l'indiquer ; ses actes, ses sermons, qui amenèrent la
ruine des huguenots de Toulouse, l'établissent mieux encore. Durozoi dit,
dans ses *Annales de Toulouse* (t. III, p. 510) : « Le ministre Barrelès, cet

C'est une erreur.

Le plan proposé par Jehan de Portal fut adopté et suivi de point en point dans toutes ses parties, et celui de l'ex-cordelier Barrelès, repoussé. Le viguier avait indiqué comme moyen défensif l'occupation des postes militaires sous sa garde et sous celle des capitouls ; il en avait le droit, puisqu'il était le chef militaire de la ville et n'avait à rendre compte de sa conduite qu'au roi et non au parlement.

Le conseil des huguenots fut tenu dans l'hôtel de Portal, le 11 mai, le soir après souper [1] ; il y fut résolu que l'occupation de la ville aurait lieu immédiatement, afin d'éviter la trahison, mais que l'on resterait sur la défensive, sans nulle agression contre les catholiques. *L'avis le plus sage* fut donc suivi et les huguenots ne violèrent point la paix publique ; ils s'armèrent pour ne pas être massacrés.

Nous en appellerons maintenant de la *Biographie*

« imprudent et fanatique orateur, qui seul avoit rallumé la sédition presque « anéantie, crut devoir combattre à sa manière. Il harangua des cor- « deliers, ses anciens confrères, et se fit autant de nouveaux soldats « qui combattirent contre les catholiques avec une valeur extraordi- « naire. »

Si ce récit n'est pas une légende populaire, il inculpe gravement l'ex-cordelier Barrelès d'avoir fomenté la guerre civile au profit de Philippe II.

Il est vrai que le même Durozoi ajoute (t. III, p. 515), que *Barrelès fut brûlé vif*. Mais *en effigie*, ce qui est fort différent.

Tous les chefs huguenots furent arrêtés et exécutés ; le plus fougueux de tous, Barrelès, après avoir mis le feu aux quatre coins de la ville, se sauve prudemment on ne sait où, et on n'en entend plus parler : c'est au moins fort singulier.

[1] Théodore de Bèze, t. III, p. 11.

toulousaine, article *Portal*, à la même biographie, article *Mandinelli*. Nous comprendrons, en lisant ces quelques lignes, la nécessité de la prise d'armes et nous y verrons la preuve de la loyauté dont les huguenots firent preuve au moment où ils étaient maîtres de la ville.

« Le sang des protestants avait déjà coulé à Vassy,
« à Rouen, à Sens, à Vendôme, à Loches, dans l'Anjou,
« dans le Maine, à Castelnaudary, à Toulouse même;
« on comptait dans cette grande ville plus de vingt mille
« réformés. Insultés, menacés à chaque instant, malgré
« les édits et la volonté du roi, ils voyaient les catholi-
« ques appeler à leurs secours de nombreux soldats
« étrangers; le zèle de leur religion, les prédications de
« leur ministre, le désir de préserver leurs familles du
« fer ennemi, tout sembla se réunir pour engager les
« sectaires à prendre à leur tour une attitude impo-
« sante et à s'emparer de quelques postes d'où ils pus-
« sent repousser les attaques qu'on voulait diriger contre
« eux. Pendant la nuit du 11 au 12 mai, ils pénétrè-
« rent dans l'Hôtel de ville et dans les colléges Saint-
« Martial, de Périgord et de Sainte-Catherine, où ils
« s'établirent avec des forces et de l'artillerie, ainsi
« qu'aux portes de Matabiau et de Villeneuve. Cette
« opération faite avec le plus grand secret, et sans avoir
« éprouvé aucune résistance, donnait des avantages
« bien marqués aux religionnaires; en sorte que, comme
« l'observe l'annaliste de Toulouse (le très catholi-

« que Lafaille), si le lendemain, au moment où le jour
« parut, on eût donné le signal du carnage, c'en était
« fait des catholiques.

« Ces dispositions si bien dirigées devinrent inu-
« tiles, parce qu'au lieu d'attaquer sur-le-champ, ils
« préférèrent traiter avec leurs ennemis, espérant
« qu'après avoir prouvé qu'ils auraient pu donner
« la loi, et s'immoler autant de victimes qu'ils comp-
« taient d'ennemis, on traiterait avec eux avec plus
« de docilité.

« Les capitouls entrèrent dans l'Hôtel de ville, et
« c'est à la sagesse de leurs conseils, à leurs exhor-
« tations répétées, qu'on devait attribuer la modéra-
« tion des sectaires. Mandinelli harangua les plus em-
« portés, et surtout les étudiants formés en compagnie
« sous les ordres de Stopinien, de La Popelinière
« (l'historien) et de George Mignot. On pouvait espérer
« que la paix ne serait pas troublée ; mais tout à coup
« le parlement fit sonner le tocsin, et de longs et
« sanglants combats portèrent bientôt le deuil et le
« ravage dans presque toutes les parties de cette po-
« puleuse cité [1]. »

C'est un catholique orthodoxe qui a esquissé ces
préliminaires du combat ; il est vrai que cet écrivain
n'était ni Espagnol, ni ligueur, ni suppôt de l'inquisition. Interrogeons d'autres écrivains de la même com-

---

[1] *Biographie toulousaine,* article *Mandinelli.*

munion pour nous guider dans cette recherche de la
vérité historique.

MM. Cayla et Perrin Paviot commencent leur *Histoire de Toulouse* par une profession de foi catholique [1] et prouvent qu'on peut être attaché à la religion
romaine tout en repoussant et flétrissant les crimes
commis en son nom; tel est leur récit :

« Le parlement fit plusieurs proclamations aux ha-
« bitants, cassa les capitouls (13 mai) qui avaient
« voulu s'établir médiateurs entre les deux partis, et
« en nomma huit autres dont le catholicisme était bien
« reconnu. On sonna le tocsin, et on n'entendit dans
« toutes les rues qu'un cri d'alarme répété par les ca-
« tholiques :

« Aux armes! aux armes! Mourons pour la religion
« de nos pères! Guerre aux huguenots! »

« Le massacre commença sur tous les points et dura
« trois jours. Les protestants, maîtres de l'Hôtel de
« ville, demandèrent enfin à capituler; le parlement
« ne voulut accepter aucune condition, et ils se virent
« contraints de repousser la force par la force. Cette
« détermination, qui aurait obtenu un plein succès
« lors de la première tentative des huguenots (le 12),
« ne fit que prolonger la lutte de plus en plus achar-

---

[1] « Il ne sera pas dit que la ville qui eut saint Saturnin pour premier
« apôtre, qui possède une basilique consacrée par les reliques des premiers
« martyrs, a permis aux religionnaires de porter la moindre atteinte à
« l'unité catholique. » (Préface.)

« née. Ils placèrent des canons sur les tours de l'Hôtel
« de ville, du collége Saint-Martial, et foudroyèrent les
« clochers occupés par les catholiques. Les ravages
« de leur artillerie furent terribles ; la tour des Jaco-
« bins s'écroula, et quelques chefs, enhardis par ce
« succès inespéré, proposèrent de s'emparer du par-
« lement. Le capitaine Saulx les détourna de ce des-
« sein, et devint ainsi la cause involontaire de la dé-
« faite de ses coreligionnaires. Le jour suivant, des
« troupes nombreuses entrèrent dans Toulouse, et
« rendirent toute sortie impossible aux huguenots.

« Cependant les chefs catholiques, las de cette lutte,
« qui n'était rien moins que décisive, firent de nou-
« veaux efforts pour s'emparer de l'Hôtel de ville. Le
« combat fut sanglant dans la rue de la Pomme ; les
« huguenots avaient dressé de nouvelles batteries sur
« le donjon, sur le portail du Capitole et sur le haut
« du clocher de Saint-Martial. Maîtres de ces postes,
« les plus importants de la ville, ils foudroyèrent de
« nouveau les quartiers voisins, et les catholiques n'o-
« sèrent plus s'avancer au milieu d'une grêle de pro-
« jectiles. Les capitouls et le parlement, n'écoutant
« que la voix du désespoir, prirent alors une horrible
« détermination. Ils résolurent de mettre le feu aux
« maisons de la place Saint-Georges, persuadés que
« l'incendie gagnerait infailliblement l'Hôtel de ville.
« Des tourbillons de fumée s'élevèrent bientôt dans
« les airs, et les huguenots, postés sur la plate-forme

15

« du Capitole, ne purent deviner d'abord la cause de
« cet étrange incendie; mais les flammes se dirigè-
« rent avec rapidité, dévorant les maisons de la rue
« de la Pomme. Les malheureux habitants implorè-
« rent en vain la pitié des incendiaires; deux hérauts
« du parlement stationnaient dans la rue, criant à son
« de trompe :

« *Sachent les bourgeois et le menu peuple, que, par*
« *arrêt de nos seigneurs les capitouls et des membres du*
« *parlement, il est défendu de porter de l'eau, sous peine*
« *de la vie.*

« Ces paroles jetèrent dans toutes les maisons la
« consternation et le désespoir. Les flammes, pous-
« sées par un vent d'est, s'élançaient en colonnes rou-
« geâtres; les murailles s'écroulaient avec fracas; les
« meubles étaient entassés dans les rues; des femmes,
« des enfants, des vieillards, se précipitaient par les
« fenêtres.

« *Que l'on se figure,* dit d'Aldeguier [1], *une popula-*
« *tion en délire, mêlée, agitée, fluctuante, composée de*
« *malheureux se livrant au désespoir, à la vue de leurs*
« *habitations enflammées, emportant dans leurs bras leurs*
« *enfants et ce qu'ils avaient de plus précieux; et des for-*
« *cenés écumant de rage, hurlant, s'encourageant au meur-*
« *tre, au pillage et à l'incendie, insultant aux victimes*
« *qui les suppliaient, les repoussant avec fureur; la pâle*

---

[1] *Histoire de Toulouse*, t. III, p. 480.

« *lueur de l'incendie, disputant au soleil l'avantage d'é-*
« *clairer cette scène de désolation; et au milieu de ce ta-*
« *bleau, huit à dix spectres à figures sombres, montés sur*
« *des chevaux et couverts de longs manteaux couleur de*
« sang » (les nouveaux capitouls du parlement), « *or-*
« *donnant froidement l'incendie, dirigeant de leurs gestes*
« *les torches des incendiaires, et l'on aura une idée du*
« *spectacle qu'offrait Toulouse le 15 mai 1562.* »

Eclairons ici la critique historique. Ce sont ces capitouls incendiaires, âmes damnées du parlement, qui
ont écrit la relation officielle de ces graves événements,
relation transcrite sur le registre de l'Hôtel de ville [1].
On comprend dès lors pourquoi ils ont avancé que,
dans le conseil des huguenots, l'opinion du viguier de
Portal avait été repoussée et celle de Barrelès adoptée
et mise à exécution. Il fallait bien à tout prix faire
croire à la trahison des huguenots pour justifier de lâches assassinats, non-seulement devant l'histoire, mais
devant la justice du roi.

Poursuivons. Après la violation de la paix publique,
nous allons assister à la violation de la foi jurée dans
une capitulation.

Les historiens catholiques Cayla et Perrin-Paviot
continuent ainsi leur récit :

---

[1] En sortant de fonctions, les capitouls lisaient devant le conseil général
l'histoire de leur administration. Ce discours, nommé *testament*, était
transcrit dans les annales qui formaient le livre des capitouls; le président du consistoire capitulaire était chargé de cette rédaction. (Raynal,
Histoire de Toulouse, p. 192.)

« Les huguenots ne restèrent pas spectateurs inac-
« tifs de cet effrayant incendie; ils ne pouvaient se
« méprendre sur le dessein des capitouls (du parle-
« ment); ils se hâtèrent de mettre en œuvre le seul
« moyen qui leur restait pour arrêter le cours des
« flammes. Ils braquèrent leurs canons contre les mai-
« sons de la rue de la Pomme; les batteries placées
« dans la mirande du collége Saint-Martial eurent bien-
« tôt renversé les toits, les murailles, et coupèrent
« ainsi le passage à l'incendie. Les catholiques frémi-
« rent de rage quand ils eurent la certitude que leur
« abominable projet n'avait pas réussi. Les membres
« du parlement, les capitouls, se déterminèrent à faire
« des propositions de paix aux protestants de l'Hôtel
« de ville; ils choisirent pour cette mission le sire de
« Fourquevaux, gouverneur de Narbonne. Le négocia-
« teur fut bien accueilli par les huguenots, qui accep-
« tèrent les propositions du parlement, et promirent
« de sortir de l'Hôtel de ville sans armes ni munitions.
« Le retour de Fourquevaux suspendit les hostilités,
« et les catholiques mirent bas les armes.

« Les religionnaires apprirent le même jour que
« Montluc et ses lieutenants guerroyaient dans les en-
« virons de Toulouse; ils résolurent de sortir de l'Hô-
« tel de ville le lendemain 17 mai, jour de la Pente-
« côte. Les chefs fixèrent pour le départ l'heure de
« vêpres, persuadés que les catholiques ne sortiraient
« pas de leurs églises pour les insulter. De grand ma-

« tin, dit Lafaille, ils firent la Cène et leurs prières,
« pendant lesquelles la trompette chanta, du haut de
« la maison de ville, plusieurs pseaumes et cantiques,
« qui furent entendus jusque dans les faubourgs. A
« l'heure de vêpres, ils sortirent du Capitole et se di-
« rigèrent, les uns, vers la porte Matabiau, les autres,
« vers la porte Villeneuve. Les catholiques, avertis
« par quelques soldats du guet, se précipitèrent hors
« des églises et firent un horrible massacre des hu-
« guenots. Le capitaine du guet qui fut envoyé le len-
« demain pour reconnaître le nombre des morts, rap-
« porta que, depuis le couvent des Minimes jusqu'aux
« *justices*, c'est-à-dire environ mille pas, il en avait
« trouvé cinquante-trois, qui étaient déjà à demi ron-
« gés par les chiens [1]. »

Jetons un voile sur ces scènes de désolation ; quelques détails de plus n'ajouteraient rien à l'horreur
qu'elles inspirent [2] ; bornons-nous à repousser d'indignes accusations. Mais avant d'aborder ce travail de
critique, disons hautement que nous ne rendons nullement la religion catholique solidaire des crimes commis sous sa bannière. Nous ne confondrons jamais les
disciples de saint Vincent de Paul avec les massacreurs de Toulouse, de la Saint-Barthélemy et de
Henri IV, ces factieux régicides, qui, sous le nom de
ligueurs, se confondent dans notre haine et notre mé-

[1] Cayla et Perrin-Paviot, *Histoire de Toulouse*, p. 484 et suiv.
[2] Lisez ces détails dans les *Annales de Toulouse*, de Durozoi.

pris avec les terroristes jacobins et septembriseurs.

Les historiens dévoués au parlement de Toulouse nient l'existence d'une capitulation acceptée par les huguenots et jurée par les catholiques ; ils ajoutent que le massacre, qu'ils ne peuvent nier, ne fut que le juste châtiment de crimes infâmes, incendie, tuerie, viols, dans les couvents, dans les églises, dans les maisons particulières des catholiques ; enfin, dans leur délire, ils accusent les huguenots d'avoir voulu détruire Toulouse de fond en comble. Quoi ! ces protestants qui appartenaient aux familles les plus riches de la ville, ces protestants, propriétaires des plus belles maisons, auraient voulu se ruiner, et au profit de qui ? Au profit du parti des va-nu-pieds ?

Que justice se fasse.

L'existence d'une capitulation est un fait historique qui repose sur des témoignages irrécusables.

De Thou affirme que les conditions en furent proposées par Fourquevaux, capitaine catholique. Les protestants devaient sortir en sûreté, laissant leurs armes et tout l'attirail de guerre dans l'Hôtel de ville[1].

L'auteur catholique de l'*Histoire des Troubles* (Bosquet) intitule ainsi le paragraphe où il raconte cet événement : *Poursuites contre les confédérés de Toulouse après la reddition et composition faite*[2].

---

[1] Thuan., lib. XXXI.
[2] *Histoire des troubles advenus en la ville de Tolose, l'an* 1562, liv. III.

« Telles furent les confusions des assaillants et le dé-
« sespoir des attaqués, dit d'Aubigné, qu'on fit trêve
« pour capituler à l'aise ; et le lendemain, à midi, les
« articles de composition pour lesquels toute sûreté
« était donnée, soit pour quitter la ville, soit pour de-
« meurer, furent acceptées par les réformés, lassés de
« combattre et de si peu de vivres, etc. [1]. »

« Le samedi seizième (de mai), dit un autre auteur,
« il y fut cruellement combattu, jusque sur le midi, et
« lors ceux de l'Eglise romaine demandèrent à parle-
« menter ; et y eut tresves durant lesquelles fut accordé
« que ceux de la religion, laissant leurs armes et harnois
« en la maison de ville, se retireroient en toute sûreté.
« Suivant cette résolution accordée par les capitaines
« et le parlement, ceux de la religion ayant célébré la
« sainte Cène avec larmes et prières solennelles sorti-
« rent sur le soir, etc. [2]. »

La Popelinière, témoin oculaire et acteur dans cette
sanglante tragédie, tient le même langage [3].

L'auteur, catholique exalté, d'une relation insérée
dans les *Mémoires de Condé* est l'irrécusable témoin de
cette perfidie : « *Si fut tant faict*, dit-il, *que la dicte
« composition fut accordée* et les plus riches sortirent de
« leurs garnisons en habits dissimulez sans estre co-
« gneuz, partie ayant pris les livrées des capitaines, dont

[1] *Histoire universelle,* liv. III, p. 193.
[2] *Recueil des choses mémorables avenues en France sous le règne de
Henri II, François II, Charles IX,* etc., p. 224.
[3] *Histoire de France,* t. Ier, fol. 314.

« on tient que les capitaines n'y ont rien perdu. »

« Les ungs, nonobstant leurs dissimulations, ont été
« pris, dont il y a un capitaine nommé *Comitis*, fort
« riche, et deux *jourdains* frères, ayant modérément de
« quoi prendre, et un ministre, comme l'on dict.

« Sur les neuf à dix heures, ils laschent la ville et
« sortent les autres, où l'on a faict terrible boucherie;
« et voyant ce, ceulx qui étoient encore dans la ville,
« se renfermèrent en la dicte ville, mais les capitaines
« s'en étoient saisis à bonne heure, qui cause que ayant
« trouvé dans la dicte ville aucuns desdicts nouveaulx,
« ont été mis au cousteau ou prisonniers[1]. »

Ajoutons le témoignage non suspect de Mézerai :
« Enfin, dit cet historien, le seizième du mois, les hugue-
« nots n'espérant plus rien, acceptèrent des trefves jus-
« qu'au lendemain, jour de la Pentecôte, *comme aussi*
« *la composition qui leur fut présentée par Fourquevaux*;
« la plupart des gens de guerre se retirèrent à Mon-
« tauban, à Puylaurens, à Lavaur, à Castres, mais il en
« demeura plus de la moitié en chemins; Savignac les
« ayant poursuivis avec sa cavalerie pour venger la
« mort de ses frères tués en ce tumulte, et les villages
« leur courant sus au son du tocsin[2]. »

Ecoutons maintenant les historiens de Toulouse. L'annaliste Durozoi dit : « On offrit aux religionnaires la
« liberté de se retirer, ou de rester dans la ville, la vie

---

[1] *Mémoires de Condé*, t. III, p. 430.
[2] *Histoire de France*, t. III, p. 94.

« sauve, pourvu qu'ils désemparassent l'Hôtel de ville,
« et qu'ils y laissassent et leurs bagages et leurs armes.
« Les vivres et la poudre leur manquoient ; une plus
« vive résistance les exposoit à une mort certaine ; ils
« consentirent à ce traité[1]. »

Le très catholique Lafaille ne saurait faillir à sa cause,
mais cependant il lui prend un remords de conscience
et il se garde de rien affirmer. « Georges Bosquet, dit-
« il, l'annaliste de l'Hôtel de ville, Brusaud et tous les
« autres écrivains catholiques le racontent autrement ;
« ils disent que ces articles n'estoient qu'un projet qui,
« ayant été présenté au parlement dans une grande as-
« semblée, où avoient été appelez les principaux de la
« noblesse et les plus distinguez de la bourgeoisie de
« cette ville, fut rejeté. *Je ne décide point et je laisse la
« liberté à chacun d'en croire ce qu'il voudra* [2]. »

Ces preuves accumulées, accablantes de l'existence
d'un traité, je les abandonne, une seule me suffit.

Jamais armée assiégée n'a déposé les armes et ne
s'est présentée sans capitulation aux coups de ses ennemis ; les huguenots avaient rendu les armes ; les égorgeurs sont *foi-mentie*.

Pour expliquer, sinon pour justifier cette violation

---

[1] Durozoi, *Annales de Toulouse*, t. III, p. 512.

[2] Lafaille, *Annales de Toulouse*, t. II, p. 236. Cet écrivain s'appuie sur
de singulières autorités : le libelliste Bosquet, dont le livre fut condamné
au feu par arrêt du conseil du roi, et l'annaliste de l'Hôtel de ville, c'est-
à-dire l'article du livre des capitouls rédigé par les incendiaires de Toulouse.

de l'honneur et de la parole jurée, on accuse les huguenots de s'être rendus coupables de crimes infâmes. Les
lettres patentes du roi Charles IX font retomber ces
accusations sur la tête des prétendus catholiques de Toulouse « et iceux tant de nuit que de jour, saccagé, volé et
« pillé leurs meubles et bestial, et ruiné leurs maisons et
« habitations sous ombre d'être huguenots et avoir porté
« armes, violé leurs femmes et filles, tué et meurtri leurs
« enfants alaitant et de bon âge, etc., etc. » (Nous don-
« nerons bientôt cette pièce en entier.)

Le parti huguenot se composait de l'élite de la population de Toulouse, de nobles, de bourgeois et d'étudiants, tous gens qui se respectent ; l'armée antipro-
testante se composait de la lie du peuple, de cette plèbe
malsaine qui croupit dans les bas fonds de la société et
ne montre au soleil sa face patibulaire que les jours
d'anarchie, de pillage et de massacres.

Après le sac des maisons des protestants « on s'en
« prit, dit Lafaille, aux maisons des catholiques, même des
« plus signalez [1]. »

Montluc, le farouche persécuteur des huguenots, raconte qu'il fut obligé de se transporter dans la maison
du président de Paulo déjà entamée par la bande noire,
de faire parcourir d'incessantes patrouilles dans les rues
et fermer les portes de la ville pour se mettre à l'abri
d'une armée de bandits, sous les ordres du seigneur de

---

[1] *Annales*, t. II, p. 238.

Saint-Pol et du comte de Lamezan, au nombre de cinq mille hommes, « et il est sûr, comme le maréchal le « dit lui-même, ajoute Lafaille, que s'ils fussent entrez, « il n'eût pas esté en son pouvoir, ny de tous ceux qui « estoient dans la ville, d'empêcher qu'elle n'eût été « saccagée [1]. »

S'il y eut des crimes commis à Toulouse, voilà les coupables, et non l'armée des huguenots, qui, le jour de la Pentecôte, au moment de quitter ses foyers pour toujours, éclate en sanglots, entonne les cantiques sacrés, et participe au sacrement de la sainte Cène.

A la boucherie dans les rues succèdent les assassinats juridiques du parlement. Arrêtons-nous ici un moment.

Le récit des événements qui précèdent a revêtu sous notre plume plutôt la forme d'une enquête que celle de l'histoire. Convaincu que la vérité, douteuse dans la bouche d'un protestant, apparaîtrait pleine et entière par l'organe des historiens catholiques, nous leur avons cédé la parole. Les faits qui suivent n'ont plus la même importance sous le point de vue général, mais en acquièrent une plus grande pour l'histoire de la famille dont nous recueillons les traditions; nous allons en rechercher les traces parmi les écrivains de l'époque.

Le conseil des chefs huguenots assemblés chez Jehan

---

[1] *Annales*, t. II, p. 238, 239. — *Commentaires* de Blaise de Montluc, t. III, p. 75, de l'édition de 1760. Paris.

de Portal étant terminé, le viguier expédia aux chefs des compagnies l'ordre d'occuper immédiatement les postes qui leur étaient assignés, et adressa des dépêches aux chefs protestants des environs, les invitant à marcher sur Toulouse pour arrêter les troupes catholiques qui s'avançaient sur cette ville.

Portal était fort souffrant d'un accès de goutte, mais cet état ne l'aurait point empêché de se faire transporter à l'Hôtel de ville et de combattre avec les siens, puisqu'il soutint un siége dans sa maison, et qu'après sa reddition, il fut conduit à pied au palais. Mais ce changement de résidence eût été une déclaration de guerre, et Portal ne voulait qu'une démonstration de force en sauvegardant la paix publique; il fit en cela acte de loyauté, mais ce fut une faute militaire.

D'après ses fonctions de viguier, Portal était le chef militaire comme le chef politique du parti des huguenots; à lui seul appartenait la garde des châteaux, des fortifications, de l'artillerie et des munitions. Pour que les protestants pussent s'en emparer sans violence, il fallait que Portal fît acte de viguier et par conséquent de chef militaire. Les catholiques même ne lui refusent pas la qualité d'*homme de guerre* [1]. Personne ne pouvait donc lui contester le commandement en chef dans une prise d'armes; c'est le caractère de cette position qui attirait sur lui les regards et les

---

[1] *Biographie toulousaine*, article *Portal*.

soupçons des catholiques. Se renfermer avec des troupes dans la forteresse de l'Hôtel de ville armée de canons, c'était, je le répète, commencer les hostilités; il fallait dès lors suivre le plan d'attaque de Barrelès. Or, c'est ce que Portal ne voulait pas; ce qu'il repoussait avant tout, c'était la trahison.

Saux fut choisi dans le conseil pour commander l'Hôtel de ville et avoir les autres capitaines sous ses ordres en cas d'attaque de la part des catholiques; il fut le lieutenant de Portal et suivit fidèlement la consigne qu'il lui avait donnée.

Ces faits préliminaires étaient indispensables à connaître pour avoir l'intelligence des actes qui vont suivre.

Le viguier, ne croyant pas devoir se rendre au quartier général des troupes protestantes, devait se mettre à l'abri d'un coup de main. Enlevé par les catholiques, il serait devenu un précieux otage. Portal mit sa maison en état de défense.

Cet édifice, d'après Bosquet et Lafaille, était situé près du palais, quartier général des catholiques; l'Hôtel de ville, centre d'opération des huguenots, était fort éloigné de ce point; il fallait traverser les deux tiers de Toulouse pour aller de l'un à l'autre [1]. L'hôtel de Portal devait être placé à l'angle nord-ouest de

---

[1] Le palais où siégeait le parlement était presque contigu au mur d'enceinte de Toulouse; l'Hôtel de ville était situé presque au centre de la cité, mais plus rapproché de la porte Matabiau, côté opposé au palais. (Ancienne carte de Toulouse.)

la place du palais, une façade à l'extrémité de cette longue place et l'autre sur celle du Salin et au centre d'un carrefour. Une ancienne carte de Toulouse indique des constructions isolées sur ce point.

C'était un de ces vieux manoirs de Toulouse avec tours et donjons crénelés, pouvant se défendre de tous les côtés. Le viguier réunit des vivres et des munitions, disposa sa garde personnelle et ses gens et fit placer le *hourd* en pans de bois au-dessus de la porte d'entrée. A cette époque, on se servait encore de cette machine de guerre pour suppléer à l'insuffisance des couronnements; elle consistait en échafauds en bois sur lesquels se tenaient les hommes d'armes [1].

La nuit du 11 au 12 mai s'était passée en ces préparatifs.

Le 12, au soleil levant, la consternation et la panique se répandent parmi les catholiques. « Ce qu'il y « a de surprenant, dit Raynal, c'est qu'ils (les hugue- « nots) exécutèrent toutes ces choses avec tant de dili- « gence et de secret, que les catholiques ne s'en aper- « çurent que lorsqu'il fut jour.

« C'en était fait de Toulouse, ajoute cet historien en

---

[1] Dans beaucoup de forteresses anciennes, des trous ou des corbeaux disposés dans la maçonnerie indiquent cette destination. On appelait *moucharaby* le balcon fermé sur le devant et les côtés, mais percé de mâchicoulis au-dessous; on le plaçait au-dessus d'une porte pour en défendre l'entrée. Le *hourd* de l'hôtel de Portal dont parle Bosquet était un moucharaby en bois. L'avantage du hourd était de pouvoir s'enlever en démasquant la principale croisée de l'édifice. (Voyez le 3e cahier des *Instructions du Comité des arts et monuments*, p. 40.)

« suivant ici Lafaille, si les conjurés, moins irrésolus,
« se fussent brusquement jetés sur les catholiques dès
« le point du jour, mettant tout à feu et à sang, comme
« on dit qu'ils l'avaient projeté [1]. » Ce qui prouve
qu'ils ne l'avaient pas projeté, c'est qu'ils ne l'exécutèrent pas, alors que nul n'était tenté de les en empêcher. Il y eut à ce moment une indicible terreur, un
anéantissement complet des forces catholiques; tous
les historiens l'affirment, Lafaille, Raynal, Durozoi, etc.

L'occasion était belle pour traiter; Portal et les capitouls qui étaient à l'Hôtel de ville entamèrent des négociations, montrant les forces des huguenots et réclamant l'exercice entier de l'édit du mois de janvier [2].

---

[1] Raynal, *Histoire de Toulouse*, p. 236. — Lafaille, *Annales*, t. II,
p. 226.

[2] La Popelinière, historien digne de foi et qui occupait l'Hôtel de ville
avec sa compagnie, affirme, comme témoin occulaire, que les capitouls
envoyèrent au parlement « pour lui remontrer qu'ils ne s'étaient saisis de
l'Hôtel de ville que pour leur sûreté, sans avoir tué ni blessé personne,
offrant d'en sortir pourvu qu'on leur donnât quelque assurance, et de con-
sentir même que quatre gentilshommes de ceux qui étaient venus à Toulouse pour le ban, fussent, sans égard à la différence de la religion, or-
donnés capitaines avec des forces assez convenables pour conserver les
uns et les autres en paix selon les édits, mais que le parlement rejeta
toutes ces offres. »
Lafaille reproduit ce récit en le révoquant en doute, sur le motif que
Bosquet et les autres écrivains catholiques n'en font aucune mention.
(Lafaille, t. II, p. 227.) Mais aucun catholique ne pouvait être témoin de
ce qui se passait à l'Hôtel de ville, et le parlement avait de bonnes raisons
pour ne pas le publier.
La preuve évidente que la journée du 12 fut employée à parlementer,
c'est que tous les écrivains, catholiques et protestants, reconnaissent qu'il
n'y eut pas une seule hostilité, si ce n'est dans la soirée, où le capitaine
catholique Montmaur fut fait prisonnier et *relâché*.

Ne pouvant comprendre tant de noblesse et de loyauté, le parlement crut que les huguenots avaient peur, et il se rassura [1].

« Les dispositions des religionnaires, dit Durozoi, si « bien dirigées devinrent inutiles, parce qu'au lieu « d'attaquer sur-le-champ, ils préférèrent de traiter « avec leurs ennemis, espérant qu'après avoir prouvé « qu'ils auraient pu donner la loi et s'immoler autant « de victimes qu'ils comptaient d'ennemis, on traite- « rait avec eux avec plus de docilité [2]. »

Le parlement, assemblé à la hâte, repoussa cette première proposition de paix le 12, à huit heures du matin. A cette heure même, il prend des détermina-

---

[1] Il y eut trois négociations entre les huguenots et le parlement, les deux premières offertes par les protestants et refusées, la troisième offerte par les catholiques, acceptée et violée. Les historiens ultra-catholiques ont confondu à dessein ces trois phases du traité, mais on en trouve la preuve même dans leurs récits.

La première négociation, qui eut lieu le 12 au matin, fut entamée, d'une part par les capitouls, de l'autre par le viguier, chef politique du parti, et probablement par l'entremise de son lieutenant *de Paulo.* Quel était ce *de Paulo*, que Bosquet indique comme étant le lieutenant du viguier? Serait-ce *Jean de Paulo*, président au parlement de Toulouse en 1589, qui est accusé par l'histoire d'avoir participé au meurtre du premier président Duranti pour s'emparer de sa place? (*Biographie toulousaine,* article *de Paulo.*) Quoi qu'il en soit, le lieutenant du viguier était le fils ou le neveu d'*Antoine de Paulo,* pourvu de l'office de président au parlement en 1556, et qui siégeait comme tel en 1562. *Cette famille avait été de tout temps au service de la maison de Guise,* d'après le biographe toulousain, *et fort attachée aux princes de ce nom.* On reconnaît encore ici, dans le choix de son lieutenant, le désir de Portal d'entretenir la paix et la concorde entre les deux partis. Le lieutenant du viguier était magistrat, il présidait les tribunaux de la viguerie en l'absence du viguier.

De Paulo dut être nécessairement, par sa position, l'intermédiaire entre le viguier et le parlement.

[2] Durozoi, *Annales de Toulouse,* t. III, p. 505.

tions énergiques, dépêche des courriers aux seigneurs catholiques Montluc, Terride, Bellegarde, Fourquevaux, fait proclamer que tous les catholiques eussent à porter une croix blanche et marquer leurs maisons d'une pareille croix.

A midi, le parlement ayant reconquis tout son courage devant un ennemi qui ne se battait pas, enjoint à tous les catholiques de prendre les armes, fait abattre les boutiques des libraires, incarcérer ces paisibles bourgeois et dresser un immense auto-da-fé des livres catholiques et protestants. Tous furent consumés dans les flammes comme atteints et convaincus d'hérésie, le parlement laissant à Dieu le soin de reconnaître les bons et les mauvais, comme au temps des Albigeois, pendant le massacre de Béziers, le légat du pape criait aux barons de Paris : *Tuez toujours, Dieu reconnaîtra les siens*[1] *!*

« De tout ce jour, continue Lafaille, auquel j'em-
« prunte ces détails, les conjurez ne firent aucun ef-
« fort, sinon que sur le soir, Saux ayant fait une sortie
« avec quelques-uns des siens, rencontra Montmaur,
« un des capitaines catholiques, qu'il fit prisonnier ; et
« n'eut esté que Saux le relâcha, et qu'il ne voulut
« point poursuivre sa pointe, les conjurez eussent

[1] Guilh., *Armor.*, liv. VIII, et tous les historiens.

« Tous on les égorgea ; on ne pouvait leur faire pis. »
(*Histoire originale de la Croisade*, vers 493.)

Mary-Lafon, t. II, p. 423.

« poussé plus avant. Ce fut par cette action que Saux
« commença de se rendre suspect à ceux de son parti.
« Son dessein estoit de s'emparer d'une tour près la
« porte du Bazacle, où il y avoit quantité de poudre
« et d'autres munitions de guerre; mais il y vint trop
« tard, les catholiques s'en estant déjà saisis; ce qui
« fut fatal aux huguenots, qui sur la fin manquèrent
« de poudre [1]. » Saux avait relâché Montmaur en suivant les ordres du viguier, qui étaient de ne pas commencer les hostilités.

Le 13, le parlement casse les capitouls et en nomme
huit d'une orthodoxie éprouvée, donnant ainsi le signal du mépris de la loi. Il fait sonner le tocsin, et
son armée, avant de se battre, commence par piller et
massacrer tous les huguenots sans défense.

« *Tandis que les catholiques s'amusoient à piller et à*
« *maltraiter ceux qui ne se deffendoient pas*, dit le très
« orthodoxe Lafaille [2], les conjurés élargissoient leurs
« postes et avançoient des corps de garde. » Des
femmes, des vieillards, des enfants, se réfugièrent
alors à l'Hôtel de ville et furent la cause du manque
de vivres qui précipita la capitulation.

Le combat ne commença que le 14 un peu avant
midi; les catholiques firent quatre attaques simulta-
nées et furent repoussés. Les huguenots résolurent
alors de marcher sur le palais et d'enlever le parle-

[1] Lafaille, *Annales*, t. II, p. 227.
[2] *Annales*, t. II, p. 230.

ment et le quartier général ennemi ; le capitaine Saux s'efforça de les détourner de ce dessein ; Barrelès sème alors la division dans le camp des religionnaires ; il accuse hautement Saux de trahison, se fonde sur ce qu'il a rendu la liberté au capitaine Montmaur ; mettant en avant une indigne calomnie, il prétend que Saux a fait contremander la demande adressée au vicomte d'Arpajon de marcher sur Toulouse ; enfin son refus d'attaquer le palais est selon lui la preuve qu'il trahit.

Saux fut cassé de son commandement et jeté les fers aux pieds dans un cachot de l'Hôtel de ville [1].

Les événements prouvèrent la fausseté de cette accusation ; Sauxens, élu chef supérieur des troupes, fut

---

[1] « Le capitaine Saux fut, comme traître, arrêté par les capitouls dans « l'Hôtel de ville, et jeté dans une basse fosse les fers aux pieds. Nous « avons vu plus haut comme il s'estoit rendu suspect à ceux de son parti. « Barrelès n'estoit pas son ami ; ils s'estoient souvent pris de paroles, et ce « fut ce ministre qui l'opprima. Il luy imputa d'avoir contremandé le vi- « comte d'Arpajon : l'événement fit voir la fausseté de cette calomnie. » (Lafaille, *Annales*, t. II, p. 234.)

Sur tout le parcours de la rue de la Pomme, qui conduisait directement de l'Hôtel de ville au palais, les catholiques avaient élevé des embuscades ; un capitaine, connaissant le métier de la guerre, ne pouvait exposer sa troupe à être coupée et cernée entre deux feux, et ainsi à être séparée de l'Hôtel de ville, où les huguenots étaient inexpugnables et pouvaient attendre en toute sûreté l'arrivée des secours d'Arpajon et de la ville de Castres.

Les huguenots, conduits dans cette expédition par Sauxens, firent des prodiges de valeur, mais perdirent inutilement 60 hommes, en tuèrent 80, et consommèrent des munitions nécessaires à la défense de leur quartier général.

Quel était le traître, de l'habile capitaine qui comprenait les funestes conséquences d'une aussi téméraire entreprise ou de celui qui y poussait ? S'il y eut trahison, c'est Barrelès qui fut le coupable, car il entraîna les huguenots dans un guet-apens.

repoussé dans l'expédition contre le palais, et le vicomte d'Arpajon, en marche sur Toulouse, fut arrêté par le capitaine Du Charry [1].

L'histoire a été injuste à l'égard du capitaine Saux. Soldat de fortune, son mérite l'avait placé à la tête des troupes de l'Hôtel de ville ; les capitaines gentilshommes avaient concouru eux-mêmes à sa nomination. Barrelès fut le mauvais génie de ces journées néfastes. S'il ne fut pas traître et à la solde de Philippe II, il en joua le rôle et obtint le succès de la trahison, la perte du parti des huguenots à Toulouse. Barrelès, en accusant Saux d'avoir intercepté ou contremandé les appels adressés aux capitaines protestants des environs, enlevait au parti un chef éprouvé et faisait

---

[1] *Commentaires de Montluc*, liv. V, t. III, p. 69, édit. de 1760. — Du Mège, *Histoire de Toulouse*, t. II, p. 296. — Il est de fait que d'Arpajon agit avec une extrême lenteur. Théodore de Bèze accuse ici Saux de l'avoir contremandé, *disant qu'il avoit assez de forces pour combattre l'ennemi, soit qu'il l'estimast ainsi par outrecuidance, soit qu'il fust desjà pratiqué.* (*Histoire des Eglises réformées*, t. III, p. 23.)

Barrelès accusa de trahison le capitaine Saux le 14 mai. Or, que l'accusation fût fondée ou non, on dut expédier sur-le-champ un courrier à d'Arpajon qui était sur la route de Montauban à Toulouse ; admettons même qu'il fût rentré dans Montauban, d'Arpajon avait encore le temps nécessaire pour arriver à Toulouse avant la reddition des huguenots, qui n'eut lieu que le 16. Ainsi donc, si d'Arpajon n'arriva pas par suite de faux avis, ce ne peut être que Barrelès qui en fut l'auteur. Saux fut écartelé par arrêt du parlement, Barrelès se sauva et fut brûlé en effigie ; le premier n'avait donc pas trahi, on peut en douter pour le second.

Si Saux avait trahi, les catholiques en auraient su quelque chose ; or voici ce que dit Lafaille : « Le capitaine Saux fut écartelé et eut ensuite la « tête coupée... L'atrocité de ce supplice semble marquer qu'il n'estoit « pas coupable de la trahison que luy imputoient ceux de son parti ; car « s'il estoit vray qu'il se fust entendu avec les catholiques, ne méritoit-il « pas par là qu'on luy eût sauvé du moins une si cruelle peine. » (*Annales*, t. II, p. 241.)

croire aux huguenots qu'ils étaient abandonnés; plus
tard, ce fut un des moyens qu'il employa pour leur
faire accepter la capitulation, disant que les secours
attendus ne pouvaient arriver.

Une anecdote peint cet homme, qui porte encore
un masque de fausse vertu dans les écrits des protestants. Il se chargea de corrompre Montluc, en lui offrant la somme de trente mille écus. Montluc, catholique sanguinaire, mais soldat intègre, quoi qu'en dise
Brantôme, ne laissa pas achever cette honteuse proposition et lui sauta à la gorge. Il raconte ainsi dans
ses *Commentaires* la scène qui eut lieu à cette occasion :
« O meschans, lui dis-je, je vois bien là où vous voulez
« venir : *c'est de mettre le royaume en division.* Vous
« autres, Messieurs les ministres, faites tout ceci sous
« couleur de l'Evangile. Je commence à jurer, et l'em-
« poignai au collet, lui disant ces paroles : Je ne sçay
« qui me tient, que je ne te pende moi-mesme à ceste
« fenestre, paillard; car j'en ai estranglé de mes mains
« une vingtaine de plus gens de bien que toi [1]. »

---

[1] *Commentaires* de Blaise de Montluc, t. III, p. 14 et 18. — M. de Félice
accuse Montluc d'avoir ramassé de l'or dans du sang (*Histoire des Protestants*, p. 179 de la 2e édit.). « Lui qui auparavant n'avoit pas grandes
« finances, dit Brantôme, se trouva à la fin de la guerre avoir cent mille
« écus. » (t. II, p. 223.)

Ce jugement me paraît devoir être réformé. Voici ce que Montluc écrit
dans ses *Mémoires :* « Peut-estre qu'il y en aura qui diront qu'aux charges
« que j'ai eues du roi j'ai fait de grands profits et que j'en puis parler à
« mon aise; j'atteste devant Dieu et l'appelle en témoignage, qu'en ma vie
« je n'ai eu trente escus plus que de ma paye, et quelque estat et hono-
« rables charges que j'aye eues, soit en Italie, soit en France, j'ai été tou-

Je crois que Montluc l'avait bien jugé et que ce moine espagnol n'était venu en France que pour jeter la division dans le royaume. Si la menace avait été exécutée, les huguenots de Toulouse auraient évité le combat ou seraient restés maîtres du champ de bataille.

L'hôtel de Portal fut attaqué le 14; les assaillants furent repoussés; nous l'établirons plus loin. Les catholiques, battus sur toute la ligne, demandèrent à parlementer et proposèrent *un accommodement aux capitouls* et au ministre *Barrelès*[1]. Barrelès était donc le maître au quartier général des huguenots.

« Les religionnaires demandèrent pour toutes con-
« ditions entière sûreté pour leur vie, la jouissance de
« tous leurs biens et surtout l'observation du célèbre
« édit rendu au mois de janvier précédent. Si on leur
« refusoit ces trois articles, il falloit donc, dit Durozoi,
« vouloir leur annoncer qu'on les massacreroit au pre-
« mier moment, à volonté[2]. »

Les catholiques ne voulaient que gagner du temps

« jours contraint d'emprunter de l'argent pour m'en revenir. » (Tome Ier, p. 17, de l'édit. de 1760.)

On peut accuser Montluc de tous les crimes, mais non de mensonge; dans ses *Mémoires*, il pousse la franchise et la véracité jusqu'à l'effronterie et au cynisme; lorsqu'il reçoit, comme à Toulouse, de l'argent pour sa table, il le dit et le trouve bien gagné.

Montluc mourut pauvre et retiré dans sa terre d'Estillac, près d'Agen. Cette terre passa à la famille de Portal. Jeanne de Portal, veuve d'Alain de Préhac, était encore dame d'Estillac en 1697.

[1] Durozoi, *Annales*, t. III, p. 511. — Théodore de Bèze, t. III, p. 23, de l'édit. de 1580.

[2] Durozoi, *ibid*.

pour laisser arriver les bandes de Montluc, qui avaient flairé le sang et qui accouraient à la curée.

C'est ici, à cette date du 14, que l'histoire doit placer la réponse du parlement, que le livre des capitouls prétend avoir été faite le 16 mai; les capitouls incendiaires de Toulouse sont pris ici en flagrant délit de fausseté; rapportons textuellement cette réponse :

« A quoy feust respondu par ledict seigneur prési-
« dent qu'il estoit question de l'honneur de Dieu et de
« son Eglise, et falloit, avant passer oultre, que tous se
« rendissent prisonniers ; et cependant, au son de la
« trompette, tous soldats et gens de guerre eussent in-
« continent soy mestre en ordre avec les armes, pour
« se rendre soubz l'enseigne de leur cappitaine, à la
« payne de leur vye, sans rémission[1]. »

Il faudrait être insensé pour supposer qu'à la réception d'une semblable réponse la vaillante armée des huguenots jeta les armes et tendit le cou aux égorgeurs; les historiens ont prononcé l'arrêt, nous l'avons enregistré dans tous ses détails.

Le 15 mai, le combat recommença avec plus de furie; les religionnaires, indignés de la conduite du parlement, ouvrent un feu meurtrier du haut du donjon de l'Hôtel de ville et placent une nouvelle batterie à la porte de leur quartier général; les catholiques épouvantés reculent et jettent la terreur dans la ville et le

[1] Annales de l'Hôtel de ville manuscrites. — Du Mège, *Histoire de Toulouse*, t. II, p. 303.

parlement ; les faux capitouls élus par ce corps n'ayant
plus de soldats pour se battre donnent l'ordre de mettre
le feu au quartier de l'Hôtel de ville ; les boulets huguenots démolissent les maisons qui peuvent communiquer
les flammes, et le crime des incendiaires devient inutile.
Les catholiques étaient vaincus, une sortie des huguenots leur assurait la victoire. Le 16 mai, le baron de
Fourquevaux se présente aux avant-postes et propose,
au nom du parlement, les articles repoussés deux jours
avant, le 14.

Un traître, quel est-il? Saux était dans les fers, ce ne
peut être que Barrelès. Il dit à ces braves soldats, dont
il était le chef indigne, que le vicomte d'Arpajon ne
pouvait leur venir en aide[1], qu'ils n'avaient à attendre
du secours ni de Castres, ni des autres villes protestantes, qu'il fallait capituler. Les huguenots, aveuglés
par la harangue de cet homme, acceptent les trois articles offerts :

1° Vies et bagues sauves ;

2° Sécurité pour les propriétés ;

3° Exécution loyale de l'édit.

A cette heure fatale, le vicomte d'Arpajon avait passé le
Tarn à Rabastens avec douze cents hommes du Rouergue, « et *ceulx de Castres,* dit un témoin oculaire de
« cette dernière ville, *estoient desjà à Buzet avec de*
« *belles forces ramassées de divers endroitz*[2].

---

[1] Lafaille, *Annales,* t. II, p. 236.
[2] Mémoires manuscrits de Gaches. Bibliothèque impériale.

Fourquevaux rapporta au parlement la convention acceptée et signée ; cette compagnie députa quatre conseillers auprès de Portal, qui devait, comme chef du parti, ratifier ce traité de paix. Les feux étaient éteints, les deux camps déposaient les armes, Portal apposa sa signature.

Les écrivains catholiques, qui avaient intérêt à masquer la vérité, ont à dessein confondu toutes les dates et ont placé au 14 mai la reddition du viguier ; je veux bien admettre que ce soit une simple erreur qu'il s'agit de rectifier.

De l'avis de tous les historiens catholiques et protestants, l'hôtel de Portal fut attaqué le 14 mai ; mais quelle est la date de sa reddition ? Les écrivains protestants n'ont aucun témoin oculaire des faits qui eurent lieu sur ce point du champ de bataille. La Popelinière, historien estimé de tous les partis, même de Lafaille qui le copie souvent, commandait une compagnie d'écoliers enfermée dans l'Hôtel de ville, et il n'a pu connaître cet incident du combat général que par le rapport des catholiques [1] ; ceux-ci présentent dans cette

---

[1] Voici le récit de La Popelinière, copié par Théodore de Bèze : « Pareillement Jean Portal, viguier de Tolose, bien qu'il ne se fût trouvé « en ces troupes (de l'Hôtel de ville), fut assiégé dans sa maison, et se con- « fiant en l'assurance de deux conseillers qui lui furent envoyés du palais, « se rendit à eux, qu'ils emmenèrent avec sa femme, et peu après le firent « serrer en la conciergerie, dont il ne sortit depuis, sinon pour aller à la « mort, quelque promesse qu'on lui eût faite. » (*Histoire de France, enrichie des plus notables occurrences,* par Lancelot de Voisin de La Popelinière, t. Ier, p. 313, verso.)

Un détail, de fort peu d'importance en soi-même, indique cependant que

enquête historique un seul témoin oculaire, Bosquet;
les indications qu'il donne sont d'autant plus précieuses,
qu'il était ennemi acharné des huguenots ; voici ce
qu'il rapporte :

« Ez autres endroits de la ville y avoit aussi plusieurs
« maisons notables, mesmes des magistrats, desquels
« grand nombre des nostres furent blessés et tués en
« lieu de leur servir de forteresse. Dauzone, conseiller
« en la cour, estant requis, au commencement des esmu-
« tes, par les catholiques en petit nombre, d'avoir à leur
« ayde ceux qui estoient retirés ez maisons des grands,
« ayant sagement respondu à ce propos, qu'il y auroit
« plusieurs d'entre eux, la présence desquels leur seroit
« dangereuse, les loups ne se pouvant contenir avec
« les brebis. Sur toutes, celle de Portal, proche du pa-
« lais, estant remarquée, ayant la porte fermée, et au-
« dessus une barricade ramplie de gros bois pour la
« deffense d'icelle [1]. Ledit Portal et sa femme y ayant
« demeuré cachés jusques à ce qu'estant forcés par les
« catholiques, feurent trainais à la conciergerie, avec
« grand quantité de chair qu'on leur pourtoit devant,
« toute aprestée, trouvée chez eux en jour prohibé, à

La Popelinière ne connaissait ces faits que par de vagues on dit; Lafaille
(t. II, p. 233), mieux instruit de ce qui se passait en dehors du camp des
protestants, dit que quatre conseillers furent envoyés vers Portal; d'après
La Popelinière il n'y en aurait eu que deux. Le fait de l'envoi de quatre
conseillers, avoué par les catholiques, prouve l'importance de leur mission. Ce n'était pas seulement pour préserver la vie de Portal et de sa
femme, qui n'alarmait guère le parlement, mais pour traiter de la paix,
comme nous en verrons la preuve.

[1] C'est le *hourd*, dont nous avons donné la description.

« grand'difficultés garantis par la justice des mains de
« la furieuse populace [1]. »

Il résulte de ce récit que les catholiques attaquèrent
(le 14 mai) plusieurs hôtels de la noblesse qui, à cette
époque, étaient encore souvent fortifiés, et c'est comme
forteresses que les catholiques voulaient s'en emparer.
Ils furent, d'après Bosquet, repoussés dans leurs attaques, blessés et tués ; l'hôtel le plus remarquable était
celui de Portal, qui fut attaqué et forcé par les catholiques, d'après le même écrivain. On s'étonne ici qu'après
une victoire achetée au prix de blessés et de tués, Jehan
de Portal ait eu à ce moment la vie sauve au milieu du
massacre général.

Les catholiques furent repoussés de cette maison fortifiée, garnie de troupes et qui ne se rendit que la dernière ; c'est ce qui résulte du témoignage de ce même

---

[1] *Histoire*, de M. G. Bosquet, *sur les troubles advenus en la ville de
Tolose l'an* 1562, chap. XXXIX, p. 135, 136, imprimée à Toulouse, en 1595.
Bibliothèque de Bordeaux, vol. n° 26,057.

D'Aldeguier, dans son *Histoire de Toulouse*, t. III, p. 624, a publié un
procès-verbal constatant une contravention à l'ordre du parlement obli-
geant les habitants de Toulouse à faire maigre, à quelque religion qu'ils
appartinssent, et cela au mépris de l'édit de pacification.

« Dans la cuisine de la dite maison (l'hôtel de Villeneuve, conseiller au
« grand conseil), se seroit trouvé un pot, dans lequel il y avoit une *po-
« laille* cuite à la broche, un levraud et une perdrix lardés ou demi-cuits,
« et une autre polaille n'étant plumée, et dans ladite cuisine ne fut trou-
« vée aucune viande de caresme. »

Les agents de l'autorité crurent devoir cacher au peuple cet abominable
sacrilége, en se bornant à conduire en prison tous les habitants de la maison où l'on avait découvert « *la dite chair; sans icelle nommer, pour
« éviter la fureur du dit peuple, et scandale et saccagement qui s'en
« fussent pu suivre.* »

La date de cette pièce est du 10 mars 1562.

historien. Lorsque Portal fut conduit au palais, on porta
devant lui de la viande préparée, trouvée chez lui en
jour prohibé. Or, le 14 était un jeudi, puisque la Pentecôte était le 17 mai ; Portal ne se rendit donc pas le
14, qui n'était point un jour maigre, mais le vendredi 15
ou le samedi 16.

Nous venons de citer la traduction de Bosquet, qui
parut à Toulouse en 1595 ; le texte latin, imprimé en
1563, lève toute espèce de doute à cet égard[1]. *Prælata
ante eos multa carne apud illum reperta, qua per* EOS DIES
vesci non licebat.

« On porta devant Portal et sa femme beaucoup de
« viande trouvée chez eux, de laquelle il n'était point
« permis de se nourrir en CES JOURS-LA. »

Ainsi Portal et sa femme avaient fait gras *ces jours-là*,
c'est-à-dire le vendredi et le samedi.

Il résulte de ce témoignage non suspect de partialité
que la maison de Portal, attaquée le 14, n'ouvrit sa porte
que le samedi 17, à l'heure du dîner, c'est-à-dire de
midi à deux heures, puisque on emporta en triomphe
le repas préparé. Ceci coïncide parfaitement avec ce
fait admis par tous les historiens, que le traité d'accord
entre les deux partis commença le 17 mai à midi[2],
mais qu'il ne fut conclu *qu'après plusieurs allées et ve-*

---

[1] L'édition originale de 1563, en latin, existe à la Bibliothèque impériale
de Paris.

[2] Lafaille ne voit en cela qu'un projet de convention qui aurait eu lieu
vers midi. (*Annales*, t. II, p. 235, 236.) Cfr. Théodore de Bèze, La Popelinière, etc., et le *Recueil des choses mémorables* cité plus haut.

nues[1]. En effet, il ne suffisait pas que la convention proposée par le parlement à midi et conclue entre les négociateurs Rapin et Fourquevaux[2] fût acceptée par le quartier général des huguenots ; il fallait encore que cet accord fût ratifié par le viguier, chef du parti, et qui occupait une forteresse près du palais.

Quatre conseillers au parlement[3] demandèrent, comme négociateurs, à entrer dans l'hôtel de Portal ; ils présentèrent au viguier l'accord qui venait d'être consenti par Barrelès et les capitouls, renfermés à l'Hôtel de ville. Portal ne pouvait tenir seul ; il fut contraint d'accepter le traité de paix. Les conseillers lui dirent alors que, pour sa sûreté et celle de sa femme, ils devaient se rendre au palais et se confier en la foi du parlement. Portal, dans sa loyauté, ne pouvait soupçonner l'indigne trahison qui l'attendait ; il suit avec sa femme les conseillers, on l'entraîne à la conciergerie, et les fers aux pieds on le jette dans les cachots de l'infernet[4].

Le parlement, pour cacher sa trahison, fit occuper l'hôtel de Portal et le préserva du pillage jusqu'au lendemain. Il voulut bien respecter la convention jusqu'au moment où les huguenots déposèrent les armes. Dans la soirée, deux mille femmes, enfants et vieillards sortirent de Toulouse, protégés, non par l'honneur et la foi jurée, mais par les canons des huguenots, toujours

---

[1] Lafaille, t. II, p. 236.
[2] Lafaille, t. II, p. 288.
[3] Lafaille, *Annales*, t. II, p. 233.
[4] *Biographie toulousaine*, article *Mandinelli*.

braqués sur les maisons des catholiques; le départ des troupes protestantes eut lieu le 17 au soir, jour de la Pentecôte, à l'heure des vêpres. Alors commença le massacre général : une horde d'assassins envahit l'hôtel de Portal, égorge ses gens sans défense, pille et saccage. Le Martyrologe de Crespin assigne pour commencement à ces nobles exploits la date du dimanche soir (17 mai); le pillage de l'hôtel de Portal et de plusieurs autres dura jusqu'au jeudi suivant[1].

La sédition de Toulouse doit être considérée sous un triple aspect, religieux, politique et militaire ; les historiens catholiques masquent la vérité en la dénaturant sur les deux premiers points, mais rendent une éclatante justice au courage des huguenots et à l'habileté de leurs chefs; écoutons l'historien dévoué au parti du parlement, Lafaille :

« Tel fut, dit-il, le succès de la conjuration des hu-
« guenots de Toulouse. La faute qu'ils firent, fut d'avoir
« pris tumultuairement les armes, après la découverte
« de leur dessein, par l'imprudence de Lanta, et de
« n'avoir pas suivi chaudement leur pointe après les
« avoir prises ; car, pour la bravoure dans les combats, je
« doute que dans toute l'histoire de ces troubles on en
« puisse trouver un plus fort exemple. On a de la peine

---

[1] *Histoire des Martyrs persécutés et mis à mort pour la vérité de l'Evangile*, par Crespin. In-folio, p. 667, recto et verso.

Peyrolet, sergent du viguier, qui probablement avait pris part à la défense de l'hôtel de Portal, réussit à s'évader, fut repris, et pendu le 2 septembre. (Voyez la *France protestante*, t. IX, p. 198, article *Saux*.)

« à concevoir comment, avec des forces inégales, ils
« purent, pendant trois jours, fournir à *tant de combatz*
« *donnez à la fois en tant de quartiers différens, et conser-*
« *ver tous leurs postes, toujours avec avantage,* ce qui ne
« suppose pas seulement beaucoup de courage, mais
« beaucoup d'ordre et de discipline. On peut juger de
« là que s'ils eussent reçu le secours du vicomte d'Ar-
« pajon au temps qu'ils avoient dû l'espérer, ils estoient
« pour se rendre maîtres de la ville [1]. »

Ainsi, les vainqueurs confessent que les huguenots
conservèrent tous leurs postes, toujours avec avantage dans
tant de quartiers différens. Un des postes les plus importants, le plus important d'après Bosquet, en dehors
du quartier de l'Hôtel de ville et du feu de ses canons,
était l'hôtel de Portal ; ainsi cet hôtel fut pris par trahison et non pas forcé et emporté par assaut.

Après l'égorgement de ce peuple que l'honneur, la
foi publique et le traité de paix devaient sauvegarder,
alors qu'il n'y avait plus un seul soldat dans l'Hôtel de
ville, les braves qui se cachaient la veille envahissent
l'Hôtel de ville aux cris de : *Vive la Croix !* Ce fut,
d'après Lafaille, le lendemain des massacres, au point
du jour, par conséquent le lundi 18 mai. La terreur
qu'inspiraient les huguenots était si grande, que les
catholiques croyaient toujours les voir revenir, et qu'ils
respectaient encore les murailles et les canons qui

[1] Lafaille, *Annales*, t. II, p. 237. — Raynal, *Histoire de Toulouse*,
p. 242.

n'avaient plus de défenseurs. Si le parlement et son armée furent si atrocement implacables, il ne faut point en accuser seulement les passions de la haine et de la vengeance, mais la peur.

Ce fut le premier tintement de la cloche de la Saint-Barthélemy, cette seconde bataille des lâches assassins frappant dans l'ombre de la nuit des hommes sans défense. Quatre mille huguenots périrent dans la boucherie de Toulouse[1].

Il en restait deux sous les voûtes de l'Hôtel de ville, le capitaine Saux, enchaîné dans un cachot, et le capitoul Mandinelli.

Mandinelli, se confiant dans la pureté de sa conscience et la droiture de ses intentions, n'avait point voulu suivre ses coreligionnaires qui avaient évacué l'Hôtel de ville. L'exécution des édits était son unique but. En opposition au ministre Barrelès, il avait constamment cherché à pacifier les deux partis; son esprit de conciliation, l'austérité de son caractère commandait le respect de tous; tous, même les historiens catholiques exaltés, s'inclinent devant la pureté de sa vie. Mandinelli et le capitaine Saux furent enchaînés et jetés dans les cachots de l'infernet.

Au carnage dans les rues succèdent les assassinats juridiques.

Le 20 mai 1562, le parlement condamna Jehan de

[1] Raynal, *Histoire de Toulouse*, p. 242, dit : « L'opinion commune fixe « à 4,000 le nombre des morts dans tous ces combats. »

Portal à subir, sur la place du Salin, le supplice des nobles, la décapitation; chef des huguenots de Toulouse, il eut la place d'honneur; sa tête tranchée et plantée sur une lance fut exposée au faîte de la tour du château Narbonnais, château dont il avait eu la garde pendant sa vie [1].

Les Toulousains, vainqueurs des huguenots, après avoir renié leurs pères, déchiré leur histoire, avilis, déshonorés, devaient encore subir la honte de voir, dans la capitale des Raymonds, sur le palais des comtes de Toulouse, la tête sanglante du dernier des Albigeois.

> Toulouse, Toulouse, qui a maté les superbes!
> *Toloza, que los matz a matatz* [2]!

[1] Voyez tous les historiens de Toulouse.

Le palais Narbonnais, forteresse habitée par les comtes de Toulouse (*Palatium comitis*), fut reconstruit en partie et restauré en 1555, sous l'administration du viguier de Portal. La salle de ce château, occupée par le parlement en 1562, lors du jugement du viguier, datait de l'an 1492. Antérieurement, le parlement rendait ses arrêts dans une salle qui existait encore du temps de Catel, en 1633, et qui remontait à une époque antérieure à 1366. Une charte de cette date lui donne le nom de *Aula nova Tolosæ regia*. (Catel, *Mémoires de Languedoc*, p. 259.)

[2] L'exposition de la tête du viguier sur l'ancien palais Narbonnais est un fait avéré par tous les historiens, Bosquet, Lafaille, Durozoi, etc. Toulouse comprit l'insulte faite à son passé; les huguenots cachés dans ses murs eurent le soin de l'en avertir. Plus tard, alors que la génération qui avait assisté à ces horribles exécutions était dans la tombe, les catholiques nièrent et répandirent le bruit dans les petites villes protestantes des environs que la tête de Portal avait été exposée sur le *Portal de Matabiau*. Gaches, dans ses Mémoires manuscrits (Bibliothèque impériale), adopte cette version controuvée, mais qui acquérait de la vraisemblance en s'accordant avec l'ancienne tradition, racontant que le *Portal de Matabiau*, forteresse qui séparait la cité du bourg, avait été donné en fief et à charge de défense, avec les terrains qui l'entouraient, à la famille de Portal, à l'époque de son établissement à Toulouse. Ce nom de *Portal*, donné

Le jugement de Dieu ne se fit pas attendre; après
le massacre et le pillage des huguenots, le pillage et
le massacre des catholiques.

Tandis que Montluc à cheval, entouré de ses gens
d'armes, présidait à cette exécution des hautes œuvres, sa meute de truands assouvissait sa soif de l'or
et du sang sur les membres mutilés de cette ville à
l'agonie.

C'est lui-même, Montluc, qui dit : « Et ne vis jamais
« tant de testes voler que là. J'estois cependant assez
« occupé ailleurs, car il ne s'en falloit guères que la
« ville ne fut saccagée des nostres; parce que, comme
« ceux des environs entendirent que ladite ville estoit
« secourue, ils vindrent courant tous au pillage, pai-
« sans et autres; et ne leur bastoit de saccager les

aux anciennes portes de Toulouse dans toutes les chartes, passa à la famille
qui possédait celle de Matabiau, à l'époque où les noms devinrent héréditaires, vers le onzième siècle.

La ville de Toulouse acheta ces portes à la fin du douzième et au commencement du treizième siècle; celle du Basacle fut acquise par les capitouls en 1204, pendant le capitoulat d'Oldric de Portal. (Du Mège, t. IV,
p. 592.)

La famille de Portal conserva jusque vers la fin du quinzième siècle des
maisons, des rentes et censives sur ce quartier du bourg, qu'elle repré-
senta vingt-deux fois dans le capitoulat, comme on le voit d'après les
listes et les chartes.

Le parlement fit murer le Portal de Matabiau après la sédition de 1562;
il ne fut rouvert qu'en 1600: (Raynal, p. 322.) Je dessinai en 1822 ce Portal, surmonté d'un donjon carré, dernier vestige d'une ancienne forteresse; les capitouls y avaient établi un hôpital de lépreux ou maladrerie,
et sous la porte une recluse ou religieuse murée dans sa cellule. (Catel,
Mémoires du Languedoc, p. 273.)

Le nom de Matabiau ou Tuc-Bœuf se rattache à l'ancienne légende du
martyre de saint Sernin ou saint Saturnin, lié à un taureau furieux, et qui
aurait expiré à la place où s'éleva ce château fort.

« maisons des huguenots, car ils commençoient à s'at-
« taquer à celles des catholiques [1]. »

Montluc en toute hâte fit fermer les portes de Toulouse, envahies par un troupeau de bêtes féroces qui
rugissaient autour des remparts. S'ils fussent entrés,
pas une pierre ne fût restée debout; Montluc l'affirme.
Voilà les braves défenseurs que le parlement appelait
à soutenir sa noble cause.

Le lendemain, le capitaine Saux fut écartelé et décapité; il n'avait donc pas trahi; quelques jours après,
Mandinelli fut supplicié. Il y eut deux cents exécutions capitales; chaque jour on commençait par un
chef et on terminait ce hideux spectacle par l'exécution des huguenots de moindre importance. Il y eut
neuf mois de proscriptions.

« Les exécutions de justice que le parlement fit
« faire, dit Lafaille, furent presque aussi sanglantes
« que celles de la guerre [2]. »

Toulouse, qui était encore à cette époque la seconde
ville de France, déchut dans un seul jour aux rangs
inférieurs; sa vieille noblesse historique, les arts, les
sciences, l'industrie, le commerce, s'enfuirent de cette
cité maudite.

Les villes meurent comme les hommes, dit Lucien;
cette sentence est l'épigraphe de l'*Histoire des Institutions de Toulouse*, par Du Mège.

---

[1] *Commentaires* de Blaise de Montluc, t. III, p. 74.
[2] Lafaille, t. II, p. 289.

L'orgueilleux parlement, dans l'exaltation du triomphe, crut être désormais le seul maître à Toulouse, et
qu'il n'appartenait ni au roi ni à sa mère régente de
s'immiscer dans les affaires de cette singulière république, qui n'admettait que deux citoyens, le parlement et l'inquisition.

Le premier soin des vainqueurs fut de s'épurer. Le
parlement exclut de son sein trente conseillers ou présidents contaminés par les idées nouvelles ou du moins
soupçonnés de tiédeur. La charge de viguier fut abolie en détestation du méfait de Jehan de Portal et ne
fut rétablie qu'en 1568, par l'ordre formel de Charles IX, qui nomma François de Saulsaa, seigneur d'A-
vennes, comme premier successeur du viguier qui
avait été supplicié le 20 mai 1562 [1].

La part faite au bourreau, on fit celle de l'histoire
et de la postérité; le livre des capitouls enregistra les
hauts faits du parlement et les vaillants exploits de
son armée, et une fête commémorative fut instituée
pour perpétuer la mémoire de cette guerre fratricide.

« Le premier soin des capitouls après *la déroute*
« des conjurés, dit Raynal, fut de rendre à Dieu de
« publiques actions de grâces. Ils avaient fait un vœu
« dans la chaleur des combats, de faire célébrer tous
« les ans, dans l'église Saint-Sernin, une messe, à la-
« quelle assisteraient au moins deux capitouls. Ils l'ac-

---

[1] Voyez la table chronologique des viguiers de Toulouse dans la *Biographie toulousaine*, t. Ier, p. XLIX.

« complirent solennellement. Le parlement voulut
« aussi donner des preuves authentiques de sa recon-
« naissance et ordonna qu'il serait fait, annuellement,
« le 17 mai, jour de la délivrance de la ville, une pro-
« cession générale, où l'on porterait les reliques des
« saints qui reposent dans cette église. Ces pieux éta-
« blissements sont encore observés (en 1759) avec une
« pompe et une solemnité, qui attirent un nombre in-
« fini d'étrangers dans Toulouse [1]. »

Au mois de janvier suivant, le parlement appelle
l'architecte *Bertin* et lui ordonne de fortifier le palais
par une enceinte de murailles du côté de la ville. La
haute et puissante compagnie commençait à trembler
d'être égorgée par les habitants d'une ville dont elle
avait banni les honnêtes gens.

« Cette nouveauté, dit Lafaille, alarma les habitans
« de toute condition. *Ils disoient hautement que c'estoit*
« *là une espèce de citadelle, avec laquelle on prétendoit les*
« *brider ; que, si les officiers du parlement n'avoient pas*
« *cette intention, c'estoit toujours une imprudence à eux*

---

[1] Raynal, *Histoire de Toulouse*, p. 242.

J'ai sous les yeux et en ma possession un petit volume intitulé : « *His-*
« *toire de la délivrance de la ville de Toulouse, arrivée le 17 mai* 1562 ;
« *où l'on verra la conjuration des huguenots contre les catholiques, la*
« *défaite des huguenots et l'origine de la procession du 17 mai, le dé-*
« *nombrement des reliques de l'église de Saint-Sernin, le tout tiré des*
« *annales de ladite ville,* » nouvelle édition, faite sur l'imprimé de Toulouse de 1762 (Amsterdam, 1765).

Ainsi, la première édition fut imprimée pour célébrer le second jubilé
centenaire. La seconde contient, outre le texte, des annotations par un
protestant, les lettres patentes et l'arrêt du conseil du roi Charles IX.

« *de ne pas prévoir qu'elle le pourroit devenir un jour;*
« *que si les peuples avoient de la peine à souffrir de leur*
« *souverain même qu'il leur imposast cette sorte de joug, il*
« *seroit tout à fait insuportable de la part des magistrats,*
« *qui ne devoient chercher de seureté que dans l'autorité*
« *des loix, et dans la majesté de l'empire qui leur est con-*
« *fié par le prince.* »

Les capitouls présentèrent des remontrances, le parlement passa outre, et fit appeler un plus grand nombre d'ouvriers.

Ecoutons encore l'historien officiel de l'Hôtel de ville, l'ancien capitoul Lafaille :

« Les fréquens mouvemens et les grands combats
« qui s'estoient faits dans cette ville l'année aupara-
« vant, avoient rendu *le peuple plus féroce et plus prompt*
« *à se soulever* qu'à l'ordinaire. On accusoit trois d'en-
« tre les capitouls, Génelard, Gamoy et Delpech, d'a-
« voir fomenté la sédition qui se fit peu de jours après.
« Car le 17 du même mois (de janvier), le peuple s'es-
« tant attroupé en armes court au palais et ruine tout
« ce qui avoit esté bâti, sans que ny les officiers du
« parlement, ny les capitouls, se donnassent aucun
« mouvement pour l'en empêcher. Le jour d'après, le
« parlement, sans se rebuter, fit continuer cette con-
« struction; mais le peuple s'estant rassemblé le 21
« avec plus de chaleur qu'auparavant, non content de
« démolir ce qui avoit esté rebâti, se rua sur la mai-
« son de la viguerie, dans le dessein de se défaire de

« Bertin et des maçons que le parlement y avoit logez;
« mais ils s'estoient déjà sauvez, à l'exception d'un,
« qui fut tué. La rage de ces mutins alla si loin, qu'ils
« rasèrent même la maison [1]. »

Le parlement eut peur ; la sédition demeura impunie.

Dans cette ville, donnée en pâture à toutes les passions mauvaises, une armée de brigands armés devait
être redoutable et redoutée de ses chefs.

Quelques jours après ces scènes de destruction, le
15 février, l'astrologue Nostradamus fit savoir aux habitants de Toulouse qu'il avait lu dans les astres que la
ville était en danger d'être prise. Le parlement et les
capitouls, en gens savants et avisés, se prosternèrent
devant une si haute renommée, et s'empressèrent d'appeler à leur aide leurs ennemis de la veille, le parlement croyant dans sa simplicité qu'il pourrait faire,
comme un des coryphées modernes de l'insurrection,
de l'ordre avec le désordre, et dompter à temps son armée des sept péchés capitaux.

« De sorte, dit Lafaille, que la populace, se trou-
« vant armée par l'autorité même de la justice, s'émut
« tellement la nuit, qu'il tint à peu que la ville ne fût
« saccagée sans épargner *cardinal, président, ny con-*
« *seiller, ny les autres plus opulens de la ville* [2]. »

---

[1] Il ne faut pas confondre la *viguerie,* qui était renfermée avec ses prisons dans l'enceinte de l'ancien château Narbonnais, avec l'hôtel du viguier de Portal qui était en dehors. (Voyez Catel, *Mémoires du Languedoc,* p. 155.)

[2] Lafaille, *Annales de Toulouse,* t. II, p. 253, 254.

Après le jugement de Dieu, la justice du roi.

« Lettres patentes :

« Charles, par la grâce de Dieu, roi de France, à nos
« amés et féaux, le sénéchal de Toulouse, nos juges
« ordinaires de la sénéchaussée ou leurs lieutenants,
« chacun d'eux en son endroit et comme lui appartien-
« dra, salut et dilection. A l'avénement de notre cou-
« ronne, plusieurs troubles et controverses se sont mues
« entre nos sujets, même pour le fait de la religion, à
« quoi nous avons voulu à notre pouvoir remédier et
« nous en résoudre avec les princes de notre sang, prin-
« cipaux officiers de notre royaume et autres doctes per-
« sonnages de grande érudition, et sur ce expédié notre
« édit du mois de janvier dernier passé, pour inviola-
« blement l'entretenir et observer ; toutefois, au lieu
« de ce faire, et nous prêter le devoir et obéissance qu'il
« appartient, certains ennemis du repos public, ambi-
« tieux et mal contens d'icelui édit, auroient machiné et
« exécuté plusieurs meurtres et cruautés contre ceux de
« la nouvelle religion, tellement qu'à faute de prompte
« justice pour la défense et crimes en quoi se sont mis,
« auroient appellé une plus grande sédition et meurtre
« en notre ville de Toulouse, pour soi armer et bander
« les uns contre les autres, ayant abandonné notre aide
« et secours, et entre eux si mal reconnu le devoir de
« prochain et de même nation, qu'ils se soient comme
« ennemis meurtris et entretués, et à nous causé une

« guerre en notre royaume, et non contens de ce, pillé,
« volé et saccagé ceux de la dite nouvelle religion, et
« à ce faire, pour exécuter leur malice, les consuls et
« jurats des villes et villages de notre dite sénéchaussée,
« ayant jurisdiction criminelle, se seroient rendus juges
« et parties, et contre eux attirés faux témoins, fourni
« deniers, créé syndics, et fait toutes procédures et pour-
« suites, sans considérer notre édit; en outre, qu'ils
« auroient fait mettre à mort la plus grande partie
« d'iceux; et néanmoins avec le menu populaire et
« autres, tant de l'Eglise que de la noblesse, se seroient,
« sans notre mandement, mis en armes, auroient fait
« montres induisant et provoquant à sédition leurs gens,
« à leur dessein et dépends, foulant nos sujets qui n'é-
« toient cause ni occasion de leurs affections et que-
« relles, et iceux, tant de nuit que de jour, saccagé,
« volé, et pillé leurs meubles et bestail, et ruiné leurs
« maisons et habitations sous ombre d'être huguenots
« et avoir porté armes, violé leurs femmes et filles, tué
« et meurtri leurs enfants alaitans et de bon âge, et sous
« couleur de capitaines, chefs d'armes et de justice,
« fait plusieurs procédures, extorsions et exactions de
« deniers sur le peuple, cruelles et insupportables sen-
« tences et jugemens, subvertissant notre dit Etat et
« abusant de leur autorité; desquelles inhumanités,
« cruautés, schismes et prodigieux actes, nous avons
« délibéré de faire telle punition qu'il sera en exemple
« et perpétuelle mémoire, quelque guerre qui se pré-

« sente. Et à ces fins, pour faire vivre nos sujets en
« bonne paix et sans oppression, nous avons délibéré
« d'envoyer juges non suspects ne favorables à telles
« entreprises en chacun chef de notre royaume pour y
« procéder après nous avoir ouïs. A cette cause et
« pour plus prompte expédition et restitution à qui il
« appartiendra, vous mandons et à chacun de vous en
« sa jurisdiction, ressort et étendue de ladite sénéchaus-
« sée, commettons à tous, et expressément enjoignons
« par ces présentes, que sur peine de privation et per-
« dition de vos états, et de nous en prendre à vos per-
« sonnes, comme fauteurs de telles énormités, inconti-
« nent les présentes reçues, faites proclamer le regret
« et déplaisir que nous en avons, et que tout cesse et
« que l'ire de Dieu soit appaisée. Recevez toutes plain-
« tes et doléances, tant criminelles, civiles que parti-
« culières; et sur ce et choses susdites, informez dili-
« gemment tous autres affaires cessant sans épargner,
« dissimuler, exécuter, ni excepter aucuns de nos su-
« jets, de quelque qualité ou dignité qu'ils soient, ayant
« commis tels actes, dissimulé ou favorisé les autres;
« pour après lesdites plaintes et informations être en-
« voyées à notre privé conseil et mises ès mains de nos
« dits juges, pour en faire la punition de qui il appar-
« tiendra; sauf que, où trouvant tels délinquans non
« domiciliés, et non solvables de restitution et suspects
« de fuite, les faire saisir, contre eux procéder par sen-
« tence de mort, selon l'exigence du délit et exécu-

« tion d'icelle, nonobstant oppositions ou appellations
« quelconques, par lesquelles ne voulons être par vous
« et chacun de vous en endroit aucunement différé ne
« retardé. Lesquelles sentences données, avec l'avis et
« délibération de sept de nos conseillers ou avocats ap-
« partenans à vos auditoires et siéges, par l'avis de
« notre conseil privé, et de notre certaine science et
« autorité royale, avons autorisées, et en pleine puis-
« sance validées, et par ces présentes autorisons et va-
« lidons, comme si avoient été données par l'un de nos
« prévôts de nos maréchaux ; interdit et défendu, inter-
« disons et défendons toute jurisdiction et connaissance
« à notre cour de parlement et autres justiciers et offi-
« ciers, auxquels mandons et enjoignons, sous peine de
« rébellion et désobéissance, vous prêter aide et faveur,
« et enjoignons par lesdites présentes que nous voulons
« leur être, et à tous qu'il appartiendra et besoin sera,
« montrées et signifiées par le premier, notre huissier
« ou sergent, afin qu'ils n'en puissent prétendre igno-
« rance, car tel est notre plaisir, nonobstant quelcon-
« ques remontrances faites, lettres clauses et patentes,
« et autres à ce contraires. Et pour ce que de ces pré-
« sentes on auroit affaire en chacun siége judiciaire de
« votre sénéchaussée pour l'exécution d'icelles, nous
« voulons qu'au *vidimus* d'icelles, fait sous le scel
« royal, ou signé par l'un de nos notaires et secrétaires,
« foy y soit ajoutée comme au présent original. Donné
« à Paris, le 24ᵉ jour de décembre MDLXII et de notre

« règne le troisième. Le roi étant en son conseil. De
« l'Aubespine[1]. »

Ces lettres patentes sont précieuses pour l'histoire,
non-seulement par leur contenu, mais par les circonstances qui les précédèrent et les suivirent immédiatement.

Depuis le mois de mai, « *il ne s'estoit presque point*
« *passé de jour*, dit Lafaille, *sans quelque exécution à*
« *mort.* » Catherine de Médicis s'émut aux cris d'un
peuple que le parlement abattait en coupe réglée; des
premières lettres patentes d'abolition furent signifiées
à la cour; sa réponse fut le même jour de faire couper
la tête à deux notables avocats, *Tabard* et *Gayrard*.

Les deuxièmes lettres patentes ordonnent au parlement de faire connaître dans le mois à Sa Majesté les
motifs de son refus d'enregistrement de l'abolition, et
cependant qu'il serait sursis à toutes procédures et exécutions. Le parlement ne pouvait faire connaître les
motifs de son refus d'une manière plus énergique et
plus péremptoire; il persista dans sa jurisprudence.
« *Ces deuxièmes patentes*, dit Lafaille, ne furent pas plus
« capables d'arrêter le parlement que l'avoient esté les
« premières. »

Les troisièmes lettres patentes sont celles que nous

---

[1] Imprimé dans l'*Histoire des Eglises réformées* de Théodore de Bèze,
t. III, p. 45, et à la fin de la seconde édition de l'*Histoire de la délivrance
de la ville de Toulouse*.

venons de donner textuellement et dans leur entier.
Voici l'appréciation qui en est faite par l'historien officiel, Lafaille :

« Il en vint donc des troisièmes (patentes), portant
« interdiction à cette compagnie de connoître des délits
« des huguenots, tant pour le passé que pour l'avenir ;
« la connaissance desquels par les mêmes lettres estoit
« attribuée au sénéchal et aux premiers juges, pour
« faire le procès aux coupables, sans appel, avec cer-
« tain nombre de juges, conformément à l'édit de
« juillet 1560. Ces lettres estoient dattées du 24 dé-
« cembre, seize jours après la bataille de Dreux, où les
« catholiques remportèrent la victoire ; d'où l'on pour-
« roit, ce semble, inférer que ce n'estoit pas tant en
« faveur des huguenots, que pour venger le mépris
« que le roy crut que cette compagnie avoit fait de son
« autorité, qu'il fit dépêcher ces troisièmes patentes.
« *Mais ce qui paroît de plus étrange est que dans ces mêmes*
« *patentes, le roy lui-même, dans l'exposé, semble faire*
« *l'apologie des conjurez de Toulouse*[1]. »

Ce serait, en effet, fort étrange, si l'histoire de la
conjuration de Toulouse écrite par Lafaille était véridi-
que. Comment comprendre, en effet, qu'après la bataille de Dreux, qui, d'après Lafaille lui-même, jeta
la *consternation parmi les huguenots*[2], le roi ait fait l'a-
pologie de conjurés coupables d'assassinats, de viols,

---

[1] Lafaille, *Annales*, t. II, p. 244, 245.
[2] Lafaille, t. II, p. 249.

de pillage, de sacriléges. Ces crimes furent commis sciemment, patemment, par les catholiques, LE ROI LE DIT ; et mis traîtreusement par eux à la charge des huguenots.

La Providence permit que les victimes eussent pour défenseurs et pour témoins de leur innocence leurs plus implacables ennemis : *Charles IX* et *Catherine de Médicis*.

Le parlement ne daigna faire le moindre état des ordres du souverain ; il était maître à Toulouse et n'en reconnaissait point d'autre. « Il ne cessa, dit Lafaille, « de faire justice contre les coupables, qu'après la paix « qui fut faite l'année suivante, par un des articles de « laquelle ayant esté accordé à tous les huguenots « du royaume, une amnistie du passé, il fut forcé à « cette compagnie de céder à la loy générale[1]. »

Ainsi Toulouse était en guerre contre le roi ; le parlement et sa horde de massacreurs étaient des séditieux, ce fait est acquis à l'histoire.

Après la bataille de Dreux, le duc de Guise résolut de se rendre maître d'Orléans, centre des forces des huguenots. Après s'être emparé des faubourgs, un assaut allait le rendre maître de la ville, lorsqu'il fut assassiné par un fanatique sanguinaire, *Poltrot de Méré* (18 février 1563). La reine entama alors des négociations ; la paix fut conclue, et Orléans remis au roi.

---

[1] Lafaille, *Annales*, t. II, p. 245.

L'édit de pacification fut signé le 19 mars : il permettait le libre exercice de la religion protestante [1].

Trois mois après, le 18 juin, un arrêt du conseil du roi cassa les sentences rendues par le parlement de Toulouse contre les huguenots. L'histoire doit enregistrer ce jugement.

ARRÊT DU CONSEIL PRIVÉ.

« Après que N., avocat en la cour de parlement de
« Toulouse, pour Pierre Hunaut, sieur de Lanta; Pierre
« Assezat, sieur du Cèdre; Guillaume Dareau; Antoine
« de Ganelon, sieur de Tricherie et de Sel; Olivier
« Pastorel, bourgeois; et Arnaud de Vignes, sieur de
« Montesquieu, capitouls en la ville de Toulouse en
« l'année 1562; et pour les enfans de feu Adémar
« Mandinelli, capitoul en ladite année; et maître Bertrand Daigna, avocat du roi en la cour de parlement
« de Toulouse, pour le procureur général dudit seigneur audit parlement; et maître Bernard de Super-
« sanctis, avocat en icelui, pour les capitouls et syndics
« de la ville de Toulouse pour la présente année 1563;
« assistant avec lui Jean Gamoy, capitoul, ont été
« ouïs, et que les plaintes, doléances et remontran-
« ces présentées par lesdits capitouls de ladite année
« 1562, ont été lues, le roi en son conseil, ayant

---

[1] Drion, *Histoire chronologique de l'Eglise protestante*, t. Ier, p. 101.

« égard à ce que l'état de capitoul est annuel, et que
« l'année du capitoulat desdits Lanta et autres susdits
« étant achevée, ils ne peuvent être remis en l'exercice
« de leurs dits états de capitoul ; a ordonné et ordonne
« qu'ils pourront être ci-après élus capitouls, et assis-
« teront à toutes élections de capitouls, assemblées de
« ville, auditions de comptes et autres actes et affaires
« d'icelle, comme ils fesoient auparavant les troubles,
« et feroient s'ils ne fussent avenus, nonobstant les ar-
« rêts et jugemens intervenus, lesquels, ensemble les
« exécutions d'iceux et tout ce qui s'en est ensuivi,
« ledit seigneur a cassé, révoqué, annullé, casse, ré-
« voque et annulle. Et a ordonné et ordonne que le
« tout sera rayé des registres de ladite cour et autres
« lieux où ils ont été enregistrés ; et pareillement tou-
« tes les autres écritures, actes, marques et enseignes
« survenus à la mémoire desdits arrêts et exécution
« d'iceux. Et que les effigies desdits capitouls qui ont
« été peintes en la maison de ville, pour les années de
« ladite administration consulaire par eux ci-devant
« faite, lesquelles ladite cour avait fait rompre et ôter,
« seront remises et repeintes és mêmes lieux dans les-
« quels elles ont été ôtées ; et leurs peintures, qui,
« pour ladite année 1562, devoient être faites en la
« maison de ladite ville, seront faites et mises en leurs
« lieux et endroits qu'elles eussent été, s'ils eussent
« parachevé leur administration de ladite année. Et
« les actes qui ont été par eux faits, que ladite cour

« a pareillement fait rayer des registres de ladite com-
« mune et ailleurs, seront remis et récrits. Et a or-
« donné et ordonne que le livre composé par un nommé
« George Bosquet, habitant de ladite ville de Toulouse,
« contenant libelle diffamatoire, sera brûlé, et défen-
« ses faites à tous libraires et imprimeurs de l'impri-
« mer ne vendre, et à tous de n'en acheter. Et pareil-
« lement cassé, révoqué et annullé l'arrêt de ladite
« cour de Toulouse, par lequel elle auroit ordonné
« que chacun an, le dix-septième jour de mai, seroit
« faite une procession en ladite ville, afin de perpétuer
« la mémoire desdits troubles, lequel sera rayé des
« registres de ladite cour et autres où il a été enre-
« gistré. Et fait défenses à l'archevêque de Toulouse,
« chanoines, curés et autres personnes ecclésiastiques
« de ladite ville de Toulouse, de ne faire ladite pro-
« cession. Et a remis et réintégré et rétabli lesdits ca-
« pitouls en tous et chacun leurs biens, meubles et
« immeubles, desquels leur sera rendu compte et re-
« liqua, tant des meubles que des fruits, et revenus
« des immeubles; et leur seront les scédules, obliga-
« tions, papiers, titres et documents et enseignements,
« procès-verbaux et autres pièces qu'ils avoient, tant
« en leurs maisons privées, maison commune de la-
« dite ville, qu'autres lieux, qui leur ont été pris, ren-
« dus et restitués. Et quant à ce que lesdits capitouls
« requièrent les procédures faites contre eux être ap-
« portées, pour icelles vues, leur être fait droit de

« leurs dépends, dommages et intérêts, a ledit sei-
« gneur ordonné et ordonne qu'il y pourvoira. Et a
« ordonné et ordonne que ce présent arrêt sera enre-
« gistré ès registres de la cour de parlement, séné-
« chaussée et maison commune de ladite ville de Tou-
« louse ; et fait défenses auxdits procureur général,
« capitouls et syndics de ladite ville et tous autres de
« n'y contrevenir ; ne méfaire ne médire auxdits capi-
« touls, leurs femmes et famille ; lesquels ledit sei-
« gneur a pris et mis en sa protection et sauvegarde.
« Fait au conseil privé du roi, tenu au château de Vin-
« cennes, le dix-huitième jour de juin mil cinq cent
« soixante-trois.

« *Ainsi signé* : DE L'OMÉNIE[1]. »

Le libelle diffamatoire de Bosquet, condamné au feu
par le conseil du roi, avait été commandé et payé 300
écus par le parlement de Toulouse[2] ; il ne fut ni brûlé,
ni saisi, ni prohibé ; les imprimeurs et libraires eurent
la pleine liberté de l'éditer et de le vendre, et pour en
répandre la lecture dans les classes populaires on en fit
une traduction publiée à Toulouse en 1595[3].

La procession de la délivrance de Toulouse ne fut

---

[1] Cette pièce a été publiée dans l'*Histoire des Eglises réformées* de
Théodore de Bèze, t. III, p. 58, et à la fin de la seconde édition de l'*Histoire de la délivrance de la ville de Toulouse.*

[2] Théodore de Bèze, t. III, p. 47.

[3] Cette traduction existe dans la Bibliothèque publique de Bordeaux, et
l'édition latine de 1563 à la Bibliothèque impériale à Paris.

jamais interrompue, malgré les injonctions du roi; elle se perpétua jusqu'à l'époque de la révolution française. En 1762, pour célébrer le second jubilé centenaire, on imprima, ainsi que nous l'avons vu plus haut, un second libelle intitulé : *Histoire de la délivrance de la ville de Toulouse*, extraite des annales de ladite ville.

Lafaille, contraint d'enregistrer ces faits, ne sait y répondre que par une plaisanterie indigne d'un historien.

« Les capitouls de l'année précédente, dit-il, qui « avoient esté condamnez par contumace d'autorité du « parlement, se firent rétablir, par un arrêt du conseil, « du jour d'après la datte de l'édit[1]. Par le même arrêt, « Mandinelli qui avoit eu la tête coupée, fut rétabli en « sa bonne *fame et renommée;* MAIS LA TÊTE NE LUY FUT « PAS RENDUE ; ils y firent ordonner de plus que le livre « de George Bosquet seroit brûlé publiquement de la « main du bourreau. Mais rien ne marque tant l'inso- « lente fierté des huguenots, que d'y avoir fait ajouter « des deffenses de faire la procession, que le parlement « avoit ordonné qui seroit faite tous les ans, le 17 may, « jour de la délivrance de cette ville. *Il est vray*, ajoute « cet auteur, que cet arrêt n'a jamais esté exécuté à « cet égard[2]. »

Les lettres patentes du roi et l'arrêt de son conseil

---

[1] C'est une erreur : l'édit de pacification est du 19 mars et l'arrêt du conseil privé est du 18 juin 1563, ainsi qu'on l'a vu ci-dessus.

[2] Lafaille, *Annales*, t. II, p. 255, 256.

privé infligèrent au parlement de Toulouse une flétris-
sure que ses historiographes semblent prendre à tâche
d'aggraver encore, en prétendant justifier des actes que
l'histoire ne saurait comparer qu'aux exécutions décré-
tées par le Comité de salut public.

Au-dessus de cette atmosphère impure s'élève la
grande figure du chancelier de L'Hôpital; on reconnaît
dans les actes de la justice du roi la pensée et la haute
influence du magistrat le plus intègre du royaume. Ce
juge d'une vertu antique a prononcé l'arrêt, l'histoire le
confirmera [1].

La dernière scène de cette tragédie lugubre, jouée
à Toulouse au bénéfice du parlement, est digne des
actes qui la précédèrent.

La paix de Longjumeau venait d'être signée (20 mars
1568), *paix boiteuse et mal assise,* comme la surnommè-
rent les Français qui se consolent de tout, même de la
mort, en riant [2]. Le baron Philibert de Rapin, maître
d'hôtel du prince de Condé, fut envoyé en Languedoc,
avec un sauf-conduit du roi, pour y porter le traité de

---

[1] A cette époque, la cour de France flottait indécise entre les deux partis; plus tard elle se jeta dans celui des Guises : ce fut le signal de la retraite de L'Hôpital; il résigna les sceaux qui lui avaient été confiés au
mois de juin 1560, et se retira dans sa terre de Vignay près d'Etampes,
en 1588. Bientôt toutes les voix impartiales répétèrent ces mots du manifeste de Condé : « Comment voudraient-ils le bien? Ils ont exclu L'Hos-
« pital de leurs conseils! » (Voyez la *France protestante*)

[2] Des deux négociateurs de la reine, l'un était seigneur de Malassise
et l'autre boiteux.

paix. Rapin et le baron de Fourquevaux, d'après Lafaille[1], avaient été les négociateurs de la convention
conclue à Toulouse le 16 mai 1562, après la sédition.
Le parlement niait avoir consenti cette convention.
Rapin était un témoin irrécusable, il fallait le faire disparaître, sa perte fut résolue ; appréhendé par ordre de
la cour, trois jours après il était décapité. Le parlement fit disparaître les traces de cet odieux attentat;
Lafaille ne put découvrir une seule pièce du procès[2].

Les huguenots, pour venger cette indigne violation
du droit des gens, incendièrent les terres et les maisons
des conseillers, et sur les ruines des masures en cendres inscrivirent avec des tisons fumants ces mots :
VENGEANCE DE RAPIN[3].

Je ne justifie pas, je raconte[4].

La moralité de la sombre tragédie dont nous venons
d'évoquer les souvenirs est écrite dans le fait suivant,

[1] Lafaille, *Annales*, t. II, p. 288.
[2] Lafaille, *ibid.*
[3] *Biographie toulousaine*, article *Rapin*.
[4] D'après la *France protestante* (article *Rapin*), Philibert de Rapin, condamné par le parlement de Toulouse, aurait été le frère de celui qui avait
pris part aux troubles de Toulouse de 1562. Je crois qu'il y a erreur. Le
parlement, quelque sanguinaire qu'il fût, n'aurait point condamné à mort
un messager du roi, par le seul fait qu'il portait l'édit de pacification. Philibert de Rapin fut enlevé, condamné et exécuté parce qu'il avait déjà
subi une condamnation par contumace pour crime de sédition et de lèse-
majesté, ainsi que nous l'apprennent les annales de l'Hôtel de ville citées
par Lafaille (t. II, p. 287). Cette condamnation par contumace ne put
avoir lieu qu'à la suite des troubles de 1562. L'autorité que nous venons
de citer lève tous nos doutes sur cette question.

qui n'a pas besoin de commentaires. La première ligue,
modèle de la ligue qui ensanglanta la France, fut con-
çue à Toulouse pendant que les chiens se disputaient
dans les rues les membres épars des hommes, des
femmes et des enfants massacrés ; le cardinal d'Arma-
gnac, le cardinal de Strossi, Joyeuse, Montluc, Terride,
Fourquevaux, apposèrent leur signature sur cet acte
impie, acte flétri par les catholiques les plus exaltés,
par Lafaille même. « Ce fut sur le modèle de cette ligue,
« dit cet historien, que se forma sous le règne suivant
« cette autre grande ligue qui bouleversa le royaume
« et le porta à deux doigts de sa ruine[1]. »

[1] Lafaille, t. II, p. 264. Il donne en entier les actes de cette ligue.

Le parlement de Toulouse, fidèle à ses précédents, fut la tête de la seconde ligue comme il l'avait été de la première, ainsi que nous en instruit l'*anonyme de Montpellier*.

« L'an 1589, la ville de Tholose et ses adhérans de Monsieur le maré-
« chal de Joyeuse, au mois de février, au dit an, jurèrent l'union et con-
« fédération avec la ligue, sous la charge de Monsieur Du Maine, contre
« le roi et Monsieur de Montmorency, de leur parti autoriser les articles
« de cette union par arrêt de la cour du parlement du dit Tholose, du 14
« du dit mois de février 89, *s'en réservant, la dite cour, l'autorité et sur-
« intendance*. Au dit an 80, par lettres patentes du roi, données au camp
« de Beaugency, le 17 du mois de juin, le dit seigneur translata le parle-
« ment de Tholose à la ville basse de Carcassonne, et y fit président Mon-
« sieur de La Borgade, auparavant conseiller au dit Tholose, qui en étoit
« sorti. En la même année, et le premier jour d'août, le roi Henri III es-
« tant à Saint-Cloud, près Paris, avec son camp et grande armée, pour
« bloquer Paris, fut misérablement tué par un jeune religieux de l'ordre
« des Jacobins, qui, feignant lui vouloir parler en secret, lui donna d'un
« couteau dans le petit ventre ; lequel moine fut illec tué sur-le-champ, et
« le pauvre roi mourut le lendemain. A ce meurtrier, nommé frère Clé-
« ment, furent ez villes de Paris et Tholoze, et autres de la ligue, faites
« funérailles publiques et solennelles, son effigie portée, et, au contraire,
« celle du roi défunt traînée par les rues. » (Histoire de la guerre civile
en Languedoc, t. II, p. 33, des *Pièces fugitives* de d'Aubaïs.)

Voilà quels étaient les royalistes de Toulouse en 1589.

Le 20 mars 1563, l'acte d'association des ligueurs fut présenté au parlement et approuvé par lui; trois jours après, les nouvelles de l'édit de pacification rendu à Amboise, le 19 mars 1563, arrivèrent à Toulouse; nouvelles, dit Théodore de Bèze, « qui faschèrent tel-« lement ceux qui ne souhaitoient rien moins que cela, « que les uns en devindrent malades, les autres crioient « tout haut qu'il ne s'en feroit rien et que plustôt ils « changeroient de roy. Et fut mesmes quelque bruit « qu'on avoit envoyé secrètement pratiquer le roy d'Es-« pagne pour entreprendre la cause de la religion ro-« maine en France, envers et contre tous[1]. »

Ainsi Toulouse offrit le trône de France à Philippe II. Les vapeurs du sang des huguenots avaient monté à la tête de ce petit peuple et l'avaient rendu fou.

Si les événements qui bouleversèrent Toulouse en

---

[1] Lafaille reconnaît (t. II, p. 255) que les Toulousains murmuraient fort contre cette paix, mais il prétend les justifier de l'accusation d'avoir voulu changer de roi; il oublie qu'il n'y avait plus de roi à Toulouse, que le parlement était en son lieu et place, et que si les actes de cette compagnie n'étaient pas inspirés par la cour d'Espagne, ils l'étaient encore moins par celle de France.

Même après la mort de Philippe II, sous l'administration du duc de Lerme, Philippe III et l'Espagne conservaient leurs folles prétentions sur la France. Un livre imprimé à Grenade en 1602 prétendit prouver que le royaume de France appartenait au roi d'Espagne. Un des principaux motifs sur lesquels se fonde l'auteur, Jacques Valdès, est que le roi de France, en sa qualité de *comte de Toulouse*, doit l'hommage au roi d'Espagne. *On fist voir ce bel escrit à Sa Majesté*, dit l'Etoile (Journal de Henri IV).

Toulouse, depuis Henri II, avait toujours rendu cet *hommage* au roi Très-Catholique, et la capitale des Raymonds était devenue la capitale des rois d'Espagne en France.

1562 avaient eu Paris pour théâtre, l'histoire en aurait illustré les moindres détails : une insurrection dans laquelle périrent quatre mille âmes aurait eu un immense retentissement ; à peine cependant s'il en est fait mention dans l'histoire de France la plus volumineuse. Un gentilhomme, chef de la ville et du parti des huguenots, paye cet honneur au prix de sa tête ; cet homme eût été célèbre s'il eût vécu dans la capitale de la France ; à peine si les biographes connaissent son nom.

Cet oubli, ce dédain pour la province, dans les annales de la France, est le symptôme le plus caractéristique de la position qui est faite par le vainqueur au peuple vaincu.

Toulouse conquise par Louis IX, le Languedoc devint un apanage de la couronne de France. Cette province perdit sa nationalité, son présent, son avenir, et ce qui est plus triste encore, son passé glorieux.

Les archives de Toulouse furent transportées à Paris, les vieilles chartes, les antiques traditions qui racontaient les gloires des ancêtres furent lacérées ou ravies ; c'était justice : les peuples vaincus n'ont pas d'histoire.

VIII

BRANCHE DE LA PRADELLE ET DES BARONS D'AMPIAC

« *Non tum vincat.* »
(Devise de Bérenger.)

Messire Bérenger de Portal, chevalier, seigneur de La Pradelle [1], était conseiller du roi, trésorier général et général des finances en la généralité de Languedoc, président du bureau desdites finances [2].

« Vous croiriez, dit Monteil, que ces trésoriers sont « des comptables ; point du tout ! ce sont au contraire « des auditeurs de comptes rendus par les officiers des « domaines ; ils prennent le titre de trésoriers géné-

---

[1] « Les chevaliers, soit qu'on leur parlât, soit qu'on parlât d'eux, étaient « appelés *sire, messire* ou monseigneur. Les rois même et les reines leur « donnaient ce titre. On ne traite encore aujourd'hui le parlement de nos- « seigneurs que par un ancien usage établi lorsqu'il était composé de che- « valiers. » (Legrand d'Aussy, *Fabliaux du douzième et treizième siècles*, t. I, p. 81.)

[2] Ainsi qu'il résulte d'un assez grand nombre de titres appartenant à la famille, il en existe un aux manuscrits de la Bibliothèque impériale (dossier de Portal).

« raux ; quelquefois ils y ajoutent celui de grands
« voyers ; ils s'appellent aussi conseillers au bureau
« des finances. Henri II avait établi dix-sept de ces bu-
« reaux. A l'époque de la révolution, il y en avait vingt-
« cinq. Ils avaient un président, un greffier, des huis-
« siers et, comme les cours judiciaires à la fin du dix-
« septième siècle, des chevaliers d'honneur. Ils ga-
« gnaient d'assez bons appointements, ils avaient des
« droits de manteau et de bûche ; ils gagnaient aussi
« la noblesse[1]. »

D'après des titres conservés dans la famille, Bérenger
de Portal était trésorier général en Languedoc en l'an
1552, et probablement il exerçait ces fonctions antérieurement.

« Nous savons par dom Vaissette que « les Etats de
« Languedoc s'assemblèrent à Lavaur le 26 septembre
« de l'an 1556 et finirent le 5 d'octobre. Les commis-
« saires du roi furent Jacques du Faur, abbé de La
« Caze-Dieu, président en la première chambre des
« enquêtes au parlement de Paris, qui fit le discours ;
« Bérenger Portal et François Chef de Bien, trésoriers
« de France et généraux des finances, l'un en la géné-
« ralité de Toulouse et l'autre en celle de Montpellier.
« La messe du Saint-Esprit fut célébrée dans l'Eglise
« des Cordeliers. Le roi, dans la grande commission,
« après avoir exposé la situation des affaires de l'Etat

---

[1] Monteil, *Traité de matériaux manuscrits*, t. 1er, p. 316.

« et la conclusion de la trêve avec l'empereur et le roi
« d'Angleterre, demanda les sommes ordinaires, à
« cause de la triste situation des finances, et les états
« les lui accordèrent[1]. »

L'année suivante, « le roi voulant pourvoir aux be-
« soins de l'Etat et obtenir un secours extraordinaire
« de ses peuples, assembla les états généraux du
« royaume à Paris, le 6 de janvier de l'an 1557 (1558).

« Le roi nomma (registres du parlement de Tou-
« louse) le premier président Mansencal, le président
« du Faur, Antoine de Saint-Paul, maître des requêtes,
« Bérenger Portal, Pierre de Cheverri et François
« Chef de Bien, trésoriers de France ou généraux des
« finances, pour dresser la liste des gens aisés des gé-
« néralités de Toulouse et de Montpellier, qui prête-
« raient au moins chacun la somme de cinq cents
« écus[2]. »

Après le supplice de son frère, Jehan de Portal, viguier de Toulouse, Bérenger demanda un changement
de résidence et fut nommé trésorier général de Guyenne ;
trois ans après, il fut rétabli dans la généralité de Toulouse ; les titres originaux s'arrêtent à cette époque, et
il est probable qu'il rentra alors dans la vie privée et
s'établit dans ses terres situées dans le Rouergue.

Bérenger de Portal, l'aîné et le chef de sa famille,
fut aussi le premier à adopter les doctrines nouvelles

[1] Dom Vaissette, *Histoire générale du Languedoc,* in-folio, t. V, p. 182.
[2] Dom Vaissette, t. V, p. 184.

que les anciennes familles de Toulouse considéraient comme la renaissance des dogmes des Albigeois. Son fils, *Louis de Portal*, embrassa la carrière militaire et fit ses premières armes sous le prince Louis de Condé qui le chargea, au mois de mars 1562, deux mois avant le supplice de Jehan de Portal, d'une mission auprès des habitants de Montauban, pour les engager à se défendre énergiquement contre Montluc qui voulait s'emparer de cette ville. Théodore de Bèze, qui nous a conservé ces renseignements, ajoute que le capitaine Sauxens, qui devait bientôt jouer un rôle important dans les troubles de Toulouse, arriva le même jour, 18 mars. Les Montalbanais reprirent un peu de courage ; mais le lendemain, 19, jour de dimanche, ayant appris la nouvelle que Burie et Montluc, suivi de ses bourreaux, étaient en chemin et près de la ville, la panique fut si grande que tous les protestants, les deux ministres en tête, sortirent de Montauban et se réfugièrent à Agen, Toulouse et autres lieux [1].

Retiré dans sa terre de La Pradelle, dans le Rouergue, Bérenger y apprit les lâches assassinats de la Saint-Barthélemy.

---

[1] *Histoire ecclésiastique des Eglises reformées au royaume de France,* t. III, p. 65, édit. princeps.

Théodore de Bèze estropie presque tous les noms propres ; il transforme Portal en *Louys de Portail,* et le capitaine Sauxens en *Saussens.* Il n'est pas le seul historien qui ait commis cette erreur d'orthographe : Du Moulin et Durozoi traduisent Bérenger de Portal en *Béranger Portail.* (Voyez le *Bulletin de la Société de l'Histoire du Protestantisme français,* VIIIe année, p. 2.)

A la première rumeur des égorgements dont Paris avait donné le signal, le 24 août 1572, le Vivarais prit les armes; la guerre allait recommencer. Cette partie du Languedoc et quelques châteaux des Cévennes furent, d'après l'historien de Thou, la retraite des protestants qui avaient échappé à cette boucherie humaine [1]. Bérenger et sa famille se retirèrent à *Mirabel-les-Granges*, petite ville située près de Rochemaure et de Villeneuve de Berg, et qui était une de celles ou le culte réformé avait été autorisé par l'édit de pacification du 29 mars 1562. Le choix de ce refuge eut sans doute pour motif le voisinage d'une partie de la famille de Portal qui habitait une propriété du nom de *Portal*, située, d'après la carte de Cassini, à une lieue à l'est de Rochemaure et à six lieues de Mirabel; cette propriété avait été acquise et une maison y avait été construite par suite du mariage de François de Portal, marié en 1530 à Madeleine des Mares, fille du viguier de Rochemaure.

Bérenger de Portal était un zélé protestant. Après les effroyables massacres qui consternèrent la France et l'Europe civilisée, il ne désespéra pas de l'avenir de la Réforme et voulut consacrer une partie de sa fortune au rétablissement du culte protestant à Paris, au milieu des égorgeurs et des témoins impassibles de cette boucherie humaine.

[1] Thuan., lib. LIII, t. VIII, p. 178, édit. de 1609.

Il donna en mourant, l'an 1573, *certains deniers* au pasteur de La Faye, « *pour les dispenser pour le bien* « *et soustien de l'Eglise de Paris, de laquelle il espéroit* « *en bref le restablissement.* » Du Moulin accepta, en 1591, le titre de pasteur de Paris et reçut un traitement prélevé sur ces fonds et suffisant à son entretien. C'est Du Moulin qui nous l'apprend dans son autobiographie [1].

Le supplice de Jehan de Portal, viguier de Toulouse, avait exalté les sentiments religieux de sa famille; ce legs en est le témoignage authentique. Les faits et gestes de Louis de Portal, sieur de La Pradelle, le prouvent mieux encore.

Mais ce *La Pradelle* est-il le même que le capitaine *La Pradelle* qui, par sa bravoure, rendit son nom historique dans cette campagne? Nous sommes fondé à le croire, sans pouvoir l'affirmer d'une manière formelle. Les derniers membres de cette branche périrent à l'époque de la Révolution française, et la plus grande partie de leurs papiers disparut à la suite de leur fin tragique, ainsi que nous le verrons plus loin [2].

---

[1] Voyez l'autobiographie de Du Moulin, publiée dans le *Bulletin de la Société de l'Histoire du Protestantisme français,* VII° année, p. 179, et l'article sur le *général Portal*, même *Bulletin*, VIII° année, p. 2.

[2] L'habitude déplorable de l'ancienne noblesse de prendre des noms de terre entraîne une inextricable confusion de noms et de familles dans les événements de l'histoire de France. Appelons à notre aide la critique historique pour ne point revendiquer en faveur de la famille de Portal des faits qui appartiendraient à une autre.

L'état des seigneurs du Vivarais, publié par d'Aubaïs, dans ses *Pièces fugitives* (t. II), ainsi que la carte de Cassini, prouvent qu'aucune terre du

La Saint-Barthélemy avait immédiatement produit en France la double émigration des religionnaires à l'étranger et dans les villes de refuge; la cour de Charles IX s'en effraya, et voulut conjurer le mal par des remèdes énergiques. Le 19 novembre 1572, on publia un édit par lequel le roi ordonnait : « Que ceux

nom de La Pradelle n'existait dans le Vivarais; le gentilhomme *La Pradelle* n'était donc pas de ce pays, mais faisait partie des réfugiés protestants.

Parmi les familles nobles du Languedoc et du Rouergue, nous n'en connaissons que deux qui aient porté le nom de *La Pradelle* comme titre de seigneurie, les *Belcastel* et les *Portal*. Ces deux familles étaient protestantes, habitaient le Rouergue et probablement durent à la même époque chercher un refuge dans le Vivarais, qui alors offrait quelques chances de sûreté pour les religionnaires.

Le seul membre de la famille de Belcastel que l'on puisse identifier avec le capitaine *La Pradelle*, est Jean de Belcastel (IIe du nom), dit de Mouvillan, seigneur dudit lieu et de Castanet; il épousa, le 4 janvier 1553, Jeanne de Belcastel, dame de *La Pradelle*, sa cousine, et testa le 26 mars 1592. (*Documents historiques et généalogiques sur le Rouergue*, par M. de Barrau, t. II, p. 245.)

Ce Jean de Belcastel prit les armes en 1562 et combattit sous les ordres de Baudiné. Le nom qu'il portait était celui de Mouvillan et non de *La Pradelle*; on ne le voit plus figurer sur la scène des guerres civiles qu'en 1573, qu'il conduisit du secours à Grémian, assiégé dans Sommières. (*La France protestante*, t. II, p. 158.) Cette même année le capitaine *La Pradelle* se battait dans le Vivarais.

Le fils du seigneur de Mouvillan, Jean de Belcastel (IIIe du nom), habitait le château de La Pradelle, qu'il fut obligé de vendre, en 1597, par suite des ravages des seigneurs catholiques qui avaient mis cette terre au pillage; rien ne prouve que ce Belcastel ait pris le nom de *La Pradelle*, rien n'établit qu'il ait jamais pris les armes; enfin, son père s'étant marié en 1553, il ne pouvait être âgé au plus que de dix-huit ou dix-neuf ans en 1573, à une époque où le capitaine La Pradelle était un officier expérimenté. Louis de Portal, sieur de La Pradelle, était officier dans l'armée de Condé en 1562, c'est-à-dire onze ans avant; il portait le nom de la seigneurie de son père, d'après l'usage général de la noblesse en France.

Enfin, on ne saurait confondre le capitaine protestant La Pradelle avec le capitaine catholique *Pradel*, tué au siége de Villemur en 1592, et dont parlent les *Mémoires du baron d'Ambres* (p. 29).

« qui estoyent hors du royaume, ou dans les villes
« occupées par ceux de la religion, eussent à retour-
« ner dans leurs maisons; qu'en ce faisant, tout le
« passé leur estoit pardonné; et estoit défendu de les
« molester en leurs corps et consciences, pourveu
« qu'ils se continssent en paix. Et quant à ceux qui se-
« royent rebelles à ce commandement, le roy les me-
« naçoit de confisquer leurs biens. Protestant que ce
« qu'il avoit fait chastier l'amiral et ses adhérens, n'es-
« toit pas pour exercer une rigueur infinie sur ses su-
« jets de la nouvelle religion; ains son intention avoir
« esté de pourvoir à la conservation de son royaume,
« par un remède si nécessaire, encore *qu'en apparence*
« il fust fort violent. Pour le regard de plusieurs qui,
« pour éviter la fureur du peuple, s'estoyent retirez
« en pays estranger ou dans les villes que les rebelles
« tenoyent, luy, comme un bon père de famille, avoit
« pitié de les voir tant souffrir, estant ainsi bannis de
« leurs maisons. Et pourtant leur commandoit de re-
« venir incontinent chez eux, les asseurant qu'ils pou-
« voient y venir en toute asseurance, pourveu que ce
« fust en dedans trois sepmaines après; et que ceux
« qui estoyent dans les villes saisies par les séditieux
« eussent à se retirer vers le gouverneur de la pro-
« vince, pour luy bailler leurs noms, et promettre
« devant Dieu d'estre à l'avenir fidèles sujets du roy.
« S'ils s'obstinoyent à demeurer et mespriser sa grâce,
« qu'ils s'asseurassent d'en recevoir le chastiment deu

« aux obstinez et endurcis. Qu'il confisquera leurs
« biens s'ils ne comparoissent en dedans le terme
« préfix, afin qu'ils sachent que c'est d'abuser de la
« douceur de leur prince. Déclarant qu'il les en ad-
« vertit de bonne heure, afin que les rebelles qui se-
« ront chastiez ne puissent prétendre aucune cause
« d'ignorance [1]. »

Les avertissements de ce *bon père de famille*, la *dou-*
ceur de ce prince, qui avait été obligé d'administrer à
la France un remède qui pourrait *en apparence* sem-
bler violent, toutes ces belles promesses, ces paroles
dorées, cette eau bénite de cour, produisirent peu
d'effet sur les cœurs endurcis des huguenots.

Le roi en appela aux armes ; il envoya le seigneur
de Logières, chevalier de ses ordres, dans le Vivarais,
pour réduire ces enfants rebelles, qui, malgré les ordres paternels de Sa Majesté, n'entendaient pas se laisser égorger.

Nous suivrons ici les *Mémoires de l'Estat de France*
sous Charles Neufviesme, en conservant le vieux style
de l'époque, qui a une naïveté et une grâce inimi-
tables :

« Au commencement de ces remuemens, ceux de
« la religion estoyent les plus forts dans Aubenas, Pri-

---

[1] *Mémoires de l'Estat de France sous Charles neufiesme*, t. II, p. 19,
verso, édit. de 1578.

Cette importante collection, également connue sous le nom de *Mémoires*
de Charles IX, est de Simon Goulard, huguenot. (Voyez la *France pro-*
testante.)

« vas, Le Pouzin et Villeneufve. Toutefois, les catho-
« liques, voyans que Le Pouzin leur seroit commode,
« à cause de son assiette, s'en saisirent incontinent.
« Quand à Villeneufve, le sieur de Logières, voulant
« s'en rendre maistre, tint le conseil que s'ensuit.
« Villeneufve est une petite ville de Vivarez, assise en
« lieu commode pour les habitans, qui y ont leur bail-
« liage, ressortissant par appel au siége présidial de
« Nismes. Les catholiques et ceux de la religion es-
« toyent tombez d'accord de se défendre et maintenir
« les uns les autres, disans qu'ils estoyent frères et
« concitoyens, et qu'il faloit d'une commune force et
« volonté résister aux massacreurs. Par serment so-
« lennel donc ils accordent qu'on eslira deux capi-
« taines des deux religions, qui tour à tour feront les
« rondes et reveues dé nuict et de jour ; en telle sorte
« que le catholique veilleroit sur ceux de la religion,
« et celuy de la religion sur les catholiques, afin d'évi-
« ter toute mauvaise opinion.

« Les catholiques eslisent pour capitaine un nommé
« *Mirebel* (Mirabel) et les autres un nommé *Le Baron*,
« tous deux hommes de guerre. Voilà une belle ordon-
« nance, mais ce qui s'ensuyvit monstre comment on
« doit juger de telles paches (pactes). Les habitans,
« spécialement ceux de la religion, appuyez sur la foy
« catholique, pensoyent estre bien asseurez, et en ceste
« opinion vaquoyent doucement à leurs afaires. Ce-
« pendant le capitaine catholique avertit le sieur de

« Logières qu'il y a beau moyen de se saisir de la
« ville, pourveu qu'il approche des portes avec quel-
« ques troupes de cheval; qu'il lui donnera entrée, et
« mettra telle garde aux portes, que sans difficulté, il
« exécutera son entreprise.

. « Incontinent le sieur de Logières monta à cheval
« et avec ses troupes se présente aux portes de Ville-
« neufve, puis fait dire à Mirebel qu'il venoit là avec
« mandement du roy, et partant lui commandoit, au
« nom de Sa Majesté, de faire ouverture. Alors le capi-
« taine Baron se pourmenoit tout désarmé avec quel-
« ques autres là auprès, et voyant le sieur de Logières
« si près (qui le salua), fut merveilleusement estonné.
« Cependant Mirebel fait ouvrir les portes et reçoit Lo-
« gières, vers lequel s'assemblent incontinent les catho-
« liques avec leurs armes. Luy met garnison aux portes
« et soudain accourent à luy des lieux prochains quel- .
« ques compagnies de gens de pied et de cheval. Pen-
« dant que plusieurs s'amassent autour de Logières, le
« capitaine Baron se glisse vistement et se rend à une
« petite villette proche de Villeneufve, nommée Mirebel
« (*Mirabel*), où ceux de Villeneufve avoyent acoustumé
« d'aller au presche. Il fait entendre à un gentil-
« homme, nommé *La Pradelle*, demeurant là, ce qui
« estoit survenu; au moyen de quoy eux, d'un commun
« accord avec les soldats qu'ils peuvent amasser, se sai-
« sirent du chasteau de Mirebel, qui leur vint bien à
« poinct, puis après.

« Le sieur de Logières fait appeller les principaux
« de la religion et avec un gracieux langage tasche de
« leur persuader qu'il estoit résolu de les conserver en
« paix, sous la protection des édits du roy, sans forcer
« la conscience de pas un d'eux. Pendant cela plusieurs
« de la religion s'escoulent de Villeneufve pour aller à
« Mirebel, lequel ils fortifient, et ayant ceste commo-
« dité, reconquirent Villeneufve, comme il en sera dit
« en son lieu[1]. »

Ces faits se passaient en 1572, quelques semaines
après la Saint-Barthélemy; l'année suivante, La Pradelle conçut une folle entreprise, qui ne peut s'expliquer
que par l'ardent désir de venger l'outrage fait à sa famille par l'odieuse condamnation à mort du viguier de
Portal.

Un soldat protestant, serrurier de son métier, et qui
s'était réfugié à Mirabel, après la prise de Villeneuve,
vint dire au capitaine La Pradelle qu'il connaissait un
moyen de s'emparer de Villeneuve, ainsi qu'on l'avait
pratiqué pour Nîmes lors des derniers troubles; il lui
affirma qu'il y avait aux murailles de la ville un *pertuis*
garni de treillis de fer par où s'écoulait l'eau de pluie;
ayant visité ces treillis, ce soldat maintenait qu'il était
possible de les arracher et d'entrer par cette issue dans
Villeneuve. Le capitaine Baron, également informé de
cette ruse de guerre, ne fit qu'en rire, connaissant le

---

[1] *Mémoires de l'Estat de France*, t. II, p. 16, édit. de 1578.

danger de semblables entreprises ; mais La Pradelle insistant, on résolut d'essayer.

Baron était allé à Privas pour secourir cette place en danger d'être surprise par suite d'une mésintelligence survenue entre les habitants et les étrangers qui s'y étaient réfugiés ; la présence de ce chef habile et d'une grande énergie [1] pacifia le différend, et les religionnaires furent à l'abri d'un coup de main.

Le projet adopté par La Pradelle pour s'emparer de Villeneuve exigeait non-seulement de l'audace, mais des troupes résolues ; il fallut en demander à Aubenas et aux autres villes protestantes du Vivarais. Le secret confié à tant de bouches fut mal gardé, Logières en fut instruit ; immédiatement il fit mettre en prison les religionnaires soupçonnés de connivence et appela au secours de la place de nouvelles troupes. Ainsi quelques mois se passèrent, la plupart des capitaines huguenots considérant l'entreprise non-seulement comme impossible, mais ridicule, et La Pradelle persistant toujours dans son projet, mais ne trouvant personne pour l'accompagner. Pendant ce temps, le chevalier des ordres du roi se morfondait dans les rues de Villeneuve, en faisant bonne garde le jour et la nuit, si bien qu'il finit par croire que les avis qu'on lui avait donnés n'étaient qu'une mystification ; il remit la place sur le pied de paix et rendit la liberté aux protestants emprisonnés.

---

[1] Voyez la *France protestante,* article *Baron.*

Le capitaine La Pradelle, par les services qu'il avait rendus à l'armée du prince de Condé et plus encore par la position de sa famille, jouissait d'une haute influence, et son autorité était reconnue par les autres chefs huguenots du pays ; s'il n'eût été comme Baron qu'un officier de fortune [1], ses avis eussent été fort peu écoutés ; l'armée, à cette époque, dans les rangs des catholiques comme dans ceux des huguenots, était féodale : la naissance donnait les grades. Les *Mémoires de l'Estat de France* disent qu'au mois de mars 1573 La Pradelle envoya l'ordre au capitaine Baron de partir de Privas et de venir à Mirabel avec les troupes qu'il pourrait réunir et les soldats de sa compagnie ; Baron arriva le soir, mais sa marche avait été découverte par les espions catholiques et Logières fut averti de se tenir sur ses gardes cette nuit même. Ce seigneur, que l'histoire du temps représente comme un homme paisible, croyant que l'heure des combats était arrivée, commença prudemment par faire incarcérer de nouveau les prétendus révoltés protestants qui ignoraient complétement le plan de délivrance formé par leurs coreligionnaires, il fit fermer les portes, redoubler la garde, placer des soldats sur les remparts et ordonna une illumination générale de torches et falots sur les places publiques, et de lanternes et chandelles à toutes les fenêtres, « *telle-*

---

[1] *Baron* servit avec distinction sous Lesdiguières et acquit la réputation « *d'un des plus vaillants hommes de notre nation.* » Il fut anobli et récompensé de ses services. (*La France protestante,* article *Baron.*)

« *ment*, dit notre chroniqueur, *qu'il y faisoit ceste nuict-*
« *là aussi clair que de jour.* »

Si les religionnaires eussent exécuté leur entreprise
à l'heure assignée, à une heure après minuit, La Pradelle et ses hommes eussent été pris dans le piége et
massacrés ; c'est ce que voyait Baron ; son sentiment
fut partagé par plusieurs autres capitaines ; La Pradelle
ne voulut point se rendre à ces raisons, quelque fondées qu'elles fussent, il voulait se battre, et il entraîna
le conseil plutôt par lassitude que par conviction.

« Sur cela, on fit les prières au milieu des troupes
« qui prindrent tel courage, que chacun tenoit desjà
« l'exécution comme faite. Cependant une partie de la
« nuict se passe. Logières pensant qu'on luy eust donné
« encores quelque cassade (bourde, mystification), se
« contenta de ce qui avoit esté fait. Et comme le point
« du jour approchoit, les soldats appesantis du sommeil
« s'escoulent çà et là et ledit de Logières se retire en
« sa maison pour prendre quelque repos, car il avoit
« esté debout toute la nuict.

« Ceux de la religion marchèrent toute la nuict par
« les costaux et lieux escartez qui sont à l'entour de
« Villeneufve. Ayant gaigné le fossé, arrachent ce
« treillis et font entrer les plus résolus de leurs troupes
« qui marchent droit au corps de garde, tuent quelques
« soldats à demi endormis, et courant par les places
« commencent à crier *Ville gaignée !* Les autres soldats
« de la religion entroyent à la filée par ce pertuis, si

« qu'enfin ils ouvrent une porte. Alors on saccage tous
« ceux qui se trouvèrent en place. Le sieur de Logières
« estant sorty désarmé et encore tout endormy fut con-
« traint se sauver à grand'haste en sa maison qui estoit
« assez forte. Les catholiques s'emparent de deux tours,
« l'une au temple, qui estoit fort haute, et l'autre à la
« grand'porte. Cependant ceux de la religion tailloyent
« en pièces tous ceux qui leur osoyent faire teste, tel-
« lement que plusieurs tombèrent morts sur le pavé.
« Entre autres les prestres (qui s'estoyent là assemblez
« des lieux d'alentour pour faire leur synode) n'y furent
« pas espargnez. Après cela, ces deux tours que les
« catholiques tenoyent, ayant esté batues trois jours
« durant, avec perte de costé et d'autre, se rendent
« au troisième jour, et le sieur de Logières aussi sort
« par composition. Les catholiques luy vouloyent mal
« de mort, et disoyent haut et clair qu'il les avoit
« trahis[1]. »

Par cette action d'éclat, La Pradelle vengea double-
ment le viguier de Toulouse, et du parjure et de l'assassinat, par sa bravoure téméraire et par sa loyauté.
En pardonnant à son ennemi vaincu, il dut se souvenir
de la devise de Bérenger de Portal : *Non tum vincat.*
(Qu'il ne suffise pas de vaincre[2].)

---

[1] *Mémoires de l'Estat de France sous Charles neufviesme,* t. II, p. 135.
Cfr. De Thou, liv. LIII.

[2] Cette devise fait allusion au lion des armoiries, symbole du courage
et de la clémence : *Qu'il ne lui suffise pas de vaincre.* (Voyez le sceau de

Jehan de Portal avait eu la tête tranchée, malgré la foi jurée; Logières se retira sain et sauf.

La prise de Villeneuve de Berg vient de nous faire assister à un épisode de la guerre de partisans du Vivarais en 1573. « Des courses rapides sur le territoire « ennemi, des chevauchées de deux ou trois cents « hommes, des surprises de petites villes, des escalades « de châteaux, et de temps en temps quelques rencon- « tres fortuites entre partis de diverses couleurs où « restaient sur le champ de bataille une trentaine de « cadavres, voilà toute la guerre de 1573 [1]. »

Bérenger de Portal mourut cette année, et la branche de La Pradelle se divisa en deux rameaux; Louis de Portal, sieur de La Pradelle, fut le chef d'un premier rameau qui s'éteignit dans la personne de Jeanne de Portal, dame d'Estillac, veuve d'Alain de Préhac [2]; le second rameau est celui des barons d'Ampiac, sur lequel nous donnerons quelques renseignements.

Bérenger de Portal, conservé aux manuscrits de la Bibliothèque impériale, dossier *de Portal*.)

[1] Mary Lafon, *Histoire du Midi*, t. IV, p. 4.

[2] Jeanne de Portal vivait encore en 1697, comme on le voit par l'enregistrement de ses armoiries sur l'*Armorial général de France*.(*Languedoc. Fleurance*, manuscrits de la Bibliothèque impériale.)

Elle était dame d'*Estillac*; le château, le bourg et le moulin de ce nom sont marqués sur la carte de Cassini, près d'Agen, et à huit ou neuf lieues de Fleurance. La terre d'Estillac avait appartenu au maréchal de Montluc, par son mariage avec Françoise d'Estillac de Mondenard; Montluc mourut dans son château d'Estillac au mois de juillet 1577. (Voy. Ducourneau, *la Guyenne historique*, t. X, p. 104 et 108.)

Comment la terre du capitaine Montluc, qui présida au supplice du viguier Jehan de Portal, passa-t-elle dans les mains de la petite-nièce du chef des huguenots massacrés? Etrange retour des choses de ce monde !

La terre de La Pradelle ne resta pas longtemps dans la famille de Portal. Les propriétés des capitaines huguenots du Rouergue furent ravagées par les seigneurs catholiques, ils furent obligés de les vendre et de se retirer dans le Languedoc [1]. La famille de Belcastel nous en offre un exemple. Jean de Belcastel vendit ses deux terres en 1597, les seigneurs catholiques du voisinage ayant fait main basse sur les biens du gentilhomme hérétique [2].

Ce fut très probablement au mois d'août 1588 que la terre de La Pradelle, près de Figeac, fut dévastée; nous verrons sous cette date le capitaine Portal de Revel accourir au secours du Rouergue et de sa famille. Après la fin des guerres de la ligue et la pacification générale en 1595, la branche aînée aliéna ses propriétés du Rouergue et se retira dans le Languedoc, mais la branche cadette continua à habiter la ville de Figeac [3], et probablement à cette époque abandonna la foi protestante.

Le 16 mai 1658, Jean de Portal, seigneur d'Ols, conseiller du roi et juge de Villeneuve et de Peyrusse, épousa Jeanne de Saunhac, fille d'Hercule de Saunhac, seigneur et baron d'Ampiac et de Villelongue, capitaine de chevau-légers et de Françoise de Buisson, fille du baron de Bournazel, sénéchal de Rouergue. Cette

---

[1] Le Rouergue faisait partie de la Guyenne.
[2] *Documents historiques et généalogiques sur le Rouergue*, t. II, p. 245.
[3] *Documents sur le Rouergue*, t. II, p. 277.

généalogie était nécessaire pour expliquer ce qui suit.

Guion de Saunhac, par une transaction du 20 juillet 1673, céda à ses frères et sœurs, pour les remplir de leurs droits légitimaires, la terre et château d'Ampiac, dont Jean de Portal, époux de Jeanne de Saunhac, sa sœur, devint acquéreur moyennant la somme de 34,500 livres [1].

Le nouveau baron d'Ampiac résigna ses fonctions judiciaires, quitta sa résidence qui était à Foissac, entre Villeneuve et Peyrusse, villes dont il avait été juge royal, et vint s'établir au château d'Ampiac.

Ampiac, situé sur l'Aveyron, à une lieue de Rodez, « avait deux châteaux, l'un dans le lieu même, l'autre « sur une éminence voisine. On prétend qu'ils furent « bâtis (au treizième siècle) par deux frères qu'une ini- « mitié cruelle animait l'un contre l'autre, et qu'Am- « piac fut longtemps le théâtre de leurs sanglants dé- « mêlés.

« Le château délabré d'Ampiac existe encore ; c'est « un bâtiment carré avec une cour au milieu, flanqué « d'une grosse tour du côté du nord, où se trouve « l'église qui n'est séparée du château que par une « étroite ruelle, et de tourelles aux autres angles. Les « murs, d'une grande épaisseur, sont en moellon noyé « dans un ciment fort dur. La façade au levant donne « sur la place du lieu. On y remarque aux combles

---

[1] *Documents historiques et généalogiques sur le Rouergue*, t. II, p. 277.

« d'élégantes croisées à fronton historié, construction
« évidemment postérieure au reste de l'édifice, dont le
« style semble annoncer le treizième siècle. Des mâchi-
« coulis ceignent la tête des tours, et les murs sont
« percés çà et là par des meurtrières dont la bouche
« béante donnait passage à l'arquebuse. Un écusson
« incrusté sur les murs de la grosse tour porte trois
« pommes de pin, posées deux et une, armes parlantes
« de la maison d'*Ampiac.* »

Les seigneurs d'Ampiac étaient connus dès le treizième siècle; il en est question dans plusieurs titres de
l'abbaye de Bonnecombe; Hector d'Ampiac fit une donation à ce couvent en 1205...

Béatrix, seule enfant de Gaillard d'Ampiac, damoiseau, épousa avant 1396 Alzias Saunhac de Belcastel,
chevalier. La seigneurie d'Ampiac se transmit à leurs
descendants. Ainsi, cette terre se conserva dans la
même lignée au moins six cents ans, passant par les
femmes de la maison d'Ampiac à la maison de Saunhac, puis à la maison de Portal, et rentrant enfin, par
une dernière alliance, dans la maison de Saunhac,
ainsi que nous allons le voir.

Le château d'Ampiac appartient aujourd'hui à un
paysan de La Capelle-Viaur, nommé Hospitalier, qui le
laisse tomber en ruines [1].

Le fils aîné de Jean de Portal et de Jeanne de Sau-

---

[1] De Barrau, *Documents historiques et généalogiques sur les familles
du Rouergue*, t. II, p. 284.

nhac fut Jean de Portal, baron d'Ampiac, seigneur d'Ols; etc. Il épousa Marcelle de Gavareth et n'eut que deux filles; l'aînée, Marguerite dame d'Ampiac épousa, le 12 août 1745, Michel-Louis-Jean de Saunhac, comte de Villelongue, lieutenant des maréchaux de France en la sénéchaussée de Rodez, et rapporta la baronnie d'Ampiac dans la famille de Saunhac.

Leur fils, Jean-Jacques de Saunhac, baron d'Ampiac, comte de Villelongue, périt, jeune encore, victime de la révolution.

« Il avait d'abord cédé à l'impulsion qui entraînait « la noblesse française hors du territoire; mais arrivé « à Coblentz, il fut si mécontent des prétentions outrées « et de l'anarchie morale qui régnaient parmi ses no- « bles compatriotes, qu'il prit aussitôt le parti de ren- « trer dans sa patrie. Il parvint assez heureusement à « Paris et s'y cacha chez un homme de Sauveterre, « nommé Garigues, qui exerçait la profession de per- « ruquier. Garigues l'accueillit avec dévouement et le « traita avec une sollicitude toute fraternelle. Malheu- « reusement il y avait dans le voisinage un autre Avey- « ronnais, parent de Garigues (Calmels, originaire « d'Ampiac, coutelier à Paris), patriote ardent, qui, « ayant un jour reconnu le jeune Villelongue, alla de « suite le dénoncer à son district et le fit arrêter. « Comme celui-ci n'avait pas été inscrit sur la liste des « émigrés, l'instruction de son procès fut d'abord assez « lente. On lui insinua même qu'au moyen d'un certi-

« ficat de civisme il se tirerait d'affaire. Il écrivit donc
« à S..., membre influent du district de Sauveterre, qui
« était l'obligé de sa famille, pour lui demander, dans
« les termes les plus pressants, la pièce d'où dépendait
« sa vie. S... n'osa ou ne voulut point le servir, et cet
« infortuné fut condamné à mort par le tribunal révo-
« lutionnaire et exécuté le 6 vendémiaire an II. »

Marguerite de Portal, dame d'Ampiac, étant veuve,
mourut dans les premières années de la révolution,
après avoir survécu à la plupart de ses enfants[1].

Cette généalogie des barons d'Ampiac peut paraître
superflue et en dehors du but de nos recherches, elle
renferme cependant une noble leçon.

Les membres de la famille de Portal qui rentrèrent
dans le giron de l'Eglise catholique en furent récom-
pensés par les plus belles alliances, par la fortune et les
honneurs ; leurs parents, fidèles aux traditions de liberté
de conscience, reçurent en partage les persécutions, la
ruine et les massacres. Ce qui n'apparaît ici que comme
un épisode, va devenir l'histoire de toute la famille.

Et cependant ces Portal du Rouergue, quelque bons
catholiques qu'ils fussent, n'avaient point répudié le
souvenir de leur origine ; sur leur écusson écartelé paraît le blason des trésoriers généraux de France[2], qui
indiquait leur descendance de Bérenger de Portal, sei-

---

[1] Voyez de Barrau, *Documents sur le Rouergue*, t. II, p. 279.
[2] *Les besans d'or*, pièce des armes des trésoriers généraux, d'après La Colombière, *Science héroïque*, p. 162. (Voyez l'*Armorial général de France*,
aux manuscrits de la Bibliothèque impériale.)

gneur de La Pradelle. Tous les aînés s'appelaient *Jean* en mémoire du viguier de Toulouse; ils se retirèrent des emplois publics, ne voulant sévir contre ceux qui professaient la foi de leurs pères; enfin, la conduite du comte de Villelongue à Coblentz indique que l'esprit politique et religieux de cette famille se ressentait encore des traditions des aïeux.

Nous ne terminerons pas ce chapitre sans rendre hommage à l'enfant héroïque qui descendait de cette branche et qui a exalté l'enthousiasme du célèbre auteur de l'*Histoire des Francais des divers Etats*, Monteil.

Guillaume de Portal naquit sur le domaine de La Campie, à trois kilomètres du château d'Ampiac.

« Le petit hameau de La Campie, dit Monteil, ne « mérite pas une mention particulière par son site, « mais il a vu naître Guillaume Portal, ce jeune héros « qui, pendant l'hiver de l'an VI (1797), apprenant que « son frère était attaqué par un loup enragé, vola si « précipitamment à sa défense, qu'il ne se donna pas « le temps de s'armer. Il attire sur lui l'animal féroce « qui dévorait son frère, lui plonge la main dans la « gueule et le terrasse ; une légère blessure le rend « hydrophobe ; il périt peu de temps après[1]. »

[1] Monteil, *Description du département de l'Aveyron*, t. Ier, p. 109.
Guillaume était le fils d'un cadet de la famille de Portal d'Ampiac, qui probablement avait reçu pour légitime la propriété de La Campie. Avant la révolution française, les habitants de Rodez se faisaient remarquer par l'austérité des mœurs, la roideur de caractère et l'esprit de famille qu'avait revêtu la forme féodale. Monteil dit que « la jeunesse des deux sexes ne pouvait se « voir qu'à l'église; quelquefois les époux ne faisaient connaissance qu'en

Si on n'éleva pas un monument à Guillaume de Portal, ainsi que le proposait Monteil, du moins il devint une des célébrités du Rouergue.

« allant à l'autel. La ville était divisée en plusieurs partis ; chaque famille
« formait un petit Etat qui avait ses alliés et ses ennemis; un trône s'éle-
« vait au milieu, qui était occupé par l'aîné : les cadets étaient le peuple...
« On disait dans cette famille : Un tel est avocat, un tel est médecin, un
« tel est *aîné.* Dans tout le reste du département, l'aîné était ordinairement
« l'héritier, mais ce n'était qu'une coutume dont l'opinion avait fait à
« Rodez un *droit.* » (Monteil, *Description du département de l'Aveyron,*
t. Ier, p. 101, 102.)

La famille de Portal habitait Rodez une partie de l'année, elle en suivait les usages, un de ses enfants vient de nous offrir le plus touchant exemple de l'*esprit de famille* qui y était en si grand honneur.

IX

LE CAPITAINE PORTAL DE REVEL
GUERRES DE LA LIGUE EN LANGUEDOC

> *Nostre Donne deu cap deu pon,*
> *Ajuda mi en aquele houre.*
> (Motet béarnais.)
>
> « Ventre saint gris! »
> (HENRI IV.)

« Entre minuit et une heure, le treizième jour de
« décembre 1553, les douleurs pour enfanter prirent
« à la princesse. Au-dessus de sa chambre estoit celle
« du roy son père, qui, adverty soudain, descend. Elle
« l'oyant commence à chanter en musique ce motet
« en langue biarnoise : *Nostre Donne deu cap deu pon,*
« *ajuda mi en aquele houre.....* Aussi n'eust-elle pas
« plustôt parachevé son motet, que nasquit le prince
« qui commande aujourd'huy, par la grâce de Dieu, à
« la France et à la Navarre.

« Ainsi vint ce petit prince au monde, sans pleurer
« ny crier, et la première viande qu'il receust fut de
« la main de son grand-père ledict sieur roy Henry,

« qui lui bailla une pillule de la thériaque des gens de
« village, qui est un cap d'ail, dont il lui frotta ses pe-
« tites lèvres, lesquelles il se frippa l'une contre l'au-
« tre comme pour sucer; ce qu'ayant veu le roy, et
« prenant de là une bonne conjecture qu'il seroit d'un
« bon naturel, il luy présenta du vin dans sa coupe; à
« l'odeur, ce petit prince bransla la teste comme peut
« faire un enfant, et lors ledict sieur roy dict : *Tu se-*
« *ras un vrai Biarnois.* »

C'est ainsi que Palma-Cayet raconte la naissance
du bon roi Henri. L'histoire reproche à ce vrai Béarnais de grands défauts, des vices même, mais elle dit
aussi qu'il posséda le don le plus précieux pour un
roi, le don de se faire aimer.

« Ce petit prince fit toutefois de la peine à eslever,
« estant passé par les mains de huict nourrisses, dont
« la huictième gaigna le prix, et laquelle aussi il a de-
« puis grandement honorée, et luy a donné récom-
« pense honneste de ses labeurs et peines qu'elle avoit
« prises envers luy, et a eslevé tous ses enfants en
« offices [1]. »

Quelle était cette nourrice?

Mademoiselle Vauvilliers, dans son *Histoire de Jeanne
d'Albret* (tome Ier, p. 45), a recueilli les faits qui suivent : « Enfin, dit-elle, la duchesse de Vendôme
« (Jeanne d'Albret) fut assez heureuse pour faire un

---

[1] *Chronologie novenaire* de Palma-Cayet, liv. Ier, p. 174, édit. Buchon.

« bon choix dans la personne de Jeanne de Fourcade,
« femme de Jean Lassansaa, pauvre laboureur, qui
« demeurait à Bilhères, village encore existant, et li-
« mitrophe de la commune de Pau. Sa maison est res-
« tée à peu près ce qu'elle était lorsque Henri de Na-
« varre y fut nourri. C'est une maison de paysan, avec
« un jardin d'un demi-arpent, fermé d'un mur à hau-
« teur d'appui. Au-dessus de la principale porte sont
« les anciennes armes de France avec ces mots :
« Saube-garde dou rey (*Sauvegarde du roi*). Ce fut
« la seule récompense que la nourrice demanda de
« ses soins. »

Au sortir de la mamelle, l'enfant royal reçut pour
gouvernante en titre Suzanne de Bourbon-Busset,
épouse de Jean d'Albret, baron de Miossens, et pour
gouvernante réelle, ou sous-gouvernante, la dame de
Saint-Cricq, *née de Portal.* Celle-ci sevra le jeune
prince, fut une seconde nourrice [1] et une seconde
mère, et, pendant toute la jeunesse de son royal élève,
l'entoura des soins les plus tendres et les plus dévoués. Le bon roi Henri IV, quelque peu oublieux de
sa nature, ne le fut jamais envers son ancienne gouvernante, et l'honora d'une affection presque filiale,

---

[1] Une tradition conservée dans la famille de Saint-Cricq et transmise à
la famille de Portal par le comte de Saint-Cricq, ancien ministre et pair
de France, rapporte qu'une dame de Saint-Cricq, *née de Portal*, fut la
nourrice de Henri IV et que le juron de *ventre saint gris* n'a pas d'autre
origine. Les traditions transmises de bouche en bouche s'altèrent en chemin; la dame de Saint-Cricq ne fut point la nourrice de Henri IV, mais
sa gouvernante, sous la haute direction de Suzanne de Bourbon.

ainsi qu'il l'exprimait à chaque instant par une locution rustique, qui devint le célèbre juron *ventre saint*
gris.

Par suite d'un défaut de prononciation, ou de la
mode du temps, Henri IV appelait son ami Crillon,
Brave Grillon, et sa gouvernante, *Saint-Gris*, et finit
par en prendre l'orthographe. Dans une lettre célèbre,
il écrit : « *Brave Grillon, pendés-vous de n'avoir esté icy*
« *près de moi*, etc. [1]. »

Henri IV passa son enfance dans le château de Coa-
rasse, en Béarn, situé dans les montagnes et les rochers, et près de la petite et jolie ville de Nay, que les
Béarnais disaient être de *todas las villas la may*, de
toutes les villes la plus belle.

« Là où ce prince fut eslevé et nourry dignement
« en prince, mais en sorte qu'il estoit duit au labeur
« et mangeoit souvent du pain commun, le grand-père
« le voulant ainsi, affin que de jeunesse il s'apprist à
« la nécessité. Tant que vesquit ledict bon roi Henry
« d'Albret, il ne voulut que son petit-fils fust mignardé
« délicatement, et a esté veu à la mode du pays parmi

---

[1] *Recueil des lettres missives de Henri IV*, par Berger de Xivrey, t. IV,
p. 848, et l'*Esprit dans l'histoire*, par Edouard Fournier, p. 144 et 145.

Il paraît que ce grasseyement était de bon ton à la cour. Nous lisons dans
les *Mémoires de Marguerite de Valois* : « Le seul brave GRILLON fust celui
« qui mesprisant toutes deffenses et toutes défaveurs vint cinq ou six fois
« en ma chambre (p. 109, édit. de *Liége*, 1713).

« Je compterois là-dessus force particularitez gentilles, dit Brantôme,
« mais elles seroient trop longues : si diray-je celle-cy; c'est qu'ainsi que
« nous marchions par cette ville, M. de GRILLON, le brave prit sept ou huit
« bons hommes, etc. » (*Eloge de M. de Bussy*, p. 215.)

« les autres enfants du village, quelquefois pieds des-
« caux et nud-teste, tant en hyver qu'en esté, qui est
« une des causes pour lesquelles les Biarnois sont ro-
« bustes et agiles singulièrement [1].

« Henri n'avait pas deux ans, que déjà il étonnait
« par sa force, sa vivacité et une certaine gentillesse
« de courage qui ravissait son grand-père, et qui lui
« faisait dire incessamment *qu'il serait un lion géné-*
« *reux qui ferait trembler les Espagnols* [2]. »

Suzanne de Bourbon, dame d'Albret, avait un fils
qui servit d'émule au prince de Navarre; c'était
Henri Ier d'Albret-Miossens, connu également sous le
nom de sire de Pons, « gentilhomme d'un beau natu-
« rel, et qui offrit jusqu'à une vieillesse très avancée
« l'exemple d'une vie courageuse et incorruptible [3]. »
Bientôt quelques fils de gentilshommes viendront former la cour du futur roi de Navarre et de France,
Jean de Beaumanoir, un jeune Portal, etc.

Après la mort de François II, Antoine de Bourbon,
roi de Navarre et premier prince du sang, fut déclaré
lieutenant général du royaume. Il fit venir en France
la reine Jeanne et le petit prince Henri son fils. Peu
de temps après, au siége de Rouen, il reçut un coup
de mousquet dans l'épaule et mourut quelques jours
après (1562). La reine de Navarre et son fils étaient

[1] *Chronologie novenaire* de Palma-Cayet, t. Ier, p. 174.
[2] Mademoiselle Vauvilliers, *Histoire de Jeanne d'Albret*, t. Ier, p. 47.
[3] *Ibid.*

alors à la cour de France. La reine revint dans le
Béarn et embrassa ouvertement le calvinisme; mais
elle laissa son fils auprès du roi Charles IX. Ce ne fut
qu'en 1566 que le prince Henri de Navarre, âgé de
treize ans, revint à Pau. Sa mère lui donna pour pré-
cepteur Florent Chrétien, versé dans les belles-lettres
et zélé huguenot [1].

La mâle éducation que Jeanne d'Albret avait donnée
à son fils réclamait un complément indispensable, l'ap-
prentissage du rude métier de la guerre. A cette époque, existait encore un ancien usage de la chevalerie;
les plus illustres familles confiaient leurs enfants à
leurs frères d'armes ou les envoyaient auprès des
princes qu'ils servaient en qualité de pages, de varlets
et d'écuyers [2]. Le séjour de Henri de Navarre à la cour
de France l'avait déjà initié à la vie du grand monde
et aux belles manières; rentré dans sa capitale, il
trouva auprès de sa mère l'austérité de l'Eglise protestante et les leçons de la vie des camps. On l'entoura

---

[1] Péréfixe, *Histoire de Henri le Grand*, p. 20.

[2] « On ne doit plus être étonné de rencontrer les noms des plus illus-
« tres maisons parmi les pages, les écuyers et même les domestiques infé-
« rieurs des chevaliers ou seigneurs qui pouvaient ne valoir pas mieux et
« peut-être valoir moins du côté de la naissance. Le mérite seul décidait
« du choix qu'on faisait de celui à qui l'on s'attachait. Comme sa maison
« était une école où l'on venait s'instruire, on ne considérait que la valeur,
« l'expérience et l'habileté dans l'art militaire du maître dont on voulait
« recevoir les leçons. Ce fut sans doute ce motif qui détermina Antoine de
« Chabanne à entrer page d'abord dans la maison du comte de Ventadour
« et ensuite dans celle de La Hire. Ce fut en sortant de cette école qu'il
« parvint à la capitainerie ou gouvernement de Creil-sur-Oise. » (La Curne
de Sainte-Palaye, *Mémoires sur l'ancienne chevalerie*, t. 1er, p. 56.)

de jeunes seigneurs huguenots qui devaient former sa future maison militaire, suivre sa fortune et lui être dévoués jusqu'à la mort ; un jeune Portal eut cet honneur.

Le 24 mai 1562, la nouvelle du massacre des huguenots de Toulouse était parvenue à Revel ; les huguenots de cette ville abandonnèrent leurs familles et leurs biens, et se réfugièrent à Castres et dans les autres villes où ils pensaient être le plus en sûreté [1]. Ce fut sans doute à cette époque que la branche de Portal, établie à Revel, émigra dans la Navarre, attirée par sa parenté avec la gouvernante du prince Henri et par l'espérance de la protection de Jeanne d'Albret. Quelques années plus tard, Jean de Portal, fils d'Antoine, ancien bailli de Revel et neveu du viguier Jehan de Portal, fut admis dans la maison noble de Henri de Navarre. Il dut y trouver le sire de Pons et Jehan de Beaumanoir, qui fut plus tard maréchal de France, sous le nom de Lavardin [2], ainsi que quelques autres fils de familles nobles

---

[1] Voy. Théodore de Bèze, t. III, p. 155, et le Martyrologe de Crespin, p. 671.

[2] Il paraît qu'en bons camarades les Beaumanoir et les Portal se prêtaient quelquefois de l'argent et même qu'ils n'étaient pas toujours pressés de se le rendre. D'après une obligation souscrite à Montauban, le 6 juillet 1579, et renouvelée en 1610, Jehan de Beaumanoir, dit le maréchal de Lavardin, était débiteur envers Pierre de Portal d'une somme de 1,896 livres 16 sous 6 deniers tournois. « *Reconnaissance faite par le marquis de Beaumanoir, « maréchal de France, à Jehanne de Portal, femme de Pierre Bègue, « avocat au conseil de Pau, et fille et héritière de feu Pierre de Portal.* « (Titre de famille.) »

Le maréchal de Lavardin, né en 1551, était de deux ans plus âgé que Henri IV et avait été élevé avec ce prince ; il le quitta en 1578 pour s'atta-

et protestantes. C'est à cette école que Portal reçut cette trempe vigoureuse du corps et de l'âme qui le rendit un des ennemis les plus acharnés des ligueurs et le plus redouté du duc de Joyeuse [1]. On comprend la valeur du juron *ventre saint gris*, lorsque dans la bataille Henri IV l'adressait à la famille de sa gouvernante ; ce fut sans doute un des motifs qui le fit abuser de cette singulière locution, il savait qu'il y avait auprès de lui des oreilles qui en étaient toujours flattées.

Son éducation militaire terminée, Portal devait se montrer digne des faveurs dont l'honorait le roi de Navarre ; une occasion se présenta, il la saisit avec ardeur.

En 1580, Henri de La Tour d'Auvergne, vicomte de Turenne et depuis duc de Bouillon, se démit de la lieutenance de Guyenne et reçut du roi de Navarre le commandement du Haut-Languedoc. Arrivé à Puylaurens, non sans péril de tomber dans les mains des catholiques qui venaient de prendre Sorèze par surprise, il reçut les députés des villes du Lauraguais et les principaux gentilshommes du pays, qui lui témoignèrent une grande joie de son arrivée et d'avoir à servir sous ses ordres. Chacun s'armait et s'équipait ; mais, avant de rien entreprendre, le vicomte de Turenne voulut orga-

cher à Catherine de Médicis. Rentré en grâce, il fut nommé maréchal de France et gouverneur du Maine ; il était dans le carrosse de Henri IV quand Ravaillac assassina ce malheureux roi. (Voy. le *Dictionnaire historique* de Bouillet.)

[1] Lorsque Portal fut fait prisonnier, le duc de Joyeuse dit : *Ne le lâchez pas, je le trouve partout.* (Gaches, *Mémoires*, p. 480.)

niser les finances, l'armée et l'administration ; dans ce but, il convoqua à Castres une assemblée des villes, de la noblesse et des ministres protestants ; il y fut résolu que des impositions seraient levées pour l'entretien des places qui tenaient pour le parti huguenot, et pour la levée et la solde d'un corps de troupes qui devait accompagner le vicomte, et qui se composa de huit cents hommes de pied, cent chevaux et cinquante arquebusiers de sa garde [1].

Les huit cents hommes de pied furent divisés en huit compagnies ; *Portal de Revel*, l'un des gentilshommes lauraguais qui s'étaient rendus auprès de Turenne à son arrivé à Puylaurens, reçut le commandement de l'une de ces compagnies [2] ; ses propriétés étaient situées auprès de cette ville, deux conservent encore le nom de Portal sur la carte de Cassini, près de Puylaurens.

Le grade de capitaine était presque le seul de l'armée à cette époque, mais on ne l'acquerrait qu'après une lente initiation dans l'art de la guerre ; si on n'avait pas fait partie de la maison d'un prince puissant, on s'enrôlait comme simple soldat ; les plus grands noms de France sont inscrits sur les rôles des hommes d'armes.

« L'état des officiers de l'ancienne armée, dit un his-« rien moderne, était une institution bien loin de nos « mœurs actuelles et qui veut être exposée avec quelque « détail.

---

[1] *Mémoires du duc de Bouillon*, édit. Buchon, p. 420.
[2] *La France protestante*.

« Avant l'époque où les régiments actuels furent
« créés, c'est-à-dire jusqu'à Louis XIII, l'unité de corps
« de l'armée était la compagnie, et par conséquent le
« grade le plus élevé était celui de capitaine. De cette
« vieille organisation militaire est même venu l'usage
« moderne de désigner par le nom de grands capitaines
« les guerriers les plus illustres de tous les temps,
« comme Alexandre, César, Charlemagne, Napoléon.
« Ces compagnies étaient des troupes mercenaires,
« levées par des gentilshommes, entretenues à leurs
« frais, et mises par eux, à de certaines conditions, au
« service du roi... Louis XIV changea peu à peu cette
« organisation; il fit lui-même lever, non plus des
« compagnies, mais des régiments[1]. »

Les maréchaux de camp, les lieutenants généraux et
les maréchaux de France étaient non pas des officiers
de régiment, mais des officiers du roi[2].

Ceci explique comment on pouvait être en même
temps capitaine et colonel, capitaine et mestre de camp,
capitaine et maréchal de France. Le capitaine Montluc
était maréchal, et nous verrons un Portal, sieur de
Saint-Paul, capitaine aux gardes françaises, ayant le
titre de colonel. Dans le premier volume de l'*Extraordinaire des guerres de l'an 1564, sous Charles IX*, on lit :
« Au capitaine Roumole, colonel des dites compagnies,

---

[1] Granier de Cassagnac, *Histoire des causes de la Révolution française*,
t. Ier, p. 417.
[2] *Ibid.*, t. Ier, p. 425.

« la somme de 200 livres pour son estat de maistre de
« camp[1]. »

Parvenu à l'âge d'homme, à la tête d'une compagnie, honoré de la faveur spéciale du roi de Navarre,
le capitaine Portal entreprit de faire rentrer sa famille
en possession des biens saisis sur le viguier Jehan de
Portal; il intenta une action en restitution contre la
ville de Toulouse, représentée par ses capitouls, se fondant sur ce que l'arrêt du conseil privé de Charles IX,
en date du 18 juin 1563, avait rétabli les officiers cassés
par le parlement, *en tous et chacun de leurs biens meubles
et immeubles, desquels,* dit l'arrêt, *leur sera rendu compte
et reliqua, tant des meubles que des fruits et revenus des
immeubles,* etc.

L'instance fut introduite devant le sénéchal de Toulouse, juge des nobles en première instance, et qui,
par les lettres patentes du même roi Charles IX, en
date du 24 décembre 1562, avait été chargé spécialement *de recevoir toutes plaintes et doléances, tant criminelles, civiles que particulières,* relatives aux troubles de
Toulouse; la juridiction et la connaissance de ces affaires
ayant été enlevées au parlement par lesdites patentes[2].

Le capitaine Portal perdit son procès, attendu sans
doute que l'arrêt du conseil privé n'avait statué qu'en
faveur des capitouls cassés et condamnés par le parle-

---

[1] Le P. Daniel, *Histoire de la Milice française*, t. II, p. 56, 57.
[2] Nous avons donné plus haut les lettres patentes et l'arrêt du conseil
privé.

ment et non en faveur du viguier; que le roi avait reconnu que la condamnation à mort de Jehan de Portal
et la saisie de ses biens était juste et régulière, puisque la charge de viguier, abolie par le parlement, en
détestation de son méfait, n'avait été rétablie par le roi
que six ans après, en 1568.

La famille de Portal forma appel devant le parlement
mi-parti qui jugeait les causes dans lesquelles les catholiques et les protestants étaient parties adverses.

L'héritage le plus précieux que la famille de Portal
devait acquérir par ce procès est la lettre de Henri IV.

Lettre de Henri IV, étant roi de Navarre,

« A Monsieur Scorbiac, conseiller du roy mon sei-
« gneur, en sa cour de parlement de Toulouse et cham-
« bre de l'ecdit en Languedoc :

« Monsieur de Scorbiac, le capitaine Portal, ung de
« mes subjectz et *serviteur domestique*[1], est appelant en
« vostre compaignye d'une sentence que ses parties ont
« obtenue contre luy au séneschal de Thoulouze, se
« prévallant de bruits incertains qui ont cours. Et si la
« qualité d'estre de mes serviteurs luy a esté préjudi-
« ciable envers les ungs, faictes en sorte, je vous prye,

---

[1] Nous avons expliqué dans les notes précédentes ce que l'on entendait
par *serviteurs domestiques;* ils formaient la maison noble des princes et se
composaient des pages, varlets, écuyers, chambellans, maîtres d'hôtel, et
enfin, du *connétable,* titre qui, dans son acception primitive et prosaïque,
signifiait simplement *garçon d'écurie* (comes stabuli), ou, plus littéralement encore, *compagnon d'étable.*

« qu'elle luy acquière en vostre endroict une prompte
« et favorable expédition. Je say combien vous avez
« accoustumé d'affectionner ceulx qui vous sont recom-
« mandez de ma part, c'est pourquoi je vous en escry
« avec tant de privaulté, priant sur ce le Créateur,
« Monsieur de Scorbiac, vous avoir en sa saincte garde.

« De Pau, ce 11e febvrier 1584.

« (Signé) HENRY[1]. »

Les bruits incertains qui avaient cours, et dont se
prévalaient, d'après Henri IV, les adversaires du capitaine Portal, étaient que le viguier n'avait point été
compris dans l'amnistie du roi, et que Charles IX dès
lors avait reconnu le bien jugé de sa condamnation.

En droit rigoureux, on pouvait soutenir cette thèse,
mais en équité et devant l'histoire la sentence du sénéchal était inique. Après le supplice du viguier, la famille de Portal, épouvantée, fuyait le Languedoc; Bérenger de Portal se réfugiait à Bordeaux, la branche de
Revel abandonnait ses biens et réclamait la protection
de la reine de Navarre; tous devaient supposer que le
parlement avait agi d'après les ordres du roi. Cependant
les lettres patentes de Charles IX et l'arrêt du conseil
privé cassèrent tous les actes de cette compagnie, tous
furent nuls et comme non avenus; Portal n'avait point

---

[1] *Recueil des lettres missives de Henri IV*, publié par M. Berger de Xivrey, dans la *Collection des monuments inédits de l'Histoire de France*,
t. Ier des lettres, p. 639.

été excepté dans cette mesure générale, et il n'appartenait pas au parlement de se prévaloir de l'abolition de
la charge de viguier, alors que cette abolition avait été
faite non par le roi, mais par une indigne usurpation
entachée de félonie.

La chambre mi-partie cassa-t-elle la sentence du sénéchal? Je l'ignore et ne l'ai point recherché, l'honneur du parlement y est plus intéressé que celui de la
maison de Portal[1].

Il fut de tradition, dans cette famille, d'avoir ses biens
confisqués; ils le furent sous saint Louis, Charles IX et
Louis XIV; l'énergie du caractère en était retrempée.
L'école de l'adversité, la plus dure de toutes, est souvent la plus salutaire.

A la manière dont le capitaine Portal va se battre,
je croirais qu'il perdit son procès.

Le duc de Montmorency était gouverneur du Languedoc, homme éminent, quoiqu'il ne sût pas écrire, et
de plus vaillant capitaine; catholique, il fut contraint

---

[1] « Par l'édit de pacification de 1576 (voy. cet édit dans la *France pro-*
« *testante, pièces justificatives*, p. 130) il fut établi des chambres mi-parties
« dans les divers parlements du royaume pour juger les procès des reli-
« gionnaires, et cette année même, la chambre mi-partie pour le Langue-
« doc avait été instituée à Montpellier... La chambre fut transférée à Revel
« en 1577; de Clausonne en fut le président, Guichard de Scorbiac l'un des
« conseillers. Elle fut transférée encore et établie en 1579 à l'Ile en Albi-
« geois... Cette chambre interrompit ses travaux en 1580 et elle ne rentra
« que le 25 avril 1583; supprimée en 1585, elle cessa de rendre la justice.
« Le 1er août, les conseillers catholiques rentrèrent à Toulouse et les reli-
« gionnaires à Castres. » (Du Mège, *Histoire de Toulouse*, p. 234 et 363.)

cependant, pour échapper au massacre de la Saint-Bar-thélemy, de se réfugier dans son gouvernement. Il s'y mit à la tête du parti des mécontents, appelés *politiques*, et régna en souverain jusqu'à l'avénement de Henri IV, qui lui envoya l'épée de connétable en 1595[1].

Montmorency choisit pour gouverneur de Castres, en 1585, Jacques, comte de Montgommery, fils de Gabriel de Montgommery, qui, dans le célèbre tournoi donné à l'occasion des mariages de la fille et de la sœur de Henri II, eut le malheur de blesser mortellement ce prince d'un coup de lance. Dès l'année 1586, les opérations militaires prirent, sous sa direction, l'aspect le plus favorable ; le 26 avril, il partit de Castres pour aller trouver le roi de Navarre qui le lui avait ordonné, et lui mena quatre compagnies du Lauraguais, sous les ordres des capitaines d'*Astorg de Lux*, de *Portal*, *Pelras* et *Sabaut*, trois compagnies de Castres, et les argolets ou milice[2].

Le 23 juin, Montesquieu, petite ville près de Toulouse, occupée par les huguenots, fut assiégée par les catholiques, commandés par le maréchal de Joyeuse. Montgommery, qui était à Revel, partit le 29 pour porter du secours. Il arrive le 3 juillet près de la place, avec cent cinquante *maistres* (ou cavaliers) et douze cents arquebusiers. Il fit ranger l'armée en ba-

---

[1] *Dictionnaire historique* de Bouillet.
[2] Journal de Faurin, dans les *Pièces fugitives* de D'Aubais, t. III, p. 23.

taille et s'informa auprès du capitaine Franc, qui avait le commandement des troupes déjà arrivées, quel était l'ordre des compagnies et le plan d'attaque : « Il lui « respondit qu'il avoit placé à la teste trois cents ar- « quebusiers tirés de tout le corps comme *enfants per-* « *dus*, sous la conduite de Portal et Pelras, pour se « jetter dedans et pour les espauler, huit cens arque- « busiers pour avant-garde, quinze cens pour la ba- « taille et huit cens pour l'arrière-garde, comprins la « compagnie venue de Castres, et ayant placé la ca- « valerie au nombre de trois cens maistres sur les « aisles. Voilà qui va bien, dit le comte. Et après il fit « bransler toutes les troupes pour aller donner se- « cours avec résolution de lever le siége ou donner « bataille [1]. »

Au moment où toute l'armée était en marche, alors que Portal et Pelras allaient entrer dans la place avec les *enfants perdus*, vingt-cinq gens d'armes de la com- pagnie du maréchal de Joyeuse paraissent et crient que la place est rendue. Les otages arrivèrent bientôt suivis des familles qui se retiraient de Montesquieu. Il y fut tiré treize cent soixante coups de canon. « Mais « tout cela, dit Gaches, eust été de vain s'ils eussent « retardé peu de temps, attendu le grand et beau se- « cours, qui eust infailliblement levé le siége. »

Cependant le comte de Montgommery passe en di-

---

[1] Mémoires manuscrits de Gaches, Mss. de la Bibliothèque impériale.

ligence au Mas-Saintes-Puelles, petite ville du Lauraguais, à une lieue de Castelnaudary, fermée par une
enceinte de murailles, et qui était menacée d'une attaque par l'armée de Joyeuse; il visita la place, la
trouva faible et en mauvais état. Le conseil assemblé,
l'avis de la plus grande partie des capitaines fut qu'il
fallait la brûler. Mais les capitaines du Lauraguais,
Portal, Pelras et Sabaud, représentèrent que l'ennemi
considérerait cet acte de vandalisme comme une là-
cheté et en prendrait un immense avantage. Montgommery se décida à laisser pour la défense de cette mé-
chante bicoque les trois capitaines qui paraissaient si
sûrs de leur fait et donna le commandement au plus
résolu, *le capitaine Portal.* Laissons parler ici le vieux
chroniqueur huguenot, témoin oculaire de ces faits,
et dont la véracité et l'impartialité ont été reconnues
par Dom Vaissette, l'auteur de la grande *Histoire du
Languedoc* [1].

« Le maréchal de Joyeuse, enflé du succès de Mon-
« tesquieu, s'en va tout droit au Mas, pensant l'em-
« porter d'emblée, et le jeudi dixième juillet (1586)
« commença de l'investir et y planter le camp; mais
« il arriva ce qui se dit communément, que quy
« compte sans l'hoste compte deux fois. Nous dirons
« en peu de mots son estat. Il est à une lieue de Cas-

---

[1] « Cet auteur, dit Dom Vaissette, est un zélé religionnaire ; mais il rend
« justice aux catholiques en bien des choses, et il nous a paru exact et
« assez désintéressé. » (Voyez la *France protestante*, article *Gaches*.)

« telnaudary, à main gauche du chemin françois, et
« presque carré ; assis partie sur un tertre vers le
« midi et partie en plaine, du costé du septentrion,
« où il y a une tour, dans laquelle est la porte et un
« petit bastion irrégulier faict par *Roussines*, qui y
« soustint le premier siége. Vers le midi, du costé de
« Paira, il y avoit une autre tour et un petit bastion
« très mal pris, et à l'autre coing, vers Castelnaudary,
« une garite seulement ; les murailles basties de mau-
« vaise matière et les fossés assez profonds. Enfin ce
« lieu estoit en très mauvais estat pour soutenir un
« siége d'une armée considérable sans l'assistance de
« Dieu.

« Portal, assisté de Pelras et Sabaud, n'eurent pas
« perdu de vue le comte de Montgommery et Dayme
« (Roger de Durfort, seigneur de Deyme), que cha-
« cun prit son quartier ; et Portal ayant recognu de-
« dans et dehors les lieux plus foibles et subjects à la
« batterie, les réparations nécessaires, quelles muni-
« tions de guerre, vivres et telles autres munitions s'y
« trouvoient, les consuls ayant exibé tout exactement,
« il s'en trouva très peu. On régla tous les habitants,
« chacun sa tasche ; les compagnies, outre la faction
« des armes, furent disposées chacune en son quar-
« tier pour aider au travail plus pressé. On posa deux
« sentinelles au clocher pour advertir, et surtout, du-
« rant le siége, de donner un coup à toutes les foys
« qu'on mettroit le feu au canon. Le lendemain, on

« sortit dehors pour couper de la fascine, pour faire
« gabionades sur la pluspart des travaux bas et tous
« imparfaicts qu'on tascha de réparer à la haste, des-
« puis le troisième juillet jusqu'au dix, que le maré-
« chal planta son camp tout entour de la ville.

« Ceux du Mas, pour descouvrir les ennemys, avoient
« posé leurs sentinelles sur les costeaux aboutissans de
« deux costés contre les fossés de la ville. Les senti-
« nelles crièrent qu'ils voyoient aprocher l'armée.
« Portal va les recognoistre et voit qu'ils estoient ar-
« restés attendant qu'ils fussent joints ; et, abordant le
« costeau, pensèrent d'abord d'en fouetter ceux quy
« les y attendoient, qui les arrestèrent tout court. Un
« autre escadron desbandé, voulant faire mieux, feust
« contraint de se reculer. On en destacha plusieurs ;
« mais ils ne peurent gaigner ny fossé ni pan de terre
« sans combat, jusques à deux cens pas du fossé.
« Toute l'armée se lotgea au midy sur la montaigne
« quy commandoit la ville ; il y avoit quelques mu-
« railles que les assiégés n'avoient pu les desmolir ;
« elles furent gaignées deux foys, mais à la troisiesme
« charge, les assaillans furent repoussés, qui desban-
« dèrent quatre ou cinq cens arquebusiers conduits
« par de Chattes, mestre de camp, qui les regaigna,
« et enfonça les assiégés, jusques à deux cens pas du
« fossé, gaignant un molin à vent, basti de pierres, en-
« touré de fossés. Ce que voyant, Portal dict au capi-
« taine Sabaud : Allons voir de les en tirer. Ce qu'ils

« firent après un opiniastre combat où ils furent bat-
« tus (les catholiques) à la veue de leur armée, d'où
« on leur crioit de se retirer ; ce qu'entendu par Por-
« tal, prenant garde qu'on débandoit une troupe pour
« leur gaigner le derrière, considérant que c'estoit
« trop hasarder, à gens qui ont à deffendre une place,
« quittant le combat se retira viste dans le fossé, il est
« important aux assiégés qui sçavent encore mieux
« disputer le dedans. En cette retraite feust blessé le
« capitaine Pelras, qui, nonobstant quoy que mal pansé,
« ne laissa de faire tout ce qui luy estoit possible, du-
« rant tout le siége, tenant toujours son poste en toutes
« les attaques.

« Ce trictrac dura jusqu'à une heure avant la nuit
« que les assiégeans firent aprocher sur le haut de la
« montaigne une coluvrine à descouvert, de laquelle
« ils tirèrent sur les assiégés, et parfois dans la ville,
« lesquels craignant qu'on tirast contre d'autres ruynes
« de murailles, où ils entretenoient le combat, et que
« les pierres n'estropiassent quelques-uns, s'avisèrent
« de n'y laisser que peu de soldats pour y continuer
« l'escarmouche, qui dura tout le reste du jour qu'on
« tint le dehors. Ils braquèrent aussi une autre colu-
« vrine contre le corps de garde de la porte, parce
« qu'ils y voyoient souvent du monde.

« La nuit venue, Portal escrivit de sa main à Revel
« tout ce qui s'estoit passé, et continua de le faire,
« tant que le siége dura, hors du jour de l'assaut, et

« recevoit response par son messager. Il y eut qua-
« rante blessés ce jour-là, mais si favorablement,
« qu'aulcun n'en tint le lotgis, ce qui fust fort à pro-
« pos, n'ayant dedans ni drogues ni chirurgiens. Le
« onzième, la batterie commença de quatre canons et
« deux coluvrines contre le coing regardant le midy
« et l'occident, quartier pris par Portal comme le plus
« battable et malaisé à réparer à faute de terre; ce
« coing de ville estoit environné d'un vieux fossé dans
« lequel il y avoit un petit esperon basti de pierre de
« taille à bord mal masqué pour la défense et sans
« aulcune terre dedans, autour duquel estoit un petit
« fossé profond despuis le premier siége, plustost
« nuisible que profitable aux assiégés, quy n'y pou-
« voient descendre qu'avec eschelle. La muraille es-
« tant haute et de mauvaise matière qui feust entr'ou-
« verte par peu de coups de canon, la ruyne duquel
« coing combla ledict petit fossé de l'esperon; ce qui
« fist voir à l'armée qui estoit sur le haut, et qui des-
« couvroit toute la ville, l'advantage qu'elle avoit d'as-
« saillir de ce costé.

« La batterie agit assez lentement tout ce jour, pal-
« pant et sentant çà et là la muraille qui feust battue
« en plusieurs endroits, percée et sans rempart. Les
« assiégés de leur costé travaillèrent à amasser la terre
« là où ils en pouvoient trouver, tellement qu'ils n'a-
« vançoient guères leur réparation contre ceste fu-
« rieuse batterie, et cognoissans n'avoir pas du temps,

« firent une espèce de plate-forme servant de rem-
« part et tranchée, pour opposer à la bresche qui se-
« roit faicte avec une palissade. Ce rempart fust hasté
« en diligence pour se couvrir, mais peu après les
« assiégeans tirant au clocher, fist que les assiégés
« en retirèrent quelque peu de munitions qu'ils y
« avoient.

« Le dousième, les assiégeans approchèrent les
« deux coluvrines et quatre canons plus bas du costé
« de midy qui feurent braqués en furieuse et diligente
« batterie, qui dura tout le jour, faisant bresche tant
« audit coing qu'à droit et gauche d'icelluy, les assiégés
« continuant tousjours le rempart mesmement celuy
« du coing plus important, lequel pour estre fresche-
« ment eslevé et peu espés estoit percé du canon. La
« nuit venue, l'armée tire une tranchée quy alloit des-
« puis le costé de la batterie contre le petit fossé de
« l'esperon, y travaillant incessamment, pour occuper
« le fossé contre la muraille dudict esperon qui estoit
« hors de défense; ce mal agréable voisinage obligea
« les assiégés à faire une sortie pour les en tirer; ce
« quy donna l'alarme au camp, fist braquer l'artillerie
« pour tirer la nuit et empescher les réparations de-
« dans audit coing.

« La batterie commença plus roide le lendemain
« afin d'agrandir les bresches; les assiégés tenoient
« six soldats déterminés au parapet du fossé à cou-
« vert, pour retenir ou prendre ceulx quy viendroient

« recognoistre les bresches, mais ils furent retirés en
« dedans pour le soin (besoin) qu'ils y faisoient.

« Sur le midy, quatre canons jouèrent environ deux
« heures contre le même coing, du costé de midy,
« tant pour achever d'abattre la muraille que baisser
« le parapet, et les assiégés à mesme temps travail-
« loient à relever autant qu'il en tomboit avec toute
« sorte de matière qu'ils avoient à la merci du canon.
« Les coluvrines continuoient leur bresche du costé
« d'occident, battoient en courtine le pied du rempart
« dudict coing; enfin l'esperon feust achevé de ruyner
« du costé de midy.

« L'armée donc voyant le fossé de la ville ouvert
« sans se mettre au hasard de recognoistre et qu'il y
« avoit cent septente pas de bresche suffisante, après
« huit cents volées de canon, se prépare pour l'assaut
« du costé des coluvrines venant plus à couvert et
« proche pour donner, et les assiégés aussy à se pré-
« parer pour les recepvoir; en cest ordre, le capitaine
« Sabaud prend à garder la plate-forme et traverse
« qui fermoit de chaque part la ruelle et la bresche.
« Le capitaine Pelras, qui n'alloit guère viste à cause
« de sa blessure, avec une troupe d'arquebusiers,
« feust placé derrière le molin à vent, lieu eslevé pour
« voir les bresches et courtines, pour en cas d'esca-
« lade renforcer ceux qu'il verroit les plus pressés;
« on plaça quelques officiers avec bon nombre de
« soldats dans l'esperon, auxquels on recommanda

« de se bien défendre sans espérance de secours.

« Durant l'assaut, la porte de la ville, qui avoit esté
« tousjours ouverte, feust lors fermée, la batterie
« pressant plus sur les maisons de la ruelle qu'au
« coing. Portal quy s'y estoit lotgé jugea qu'on vou-
« loit attaquer par là, commanda à ses soldats de
« mettre chacun deux ou trois bales dans les ar-
« quebuses et ne tirer qu'à brusle-pourpoint. Il fist
« planter son drapeau sur la bresche, qui feust rompu
« et renversé à terre par le canon. Voyant cela, il le
« fist monter sur le toit d'une maison voisine de la
« bresche, et, descouvrant bransler les ennemis pour
« venir à l'assaut, exorta ses soldats à se défendre
« courageusement sans craindre aucun danger; tous
« prièrent Dieu ardemment comme gens qui défen-
« doient leurs maisons, leurs vies et leur religion.
« Chacun donc estant à sa place, la cavalerie enne-
« mie se lotgea tout à l'entour, au plus près de la
« ville, pour empescher que personne n'en peust es-
« chapper. Les trompettes, tambours et les fifres fi-
« rent leurs fanfares ordinaires.

« La première poincte estoit commandée par le ba-
« ron de Pourdiac, Sainct-Paulet et Caravelles, qui
« portoit une mandille de velours sur ses armes, avec
« quatre soleils en broderie. Ils donnent donc sur
« les quatre heures, et, enseignes déployées, mon-
« tent par la bresche du coing jusqu'au plus haut du
« rempart.

« Le capitaine Portal les attendoit au descouvert
« la pique à la main, et ceux qu'il avoit auprès de lui,
« quy à coups de piques et d'arquebusades renversè-
« rent tous ceux quy s'essayoient de monter pour les
« forcer. Ce combat fut sanglant et cruel. On ne voyoit
« que tomber et roûler morts et blessés dans le fossé ;
« le canon parfois jouant contre les assiégés pour fa-
« voriser les assaillans. Ceux de dedans ne jettoient
« pierre ny tiroient arquebusade qui ne fist son coup ;
« et Portal fist jetter quelques grenades et cercles
« qu'il avoit aprestés à la haste de chanvre et raisine.
« Un de ces cercles rencontra par hasard la teste d'un
« soldat, et lui ayant entouré le col, se sentant brus-
« ler et se contournant de furie pàrmy cette presse
« d'assaillans, il mit le feu à l'un à son arquebuse qui
« tuoit son compagnon, à l'autre aux fornimans, qui
« esclatoient sur ses voisins, et les grenades qui escla-
« toient d'autre costé, dans la presse, faisoient un dés-
« ordre espouvantable.

« Le combat ayant duré longtemps, les assaillans
« furent rafraîchis et le combat eschauffé de nou-
« veau, auquel les assaillans estoient fort mal menés
« de ceux qui défendoient la bresche à cause que les
« murailles d'occident et levant tenoient à couvert les
« assaillis.

« Enfin la nuit fist cesser le combat, et les assail-
« lans en se retirant laissèrent l'esperon tout plain où
« les assiégés ne les pouvoient voir sans monter au-

« dessus de la muraille; à quoi Portal voulant donner
« ordre et chasser un lotgement sy voisin de sa bres-
« che, il fist jetter un sy grand nombre de pierres
« qu'ils feurent contraints d'en sortir, et pour demeu-
« rer à couvert, ils se lotgèrent derrière le bastion où
« ils ne pouvoient estre offencés par les assiégés quy
« ne les y pouvoient pas voir; pour à quoy remédier la
« nuit estant venue, Portal les y va attaquer à l'im-
« proviste et les dénicha de là avec grand meurtre.

   « Il n'est pas juste d'oublier icy à raporter les ser-
« vices signalés rendus par les femmes, à porter toutes
« choses nécessaires pour raffreschir leurs soldats,
« leur tenir ce qui leur estoit nécessaire et réparer la
« bresche, nonobstant l'artillerie qui tonnoit incessam-
« ment, et feust remarqué qu'une d'icelles ayant esté
« emportée d'un coup, celle qui la suivoit ne recula
« point, mais occupa sa place sans apréhender un
« exemple aussi espouvantable de sa compagnie; aussy
« s'estoit-elle trouvée au siége de Masères quelques
« années auparavant.

   « L'assaut ayant fini, et les ennemys repoussés de
« la sorte ayant laissé la bresche, la fosse et contres-
« carpe tout couvert de morts, le régiment de Chattes
« y estant presque tout demeuré, le nombre des morts
« ou blessés estant d'environ huit cens, parmy les-
« quels il y avoit nombre de capitaines et gens de
« qualité, qui feurent fort regrettés, ce qui mist en
« grand trouble le camp.

« Le reste de la nuit on entendoit grand remue-
« ment de tous costés, et les assiégés ne dormoient
« pas et travailloient incessement à réparer leurs bres-
« ches, dans laquelle nécessité il feust oublié d'escrire
« à Revel le succès de l'assaut attendu avec empresse-
« ment et inquiétude de toutes les villes voisines quy
« estoient en prières et oraisons pour le salut de ceste
« paouvre ville, quy ne se pouvoit sauver sans mi-
« racle.

« Le lendemain quatorzième l'armée fist demander
« les morts par un tambour quy s'en retourna sans
« responce, les assiégés ayant eu peur que par ce
« moyen on recognust trop leur foiblesse; mais ils s'en
« repentirent le lendemain, parce que la chaleur et les
« grandes pluyes les faisoient fort sentir. La nuit ve-
« nue, ils réparèrent l'obmission faicte le jour de de-
« vant et escrivirent à Revel la relation de tout ce quy
« s'estoit passé.

« Le quinsiesme se passa sans rien faire, qu'un
« abouchement entre le sieur de Ferralz, séneschal de
« Lauragois, et le capitaine Portal. Le premier de-
« manda à l'autre s'il ne seroit pas bien aise de sortir
« de là. Il lui respondit qu'il s'y trouvoit fort bien,
« et le séneschal adjousta qu'il n'avoit rien vu encore
« et qu'il verroit bien d'autres esfortz; Portal luy
« respondit qu'ils se deffendroient encore bien mieux.

« Le seitziesme, Portal voulant continuer ses advis
« à Revel, celuy qui portoit sa lettre feust pris et

« pendu, et les ennemis suposèrent une responce
« qu'ils firent donner par un des leurs, par laquelle
« il estoit porté qu'il se faloit rendre, après une si
« verte résistance, faire la capitulation au plus tost,
« n'ayant à attendre aucun secours; ceste finesse
« n'eust point d'esfect estant descouverte par les as-
« siégés.

« Le dix-septième, le sieur comte (de Montgom-
« mery) et Deyme (Roger de Durfort) escrivent leurs
« advis de ce quy se pouvoit entreprendre sur l'ar-
« mée; ausquels feust respondeu, que cinq cens ar-
« quebusiers feroient un grand esfort au quartier de
« l'artillerie, et qu'en venant ils le devoient avertir par
« le moyen d'un feu, et que de leur costé ils tien-
« droient un fàlot au clocher pour signal, et en cas
« ils vissent qu'il n'y feust point, cela leur signifie-
« roit que l'armée estoit sous les armes et les at-
« tendoit.

« Sur le point du jour, ils firent sortir six sol-
« dats des plus courageux dans l'un des fossés, qui
« prindrent et admenèrent dans la ville trois soldats
« de Chattes, qui leur dirent toutes les particularités.

« La nuit du vingt-uniesme, ledict sieur comte et
« Deyme mandèrent de Revel le capitaine La Roque
« de Caraman, avec sa compagnie portant mandilles
« orangées et plusieurs autres chargés des munitions
« nécessaires, qui entrèrent heureusement dans la
« ville sans estre descouverts.

« Le vingt-deuxième, ledict secours s'estant ra-
« fraîchy, feust résolu de faire une sortie du costé de
« levant. Pour ce faire, le capitaine Pelras, blessé,
« feust laissé à la bresche pour la garder.

« La chose chaudement deslibérée, ne la font pas
« moins en l'exécution ; et, après avoir deslotgé ce
« quartier aux despens de la vie de ceux quy s'y
« trouvèrent, s'en retournèrent aussy viste qu'ils y
« estoient allés.

« Les ennemys, se voyant traictés de la sorte, des-
« campèrent le landemain, le vingt-trois dudict mois,
« prenant le chemin de Castelnaudary, leur armée
« s'estant bientôt dissipée.

« Après ce siége, le sieur de Deyme se rendit in-
« continant au Mas pour y voir ces vaillans hommes,
« et, ayant trouvé les bresches assez bien réparées,
« changea la garnison et s'en retourna à Revel, avec
« lesdicts capitaines Portal, Sabaud et Pelras, où peu
« de temps après, pour le service rendu par Portal,
« le duc de Mommorency (Montmorency) lui envoya
« commission pour commander le Mas et trois cens
« escus de présant[1]. »

Voici le jugement qu'un historien de Toulouse, catholique, porte sur ce fait d'armes :

« Le Mas Saintes-Puelles fut attaqué par Joyeuse
« avec une vigueur qui ne put être égalée que par

[1] *Mémoires du sieur Jaques Gaches,* Mss. de la Bibliothèque impériale,
fond Cangé, n° 42 (vol. 78876), p. 363 et suivantes.

« la résistance de trois braves guerriers protestants,
« Pelras, Portal et Sabaud. Ces trois hommes inspi-
« rèrent leur bravoure à trois compagnies de cent
« cinquante hommes que chacun d'eux commandait,
« et jamais Joyeuse ne put forcer, quoique à la tête
« d'une armée nombreuse, cette poignée de hé-
« ros [1]. »

Le capitaine Portal montra dans cette grave occur-
rence non-seulement la bravoure d'un *enfant perdu*,
mais la capacité d'un chef habile et l'esprit inventif
d'un Gascon. Ses cercles entourés d'étoupes, trempés
dans la résine et lancés en flammes sur la tête des
assaillants, étaient un nouveau genre d'artillerie, qui
devait déconcerter et faire reculer les plus hardis et,
qui pis est, les rendre ridicules.

Son drapeau, planté sur la brèche, abattu par le
canon et élevé au faîte de la plus haute maison en vue
de l'armée ennemie, n'était pas seulement un appel
provocateur à venir l'enlever, mais rappelait, par son
écusson lacéré par la mitraille, la tête du viguier Jehan
de Portal exposée au sommet de la tour du château
Narbonnais [2].

---

[1] Durozoi, *Annales de Toulouse*, t. IV, p. 71.

[2] Les capitaines des compagnies avaient, à cette époque, remplacé les
anciens chevaliers dans l'ordre du combat. Les hommes de fer du moyen
âge marchaient sous la bannière des chevaliers bannerets; il en fut de
même des capitaines jusqu'au temps de Henri IV et même de Louis XIV;
chacun avait son drapeau carré, comme la bannière, en signe de commandement et de ralliement. Ce drapeau, porté par le *guidon*, était de la couleur et blasonné aux armes du capitaine propriétaire de sa compagnie;

Bientôt ces beaux ajustements des officiers catholiques, ces riches mantilles armoriées de soleils d'or et autres pièces du blason, furent tachés de sang, déchirés, épars sur le sol, et on n'aperçut jusqu'à l'horizon que les armures sombres et sévères des huguenots.

Ces succès enhardirent les religionnaires du Languedoc; partout ils levèrent l'étendard de la révolte. L'épouvante se répandit à Toulouse; les membres du parlement tremblèrent à la voix des enfants qui demandaient le prix du sang de leurs pères; les noms de Portal et de tant d'autres victimes de leurs fureurs sanguinaires, alors popularisés par la victoire, les glaçaient d'effroi. Ils voyaient déjà les huguenots vainqueurs de Toulouse leur imposer la loi fatale du talion, et les clouer aux fourches patibulaires non comme catholiques, mais comme fauteurs des massacres de 1562.

Les proscriptions recommencèrent à Toulouse; les

le drapeau du roi flottait sur l'armée comme les drapeaux des capitaines flottaient sur leurs compagnies.

Les guidons ou petits drapeaux carrés portés au bout des fusils par des sous-officiers lorsqu'un corps d'armée se range ou marche en bataille, sont un vestige de cet ancien usage. (Voyez le *Dictionnaire des sciences* de Bouillet, aux mots *bannière, drapeau, guidon, pennon,* etc.) Ajoutons que « dans l'armée de terre, chaque compagnie de cavalerie avait jadis un « étendard à cornes, nommé *cornette, aux couleurs du capitaine.* La dé- « nomination en passa à l'officier qui la portait et à la compagnie. La « *cornette royale* était blanche; on ne la déployait à l'armée que quand « le roi y était. L'usage de la cornette royale se perdit sous Louis XIII. » (Bouillet, *Dictionnaire des sciences.*)

Le drapeau qui ne flotte sur les Tuileries que lorsque le souverain habite ce palais est le dernier vestige de la cornette royale, qui marquait la présence du chef de l'Etat à l'armée.

tribunaux furent fermés à l'exception du parlement;
on enrôla des troupes; les suspects d'hérésie furent
bannis de la ville; ceux qui s'étaient déjà retirés eurent leurs biens saisis.

En représailles de ces confiscations, à Montauban,
à Castres, à Lavaur, à Revel, dans tout le Languedoc, les protestants expulsèrent les moines et s'assu-
rèrent des principaux catholiques pour les échanger
contre ceux des calvinistes qui seraient faits prisonniers; les trésors des couvents servirent à lever
des troupes [1].

Nous donnerons ici un exemple de ces faits et
gestes des huguenots.

« Le duc de Montmorency avait donné rendez-vous
« à toutes ses troupes à Castres pour le 28 octobre
« (1587). Jaloux de se signaler avant son arrivée, le
« comte de Montgommery s'était avancé vers Revel,
« et s'était emparé du château de La Gardiole, où les
« religieux de l'abbaye d'Ardorel, retirés alors à La
« Rhode, avaient cherché un refuge. Le capitaine
« *Portal* ayant reçu les ordres de Montgommery fit
« battre les murs du château de La Gardiole, et son
« artillerie ayant fait une brèche assez considérable,
« il donna l'assaut. A la vue des dangers qu'une ré-
« sistance prolongée aurait attirés, le capitaine *Cou-*
« *tou*, qui commandait dans le château, demanda à

---

[1] Durozoi, *Annales de Toulouse*, t. III, p. 565.

« capituler. La capitulation ne préserva point La Gar-
« diole du pillage, mais les femmes furent respec-
« tées, et les religieux sortirent tranquillement, sans
« avoir à craindre les insultes des soldats calvi-
« nistes. »

Voilà ce qu'a écrit sur ce second fait d'armes du
capitaine Portal l'historien du pays castrais [1]. Quelques mois après, Portal allait se signaler dans une
action d'éclat.

En 1567, Barthélemy du Ferrier, sieur du Villa,
fut condamné à mort par contumace à l'occasion
d'une entreprise sur Carcassonne. L'arrêt du parlement avait été aboli par l'art. IV de l'édit de paix [2].
Du Villa, sur la foi de cet édit, étant rentré dans sa
maison à Carcassonne, fut pris et décapité, sans autre
forme de procès, en 1568.

Dès que son fils Arnaud du Villa fut en âge de porter les armes, il jura de venger son père sur les habitants de Carcassonne. Et jamais serment, dit la
France protestante, ne fut tenu plus fidèlement.

Nommé en 1587 gouverneur de Brugairolles, en
remplacement du capitaine Fournier, il se ligua avec
plusieurs chefs huguenots, qui nourrissaient contre
Carcassonne une haine aussi ardente que la sienne,

---

[1] Marturé, *Histoire du pays castrais,* t. II, p. 106.
[2] Voyez cet édit aux pièces justificatives de la *France protestante,*
n° XXX.

et fit tant de mal aux habitants de cette ville, qu'ils résolurent de se débarrasser à tout prix d'ennemis aussi dangereux. Ils attaquèrent Brugairolles, mais tous leurs efforts vinrent se briser contre les remparts de cette place, que Fournier avait rendue inexpugnable. Ils convertirent le siége en blocus en élevant autour de la ville sept forts qui l'enserraient de tous côtés.

Du Villa confie le commandement au capitaine Fort, et court demander du secours au duc de Montmorency, qui charge Montgommery et d'Audon, gouverneur du pays de Foix, de ravitailler la place, tandis que lui-même, avec les corps de Tanus, gouverneur de l'Albigeois, de Deyme et d'Andelot, opérait une diversion en attaquant les châteaux tenus dans les environs par l'ennemi.

Du Villa, bravement secondé par les capitaines Portal et Marchet, force les lignes de circonvallation, rentre dans Brugairolles, et oppose une résistance opiniâtre de sept mois; le 21 janvier 1588, il se rendit non par l'effort de l'ennemi, mais par le manque d'eau. La garnison sortit avec tous les honneurs de la guerre, avec ses armes, enseignes déployées, tambour battant et mèches allumées; mais malgré la capitulation, qui avait été négociée par Guillaume de Rozet, sieur de Causse, Joyeuse, grand prieur de Toulouse, fils du maréchal de Joyeuse, livra la ville aux flammes et la fit raser jusque dans ses fondements [1], d'après cette doctrine des ligueurs, que la foi ne devait point être gardée envers les hérétiques.

Voilà ce que produisit un arrêt du parlement de Toulouse.

Avec le courage et le dévouement des huguenots à leur cause, on s'étonne qu'ils aient eu si peu de succès durables ; de si beaux faits d'armes particuliers n'amenaient aucun résultat général ; une ville était tour à tour gagnée, perdue et reprise ; le défaut de direction supérieure et par suite le manque d'ensemble dans les opérations militaires étaient la plaie de l'armée des religionnaires.

Chaque capitaine poussait sa pointe sans s'informer ni prendre nul souci de ce qu'entreprenaient les autres ; une vengeance à satisfaire, des propriétés de famille à sauvegarder, tels étaient les mobiles de leurs actions ; c'est ainsi que nous voyons les capitaines *Portal*, *Sabaud* et *Franc*, arrivés à Castres le 21 août 1588, repartir le même jour pour aller au secours du Rouergue [2]. On ne comprendrait pas cet empressement, si on ignorait que les terres de la branche aînée de la famille de Portal étaient situées dans ce pays et qu'elles étaient ravagées, ou au moment de l'être, par les catholiques.

La fraternité d'armes jouait le premier rôle dans

---

[1] Voyez la *France protestante*, article *Du Ferrier*, t. IV, p. 376 ; et Marturé, *Histoire du pays castrais*, t. II, p. 110 et suivantes.

[2] Journal de Faurin, dans les *Pièces fugitives* de D'Aubaïs, t. II, p. 30.

ces entreprises militaires. Un capitaine concevait-il un
plan d'attaque contre une ville ou contre un corps de
troupes ennemies, il appelait à son aide ses frères
d'armes, prenait la direction supérieure et marchait
au combat. Ces pactes de guerre entraînaient des devoirs réciproques; en réclamant les services d'un capitaine, on contractait à son égard une dette sacrée,
on devait le secourir envers et contre tous. On ne
saurait mieux comparer cet état militaire qu'aux chevaliers errants, qu'à ces preux paladins, qui aimaient
la gloire pour la gloire, qui, réunis, eussent été invincibles, et qui, isolés, se faisaient tailler en pièces.

  D'Astorg, seigneur de Lux, voulut s'emparer de
Lautrec; pourquoi, je l'ignore, il l'ignorait peut-être
lui-même; mais ce fait d'armes tentait son noble
cœur. Il appelle ses compagnons dévoués et leur assigne un rendez-vous sans leur découvrir le but de
l'entreprise; ils accourent et apprennent alors qu'on
avait, ou qu'on croyait avoir, des intelligences dans
la place, et qu'il ne s'agissait que de se présenter
pour mettre la garnison catholique à la porte. Un
semblable plan de campagne était un acte insensé;
vouloir le suivre était donner tête baissée dans un
guet-apens. Les capitaines, assemblés en conseil, levèrent les épaules; Portal dit qu'il avait reçu la nouvelle que Joyeuse arrivait en toute hâte; Montoison et
de Lux insistèrent, et tous les suivirent en rongeant
leur frein; pas un seul ne les abandonna.

L'armée tomba dans un piége et fut battue. Portal, aussi intrépide dans la mauvaise fortune qu'il l'avait été dans la bonne, rassembla les débris des compagnies, et se jeta dans une maison sans fortification, et qui ne pouvait résister à une attaque sérieuse. Après avoir repoussé un premier assaut, les chefs huguenots acceptèrent une capitulation, vies et bagues sauves, et furent conduits prisonniers à Toulouse.

Ecoutons encore ici le récit naïf de notre vieux chroniqueur huguenot. J'aime à citer textuellement les autorités sur lesquelles je m'appuie ; le chemin est plus long, mais il est plus sûr. En lisant, je me méfie toujours d'un écrivain qui a une couleur religieuse ou politique ; en écrivant, je me méfie de moi-même.

« En ce temps-là (1592), le capitaine de Luxe (d'As-
« torg, seigneur de Lux), gouverneur de Vielmur,
« forma un dessein pour réduire Lautrec à l'obéis-
« sance du roi, et, croyant avoir gaigné quelques-uns
« qui lui promettoient de le mettre dedans, il commu-
« niqua son dessein au sieur de Montoison, gouver-
« neur de La Bruyère, qui, poussé de zèle au service
« du roi, s'engagea à l'exécuter, et en donna advis au
« duc de Montmorency, qui luy envoya pour luy ay-
« der Gondin et son régimant avec trois compagnies
« de cavalerie italienne, et engagea dans le pays tout
« ce qu'il peut du party du roi, catholique et de la re-
« ligion, et entre autres Monsieur de Breules, qu'il
« trouva à Gaix, et les sieurs de Tanus, de Cancalières,

« Le Caüsse, Villegly, Sabayx et autres; ayant assem-
« blé trois cens chevaux et environ quinze cens hom-
« mes de pied, lesquels partirent le 25 de may (1592)
« d'Aumontel, où le rendé-vous avoit esté marqué.
« L'infanterie commandée par Gondin, Portal, Pelras,
« Gravairol, Labarre et quelques autres.

« Montoison, chef de l'entreprise, avant de mar-
« cher, tire à part ces seigneurs gentilshommes à un
« champ escarté 'et leur descouvre son dessein, quy
« avoit esté incognu jusqu'alors, leur disant que c'es-
« toit sur Lautrec, dont il y avoit des habitans quy le
« devoient introduire dedans, et que le viscomte de
« Monfa luy avoit promis de le venir joindre sur le
« chemin. Cela ayant esté entendu de toute la com-
« pagnie, elle en resta peu satisfaite, et tout le monde
« plia les espaules.

« Portal dist que, à son despart, il avoit eu avis
« du Mas (Saintes-Puelles, dont il était gouverneur),
« que le duc de Joyeuse estoit passé avec toute sa ca-
« valerie, venant de Narbonne fort viste et tirant vers
« Lavaur. Montoison, voyant cela, les assure qu'il ne
« faut doubter de rien, et qu'en cas il y auroit de
« trahison, il feroit prendre un tel ordre qu'on n'au-
« roit rien à apréhender. Cela empêcha beaucoup à le
« contredire, apréhendans d'estre blâmés, et, mas-
« chans leur frain, se laissent entraîner et conduire
« par le pont de Burlat.

« Estans arrivés à Salvages, Montoison fist halte

« et envoya deux sergens au viscomte de Monfa pour
« l'advertir et le conduire au rendé-vous à Sainct-Ju-
« lien, une petite esglise près de La Trape. Là où les
« sergens estans venus, ils raportent que le viscomte
« estoit malade et ne s'y pouvoit rendre, ce qui fist
« croire que ceux qui estoient dans Lautrec trahis-
« soient, et on ne fist plus difficulté de dire qu'il s'en
« faloit retourner; néanmoings les incistances de Mon-
« toison et de Lux, qui les avoient engagés, feurent sy
« grandes, qu'on marche à l'exécution, et, parvenus
« au pont de Bagas, s'arrestent et font l'ordre sui-
« vant :

« Montoison avec la cavalerie s'en va placer dans
« le valon de la métérie de Belvèze, à main gauche
« du pont, commande avant que partir à Lux de pren-
« dre trois cens fantassins et une eschelle portée par
« douze pour aller donner l'escalade, et donna ordre
« au reste de l'infanterie de demeurer au pont, pour
« faire ferme en cas de trahison, mais il ne creut
« pas nécessaire de prendre champ de bataille quy
« feust cause d'un grand malheur, comme on verra.

« Lux s'avance avec sa troupe, descend dans le
« fossé, et faict dresser l'eschelle contre la muraille
« qui est entre deux portes, du costé du soleil levant.
« On avoit promis à Lux de se trouver là, et de des-
« cendre jusqu'à demi-eschelle pour les recepvoir. Il
« voyoit toute la muraille garnie et croyoit que ce
« feussent ceux quy les devoient recevoir; il leur crie

« donc : « Descendez; » les autres respondent : « Hé!
« montés; » il repart : C'est à vous à descendre pre-
« mièrement. »

« Incontinent, Rieubou, soldat de Lautrec, qui avoit
« promis au viscomte de Monfa, fait semblant de des-
« cendre, et, après avoir descendu quatre eschelons,
« remonta fort viste, et à l'instant ceulx quy estoient
« là firent une grande salve d'arquebusades sur Lux,
« quy tuèrent et blessèrent de ses gens, l'obligent
« à se retirer bien viste dans un grand effroy. Néan-
« moings, il ralie ses gens et commence à descendre
« en ordre la montée de Lautrec et de se défendre
« vigoureusement contre ceux quy le chargèrent en
« queue.

« Le duc de Joyeuse, d'un cousté avec ses troupes,
« et les deux frères d'Ambres de l'autre, arrivés près
« de Lautrec en mesme temps que Montoison, avoit
« faict son ordre au pont susdit. Au bruit des arquebu-
« sades quy se tiroient, s'avancèrent promptement, et
« le duc ayant faict partir Barrudel, son guidon, qu'on
« disoit avoir esté boucher, pour aller recognoistre
« Montoison; dès qu'il feut revenu à lui et eust ouy
« son rapport, il marche et se vient lotger au port de
« Mousquet de Montoison, et s'arreste quelque temps
« sans bransler pour l'observer.

« A mesme heure, le baron d'Ambres et Lacam sui-
« voient ceulx qui se retiroient et vinrent attaquer l'in-
« fanterie au pont avec grande furie, mais le coronel

« Gondin et le capitaine Portal les receurent si vigou-
« reusement, et les chargèrent avec une si grande im-
« pétuosité, qu'ils firent reculer bien viste le baron
« d'Ambres et ses gens plus de six cens pas, jusques
« à un petit bois où il fist ferme, attendant le succès de
« la cavalerie quy s'escarmouchoit avec celle de Mon-
« toison, sans oser joindre ny d'un costé ny d'autre.

« Les choses se maintenant fort esgales, au son et
« aux fanfares des trompettes, jusques à ce qu'on en-
« tendit du costé du duc crier que les gardes de Mon-
« sieur avancent ; alors les Italiens quy estoient avec
« Montoison, cognoissant que le duc y estoit en per-
« sonne, commencent à bransler et fuir vers le pont,
« et mettant en désordre l'infanterie, nonobstant les
« prières et reproches de Montoison et Tanus quy leur
« reprochoient leur lascheté, auxquels on avoit donné
« le commandement comme conducteurs de l'entre-
« prise.

« L'exemple de ces trois compagnies met en désordre
« la plus grande part des autres, sur lesquels le duc
« vient fondre avec toute sa cavalerie quy renversa le
« reste sans que personne fist ferme, que le sieur de
« Breules quy y estoit volontaire avec quelques siens
« amys, les sieurs de Tanus, Cancalières, Villegly et
« Sabasa quy firent ferme au bout du pont, ayant ralié
« la compagnie de Jacques Eugne ; mais après avoir
« bien combattu, il fallut céder à la force et à la mul-
« titude.

« Le plus grand désordre feust entre les deux ruis-
« seaux de Bagas et Palobre, où force goujats furent
« tués, portant les armes de leurs maistres, quy ne les
« avoient point endossées par délicatesse.

« Enfin esparpillés, Tanus attaqué par trois gen-
« darmes feust porté mort par terre, Villegly le suivit
« de près ; et le cheval ayant esté tué à M. de Breules,
« Mourabech l'ayant trouvé engaigé dessous, le fist
« prisonnier ; le duc poursuivit les fuyards jusqu'à
« Compans.

« Le baron d'Ambres voyant l'infanterie abandonnée
« de sa cavalerie et rompue par leur fuicte, ayant passé
« à travers, s'en va conjoinctement avec son frère quy,
« conduisant la cavalerie du pays, donne sur cette in-
« fanterie rompue dont ils firent carnage ; des quels
« les uns prindrent la fuite du costé de Braconat,
« les autres vers Montpinier. Ce qui resta en gros
« sous les capitaines Portal, Pelras, Laboriette, Gra-
« vairol, Pyolas et Labarre faisant trois cens dix-huit
« hommes, eux compris, se retirèrent à La Trape où
« estant arrivés, celuy qui gardoit la maison leur
« refusa la porte ; mais Alexis de Perrin, frère du
« maistre survenant, leur fist ouvrir, et dès qu'ils
« furent entrés, ne doutant point qu'ils ne feussent
« d'abord investis, donnent ordre à ce quy avoit à
« faire.

« Ceste maison est d'assez petite circonférence, sans
« nulle fortification ni tour ; néanmoings ils se résolu-

« rent à se défendre, espérans de trouver quelque
« moyen d'eschaper.

« Le duc s'en retournant de Compans, de la pour-
« suite des fuyards, ayant apreint ceste retraicte, y
« accourt et les y bloque avec toute sa cavalerie, ayant
« mandé advertir le baron d'Ambres et les siens quy
« n'estoient pas loing de venir, et de leur ramener la
« coluvrine de Lautrec pour commencer la batterie,
« ayant faict partir l'autre frère d'Ambres pour aller
« chercher le canon d'Alby et toutes les forces quy
« pouvoient estre ramassées.

« Cependant ceux quy s'estoient eschapés, aprochans
« de Castres, parurent descendans par le chemin de
« Sicardis et Campans, et estant à la porte, Montoison
« demande pardon à la foule quy le couvroit de malé-
« dictions et leur représente que c'estoit chose humaine
« de faillir, mais qu'il estoit de leur prudence et de leur
« charité de penser au secours qu'il faloit donner à ceulx
« quy estoient bloqués dans La Trape. Après cela, tout
« le monde s'apaisa, on receust toutes ces paouvres
« gens, arassés, matrassés (meurtris), blessés et cou-
« vertz de sang, et on s'alla assembler, les vieillards
« et les femmes, au temple, pour implorer la protection
« du ciel en faveur des assiégés, les autres au conseil
« pour voir ce qu'il faloit faire.

« Le landemain matin, on fist faire commandement,
« de la part des consuls, à tous capables de porter les
« armes de pied et de cheval, de se porter à la porte de

« l'Albinque en estat pour aller au secours des assiégés;
« cinq cens arquebusiers sy trouvans, personne ne se
« présentant pour les conduire, le sieur de La Grange
« quy s'estoit retiré des employs s'y offrit de son mou-
« vement et le sieur de Montoison; la cavalerie, com-
« posée d'environ six vingts, la pluspart des eschapés
« de la desfaicte. On dict que La Grange pria plusieurs
« d'entre ceux quy s'estoient jettés dans sa troupe, venus
« de ladicte desfaicte, de vouloir s'arrester à la ville et
« de s'y reposer, apréhendans qu'ils ne donnassent
« mauvais exemple aux autres.

« Les troupes marchent viste et arrivent à Compans,
« où on fist halte, et tascha de sy mettre en seureté,
« n'estant pas plus de trois mousquetades de loin de
« La Trape.

« Montoison et La Grange, conjoinctement avec
« quantité de gens de commandement et de qualité quy
« estoient là volontaires, tiennent conseil de ce qu'il con-
« venoit faire ; et il y en eust quelques-uns quy feurent
« d'advis de marcher pour donner sur les ennemys,
« mais tous les autres demeurèrent d'accord que, veu
« le petit nombre de leurs gens contre des forces con-
« sidérables et victorieuses des ennemys quy estoient
« tous en corps sans estre dispersés par le siége, à cause
« de la petitesse du lieu attaqué, il ne faloit point es-
« poser leurs gens à une perte infalible et en consé-
« quence mestre tout le pays en bransle.

« Il feust résolu donc que le sieur de Sainct-Rome

« prendroit une troupe de cavalerie choisie et s'en yroit
« recognoistre le camp de plus près qu'il se pourroit.

« Il part et exécute hardiment sa commission, où estant
« arrivé à la veue, on vint à sa rencontre. Caravelles,
« Lagenie et Lacam, estant à la teste de la troupe, ayant
« recognu Sainct-Rome, le saluèrent et la foy donnée
« se mirent à parler.

« Caravelles releva leurs avantages et leur dict que
« la place estoit perdue, que ceux de dedans estoient aux
« abois et prestz à se rendre sy on vouloit leur donner
« la vie; qu'ils feroient bien de s'en retourner viste, que
« le siége achevé ils seroient perdus eux-mêmes.

« Sainct-Rome brave et menace de donner bientost
« et dissiper leur siége, que leurs forces estoient bien
« autres, et les quitte pour aller trouver les siens, aux-
« quels ayant faict le rapport, il feust trouvé bon,
« puisqu'ils ne pouvoient faire entrer personne, de faire
« faire diverses descharges à l'infanterie, en s'avançant
« le plus qu'il se pourroit, pour faire cognoistre aux
« assiégés qu'ils estoient à Compans et leur fortifier le
« courage.

« Le duc ayant foudroyé par son artillerie ceste
« maison, bien qu'il n'apréhendast pas beaucoup le
« secours, se résolut de faire donner l'assaut, et ayant
« préparé tout, commande à Montagut de donner, ce
« qu'il fist fort courageusement; mais il feust si bien
« receu, qu'il y demeura roide mort, au pied de la
« palissade, et beaucoup d'autres avec luy quy refroi-

« dirent ces assaillans quy ne vouloient point donner;
« ce que voyant, le duc se résoult à les porter à quel-
« que capitulation; sur quoy les ayant faict sommer
« pour la dernière fois, ils firent sortir Alexis de Percin
« et le capitaine La Barre, pour traicter avec luy et leur
« accorder vies sauves, et qu'ils demeureroient prison-
« niers de guerre. Après plusieurs contestations, ils
« sortirent le landemain matin deux à deux et feurent
« menés à Lautrec et de là à Tholose pour les chefs;
« les soldats ayant esté esparpillés en divers endroictz,
« là où on les fist périr misérablement pour la plus
« grande part[1].

« Ceux quy feurent receus à Tholose y receurent un
« fort mauvais accueil du peuple, forcené contre les
« royaux, quy les huèrent et chargèrent de mille in-
« jures, et particulièrement M. de Breules, que sa qua-
« lité faisoit cognoistre et relever entre les autres, et
« auquel on fist payer quatre mil escus de rançon, bien
« que bon catholique, dont il avoit esté deschargé autres
« fois et traicté fort civilement par ceulx de la religion,
« lorsqu'il feust faict prisonnier à *Briteste*, l'an mil cinq
« cens septante-quatre.

[1] Voici le récit du baron d'Ambres, blessé dans cette affaire : « Pour
« ceux qui s'étoient retirés à La Trape, ils furent assiégés et battus d'une
« couleuvrine que le sieur d'Ambres avoit fait faire à Lautrec. Le lende-
« main ils se rendirent vies sauves; ils étoient quatre cents, où il y avoit
« plus de quarante capitaines; ils furent menés à Toulouse le 29 mai.
« Il n'y eut qun homme de cheval de tué de ceux de la compagnie du
« sieur d'Ambres, huit soldats, et ledit d'Ambres blessé d'un coup d'épée à
« la cuisse. » (Mémoires du baron d'Ambres, dans les *Pièces fugitives* de
d'Aubaïs, t. II, p. 25.)

« Pour Portal, il y eust ordre de ne le lascher
« jamais, le duc ayant dict qu'il le trouvoit partout.

« On contoit diversement le nombre des morts,
« quelques-uns le faisoient aller à quatre cens, com-
« prins beaucoup de goujats armés. Cest accident es-
« tonna fort le party royal et rendit insolens outre me-
« sure les ligueurs, quy feurent bientost matés par la
« mort du duc de Joyeuse, quy arriva au tems prédit
« par l'advocat du roy de Carcassonne, lorsqu'il le fist
« pendre, et bien davantage par la mort de son filz et
« la desfaicte entière de l'armée ligueuse devant Vil-
« lemur.

« Tous ces malheurs obligèrent ceulx de la religion
« du Haut-Languedoc de célébrer un jusne (jeûne), le
« troisième de juin, pour implorer la protection du ciel
« qu'il se rendist favorable ; et lorsqu'on croyoit toutes
« choses désespérées et qu'on ne pouvoit attendre
« qu'une entière subversion de l'Estat, on vit par une
« particulière providence de Dieu changer dans moins
« de quatre mois la face des affaires[1]. »

[1] Mémoires de Gaches, Mss. de la Bibliothèque impériale. Cet historien ne me paraît pas avoir eu une connaissance exacte de la généalogie des Joyeuse. Guillaume, vicomte de Joyeuse, lieutenant général au gouvernement de Languedoc, fut le père : 1° d'Anne, duc de Joyeuse, qui envahit une partie de l'Albigeois en novembre 1586, et qui fut tué l'année suivante à la bataille de Coutras ; 2° d'Anne-Scipion de Joyeuse, grand prieur de Toulouse, duc de Joyeuse après la mort de son frère ; il livra les combats de Paleville, de Lautrec, et se noya dans le Tarn, à Villemur ; 3° Henri de Joyeuse, comte de Bouchage, qui fut capucin et chef de la Ligue en Languedoc après la mort de ses frères. (Voyez Marturé, *Histoire du pays castrais*, t. II, p. 137.)

Saint-Foix, dans ses *Essais sur Paris*, dit : « Des cinq frères Joyeuse,

Les Toulousains trouvaient, comme Joyeuse, des Portal partout, et ils n'avaient pas plus l'intention de relâcher celui-ci que les autres. Si la Ligue eût été triomphante, la tête du capitaine eût probablement été remplacer celle du viguier sur la tour du château Narbonnais. La Providence en disposa autrement.

« Après le combat de Lautrec, le duc de Joyeuse,
« au lieu de poursuivre ses avantages dans le pays,
« fut ravager les environs de Montauban, avec quatre
« mille hommes de pied et une nombreuse cavalerie.
« Peu de temps après, il se présenta devant Villemur et
« en fit le siége. Contraint de l'abandonner, il le re-
« commença le 10 septembre. Deyme se jeta dans la
« place avec les troupes castraises pour la défendre.
« Chambaut, qui depuis peu avait été nommé gouver-
« neur de Castres et du Haut-Languedoc, et qui avait
« remplacé Montgommery, marcha également au se-
« cours de Villemur. Montoison, qu'enflamme le désir
« de faire oublier les tristes souvenirs du combat de
« Lautrec, force les premiers retranchements, culbute
« les ennemis et les pousse dans les seconds. Joyeuse,
« que tant d'audace ne peut intimider, ranime le cou-

« Anne et Claude furent tués indignement par les capitaines Bordeaux et
« Descentriés, à la bataille de Coutras; Georges fut trouvé mort d'apo-
« plexie dans son lit la veille de ses noces ; Antoine-Scipion se noya dans
« la rivière du Tarn, après le combat de Villemur, et Henri, pair et ma-
« réchal de France, mourut capucin » (t. Ier, p. 71).

Ces historiens ne s'accordent pas. Des cinq ou six Joyeuse, la légende populaire en a fait un seul qu'on tue dans un combat et qui se venge dans un autre par une sanglante revanche. Qu'il nous suffise de savoir seulement sur cette famille ce qui importe à notre récit.

« rage des ligueurs; Chambaut, qu'irrite à son tour
« leur vigoureuse résistance, commande alors que l'on
« jette une enseigne dans les retranchements; il de-
« mande à ses soldats s'ils seront assez lâches pour
« abandonner leur drapeau aux ennemis; les seconds
« retranchements sont aussitôt forcés, avec la même
« ardeur que les premiers; les ligueurs cherchent leur
« salut dans la fuite; ils se jettent dans le Tarn, dans
« l'espérance de se sauver; Joyeuse, qui est entraîné
« par les siens, s'y jette avec eux et trouve dans les flots
« une mort que la fortune lui envia sur les champs de
« bataille [1]. »

Joyeuse était brave et les huguenots avaient en lui
un noble et vaillant adversaire; d'après les *Mémoires
du baron d'Ambres*, la mort de ce capitaine fut celle
d'un héros.

« Les lansquenets se mirent à fuir et pensoient aller
« au pont, mais il étoit rompu, car le sieur de Joyeuse
« l'avoit fait rompre afin d'ôter l'espérance de fuir.

« Le dit sieur de Joyeuse, voyant ce désordre, va à
« la tête, et met la main à l'épée et tue quelqu'un pour
« les arrêter, mais il lui fut impossible et se trouva avec
« trois gentilshommes qu'étoient M. de Mousolens, ma-
« réchal de camp, M. de S. Geri, fils du sieur de La Ro-
« quebouliac, et M. de . . . . Rourgue. Le dit
« Mousolens dit à M. de Joyeuse : *Il se faut sauver;* le

---

[1] Marturé, *Histoire du pays castrais*, t. II, p. 132 et suiv.

« dit sieur de Joyeuse lui dit : *Il faut mourir;* le sieur
« de Mousolens répliqua : *L'on ne meurt pas quand on*
« *veut*, vous seriez prisonnier et mené à Béziers ; tâchez
« de vous sauver et demain nous les combatrons. Cela
« les fit résoudre eux quatre d'aller au pont et au bord
« d'icelui ils se désarmèrent au préalable étant allés em-
« brasser le canon ; et d'autant que le pont étoit rompu,
« ils voulsirent aller du long de la corde en nageant et
« allèrent jusqu'au dernier bateau qu'une pièce de bois
« tomba sur ce jeune seigneur qui le fit nier[1]. »

Un immense cri de détresse s'éleva dans Toulouse
à la première nouvelle de la mort du chef de la Ligue;
bientôt on apprit par les fuyards les détails de cette défaite et on acquit la certitude que Joyeuse, entraîné par
ses troupes en fuite, avait été noyé dans le Tarn.

Les huguenots s'empressèrent de rechercher le corps
du chef de l'armée vaincue; on ne put le reconnaître
parmi les noyés qu'à un diamant qu'il portait au doigt.

Les Toulousains ne pouvaient laisser les dépouilles
de leur illustre chef au pouvoir des hérétiques, ils proposèrent un échange; les huguenots demandèrent le
capitaine Portal, qui fut remis en liberté[2].

En fait de guerre, le plus petit capitaine vivant vaut
mieux que le plus grand capitaine mort. Portal le prouva

---

[1] Mémoires du baron d'Ambres, dans les *Pièces fugitives* de D'Aubaïs,
t. III, p. 29.
[2] Voyez Raynal, *Histoire de Toulouse*, p. 312.

peu de temps après ; les Toulousains devaient le prévoir; mais les reliques de l'un des plus grands saints de la Ligue méritaient bien qu'on leur fît cet honneur.

Ce devoir pieux accompli, les chefs toulousains se réunirent dans une assemblée et résolurent de déférer au cardinal de Lorraine le commandement général dans la province. Le prélat refusa les honneurs militaires qu'on lui décernait, et les ligueurs en firent hommage à un capucin, Henri de Joyeuse, comte de Bouchage, qui, en entrant dans l'ordre des Franciscains, prit le nom de *frère Ange*. Le portrait qu'en a tracé l'historien du pays castrais montre non-seulement l'homme, mais le parti et l'époque.

« Des mœurs dissolues, un caractère bizarre et des « pratiques de dévotion qui parurent extravagantes à « la cour même de Henri III, lui avaient acquis une « déplorable célébrité. Les écarts d'une imagination dé- « réglée s'alliaient en lui à tous les accès d'une ambi- « tion qui n'avait sa source dans aucun des sentiments « élevés qui inspirent les nobles âmes. Plus connu par « son goût pour les confréries de pénitents que par ses « exploits dans la carrière des armes, il fut la risée de « l'armée et compromit la dignité du soldat. On savait « que c'était en sortant d'une partie de débauche, que « passant, à quatre heures du matin, près du couvent « des capucins à Paris, il s'était imaginé que les anges « chantaient les *Matines*, et que, frappé de cette idée, il « s'était enfermé dans le cloître pour expier, dans les

« rigueurs de la pénitence, les dérèglements de sa jeu-
« nesse. On l'avait vu dans une de ces processions[1] qui
« furent si fréquentes sous la Ligue, et qui offraient dans
« leurs grossiers travestissements d'indécentes parodies
« des mystères du christianisme, représenter la passion
« du Sauveur sous les traits d'une honteuse mascarade.
« La tête couronnée d'épines, les mains liées, portant
« sur son visage l'empreinte des goûttes de sang qui
« semblaient découler, les épaules chargées d'une
« longue croix de carton peint, il se laissait tomber par
« intervalles, en poussant des gémissements lamenta-
« bles, pendant qu'il était frappé à coups de fouet par les
« capucins qui l'accompagnaient. Le plus brave des of-
« ficiers français, Crillon, témoin de cette indigne mas-
« carade, s'était écrié avec indignation : *Frappez tout de*
« *bon, fouettez ; c'est un lâche qui a endossé le froc pour ne*
« *plus porter les armes*[2]. »

Tel était Joyeuse, ce héros capucin qui fut la carica-
ture de la Ligue et la personnification de Toulouse.

Le parti qui plaçait un homme semblable à sa tête
abdiquait. Au mois de juin 1595, le duc de Ventadour
sort de Castres avec de l'artillerie, quatre mille hommes
d'infanterie et une nombreuse cavalerie ; il reçoit la
soumission d'un grand nombre de places et porte la
guerre aux environs d'Albi et de Toulouse, pendant

---

[1] Le président de Thou fait, dans son *Histoire*, une longue description
de cette procession.

[2] Marturé, *Histoire du pays castrais*, t. II, p. 135.

qu'un de ses lieutenants, le capitaine Portal, qui avait sous ses ordres les troupes de Revel, de Mazamet et de Puylaurens, emporte la ville de Saint-Papoul, le 16 juin, la met au pillage; mais il y eut peu de sang de répandu[1].

« Contraint de céder, Joyeuse, pour prix d'une sou-
« mission que l'épuisement des peuples et la défection
« de son parti ne lui permettaient plus de différer,
« exigea des récompenses que les plus intrépides dé-
« fenseurs du trône, que Crillon lui-même, n'eussent
« peut-être osé demander. Par l'édit de Folembrai,
« que le roi donna en faveur de la ville de Toulouse et
« de toutes celles de Languedoc qui avaient embrassé
« le parti de la Ligue, Joyeuse reçut, avec le bâton de
« maréchal de France, un si grand nombre de dons, de
« prérogatives et de dignités, qu'il dut être un objet
« d'envie pour les fidèles serviteurs qui avaient exposé
« leurs vies pour la défense du prince, qui mérita le
« reproche d'avoir comblé ses ennemis avec un excès
« de générosité, lorsque les plus dévoués capitaines
« n'obtinrent souvent d'autres récompenses que l'hon-
« neur de l'avoir servi[2]. »

Ce passage, que j'emprunte à l'historien de Castres, est parfaitement vrai en ce qui concerne la famille de Portal. Le capitaine royaliste qui, dans les guerres de la Ligue dans le Languedoc, joua un des rôles les

---

[1] Dom Vaissette, *Histoire générale du Languedoc*, t. V, p. 474. — Marturé, t. II, p. 140.

[2] Marturé, *Histoire du pays castrais*, t. II, p. 141.

plus brillants, tomba dans l'oubli du moment qu'on n'eut plus besoin de ses services. Il est vrai que Portal conserva toujours l'estime et la bienveillance de Henri IV, que ce roi l'employa en quelques missions de confiance, qu'il aida, nous aimons à le croire, à marier ses filles aux fils de grands seigneurs ; mais jamais il ne fut honoré de ces hautes faveurs politiques et militaires que l'ancien chef des huguenots réservait pour ses ennemis de la veille.

Henri IV savait que Portal et sa famille resteraient fidèles et dévoués quand même ; mais il aurait dû comprendre que les ligueurs quand même le trahiraient.

De tous les jeunes seigneurs avec lesquels il fut élevé et passa sa jeunesse, un seul, Jehan de Beaumanoir, marquis de Lavardin, reçut de hautes faveurs ; il est vrai qu'il fut le seul qui le trahit. Il quitta le roi de Navarre en 1578 pour s'attacher à Catherine de Médicis; rentré en grâce, Henri IV le nomma maréchal de France et gouverneur du Maine.

Le 17 septembre 1595, Henri IV reçut l'absolution du pape, la Ligue se soumit et chacun songea à faire sa paix[1].

Cependant les seigneurs huguenots, peu confiants dans l'avenir qui leur était réservé, cherchèrent leur principal appui dans les alliances de famille. Roger de

---

[1] Raynal, *Histoire de Toulouse*, p. 318.

Durfort, seigneur de Deyme[1] et gouverneur du Lauraguais, avait épousé Catherine Hunaud de Lanta, fille
de Pierre Hunaud, baron de Lanta et de Lantarès, et de
Marguerite de Montbrun, noms illustres dans nos guerres religieuses. Le fils du seigneur de Deyme, Thomas
de Durfort, épousa *Jeanne de Portal*, fille du capitaine de
Portal ; le mariage fut célébré le 12 octobre 1603[2].

La seconde fille du capitaine, *Paule de Portal*, épousa
Hugues de Villeneuve, baron de Crousille, le 17 octobre 1620[3].

Ces noms de Villeneuve, de Lanta et de Durfort paraissent parmi ceux des anciens chefs des Albigeois[4] ;
les traditions de ces familles, pas plus que celles de la
maison de Portal, ne furent mises en oubli par leurs
descendants.

Le fils du capitaine Portal de Revel fut consul de
cette ville et député en 1617 à l'assemblée provinciale
des protestants de la Haute-Guyenne, où se trouvait un

---

[1] Bertrande de Toulouse apporta la terre de Deyme en dot à Bernard
de Durfort, chevalier, avant 1300. (Lafaille, *Noblesse des capitouls*, p. 68.)

[2] Voyez Besons, *Jugements de la Noblesse de Languedoc*, t. III, p. 55
des *Pièces fugitives pour servir à l'Histoire de France*, par le marquis
d'Aubaïs. — Durozoi, *Annales de Toulouse* (généalogie de la maison de
Durfort), t. III, p. 21 des notes historiques.

[3] Besons, *Jugements de la Noblesse*, t. III, p. 140, 141.

[4] Les Villeneuve, que Du Mège appelle les Montmorency du Languedoc
(t. IV, p. 73-75), propagèrent l'albigéisme avec un zèle sans bornes (*ibid.*,
t. Ier, p. 289). Le chevalier de Villeneuve, président d'un tribunal albigeois, Pons de Villeneuve, Bernard de Durfort, Sicart de Durfort, le
diacre albigeois Lantar, dont le baron de Lanta se faisait gloire de descendre, etc., etc.

Les Villeneuve entrèrent trente-quatre fois dans le capitoulat de Toulouse, depuis l'an 1147 jusqu'à l'an 1462.

membre de la famille d'Escayrac, alliée plus tard à la famille de Portal. Cette assemblée fut présidée par François de Béthune, comte d'Orval, grand voyer de Paris et surintendant des finances[1].

Quelques descendants du capitaine de Portal habitaient encore Revel en 1697, *Michel de Portal*, sieur de Foncouverte, et *Abel de Portal*, sieur de Saint-Aubin[2].

Ici se terminent les documents historiques et les traditions de famille sur ce rameau de la branche aînée; la branche cadette adopta également les doctrines de la Réforme.

[1] *La France protestante*, article Béthune, p. 253, notes. Cfr. le t. VIII de la collection Conrard, Mss. de la Bibliothèque impériale.

[2] Ils firent enregistrer leurs armoiries sur l'*Armorial général de France*, cette année 1697.

X

BRANCHE DÉ BAGNOLS — INFLUENCE DES TRADITIONS DE FAMILLE

E en Orient apareo una stella a li trey Barons.
(La Noble Leçon.)

Monteil, dans l'*Histoire des Français des divers États*, chapitre des *Cadets gascons au seizième siècle*, dit : « Dans « tout le Lyonnais, le Dauphiné, la Provence, le Lan-« guedoc, le Limousin et la Guyenne, dans cette moitié « de la France, la puissance du père est telle, qu'il peut « donner, et que l'universel usage veut qu'il donne, à « son fils aîné, la moitié de ses biens en présent de « noces, ce qui n'empêche pas son fils aîné de venir « ensuite au partage avec ses frères, comme s'il n'avait « rien eu[1]. »

Ces dispositions étonnent aujourd'hui, elles avaient cependant leur raison d'être. L'individu était sacrifié à la famille ; l'histoire de la puissance paternelle à Rome

---

[1] Monteil, t. III, p. 44.

est l'histoire de sa grandeur; l'histoire de la famille dans le midi de la France explique la perpétuité des traditions dont ce livre est un exemple.

La branche aînée de la famille de Portal fut la première qui embrassa les doctrines de la Réforme; la branche cadette suivit son exemple, mais plusieurs années après.

Dans chacune de ces deux branches, les rameaux aînés conservèrent les traditions des ancêtres, restèrent protestants; les rameaux puînés rentrèrent plus ou moins tard dans le giron de l'Eglise catholique.

Quelles furent les causes de la persistance d'un fait qui se présente comme une loi dans l'histoire de la famille de Portal?

Le fils aîné héritait de la fortune, mais à une condition qu'il ne pouvait enfreindre sans forfaire à l'honneur à l'égard de ses puînés; il était le représentant de la famille et le mainteneur de ses traditions de foi religieuse, d'honneur et de noblesse. Les cadets de Gascogne n'avaient rien, si ce n'est la liberté de penser, d'agir et de vivre à leur fantaisie.

Dans la noblesse, la première et presque la seule carrière était celle des armes; or, après Henri IV, on ne put être officier qu'en faisant non pas abjuration complète, mais en s'abstenant de participer au culte réformé.

Pour conserver sa foi pure, il fallait donc avoir une fortune suffisante pour se passer des faveurs de la cour;

les aînés le pouvaient, mais non pas toujours les cadets.

Les mariages furent une nouvelle cause de la conservation de la foi des ancêtres dans les branches aînées et d'abjuration dans les branches cadettes; les familles nobles et protestantes s'alliaient entre elles, les aînés obtenaient les riches héritières, les cadets déshérités n'avaient en perspective que des filles protestantes aussi pauvres qu'eux. En épousant des filles catholiques sans abjurer, mais en permettant que les enfants suivissent la religion de leur mère, l'influence de leur nom et de leur position sociale s'étendait sur un plus grand nombre de familles riches; ainsi les anciennes familles protestantes tendaient à se perpétuer d'une part et à disparaître de l'autre.

Ces réflexions vont trouver leur application dans les faits qui suivent.

Le 19 avril 1530, François de Portal, lieutenant d'infanterie, fils de *noble Jehan de Portal*, de la ville de Bagnols, épousa Madeleine Desmares, fille du *vénérable seigneur* Jacques Desmares, viguier de Rochemaure.

Dans le ressort du parlement de Toulouse, le mariage n'émancipait pas les enfants de l'un ni de l'autre sexe; le père gardait la dot qu'il constituait à son fils non émancipé, mais à la charge de l'entretenir, ainsi que toute sa famille[1].

Cette coutume fut observée dans le contrat de ma-

[1] Argou, *Institution au droit français,* t. II, p. 78.

riage de François de Portal, cadet de la famille; son père, Jehan, lui constitua en dot le quart de tous ses biens, meubles ou immeubles, présents ou à venir, mais ne lui transmit rien; le fils aîné Jehan avait été émancipé, n'habitait pas avec son père et avait reçu sa dot; il en fut probablement de même pour Catherine, sœur de Jehan et de François, qui épousa Jehan de Sibert[1].

Ainsi, le fils aîné fut émancipé, rentra à Toulouse, eut hors part une ancienne propriété féodale de la famille[2] et put encore venir revendiquer la moitié des biens propres laissés par son père, puisque des trois enfants le fils cadet n'eut que le quart de la fortune paternelle.

Le fils héritier, en obtenant les bénéfices du droit d'aînesse, en accepta les charges. Ses descendants s'en acquittèrent noblement; les premiers, ils relevèrent le vieil étendard des Albigeois, adoptèrent les croyances de la Réforme et les scellèrent de leur sang.

François de Portal mourut catholique; dans son testament, daté du 15 mai 1570, il déclare vouloir être enterré *en l'église paroichielle de Baignolz et au tombeau de ses parens et ancestres prédécédez.*

---

[1] D'Hozier et la *France protestante,* famille *de Sibert.*

[2] Jehan devant être le chef de la famille dut assister au mariage de son frère François. Malheureusement, la place où son nom doit paraître sur l'acte, écrit sur parchemin, a été endommagée par l'humidité, et il ne reste que . . . . de Monte. . . . . . . (Jehan Portal Junior de Montepitolio.)

Ses trois fils, Jehan, Guillaume et Simon, furent protestants. Le supplice de leur cousin Jehan de Portal, viguier de Toulouse, les avait convertis de cœur; la Saint-Barthélemy les convertit de fait.

La date que nous assignons à la conversion publique de la branche cadette des Portal aux doctrines évangéliques, trouve déjà sa preuve dans le testament catholique de François de Portal de 1570 et dans les mariages postérieurs à la Saint-Barthélemy, célébrés dans la forme de l'Eglise réformée comme celui de Guillaume de Portal en 1588. Les traditions de famille nous ont transmis des indices plus précis encore.

L'année 1572, ensanglantée par les massacres de la Saint-Barthélemy, vit apparaître un phénomène céleste qui effraya les populations catholiques et servit la cause de la Réforme. L'illustre astronome Tycho-Brahé décrit en ces termes le fait scientifique dénaturé par les légendes populaires :

« Lorsque je quittai l'Allemagne, dit-il, pour re-
« tourner dans les îles danoises, je m'arrêtai dans l'an-
« cien cloître, admirablement situé, d'Heritzwaldt,
« appartenant à mon oncle Sténon Bille, et j'y pris
« l'habitude de rester dans mon laboratoire de chimie
« jusqu'à la nuit tombante. Un soir que je considérais,
« comme à l'ordinaire, la voûte céleste, dont l'aspect
« m'est si familier, je vis avec un étonnement indicible,
« près du zénith, dans Cassiopée, une étoile radieuse
« d'une grandeur extraordinaire; frappé de surprise,

« je ne savais si j'en devais croire mes yeux. Pour me
« convaincre qu'il n'y avait point d'illusion et pour re-
« cueillir le témoignage d'autres personnes, je fis sortir
« les ouvriers occupés dans mon laboratoire, et je leur
« demandai, ainsi qu'à tous les passants, s'ils voyaient
« comme moi l'étoile qui venait d'apparaître tout
« à coup. J'appris plus tard qu'en Allemagne, des
« voituriers et d'autres gens du peuple avaient pré-
« venu les astronomes d'une grande apparition dans
« le ciel, ce qui a fourni l'occasion de renouveler
« les railleries accoutumées contre les hommes de
« science.

« L'étoile nouvelle était dépourvue de queue ; au-
« cune nébulosité ne l'entourait ; elle ressemblait de
« tous points aux autres étoiles ; seulement elle scintil-
« lait encore plus que les étoiles de première grandeur.
« Son éclat surpassait celui de Sirius, de la Lyre et de
« Jupiter ; on ne pouvait le comparer qu'à celui de
« Vénus, quand elle est le plus près possible de la
« terre. Des personnes pourvues d'une bonne vue pou-
« vaient distinguer cette étoile pendant le jour, même
« en plein midi, quand le ciel était pur. La nuit, par un
« ciel couvert, lorsque toutes les autres étoiles étaient
« voilées, l'étoile nouvelle resta plusieurs fois visible à
« travers des nuages assez épais. Les distances de cette
« étoile à d'autres étoiles de Cassiopée, que je mesurai
« l'année suivante avec le plus grand soin, m'ont con-
« vaincu de sa complète immobilité. A partir du mois

« de décembre 1572, son éclat commença à diminuer;
« elle était alors égale à Jupiter [1]. »

Dans un siècle où l'astrologie était en honneur et
s'élevait, sous Catherine de Médicis, au rang d'une
puissance politique, l'apparition d'une étoile fixe, qu'on
pouvait voir en plein midi, fut plus qu'un admirable
phénomène, ce fut un événement. Tycho-Brahé a donné
la description scientifique ; les *Mémoires de l'Estat de
France* nous font connaître la manière de voir des astrologues.

« Parmi ces troubles, commencement de douleurs,
« apparut au ciel une nouvelle estoille, grande comme
« l'estoille du jour, auprès de la Cassiopée, ayant la
« figure comme d'un rhombe ou lozenge. Cela avint,
« comme le marque Corneille Gemme, astronome, le
« neufième jour de novembre 1572, sur le soir. Il dit
« qu'elle ne bougea de sa place l'espace de trois sept-
« maines, estime (comme aussi plusieurs autres hommes
« doctes qui en ont escrit) qu'elle ressembloit à l'estoille
« qui apparut aux sages qui vindrent adorer Jésus-
« Christ en Bethléem, incontinent après sa nais-
« sance [2]. »

Les massacres de la Saint-Barthélemy se poursuivaient encore dans les provinces lorsque la nouvelle
étoile apparut. Le peuple catholique fut frappé de terreur, et les poëtes huguenots, exploitant la panique gé-

---

[1] *Cosmos*, t. III. — Arago, *Astronomie*, t. Ier, p. 411.
[2] *Mémoires de l'Estat de France sous Charles IX*, t. II, p. 18 et 19.

nérale, comparèrent Charles IX à Hérode ensanglanté
et la Saint-Barthélemy au massacre des innocents.

Tu vero Herodes sanguinolente, time [1].

Les nouveaux protestants suivaient en cela l'exemple
des anciens Vaudois, qui, ainsi que nous l'avons observé dans une note précédente, répandirent en
l'an 1100, année assignée par les millénaires comme
devant être celle de la fin du monde, un poëme, *la Noble
Leçon*, dans lequel ils appelaient les hommes à la repen-
tance et à la conversion, le monde étant à sa fin.

Car nos veyen aquest mont esser pres del chavon [2].

Nos pères admettaient-ils ces superstitions populaires?
Ils marchaient sans doute en tête de la civilisation ; mais
ils appartenaient à leur siècle, et l'on croit facilement
ce qui est bon et utile à sa cause.

Ce fut à cette époque de l'apparition de la nouvelle
étoile des mages, parfaitement ressemblante à la première, d'après l'autorité des astrologues, que la branche
cadette de la famille de Portal, établie à Bagnols, adopta
publiquement les doctrines de la Réforme ; ses armoiries en conservent le souvenir.

D'après l'art héraldique, les branches cadettes se dis-
tinguaient de l'aînée par une brisure ajoutée à l'écusson

---

[1] *Mémoires de l'Estat de France sous Charles IX*, t. II, p. 18 et 19.
[2] *La Nobla Leyczon*, vers 3.

de la famille ; c'est ainsi que la royale maison d'Orléans porte de France au lambel d'argent[1].

Les Portal suivirent l'usage général auquel leur aîné pouvait même les astreindre. Ils brisèrent l'écusson primitif des Portal de Toulouse : *d'argent au lion rampant de sable*, en y ajoutant *un chef d'azur chargé de trois étoiles d'or*.

Ces trois étoiles, d'après le blason, sont l'emblème *des trois mages*[2] et elles rappellent l'étoile des Albigeois[3].

La branche aînée de Bagnols resta protestante ; elle l'est encore ; la persécution, les supplices, la mort, ne purent l'ébranler.

La seconde branche abandonna sa foi en 1671 ; le contrat de mariage de Guillaume de Portal ne contient aucune trace de protestantisme, il resta en France après la révocation de l'Edit de Nantes et ne fut point persécuté.

La troisième branche n'est plus protestante en 1645, son protecteur est l'archevêque de Narbonne, Claude de Rebé, primat des Gaules, président des Etats de Languedoc.

---

[1] Madame de Sévigné rappelle en plaisantant à son cousin Bussy-Rabutin qu'il n'est que de la branche cadette des Rabutin, et le menace de le réduire au *lambel*, c'est-à-dire à placer une brisure dans les armoiries de sa famille comme puîné.

[2] La famille des *Roys* portait trois étoiles sur son écu. Le roi Jean créa, en 1351, l'ordre de l'Etoile des mages, qui avait pour devise : *Monstrant Regibus astra viam.* (Président Hénault.)

De toutes les sciences, la science du blason est sans doute la moindre ; elle vaut mieux cependant que sa réputation, et son étude éviterait parfois de singulières méprises aux historiens et aux biographes.

[3]　　　E lo rays de l'estela a l'escur alumnat :

Lux lucet in tenebris. (Voy., ci-dessus, le chap. II.)

Ainsi les traditions s'effacent à mesure que les branches puînées s'éloignent de leur aînée; ces traditions possèdent donc une immense influence sur la foi et la destinée des familles. Les dates ont aussi leur éloquence[1].

Jehan, fils aîné de François de Portal, chef de la branche de Bagnols et de Magdeleine Desmares, fut institué héritier de la famille par testament du 13 mai 1570; il eut trois enfants, Jean, Pierre et Antoinette.

Antoinette, mariée la première, fut unie à Daniel Chamier, le grand pasteur, « *grand, non pas à cause de* « *sa taille et de sa stature*, dit son naïf biographe, *mais* « *de son esprit, de l'étendue incomparable de ses talents,* « *de son habileté dans la carrière ecclésiastique, dans la-* « *quelle quelques-uns ont pu l'égaler, mais aucun ne l'a* « *surpassé*[2].

« Daniel Chamier, dit le célèbre critique Bayle, Cha- « mier, l'un des plus grands théologiens du parti des « réformés, était né en Dauphiné. Il fut longtemps mi- « nistre à Montélimart, d'où il passa, l'an 1612, à Mon- « tauban, pour y être professeur en théologie. Il y fut « emporté d'un coup de canon pendant le siége de

---

[1] Le plus grand service qui ait jamais été rendu aux Eglises protestantes de France est la grande biographie de MM. Haag. Comme toutes les grandes choses, la *France protestante* n'a pas été comprise à son origine; on n'a pas vu que le plus puissant moyen d'arrêter les familles protestantes sur la pente du catholicisme était de perpétuer la mémoire de leurs glorieux martyrs. Le comprend-on aujourd'hui que cette grande œuvre est achevée?

[2] *Daniel Chamier's icon*, by John Quick. (Voyez la traduction de M. Charles Read, p. 87.)

« l'an 1621. On ne peut qu'être surpris de voir que
« personne n'ait fait sa vie. Il n'y a au monde que les
« Français qui soient capables d'une telle négligence.
« Si Chamier était d'une autre nation, son histoire assez
« ample pour souffrir la reliure paraîtrait dans toutes
« les bibliothèques, vu surtout qu'il laissa des fils qui
« furent de sa profession et dont la postérité est encore
« dans le ministère. Chamier n'était pas moins dans
« son parti ministre d'Etat que ministre d'Eglise. On
« ne vit jamais un homme plus roide, plus inflexible,
« plus intraitable par rapport aux artifices que la cour
« mettait en usage pour affaiblir les protestants ; ce fut
« lui, dit-on, qui dressa l'Edit de Nantes. Il fut honoré
« de diverses députations et il présida à quelques sy-
« nodes. Le temps qu'il donna aux affaires politiques
« du parti ne l'empêcha pas de devenir fort savant ; il
« en a donné des preuves dans sa dispute contre le
« père Cotton et dans ses livres[1]. »

Le juste reproche adressé par Bayle à la France, si
peu soucieuse de ses hommes illustres, a été entendu
par M. Charles Read, qui a élevé un véritable monument à la gloire de Chamier, suivant pas à pas les événements de sa noble vie, et montrant par des témoignages authentiques la part glorieuse du célèbre pasteur dans les négociations et la rédaction de la *Grande
Charte des protestants de France*[2].

---

[1] *Dictionnaire historique et critique* de Bayle, édit. de Rotterdam, 1697.
[2] Voyez *Daniel Chamier*, par M. Charles Read, p. 9, 217, 195 et 448.

Déjà l'auteur de l'*Histoire de l'Hérésie*, Varilas, avait accusé Chamier de ce qui fut son plus grand titre d'honneur. « Le calvinisme, dit cet auteur, avait obtenu « par ses importunités que tout ce qu'il y avait d'avan- « tageux pour son parti dans les édits de pacification « fût renfermé dans celui de Nantes. Le plus habile de « ses ministres, Danier Chamier, avait eu la commission « de le dresser ; il y avait employé trois mois entiers et « s'était vanté de n'avoir rien oublié de ce qui servait à « l'affermissement du repos de la secte[1]. »

Chamier fut-il pasteur à Bagnols ? Son biographe anglais, Quick, l'affirme. MM. Haag le nient dans la *France protestante*. Il est probable que les traditions de famille recueillies par l'auteur anglais auront confondu le ministère de Chamier avec son mariage, qui eut lieu à Bagnols et qui dut suivre de près la publication de l'Edit de Nantes (1598)[2].

La mort de Chamier fut aussi glorieuse que sa vie. « Après avoir été l'apôtre du protestantisme, dit l'abbé « Expilly, il en fut le martyr. » Fidèle jusqu'à la fin, il périt littéralement sur la brèche, au siège de Montau- ban, le 7 octobre 1621. Le marquis de Castelnaut, fils du duc de La Force, raconte ainsi ses derniers mo-

Le cimier des armoiries de la famille de Chamier rappelle ce grand sou- venir historique.

[1] Bayle et M. Charles Read.

[2] D'après ce qu'on peut inférer de ce que dit Quick, Daniel Chamier aurait été pasteur de Bagnols de 1598 à 1600. (Voyez l'ouvrage de M. Charles Read, p. 109.

ments : « Les gens du roi dressèrent une batterie entre
« le bastion de Paillas et le Moustier, et se résolurent
« d'y donner un jour de dimanche; et M. Chamier,
« pasteur du lieu, voulut être du nombre des opposants,
« un épieu à la main, mais malheureusement, car il fut
« emporté d'un coup de pièce qui lui donna dans l'es-
« tomac; et il se rencontra que plusieurs l'ayant vu au-
« paravant en cet état et lui disant : Comment, Mon-
« sieur, vous êtes là? — Oui, leur répondit-il, car c'est
« aujourd'hui le *jour de mon repos*. Voulant dire qu'il
« ne devoit pas prêcher ce jour-là, car il y avoit beau-
« coup d'autres pasteurs; et il songeoit pas que quand
« et quand il prédisoit sa mort, car véritablement ce fut
« là le jour de son repos. »

« Il fut autant regretté de ses coreligionnaires, dit
« Scipion Dupleix, que s'ils avoient perdu une des meil-
« leures places de sûreté qu'ils tinssent en France. »

« Les protestants de Montauban, dit le biographe
« Quick, tous les grands seigneurs et toutes les grandes
« dames qui y demeuraient, les nobles et les gentils-
« hommes, les bourgeois et les soldats, les maris avec
« leurs femmes, les parents avec leurs enfants, les
« riches et les pauvres, les grands et les petits, sou-
« pirant et sanglotant, s'écriaient d'un ton lamen-
« table : Notre père est mort! notre père! notre
« père!... hélas nous ne le reverrons plus[1]! »

---

[1] Traduction de M. Charles Read, p. 187.

Enfin, dit Saurin, « je produirai un seul témoin, « mais un témoin qui en vaut plusieurs. C'est de Cha- « mier que je parle. On sait que ce grand homme a dé- « fendu la religion en plus d'une manière, et qu'il lui « a sacrifié ses travaux et sa vie[1]. »

De son mariage avec Anthoinette de Portal[2], Daniel Chamier eut trois filles et un fils, Adrien, pasteur à Montélimart, grand-père d'Antoine, l'avocat, martyr, rompu vif en 1683, à Montélimart[3], pour avoir résisté aux dragonnades.

---

[1] *Examen de la théologie* de M. Jurieu. — M. Charles Read, p. 8.

[2] Dans le contrat de mariage de *damoyselle Magdaleyne de Chamier*, sa mère est désignée sous le nom d'*Anthoinette de Moissart*.

« Nous avions constaté, en effet, dit M. Charles Read, que la femme « de Daniel Chamier lui avait survécu. Mais Quick dit qu'elle se nommait « *de Portal*, tandis qu'elle est ici qualifiée *damoiselle Anthoinette de* « *Moissart*. Si Daniel Chamier n'a été marié qu'une fois, il faut admettre « que c'est une seule et même personne; il est possible qu'elle ait eu, « comme il arrive assez fréquemment, deux noms, et qu'elle se soit ap- « pelée *Portal de Moissart*. » (Page 471.)

Nous ne trouvons le nom de *Moissart* dans aucun des actes notariés et des documents que nous possédons sur la famille de Portal établie à Ba- gnols et aux environs; mais le nom que prend la veuve de Chamier dans le contrat de mariage de sa fille s'explique par un ancien usage de la no- blesse ; les veuves prenaient le nom de la terre qu'elles possédaient de leur chef; la veuve Scarron était *dame de Maintenon*; Jeanne de Portal, veuve d'Alain de Préhac, était *dame d'Estillac* (*Armorial de Languedoc*); Mar- guerite de Portal, veuve de Jean de Saunhac, comte de Villelongue, était *dame d'Ampiac*, baronnie qu'elle tenait du chef de son père (de Barrau, *Documents sur le Rouergue*, t. II, p. 278, 279). De même, il est plus que probable que *Moissart* était une terre, ferme ou métairie, avec quelques rentes féodales, constituées en dot, ou douaire, à Anthoinette de Portal. Un indice justifie cette explication : le contrat de mariage de Madeleine Chamier écrit ainsi son nom : *Magdaleyne de Chamier;* il n'est pas éton- nant que la mère ait pris un nom de terre alors que la fille prenait la particule nobiliaire qu'elle avait le droit de porter, sans doute, mais que son père ne portait pas.

[3] Nous ajouterons quelques renseignements aux documents fournis par

Jean de Portal, beau-frère de Chamier, chef de la famille établie à Bagnols, ne pouvait servir un gouvernement qui ne tolérait pas la liberté de conscience ; sa jeunesse fut consacrée à de fortes études de droit et il fut reçu docteur à Montpellier.

On attachait à cette époque une haute importance à ce titre de docteur qui donnait non-seulement la noblesse, mais la chevalerie. « Et afin qu'on ne se persuade pas, « dit de La Roque, dans son *Traité de la noblesse* (p. 143), « que cette chevalerie de lois soit un titre de peu de con- « séquence à l'égard des docteurs, il se trouve qu'au « concile de Bâle, tenu l'an 1431, la préséance fut ad- « jugée, par l'empereur Sigismond, aux docteurs, au « préjudice des chevaliers d'armes, parce qu'il pouvait « en un jour, disait-il, faire cent chevaliers d'armes, « mais qu'il ne pourrait pas en mille ans, s'il vivait, faire « un bon docteur. »

Les études de droit, dans la faculté de Montpellier, duraient onze ans ; il y avait quatre leçons par jour, deux le matin et deux après midi. Les fils des plus grands seigneurs fréquentaient cette école et étaient soumis aux règlements, fussent-ils de *maison royale ou de celle de duc, prince ou comte* [1].

M. Charles Read sur l'habitation de la famille Chamier aux environs de Montélimart (p. 444). D'après la carte de Cassini, le domaine qui porte encore aujourd'hui le nom de *Chamier* est situé à un kilomètre de Montélimart, en ligne directe, sur un coteau planté de vignes, au pied duquel coule la petite rivière de Jabron, et à environ trois kilomètres au sud d'un domaine du nom de *Portal*.

[1] Voyez de curieux détails dans d'Aigrefeuille, *Histoire ecclésiastique*

Jean de Portal épousa sa cousine Louise de Sibert[1], fille d'André de Sibert, seigneur de Montières, procureur général en la cour souveraine de parlement d'Orange, et d'Olympe de Langes, fille de Louis de Langes, seigneur de Montmiral, conseiller, intendant au domaine et finances dudit seigneur, prince d'Orange.

De tous les genres de littérature, celui des généalogies est sans doute le plus aride et le plus ennuyeux; nous ne voulons pas en abuser, mais il importait ici de bien établir les parentés, les services rendus aux princes d'Orange par les familles de *Sibert* et de *Langes*, ayant eu la plus haute influence sur l'établissement de la famille de Portal, en Hollande et en Angleterre, à l'époque de la révocation de l'Edit de Nantes.

Par suite de son mariage avec Louise de Sibert, Jean de Portal acquit des propriétés près de la seigneurie de Montmiral, aux environs de la ville de Romans, en Dauphiné, propriétés qui portent le nom de *Le Portal* et *Portalière*, sur la carte de Cassini[2]. Eloigné des affaires

---

de Montpellier, p. 355. — Un arrêt du conseil delphinal, présidé par le comte de Comminges, voulant mettre à l'épreuve l'ardeur belliqueuse des chevaliers ès lois, décida, au mois de juin 1467, que les docteurs étaient nobles et qu'ils devaient jouir des priviléges des chevaliers, pourvu qu'ils servissent en armes le roi dauphin. Le servirent-ils? J'aime à le croire, car je suis sinon docteur, du moins licencié ès lois. (Voyez de La Roque, *Traité de la noblesse*, chap. XLII.)

[1] Louise de Sibert était la petite-fille de Jehan de Sibert et de Catherine de Portal, grande-tante de Jean de Portal. (Voyez la *France protestante*, articles *Sibert* et *Portal*.)

[2] A chaque nouvelle alliance nous voyons l'établissement d'un nouveau domaine portant le nom de Portal, près de la ville où le mariage avait

publiques, Jean de Portal habitait le château de La Portalière, qui a laissé de profonds souvenirs dans les traditions de ses descendants.

Deux fils naquirent de cette union, *Hector* et *Louis*.
Hector eut probablement pour parrain son oncle ma-
ternel, Hector de Sibert, seigneur de Montières, baron
de Cornillon, protestant zélé, ainsi qu'il résulte de son
testament, *voulant être enterré en la forme de la religion
prétendue réformée dont il faisait profession*[1]; et Louis dut
sans doute son nom de baptême à son grand-oncle Louis
de Langes, sieur de Montmiral.

Le 16 mars 1661, le juge royal du Pont-Saint-Esprit
(Joseph-François de Bernard)[2], dressa un procès-verbal
contre plusieurs habitants de Bagnols pour avoir assisté, contre la volonté du roi, à un prêche quinze jours
avant et contre sept ou huit étrangers. Parmi les
habitants de Bagnols figurent *Hector de Portal* et son
cousin *Estienne de Portal*[3], et parmi les étrangers le
cadet d'Uzès.

Nous donnerons ici quelques pièces inédites de cette
procédure; le dossier est conservé aux archives générales de l'empire (T. T. 328).

été contracté. Ainsi, près de Rochemaure, près de Montélimart, de Romans, etc., etc.

[1] D'Hozier, *Armorial général*, famille de Sibert.

[2] Pour ce *Bernard*, voyez les *Larmes de Chambrun*, p. 142.

[3] Hector de Portal était le neveu à la mode de Bretagne d'Estienne de
Portal, cousin germain de Jean de Portal, père d'Hector, ainsi que nous le
verrons plus loin.

Rapport au ministre par l'intendant du Languedoc,
M. de Besons :

« Ceux de la R. P. R. de la ville de Baignolz s'estant
« restablis dans l'exercice de leur religion, en vertu
« d'un arrest sur requête rendu au mois d'aoust 1651,
« et comme lors de cest arrest ils estoient hors de la pos-
« session depuis plusieurs années et que par la déclara-
« tion de l'année 1642 les choses doivent demeurer au
« mesme estat qu'elles estoient lors de la mort du feu
« roy; dans la minorité, monseigneur le prince de
« Conty, seigneur de Baignolz, a obtenu arrest au con-
« seil pour les faire assigner et cependant deffense de
« prescher. Cest arrest fut signifié il y a quinze jours
« par un garde de la prévosté de l'hostel avec toutes
« les précautions nécessaires pour empêcher qu'il n'ar-
« rivast du désordre. Les catholiques y estant en beau-
« coup plus grand nombre sans comparaison, ils obéi-
« rent aux deffenses et la porte du temple fut murée ;
« mais ayant esté consulter les consistoires d'Uzès, Nis-
« mes et Montpellier qui sont les trois villes principales
« des colloques qui composent le synode du Bas-Lan-
« guedoc..... qui composent un synode différent, les
« députés de tous ces lieux s'y sont transportés, faisant
« démurer les portes et prescher en leur présence.
« Ceste entreprise est justifiée par deux verbaux et deux
« informations faictes par le juge royal du Saint-Esprit
« que je vous envoye. J'ay cru ne devoir pas décréter

« contre ceux qui sont compris dans les procédures,
« parce que *l'action m'a paru si grave que j'ay pensé*
« *qu'elle avoit besoin de toute l'authorité royalle pour la*
« *réprimer*, et que si une action de ceste qualité faicte
« en une ville qui appartient à monseigneur le prince
« de Conty (et où les huguenots ne font pas la cinquième
« partie des habitans) est dissimulée, il est aisé de
« croire qu'ils ne reconnoistront point d'autre justice
« que celle qu'ils voudront. L'intention de Son Altesse
« n'est point qu'il se fasse rien par voye de faict, mais
« que les choses prennent le cours de la justice. Il y a
« cest avantage que les ordres que l'on donnera pour
« effect seront exécutés fort ponctuellement.

« Je vous supplie très humblement de me faire l'hon-
« neur de croire que je suis plus que personne du
« monde,

« Monsieur,

« Vostre très humble et obéisssant serviteur,

« De Besons.

« A Pézenas, le 18 mars 1661. »

Suivent le procès verbal, l'information et l'inquisition secrète.

« Inquisitions secrettes faictes par nous Joseph Fran-
« çois de Bernard, conseiller et juge pour le roy en la
« ville et viguerie du Sainct-Esprit, à la réquisition de
« M. Graciens Racaud, procureur jurisdictionnel de
« Son Altesse royale monseigneur le prince de Conty,

« en sa ville et baronnie de Baignolz, pour et au nom
« de mon dict seigneur, contre M. Hélie Cheyron de
« la ville de Nismes, ministre, M. Jacques de Croze,
« scindic des habitans dudict Baignolz, faisant profes-
« sion de la R. P. R. et autres habitans de la même
« religion.

« Du dimanche seizième jour du mois de mars 1661,
« en la ville de Baignolz et au logier où pend pour en-
« seigne l'*Ange*. »

Suivent les dépositions des témoins, desquels il résulte que plusieurs habitants de Bagnols ont assisté au
prêche, au nombre desquels étaient Hector de Portal,
Estienne de Portal et un grand nombre d'autres hommes
et femmes. « Despose aussy qu'il vit pour lors dans
« ledit temple sept ou huit hommes estrangers, l'un
« desquels là portoit l'épée qu'on disoit estre l'un des
« députés des consistoires..... et le cadet d'Uzès, etc. »
(Une autre déposition dit qu'il y avait deux hommes
portant l'épée qu'on disait être les députés des consistoires.) Les noms d'Hector et d'Estienne de Portal, et
du cadet d'Uzès, reviennent dans plusieurs dépositions.

Quel fut le châtiment infligé aux auteurs d'une action
si grave que l'intendant *pensa qu'elle avait besoin de
toute l'autorité royale?* Nous l'ignorons.

La persécution recommence, elle va prendre bientôt
de plus vastes proportions ; mais avant d'entrer dans le

récit des scènes de meurtre et de désolation qui répandirent le deuil dans le Dauphiné et le Languedoc, nous devons faire connaître les autres branches de la famille de Portal établies à Bagnols.

Guillaume de Portal, second fils de François de Portal et de Madeleine Desmares, épousa, le 2 avril 1588, Marie de Mirmand, fille de Guillaume de Mirmand et de Catherine Suisse; leur union fut bénie dans l'église réformée de Louven. (Louvent, dans l'Isère.)

Je ne sais si on a observé pour d'autres familles protestantes un fait qui me paraît très significatif. Depuis la Saint-Barthélemy jusqu'à la révocation de l'Edit de Nantes, les générations dans la famille de Portal sont très espacées; ainsi, François de Portal se marie le 19 avril 1530 et son fils Guillaume épouse Marie de Mirmand le 2 avril 1588, cinquante-huit ans après le mariage de son père; ces dates reposent sur des actes authentiques, notariés, on ne peut donc élever le moindre doute à cet égard. Pendant les guerres religieuses et les persécutions, les jeunes protestants, un peu en évidence, étaient toujours sur le *qui vive*, au moment de prendre les armes ou de se réfugier à l'étranger après une défaite; le Bas-Languedoc était la Vendée protestante, et pendant les guerres de partisans de ces deux pays les gentilshommes catholiques ou huguenots étaient peu empressés de se charger de femmes et d'enfants.

L'alliance de Guillaume de Portal avec Marie de Mirmand [1] fut une cause de salut pour deux membres de la
famille de Portal réfugiés dans le Brandebourg, à l'époque de la révocation de l'Edit de Nantes, Henri de Mirmand, ancien président au parlement mi-partie de
Nîmes, ayant été nommé conseiller d'ambassade par
l'électeur de Brandebourg et chargé des affaires civiles
des réfugiés [2].

Guillaume de Portal mourut peu d'années après son
mariage ; il testa le 22 décembre 1591, laissant un fils
Estienne et une fille *Marie* unie à *Emilian Moynier*, fils
de Jean Moynier, pasteur de l'Eglise de Nîmes en 1586,
recteur de l'Académie en 1590, professeur de théologie en 1602 [3].

Estienne de Portal épousa, le 28 avril 1632, Lucresse de Perrolet, de la ville d'Orange. Cette alliance
fut une des causes de l'émigration de la famille de
Portal en Hollande, en 1683, et de la protection que
lui accorda le prince d'Orange. Le contrat de mariage
offre quelques faits nécessaires à connaître ; en voici
l'extrait :

« Au nom de Dieu soit faict et plaise à tous savoir,
« que l'an mil six cent trente-deux et le vingt-huitième

---

[1] Le nom de *Mirmand* varie beaucoup dans les actes et les historiens.
Il est écrit *Mirmand* dans le contrat de mariage de Guillaume de Portal,
Miremand dans son testament, *Miramand* dans le contrat de mariage de
son fils Estienne de Portal, et *Mirman* dans les *Jugements de la noblesse
du Languedoc* de Besons, etc.
[2] Weiss, *Histoire des Réfugiés*, t. Ier, p. 147.
[3] Voyez la *France protestante* de MM. Haag.

« jour du moys d'apvril, apprès midy, régnant très
« excellent prince Frédéric-Henry, par la grâce de
« Dieu prince d'Orange, souverain en son principauté,

« Comme à la louange de Dieu et augmentation du
« genre humain, mariage aye esté traicté entre noble
« Estienne de Portal, filx naturel et légitime de feuz
« Guilhaume et damoyselle[1] Marie de Miramand, vi-
« vants mariés, de la ville de Baignolz, diocèse d'Uzès,
« d'une part,

« Et damoyselle Lucresse de Perrolet, fille naturelle
« et légitime de noble Jean de Perrolet et de damoy-
« selle Isabeau de Semeria, mariés, de la précitée ville
« d'Orange, d'aultre part. Et ce au traicté des dites
« parties et de leurs parens et amys ilci pour ce as-
« semblés.

« Or est-il que les an et jour susdits par-devant moy,
« nottaire, et présens les tesmoings soubnommés per-

---

[1] « Le nom de damoiselles ou demoiselles, en latin *domicellæ*, s'appli-
« quait, dans l'origine, aux filles des dames nobles, des châtelaines; on
« donnait aussi ce titre à des femmes mariées qui n'appartenaient qu'à la
« noblesse inférieure, et enfin, il servit à désigner toutes les femmes qui
« n'étaient pas nobles. La noblesse s'en choqua comme d'une usurpation de
« titre. On voit dans le premier cahier des états généraux d'Orléans (1560),
« que l'ordre de la noblesse demanda qu'il fût défendu à tout anobli, jusqu'à
« la quatrième génération, de porter bonnet, souliers, ceinture et fourreau
« d'épée de velours, ou aucun ornement d'or à son chapeau, ainsi qu'à sa
« femme de s'intituler damoiselle ou demoiselle, ni de porter robe de ve-
« lours ou bordure d'or à son chaperon. » (Cheruel, *Dict. hist. des insti-
tutions de la France.)

A cette époque, le titre de dame n'était donné qu'aux femmes possédant
un fief noble de leur propre chef; ainsi, nous avons vu que Marguerite
de Portal était dame d'Ampiac par héritage paternel; de même Jeanne
de Portal était dame d'Estillac, etc.

« sonnellement establis, ledit sieur Estienne de Por-
« tal, assisté des prudents advis et conseil de *Mon-*
« *sieur Maître Jean Portal, docteur ès droict* et du
« noble Pierre de Portal, fraires (dudit Baignolz), ses
« cousins germains. »

Suivent les clauses du contrat dans lesquelles on
voit figurer les *robes, cotillons et habits aussy honnestes,*
selon leur qualité, pour le jour des expousailhes; les
coffres honnestement garnis, les bagues, joyaux,
chaisnes, une ceinture d'or, etc.

« Fait et récité audit Orange, dans la maison et
« salle haute dudit sieur de Perrolet; présents : Noble
« Hector de Langes, sieur de Montmiral et de Marti-
« gnan; noble Louis de Langes, sieur de Montmiral,
« conseiller au parlement d'Orange; noble Paul du
« Bois; Messieurs Maîtres Jacques de Chambrun, Da-
« vid de Silvius, ministres de la Parole de Dieu en
« l'Eglise refformée dudit Orange; Monsieur Maître
« Simon de Laval, docteur ès droits, juge ordinaire
« pour monseigneur le duc de Montmorency, audit
« Baignolz, et sieur Emilian Moynier dudit Baignolz,
« tesmoings à ce appelés; noble Jean de Langes, cy-
« soubsignés avec parties. »

Pourquoi le chef de la famille de Portal qui préside
à ce contrat, *Monsieur Maître Jean*, ne prend-il ni le
titre de noble, ni la particule que prennent tous ses
cadets? Serait-ce parce qu'il était docteur ès droit et
par là même chevalier; mais nous voyons un autre

docteur ès droit au nombre des témoins, et le *de* précède son nom.

De nos jours, où un si grand nombre de personnes prétendent s'anoblir en prenant la particule nobiliaire, il ne sera pas sans quelque intérêt d'établir qu'un grand nombre de vrais et d'anciens gentilshommes du Languedoc retranchaient la particule de leur nom dans les actes publics et dans les preuves de noblesse faites devant les intendants de la province; en voici le motif. Le déplorable usage d'imposer son nom au domaine sur lequel on élevait une habitation et de prendre le nom d'une ancienne seigneurie qu'on acquérait, eut pour effet, d'une part, d'inscrire sur le sol presque tous les noms de l'ancienne noblesse, et de l'autre, de donner aux seigneurs anciens ou nouveaux tous les noms de lieux marqués sur la carte. Les terres ne se transmettaient pas éternellement dans les mêmes familles; le nouvel acquéreur d'un domaine, nommé Durfort ou Portal, ajoutait ce nom au sien en le faisant précéder de la particule; il y eut ainsi un grand nombre de familles qui prirent des noms qui ne leur appartenaient pas (on dit même que cet usage n'est pas complétement aboli). Il y eut des ordonnances sévères, il y en a encore; mais l'usage prévalut, et le seul moyen efficace que les anciens nobles purent opposer à l'envahissement de ces *nouveaux parents*, fut d'établir légalement que les noms qu'ils portaient étaient des noms de famille et non pas des noms de terre, et qu'eux seuls avaient le droit de les porter sans les faire précéder de la particule seigneuriale.

Les chefs de famille surtout devaient faire respecter leurs droits et la légitimité de leur nom; aussi on voit dans les *Jugements de la noblesse de Languedoc*, par l'intendant de Besons [1], les noms les plus anciens et les plus illustres sans particules; nous citerons les *Durfort, Astorg, Lordat, Mauléon, Noé, Mirmant, Montcalm, Nicolaï, Polastron, Montels, Puisbusque, Castelvieil, Bragelonne, Chananeilles*, etc., etc.

Voilà pourquoi *Bérenger Portal*, chevalier, seigneur de La Pradelle, et *Jean Portal*, docteur ès droit, chefs de leur maison, ne prenaient pas la particule [2], et pourquoi *François de Bernard* la prenait [3].

Les gentilshommes protestants furent personnellement atteints dans leurs priviléges en 1656. Un édit du 16 décembre priva les seigneurs de tous les droits honorifiques qu'ils pouvaient prétendre dans les

[1] Imprimés dans les *Pièces fugitives pour servir à l'histoire de France,* par le marquis d'Aubaïs.

[2] A l'exemple de Jean de Portal, son frère cadet, Pierre de Portal, étant devenu conseiller du roi, effaça la particule de son nom. Sur son portrait conservé dans la famille, on lit : *Pierre Portal, conseiller du roy.* Ce n'était sans doute pas par humilité qu'il omettait le *de*, puisque la toile conserve l'écusson de ses armoiries : *D'argent, au lion rampant de sable, au chef d'azur chargé de trois étoiles d'or*, lesdites armes timbrées d'un casque taré de deux tiers et à cinq barreaux indiquant une ancienne noblesse chevaleresque.

[3] Ce Bernard verbalisa contre Estienne et Hector de Portal, pour avoir assisté à un prêche; son père ou son oncle, *Denis Bernard*, de la même ville de Saint-Esprit, avait assisté comme témoin au mariage de Guillaume de Portal, père d'Estienne. Chambrun, dans ses mémoires (*Les Larmes*), mentionne François Bernard, juge de la ville de Saint-Esprit.

Eglises de leurs seigneuries, tels que patronage, sépulture, bancs, ceintures de deuil, tant en dehors qu'en dedans des Eglises; l'art. 4 ordonnait la démolition des temples construits depuis l'Edit de Nantes, etc. [1].

La persécution faisait de rapides progrès, les protestants étaient menacés dans leur existence politique et civile. Estienne de Portal, sous le poids de sombres préoccupations, se rendit à Laudun, petite ville près d'Uzès; le notaire Gédéon Istoire, protestant, comme le nom biblique de *Gédéon* l'indique, et sept témoins de la même religion reçurent les dernières volontés du testateur.

Nous mentionnons cet acte, en date du 6 avril 1657, comme étant l'un des premiers qui porte la formule : *Religion prétendue réformée.* Un édit publié trois mois avant, le 11 janvier 1657, défendait aux ministres de prendre le titre de *pasteurs*, et obligeait d'ajouter les mots *prétendue réformée* après celui d'Eglise [2].

Le testament d'Estienne de Portal porte : « *Lequel* « *il a voulleu estre ensevelly en la forme de ceux de la* « *Relligion* PRÉTHENDUE REFFORMÉE, *de laquelle il faict* « *profession.* »

Six ans après, Estienne vivait encore. Nous avons vu qu'il fut poursuivi le 16 mars 1661, pour avoir assisté à un prêche prétendu illégal.

---

[1] Voyez Drion, *Histoire chronologique de l'Eglise protestante de France.*
[2] Drion, t. II, p. 47.

Ses deux fils, Guillaume et Jean-François, baptisés
et élevés dans la religion réformée [1], n'héritèrent pas
du zèle religieux de leur père.

Guillaume de Portal épousa, le 20 juin 1677, une
catholique, Esther-*Marguerite de La Grange*, de la ville
d'Orléans et s'établit à Bourges; sans doute il n'abjura
pas, les protestants furent peu persécutés dans cette
dernière ville [2], et autant qu'il fut en son pouvoir il
aida ses malheureux cousins réfugiés à l'étranger; il
leur envoya les actes et pièces nécessaires pour établir leurs preuves de noblesse, et leur assura ainsi de
puissants protecteurs.

[1] Nous donnons ici une note écrite par Estienne de Portal et conservée
avec les titres de cette branche; elle peut intéresser l'histoire de quelques
familles :

« Naissance et baptezme de mes deux fils, Guilhaume et Jean-François
« de Portal, extrait de mon livre journalier.

« Le 9 décembre 1639, mon dit fils Guilhaume nasquit, et le 9 jan-
« vier 1640 M. Perrez, nostre pasteur, le baptiza; M. Guilhaume de Mira-
« mand, mon cousin, en ayant esté le parein, et mademoiselle de Moy-
« nier, ma sœur, la mareine.

« Le 3 novembre 1642, mon dit fils Jean-François nasquit, et le 7 dudit
« il feust baptizé par ledit sieur Perrez, nostre pasteur; M. de Méjanelle,
« mon beau-frère, en ayant esté le parein, et Madame de Chavanon, ma
« belle-sœur, la mareine.

« Faist à Bagnol, par moy, soubsigné, leur père, le 19 may 1663.
                                                  « PORTAL. »

Il résulte de cette pièce et de quelques autres qu'à cette époque la famille de Portal était alliée à plusieurs pasteurs, *Chamier, Moynier*, de *Méjanelle*, de *Chavanon*. Louise de Chavanon avait épousé Jacques de Chambrun, le célèbre auteur des *Larmes*, pasteur à Orange.

[2] L'intendant de Bourges écrivait en 1698 : « Depuis la révocation, les plus
« zélés ont quitté le pays, quelques-uns pour aller à Paris, où l'on vit avec
« plus de liberté, d'autres pour sortir du royaume. Ceux qui restent ne
« s'acquittent d'aucun des devoirs de la religion catholique, mais ne don-
« nent d'ailleurs aucune prise sur leur conduite. » (*Mémoire sur la généralité de Bourges*, par M. Seraucourt, dressé en 1698. Fonds Mortemart,
n° 98, cité par M. Weiss, *Histoire des Réfugiés*, t. I, p. 105-109.)

L'observation que nous avons déjà faite sur les aînés de la famille de Portal qui conservaient les traditions de leurs pères, tandis que les cadets s'en éloignaient davantage à chaque nouvelle génération, trouve encore ici de curieuses applications.

Guillaume de Portal, établi à Bourges, était le chef de la seconde branche de Bagnols ; sa femme, Esther-*Marguerite de La Grange*, était très probablement catholique, ce qui indique que la foi de Guillaume était fort tiède ; cependant il ne remplit aucune fonction publique et rien ne prouve qu'il abjura. Son frère cadet, Jean-François, embrassa la carrière des armes ; à l'âge de trente ans, il fit la campagne de Hollande de 1672 avec le grade de capitaine dans le régiment de la marine[1] ; il était donc encore moins bon protestant que son frère aîné, il l'était cependant encore. Ses deux fils furent officiers dans l'armée ; l'aîné, Guillaume de Portal de Saint-Guilhen, était capitaine au même régiment de la marine et en garnison au fort de Nîmes en 1697 ; il fit enregistrer à cette époque ses armoiries sur l'*Armorial général de France ;* son père avait ajouté au blason des Portal de Bagnols un *chevron* indiquant les services militaires[2]. Portal de Saint-Guilhen portait

---

[1] Voyez les *Essais historiques sur les régiments d'infanterie,* etc., par de Roussel. Paris, 1767. P. 88.

[2] D'après La Colombière, le chevron désigne dans l'art héraldique les hauts faits d'armes et les longs services militaires. (*Science Héroïque,* p. 132.) Les vieux soldats ne se doutent guère que le chevron qu'ils portent sur le bras gauche est l'une des pièces les plus honorables du blason.

les mêmes armes; il les fit inscrire *en deuil* sur le registre officiel de Louis XIV, transformant en noir l'émail du *chef* et du *chevron*.

La famille de Portal avait été égorgée en partie en 1683, plusieurs de ses membres avaient disparu, on ne savait s'ils avaient péri, s'ils étaient en prison ou aux galères, ou s'ils avaient fui à l'étranger. Portal de Saint-Guilhen protesta contre ces indignités, et sa protestation est inscrite sur l'*Armorial général de France*, conservé aux manuscrits de la Bibliothèque impériale.

D'argent à un chevron de sable (noir), accompagné en pointe d'un lion de même, et un chef aussi de sable (noir), chargé de trois étoiles d'or [1].

Portal de Saint-Guilhen quitta le service vers cette époque, son régiment combattit contre les camisards; il n'en faisait plus partie. Ainsi, le vieux sang huguenot n'était pas encore tari dans ses veines; son frère puîné, Portal de Saint-Paul, ne mit point ses armes en deuil et abjura en recevant la croix de Saint-Louis; il fut capitaine au régiment des gardes françaises, colonel, commandant de bataillon au régiment du roi et, d'après d'Hozier, mestre de camp des armées du roi et ma-

---

[1] *Armorial général de France*, t. XIV, Languedoc, p. 252. Mss. de la Bibliothèque impériale.

On ferait un curieux volume en publiant les blasons protestants inscrits sur le registre de Louis XIV, blasons qui souvent n'ont aucun rapport avec les armes des familles qui protestaient contre les persécutions par le seul moyen qui fût à leur disposition; nous pourrions en citer quelques-uns, mais les explications nécessaires dépasseraient les limites d'une note; nous y reviendrons dans le dernier chapitre.

réchal de camp (général de brigade) ; il vivait encore en
1728, d'après une ancienne généalogie de la famille [1].

Simon de Portal, troisième fils de François de Portal
et de Madeleine Desmares, fut le chef de la troisième

---

[1] La généalogie de la branche des Portal établie à Narbonne, qui servit
à établir leurs preuves de noblesse devant l'intendant Lamoignon de Basville, porte que la branche à laquelle appartenait *Portal de Saint-Paul*
avait brisé, en ajoutant au lion, un chevron et trois étoiles en chef ; que
Saint-Paul était chevalier de Saint-Louis, ancien commandant de bataillon
du régiment du roi et qu'il vivait encore en 1728. Ses services dans les
gardes françaises, en qualité de capitaine, résultent des *Etats de règlements
des gardes françaises*, élégants petits volumes manuscrits que les rois
Louis XIV et Louis XV mettaient dans leurs poches lorsqu'ils inspectaient
ce régiment. (Mss. de la Bibliothèque impériale.) Le père Daniel, dans son
Histoire de la milice, nous apprend que Saint-Paul fut nommé colonel en
1704 (t. II, p. 270).

Nous devons croire que ce Portal est le même que celui dont parle
d'Hozier ; il n'y avait qu'une seule famille noble du nom de Portal dans le
Languedoc et le Rouergue, et qu'un seul Portal, chevalier de Saint-Louis
à cette époque.

D'après d'Hozier, Elizabeth de Portal, fille de N. de Portal, brigadier des
armées du roi, chevalier de Saint-Louis, épousa, en 1721, David de Claris,
seigneur de Saint-Martin et de Perdiguier, chevalier de Saint-Louis, ingénieur en chef et brigadier des armées du roi.

La famille de Claris, protestante et cévenole, avait abjuré à l'époque des
dragonnades ; à cette famille appartenait Pierre de Claris, pasteur à Sauve,
dont parle la *France protestante* ; le célèbre fabuliste *de Florian* était de
la même famille.

Dans la généalogie de la famille de Gualy, barons de Saint-Rome, en
Rouergue, nouveaux convertis, d'Hozier dit que dame Marie-Françoise du
Portal, fille de N. du Portal, chevalier de Saint-Louis, mort maréchal de
camp, avait épousé le baron de Vibrac et qu'elle était sœur de Jean-Jacques
du Portal, maréchal de camp et chevalier de Saint-Louis, et sœur de Marie-
Marguerite du Portal, femme de David de Claris. Ainsi, la femme de David
de Claris est désignée, tantôt sous le nom d'Elizabeth de Portal et tantôt
sous celui de Marie-Marguerite du Portal. Le chevalier d'Hozier, malgré
son caractère officiel de juge d'armes de France, a nécessairement commis
une erreur, soit dans l'une ou l'autre des généalogies de Claris ou de Gualy.
(Conférez les *Documents sur le Rouergue*, par de Barrau, qui reproduisent
la généalogie de la famille de Gualy, par d'Hozier, t. III, p. 675.)

branche de Bagnols, établie plus tard à Narbonne et à Montpellier. Ces cadets de cadets furent les premiers à abandonner les croyances de la Réforme.

En 1645, Jean de Portal, ancien capitaine au régiment de Rebé, obtint la place de capitaine des portes de Narbonne (commandant de place), par la protection de Claude de Rebé, archevêque de Narbonne, primat des Gaules et président des Etats[1]. Vingt-neuf ans après nous retrouvons le même Portal dans les mêmes fonctions ; le 30 juin 1674 il adressa une demande au ministre de la guerre ; dans la minute de sa lettre on lit qu'il avait dépensé tout son bien au service, que son frère, officier au régiment de Rebé, avait été tué sur la brèche et qu'il avait lui-même reçu plusieurs blessures ; la réponse fut obligeante, ses services reconnus, mais on ne fit rien pour le vieux militaire, si ce n'est de le laisser mourir dans son emploi de commandant de place à un âge fort avancé, le 6 novembre 1684. Il n'eut même pas la croix de Saint-Louis, et cependant il n'était pas protestant.

L'exemple du capitaine Jean de Portal, celui de ses cousins et de tous les officiers de cette famille, à l'exception d'un seul, *Portal de Saint-Paul*, prouve le peu d'intérêt qu'inspiraient à la cour de Versailles les services des gentilshommes du Languedoc. Nous trouvons la confirmation de ce fait général dans le *Mémoire de*

---

[1] Voyez pour la famille de Rebé, alliée plus tard à la maison d'Albret-Miossens, Louvet, *Histoire du Languedoc*, p. 144, 181, etc.

l'intendant Lamoignon de Baville, dressé par ordre du roi et daté du 31 décembre 1698, mémoire imprimé en 1724 et dont il existe plusieurs copies manuscrites.

« L'on compte quatre mille quatre cent quatre-
« vingt-six familles de gentilshommes dans toute la pro-
« vince de Languedoc, entre lesquels il n'y en a pas
« quinze qui aient vingt mille livres de rente et très peu
« qui en approchent; on peut dire qu'à l'exception de
« quelques grands seigneurs qui sont à la cour, les
« gentilshommes du Languedoc sont peu riches, ils
« n'y vivent pas comme dans les autres provinces voi-
« sines. Grand nombre demeurent à la campagne, se
« visitent et passent ensemble une partie de leur vie.
« Ceux qui demeurent dans les villes, principalement
« dans le Bas-Languedoc, sont sans équipage, évitent
« toute occasion de dépense et font profession d'une
« grande économie. Ils ne sont pas même fort attachez
« au métier de la guerre. Ils font la plupart quelques
« campagnes, mais ils quittent volontiers le service. De
« là vient qu'il y a si peu d'officiers généraux de cette
« province et que l'on n'y compte que cinq maréchaux
« de France, au lieu qu'en Guyenne on compte deux
« connétables et vingt-trois maréchaux de France. Il
« est surprenant que les gentilshommes de deux pro-
« vinces voisines ayent des inclinations si différentes [1]. »

La noblesse du Languedoc était la plus pauvre de

---

[1] *Mémoires de Basville,* p. 123.

France; on sait ce qu'étaient les *cadets de Gascogne*, des
fils de famille qui n'avaient le plus souvent que la cape
et l'épée, riches d'esprit et de bravoure, disetteux de
tout le reste. Baville vient de nous faire connaître l'état
de gêne dans lequel vivait la noblesse de sa province;
il finit cet article en louant sa bravoure. « On doit ren-
« dre témoignage à ce corps, dit-il, qu'il n'y a pas de
« plus braves gens dans le royaume. Ils en donnèrent
« une marque éclatante en 1637, lorsqu'étant assem-
« blez par M. le maréchal de Chomberg, ils firent lever
« le siége de Leucate après avoir forcé les lignes et
« témoigné toute la valeur qu'on doit attendre de la
« plus vaillante noblesse [1]. »

Les gentilshommes du Languedoc étaient pauvres et
braves, pourquoi étaient-ils donc si empressés de quitter
le service? Pourquoi? C'est qu'ils n'obtenaient aucun
avancement et qu'ils mouraient capitaines comme Jean
de Portal.

L'étonnement de Baville aurait dû cesser en relisant
son mémoire; lui-même donne la véritable, la seule explication d'un état de choses qu'il signale et qu'il regrette. Il nous montre la noblesse languedocienne
privée de ses terres et de ses priviléges sous saint Louis;
le Languedoc soulevé par l'albigéisme, mais au fond
combattant pour sa nationalité. Vaincus dans cette lutte
de géants, les gentilshommes de cette province n'étaient

---

[1] *Mémoires de Basville*, p. 124.

plus rien chez eux ; que pouvaient-ils espérer à Paris ?
Leurs descendants, à une époque où le culte des ancêtres était une puissance sociale, conservèrent le même
éloignement pour les faveurs de la cour. Presque tous
furent huguenots sous Charles IX, Henri IV et Louis XIII;
pourquoi s'étonner que Louis XIV, comme saint Louis,
les ait traités en vaincus ?

Le fils de Jean de Portal, *Gabriel*[1], n'entra point
dans la carrière des armes, il fut conseiller du roi et
premier consul (maire de Narbonne); en récompense
de ses bons et loyaux services, le conseil de ville fit
placer l'écusson de ses armoiries sur la porte Sainte-
Catherine, qui avait été construite sous son administration[2].

[1] Nous donnons ici la descendance du capitaine Jean de Portal, qui a
été omise dans la *France protestante*, comme étant catholique :

De son mariage avec Jeanne de Resplandi, Jean de Portal eut trois enfants, *Gabriel, Marguerite* et *Marie*.

Gabriel, conseiller du roi, épousa Rose de Maqueyret (*aliàs* Masqueyret)
au mois de septembre 1695. De ce mariage naquit un seul fils, *Charles*,
qui continua la descendance.

Charles, conseiller du roi, né en 1700, épousa Elizabeth Haunie et eut un
seul fils, *Gabriel-Charles*.

Gabriel-Charles, né à Narbonne vers 1730, reçut, le 1er avril 1750, un
brevet d'officier d'infanterie ; le 16 février 1762, il se maria à demoiselle
Françoise Domerc de Saint-Michel; deux ans après, il se retira de l'armée,
après quatorze ans de service ; il avait rempli pendant plusieurs années les
fonctions d'ingénieur et notamment au siége de Louisbourg; sa seule récompense fut une pension de 400 livres.

Il n'eut qu'une fille, Jeanne-Anne de Portal, qui vivait encore au mois
de septembre 1817, ainsi qu'il résulte d'une lettre accompagnant sa généalogie et de quelques documents qu'elle transmettait à la branche de sa
famille seule existante aujourd'hui.

[2] Cet écusson traversa la révolution sans être martelé, il portait : *D'argent, au lion rampant de sable, au chef d'azur chargé de six étoiles d'or*.
Il tomba de vétusté sous l'empire, n'ayant été que cramponné.

Gabriel de Portal fit ses preuves de noblesse devant l'intendant de Languedoc, Lamoignon de Baville ; l'arrêt de maintenue est du 5 mai 1698.

A cette troisième branche, éteinte en 1818, dans la personne de Jeanne-Anne de Portal, appartenait un rameau établi à Montpellier et qui portait les mêmes armes (le lion et six étoiles en chef)[1].

Ce rameau, le plus éloigné de la branche aînée protestante, devait être et fut le plus catholique. Un titre du 20 avril 1720 nous apprend que messire Pierre de Portal était chanoine de l'église collégiale de Saint-Gilles et fils de noble Antoine de Portal, conseiller en la cour des comptes, aydes et finances de Montpellier.

D'après Saint-Foix[2], les conseillers en cour des comptes portaient anciennement de grands ciseaux à leur ceinture pour marquer le pouvoir qu'ils avaient de rogner les mauvais emplois dans les comptes. Ils tranchaient ainsi, à la manière d'Alexandre, les nœuds-gordiens de la comptabilité.

Les faits que nous venons d'exposer dans ce chapitre pourront jeter quelque lumière sur une question que les historiens n'ont point résolue.

Gabriel de Portal fit enregistrer ces mêmes armes sur l'*Armorial général de France;* le certificat de M. d'Hozier est du 12 juillet 1697.

[1] Ainsi qu'il résulte d'un titre du 20 avril 1720, conservé aux manuscrits de la Bibliothèque impériale (dossier de Portal).

[2] *Essais historiques sur Paris,* t. II, p. 268.

Pourquoi les protestants ne se levèrent-ils pas en masse pour marcher au secours de La Rochelle et de Montauban, lorsque ces places fortes étaient assiégées par Richelieu en 1628 et 1629? Comment restèrent-ils simples spectateurs de la ruine des deux puissantes citadelles du protestantisme? « Si c'est un honneur pour « eux, dit M. de Félice, qu'ils l'obtiennent; si c'est une « honte, qu'ils en portent le poids[1]. »

Ce ne fut ni un honneur ni une honte pour nos pères de n'avoir pas entrepris ce qu'il était matériellement impossible d'entreprendre.

L'organisation militaire des protestants de France, aux seizième et dix-septième siècles, paraît avoir été peu comprise et mal appréciée; l'histoire générale ne donne que les faits extérieurs et accomplis, l'histoire des familles seule en révèle les causes.

La Réformation à son origine emprunta son organisation militaire à la féodalité. Les grands seigneurs en France étaient les généraux, la noblesse provinciale toute militaire formait les cadres d'une armée permanente; au premier coup d'arquebuse, le gentilhomme campagnard levait une compagnie soldée, soit à ses frais ou à ceux de la ville protestante voisine; c'est ainsi qu'au seizième siècle les capitaines La Pradelle et Portal de Revel entrent en campagne. Cette organisation féodale possédait une immense puissance; l'armée des hu-

---

[1] *Histoire des protestants de France,* 2ᵉ édit., p. 317.

guenots pouvait être vaincue, dispersée, quelques mois
plus tard elle reparaissait plus redoutable qu'avant sa
défaite. La population protestante entière entrait dans
les cadres de l'armée, le peuple fournissait les soldats,
les nobles les commandaient; nous avons vu ces troupes
en action à Toulouse, dans le Vivarais et le Castrais;
une défaite fut toujours le prélude d'une éclatante victoire.

Cette puissante machine de guerre éleva Henri IV au
trône de France et fut détruite au moment où elle atteignait au but de ses efforts. Henri IV donna une charte
à nos Eglises, accorda pour un temps des places de
sûreté, villes d'otage et de refuge[1]; mais l'armée protestante fut peu à peu dissoute et incapable de se re-
former; elle n'avait plus ses chefs naturels dans les
grands seigneurs de chaque province, la plupart étaient
rentrés dans le giron de l'Eglise catholique; les compagnies n'avaient plus leurs capitaines, ils servaient
dans l'armée du roi, leur épée était catholique. Enfin,
les gentilshommes qui professaient hautement la foi réformée n'étaient plus militaires, la noblesse protestante
avait brisé son épée, Jean de Portal, docteur en droit,
son frère Pierre, conseiller du roi, offrent des exemples
de ce fait, leurs cousins plus ou moins catholiques ser-
vent dans l'armée comme officiers.

Ainsi, l'armée protestante n'avait plus de cadres, et

---

[1] Voyez Anquez, *Histoire des assemblées politiques des réformés de
France*, p. 204.

cet ancien peuple de vaillants soldats ayant perdu ses
chefs ne savait que tendre le cou et se laisser égorger
comme le bétail que l'on traîne à l'abattoir. Il n'est
plus question ici de courage ou de dévouement, de
gloire ou de honte, il ne s'agit que d'un fait : c'est
qu'une armée n'est pas un troupeau de soldats, mais
une organisation, et que lorsque cette organisation est
détruite ou fait défaut, la puissance militaire est radica-
lement nulle.

L'histoire du protestantisme en France se divise en
trois grandes époques : *Féodale, municipale* et *populaire.*

L'époque féodale fut militaire; cette puissance abat-
tue, les huguenots n'eurent plus de chefs et dès lors
plus de soldats. En dehors de la féodalité, une armée
était impossible aux seizième et dix-septième siècles, par
le motif que les grades militaires dans toute l'Europe
correspondaient aux classes sociales. Au moyen âge, le
vassal suivait à la guerre son seigneur direct; le simple
gentilhomme se rangeait sous la bannière du seigneur
banneret; ainsi, en remontant jusqu'au roi, si vous
rompiez un seul de ces chaînons, toute la chaîne était
brisée. Sous Louis XIII et Louis XIV, les compagnies
appartenaient encore aux capitaines, plusieurs régiments étaient la propriété de grands seigneurs; ce système existe encore en Angleterre. Le protestantisme
avait été puissant avec cette organisation sous Charles IX et Henri III; vainqueur sous Henri IV, il fut

vaincu par la transformation de son élément organisa-
teur ; il était une armée, il devint une cité sous le régime municipal de Montauban, de Montpellier et de
La Rochelle, pour devenir une Eglise après la reddition
de ces places de sûreté.

Sans doute, les réformés en perdant leur puissance
devant les hommes n'en devinrent que plus grands
devant Dieu, mais on ne doit pas s'étonner s'ils ne surent que prier et mourir, alors qu'on leur avait enlevé
tous leurs moyens de résistance. Le suprême effort du
protestantisme à l'époque populaire, la guerre des camisards, nous apprend ce que peut l'héroïsme d'un
peuple opprimé, mais aussi ce qu'il ne peut pas. Le
soulèvement des Cévennes fut une guerre locale, une
guerre de partisans dans des montagnes ; les populations protestantes voisines qui habitaient les plaines
restèrent calmes par le motif, non qu'elles haïssaient la
guerre, mais qu'elles n'avaient plus de chefs et par
suite pas d'armée régulière possible.

Les faits qui suivent vont nous montrer la France
protestante désarmée et dans son impuissance militaire
élevant son courage à la hauteur du martyre.

XI

MASSACRE DE LOUIS DE PORTAL ET DE JEANNE DE LA PORTE

> « Ne prétends pas nous confondre en nous
> montrant ces maisons ruinées, ces familles
> dispersées, et ces troupes fugitives par tous
> les lieux de l'univers : ces objets sont notre
> gloire et tu fais notre éloge en nous insul-
> tant. » (SAURIN.)

Louis XIV avait dit : Il n'y aura plus de protestants en France ; *un seul roi, une seule foi.* Ce principe pouvait paraître sage en théorie, l'application montra sa vanité.

Le 17 février 1672, le conseil arrêta que les armes et fleurs de lis du roi seraient ôtées des temples, et qu'on ne pourrait y porter ni chaperon, ni robe rouge, ni aucune marque de magistrature[1]. En 1679 on supprima les chambres mi-parties de Castres, Bordeaux et Grenoble, établies en vertu de l'art. 36 de l'Edit de

---

[1] Au commencement de cette nouvelle persécution, le ridicule le dispute à l'odieux ; c'est ainsi qu'on fit un édit enjoignant d'ôter tous les dossiers des bancs des temples protestants. (*Plaintes des protestants de France,* p. 41.) Etait-ce pour empêcher de dormir au sermon ?

26

Nantes. En novembre 1680, un édit vint interdire définitivement les mariages mixtes, et déclara que les
enfants qui proviendraient de l'union des catholiques
avec des personnes de la prétendue religion réformée,
seraient considérés comme bâtards et inhabiles à succéder. Le 19 du même mois, une déclaration donnait
pouvoir aux juges de se transporter chez les malades
protestants, pour savoir s'ils voulaient mourir dans
l'erreur, et d'envoyer chercher, en cas de repentir,
les ecclésiastiques désignés par eux, sans que les parents pussent s'y opposer[1].

Les protestants, poussés à bout, envoyèrent à Toulouse des députés des Eglises du Languedoc, des Cévennes, du Vivarais, du Dauphiné, du Poitou, de la
Guyenne, de la Saintonge; ils s'assemblèrent secrètement au mois de mai 1683 et adressèrent au roi une
humble supplique[2]; la réponse fut l'envoi du maré-

---

[1] Voyez Mary-Lafon, *Histoire du midi de la France*, t. IV, p. 234.

[2] Une brochure, publiée à Toulouse en 1684, indique l'origine des troubles du Vivarais, c'est une lettre d'un ecclésiastique du Vivarais; en voici
l'extrait :

« Les huguenots, irrités des édits qu'on a publiés contre eux depuis quel-
« que temps et de la démolition de leurs temples, surtout ceux de Mont-
« pellier et de Montauban, et animés par la faction de quelques ministres
« et par les sourdes menées de certaines personnes qu'on n'a que trop sceües,
« se soulevèrent sur la fin de l'esté (1683), prirent les armes én divers lieux
« et formèrent de petits camps, dont le plus célèbre fut celui qu'ils appe-
« loient le *Camp de l'Eternel*. Le bruit a couru, je ne sçay pas sur quel
« fondement, que cette révolte avoit esté tramée de longue main ; qu'on
« estoit allé en Hollande, en Suisse et jusqu'en Angleterre, pour de-
« mander du secours, et qu'elle fut conclue le 17 de may à Toulouse, dans
« le grand et beau cloistre des Chartreux, où plusieurs estrangers entrèrent
« sous prétexte que ces saint religieux chantoient vêpres et que toute la
« ville de Toulouse faisoit actuellement la célèbre procession qui se fait

chal de camp *Saint-Ruth*, avec deux régiments de dragons. La seconde croisade contre la langue d'oc commence; Saint-Ruth marche sur les traces de Montfort et le dépasse. Le Dauphiné fut la première province ravagée; l'arrière-petit-fils du grand Chamier marcha un des premiers au supplice; « sa mort est enregistrée
« dans l'histoire comme l'une des trois iniquités san-
« glantes qui signalèrent les dragonnades aux ap-
« proches de la révocation de l'Edit de Nantes[1]. Il
« fut arrêté à l'occasion d'une assemblée religieuse
« qui devait se tenir *au désert,* près Bezaudun ou Bour-
« deaux, le 29 août 1683, et qui donna lieu à un
« combat meurtrier entre les protestants et huit com-
« pagnies de dragons envoyés par Saint-Ruth pour les
« surprendre. Voici en quels termes un autre martyr
« contemporain de la même époque, Claude Brousson,
« raconte cette mort héroïque, au chapitre VII de son
« *Apologie du projet des réformés,* où il est question de
« l'admirable fermeté de plusieurs rompus vifs et pen-
« dus en Dauphiné[2] : »

« tous les ans en actions de grâce de la délivrance de la ville, parce que ce
« fut à pareil jour que Toulouse fut délivré des huguenots en 1562. » (*Les
Conversions des huguenots du Vivarez,* imprimé à Toulouse en 1684, p. 3
Bibliothèque de Bordeaux.)

Cette légende, car je ne saurais accepter cette mise en scène comme un
fait historique, montre la puissance des traditions de famille. Les souvenirs
des massacres des huguenots de Toulouse, en 1562, étaient encore vivants
dans le Languedoc et le Vivarais en 1683 ; nous les verrons reparaître, en
1762, dans l'arrêt de condamnation du pasteur Rochette, exécuté sur la
place du SALIN.

[1] Voyez Voltaire, *Siècle de Louis XIV.*

[2] *Daniel Chamier*, par M. Read, p. 408.

« ..... Cependant comme on n'était pas satisfait
« d'avoir massacré, brûlé ou pendu quatre-vingts ou
« cent personnes qui avaient osé contrevenir aux
« défenses de prier Dieu, M. l'intendant du Dau-
« phiné, assisté de quelques officiers catholiques,
« condamna le sieur Chamier à être rompu vif. C'é-
« tait un jeune homme de vingt-huit ans ou environ,
« fils d'un avocat de Montélimar, et arrière-petit-
« fils du célèbre Chamier, qui était pasteur de Mon-
« télimar. Il s'était trouvé au combat de Bourdeaux,
« où il avait défendu sa vie; c'est pourquoi il n'y
« eut point de miséricorde pour lui. Les jésuites vou-
« lurent lui persuader d'embrasser la religion catho-
« lique-romaine pour éviter de souffrir un supplice
« aussi cruel; mais il protesta qu'il mourait avec plai-
« sir pour rendre témoignage de la pureté de sa
« foi. Il bénit Dieu de ce qu'il lui donnait l'occasion
« de le glorifier. Jamais on ne s'est présenté au mar-
« tyre avec plus de sérénité. Il eut toujours le nom
« et les louanges de Dieu dans la bouche, et sa
« fermeté remplit d'étonnement tous les assistants.
« Cette horrible exécution fut faite dans la ville de
« Montélimar, où demeurait le père de ce jeune
« homme. »

M. le Dr Long, qui a eu entre les mains les pièces de
cette affaire, confirme l'exactitude de la relation de
Brousson. Il convient d'ailleurs qu'Antoine Chamier
dut à son nom la rigueur de sa condamnation et ce

raffinement de cruauté qui le fit supplicier devant la maison paternelle [1].

Le biographe anglais Quick donne les détails suivants : « ..... Il fut arrêté, avec beaucoup d'autres protestants, à une de ces assemblées religieuses que les torys appellent chez nous des *conventicules*, et qui se tint à Bourdeaux, en Dauphiné, l'an 1683. Il fut exécuté de la manière la plus barbare. Le récit de son supplice remplit le cœur de compassion et d'horreur. Il fut conduit à Montélimar, et là on le fit périr sur la roue. Il reçut cinquante coups de barre de fer, avant qu'on lui donnât le coup mortel ou *coup de grâce*, de sorte que ses horribles souffrances durèrent trois longues journées, au bout desquelles on se décida enfin à l'achever..... Il subit ces infernales tortures avec une fermeté toute chrétienne, avec un courage indomptable, avec une entière soumission et résignation à la volonté de Dieu [2]. »

Antoine Chamier était arrière-petit-fils d'Antoinette de Portal, il avait été arrêté à Bourdeaux, près de Die.

Les protestants du Dauphiné furent saisis d'horreur et d'effroi. Louis de Portal [3], qui habitait le château de

---

[1] *Daniel Chamier,* par M. Read. p. 410.

[2] *Daniel Chamier's icon,* by John Quick. Traduit par M. Read, p. 107.

[3] Le nom de Louis, depuis les siéges de La Rochelle et de Montauban, était peu en honneur parmi les protestants de France, mais par un singulier hasard il se retrouve dans toutes les alliances de la maison de Sibert, et de plus il avait été illustré dans celle de *de Langes.* Louis de Lange, échappé comme par miracle au massacre d'Orange de 1571, où son père et deux de

La Portalière, situé près de Romans, dans le Valentinois, à quelques lieues de Bourdeaux, se réfugia dans
une propriété qu'il possédait dans les Cévennes, avec
sa femme, Jeanne de La Porte, et cinq enfants; son
fils aîné était alors à l'école des Cadets.

Après avoir ravagé le Dauphiné, la nouvelle inva-
sion des barbares du Nord se répandit dans le Vivarais.
Voici un trait de ces missions bottées, conservé par
l'histoire :

« Les habitants de Saint-Fortunat avaient caché
dans un précipice, derrière les rochers de Mastenac,
les femmes, les enfants et les vieillards; quand ils
vinrent les chercher après le départ des dragons, ils
trouvèrent toutes les femmes dépouillées, et la plupart
dans un état horrible. Un père vit le cadavre de sa fille
que les dragons avaient frappé de six balles..... Un
fils retrouva son vieux père sans bras, les dragons les
lui avaient coupé à coups de sabre; un mari, demandant ses enfants et sa femme qu'il avait laissée dans les
douleurs de l'enfantement, ne revit qu'un cadavre dé-
figuré, auprès duquel pleuraient deux pauvres petits
innocents mutilés; à l'un, le sabre avait emporté la

---

ses frères furent égorgés, devint la tige d'une branche de cette famille qui
s'établit en Dauphiné, près de Romans, et y acquit la seigneurie de Montmiral (Moréri).

Louise de Sibert, mère de Louis de Portal, avait eu pour aïeul Louis de
Langes, qui épousa Louise de Guilhomon et qui en eut Louis de Langes et
Olympe de Langes qui épousa André de Sibert, père de Louise de Sibert.
D'autre part, Jean de Sibert, grand-père de Louise de Sibert, avait épousé
Louise de Nicolaï. (Voyez d'Hozier, Moréri et Chorier.)

moitié du visage, et à l'autre, la main[1]. » Cette malheureuse femme se nommait Catherine Reventel; le premier de ses enfants avait huit ans et le second cinq[2].

Ces scènes de carnage furent surpassées peut-être dans les Cévennes par ces hyènes à face d'homme.

« Il n'est point de termes dans notre langue, dit l'auteur de l'*Histoire du midi de la France,* qui puissent exprimer ce qui se passa dans ce genre à Saint-Hippolyte et dans les campagnes voisines ; les sévices furent si grands sur cet âge même que sa faiblesse devait défendre, que les officiers s'indignèrent et firent rouer un des misérables qui les commettaient journellement[3]. »

Louvois écrivait de Fontainebleau, le 3 octobre 1683, *de causer une telle désolation que l'exemple épouvante*[4]; ses ordres furent outrepassés.

La famille de Portal habitait la campagne à six lieues est de Saint-Hippolyte et à cinq kilomètres sud de Saint-Hippolyte de Caton, c'était la route suivie par les dragons en venant du Vivarais; toute leur fureur s'appesantit sur ces campagnes désolées. Louis de Portal, sa femme, Jeanne de La Porte, et probablement un de leurs enfants dont on ne retrouve plus la

---

[1] Mary-Lafon, *Histoire du midi de la France,* t. IV, p. 240.

[2] Drion, *Histoire chronologique de l'Eglise protestante de France,* t. II, p. 206.

[3] Mary-Lafon, t. IV, p. 241.

[4] Peyrat, *Histoire des pasteurs du désert,* t. Ier, p. 142. (Voyez les détails de ces massacres dans Benoît, *Histoire de l'Edit de Nantes,* t. V, p. 660.)

trace, furent égorgés par ces bouchers de chair humaine ; leur habitation fut incendiée et rasée ; auprès était un moulin, marqué sur la carte de Cassini sous le nom de *Moulin de Portal*, il est situé au pied de la chaîne des Cévennes, sur les bords de la petite rivière de La Candolière, qui va deux lieues plus loin se jeter dans le Gard ou Gardon, près de Moussac ; là fut la scène de ce drame sanglant.

Quatre enfants furent sauvés, *Henri*, *Guillaume*, *Marie* et *Pierre*; à l'arrivée des dragons, ils s'étaient cachés dans un four en dehors de l'habitation et qui probablement servait de four banal [1].

Cette scène de carnage et de désolation se passait au mois d'octobre 1683 ; les quatre orphelins prirent le chemin de l'exil ; leur seule idée, leur seul désir était de sortir de France, cette terre d'épouvantement. La fuite de la famille avait sans doute été prévue et l'itinéraire tracé ; ces enfants se dirigèrent sur Montauban, voulant de cette ville se rendre à Bordeaux et s'embarquer pour la Hollande où les attendait la protection du prince d'Orange. Mais que de périls, que d'obstacles se présentaient avant d'atteindre le but ; ces malheureux proscrits étaient hors la loi, repoussés de toutes les portes et traqués comme des bêtes fauves.

Gaberel, dans son *Histoire de l'Eglise de Genève*,

[1] Voyez pour cette tradition conservée par la branche de la famille de

donne le touchant récit de l'émigration des familles protestantes du nord de l'Italie, fuyant la persécution et se réfugiant à Genève : « Les grands seigneurs, les bourgeois, les femmes et les enfants, quoique peu habitués aux fatigues d'une longue marche, supportaient gaiement les peines du voyage. Lorsqu'un soupir, un accent de regret s'échappait de la bouche de l'un de ses enfants, le père de famille, prenant un exemple des saints livres, lisait ces paroles du Sauveur : *Quiconque aura sacrifié pour l'amour de moi, des maisons, des frères, des sœurs, ou son père, ou sa femme, ou ses enfants, ou ses biens, en recevra le centuple, et héritera de la vie éternelle* (saint Matthieu XIX); et le jeune exilé comprenait qu'il valait mieux choisir la part des disciples qui avaient tout quitté pour suivre Jésus, que le sort de celui qui s'en retourna tout triste, parce qu'il reculait devant le sacrifice de ses biens[1]. »

Ces familles italiennes étaient heureuses en comparaison de ces orphelins déshérités de la famille de Portal, marchant vers la terre d'exil, sans père, sans mère et sans pain, sans une parole de consolation et d'encouragement, ne sachant se courber sous l'humiliation de la mendicité, préférant les tortures du besoin le plus impérieux à la honte de tendre la main, et vaincus dans cette lutte, brisés de corps et d'âme,

---

Portal, établie en Angleterre, Burke's Landed Gentry. *Portal of Freefolk Priors.*

[1] Gaberel, *Histoire de l'Eglise de Genève*, t. Ier, p. 383.

tombant devant un morceau de pain qu'ils n'osent demander.

Pierre de Portal, le plus jeune de ces enfants fugitifs, ne put résister aux privations et aux fatigues d'une aussi longue route : en arrivant à Montauban, il tomba épuisé et mourant de faim devant la boutique d'un boulanger ; ce brave homme, dont je regrette d'ignorer le nom, secourut ce pauvre enfant et le recueillit chez lui. Ses frères et sa sœur eurent la douleur de l'abandonner ; ils poursuivirent leur fuite vers Bordeaux.

Les communications commerciales rétablies entre ce port de mer et la Hollande, par la paix de Nimègue (10 août 1678), venaient de nouveau d'être interrompues par la reprise des hostilités (1683)[1] ; mais des frégates hollandaises croisaient sur les bords de l'Océan et recueillaient les émigrants[2].

Henri, Guillaume et Marie furent reçus à bord d'un navire marchand et cachés dans des tonneaux vides rangés parmi des tonneaux remplis, où ils n'avaient que la bonde pour respirer. Ce récit, consigné dans un mémoire généalogique et dans le nobiliaire de Burke (Burke's Landed Gentry), nous avait paru si extraordinaire, que nous le révoquions en doute ; mais des faits identiques viennent d'être attestés par M. Weiss, dans son *Histoire des réfugiés protestants de France*[3], et

---

[1] Le président Hénault.
[2] Peyrat, *Histoire des pasteurs du désert*, t. 1er, p. 68.
[3] Weiss, *Histoire des réfugiés*, t. 1er, p. 102.

par M. Reyer, dans l'*Histoire de la colonie française.
en Prusse.*

M. Reyer entre, à ce sujet, dans des détails na-
vrants : « Quelques-uns, dit-il, se retirèrent dans
« des anfractuosités et des cavernes de la côte, où
« hommes, femmes, enfants, vieillards, malades et
« convalescents, entassés pendant des semaines, atten-
« daient qu'un vent favorable soufflât et qu'ils pussent
« faire des signaux à quelque navire ; ils supportèrent
« avec une grande patience et une profonde confiance
« dans la providence de Dieu, toutes les contrariétés
« et les tristesses que l'obscurité, le calme et l'agita-
« tion de l'air leur procuraient dans les cachettes des
« navires ; ils ne pouvaient sortir de ces réduits qu'à
« certaines heures de la nuit ; souvent ils eurent à
« souffrir du manque de nourriture et de la crainte
« d'être découverts [1]. »

Les vaisseaux en partance dans les ports de mer, ou
visités sous voiles par les vaisseaux de l'Etat, furent
enfumés après qu'on eut découvert que les barriques
recélaient des fugitifs. « *On se servait*, dit encore
« Reyer, *d'une composition qui, lorsqu'on y mettait le*
« *feu, développait une odeur mortelle dans tous les re-*
« *coins du navire, de sorte que, en la respirant, ceux qui*
« *s'étaient cachés trouvaient une mort certaine !*..... »
(Page 152.)

---

[1] Reyer, *Histoire de la colonie française en Prusse*, p. 153.

Pour l'honneur de la France, pour la dignité de la nature humaine, je voudrais que ces faits fussent controuvés ; si une seule famille les attestait, je les passerais sous silence ; mais l'accord de tous les réfugiés en Hollande, en Prusse, en Angleterre, sur les moyens de salut employés par ces malheureux fugitifs, indique que l'horrible répression attestée par Reyer fut certainement employée.

Henri, Guillaume et Marie débarquèrent heureusement en Hollande, et trouvèrent auprès du prince d'Orange des parents et des amis, leur famille étant alliée aux premières maisons de la principauté d'O-range, les *de Sibert, de Langes, de Chambrun,* etc.

Le premier soin de ces trois enfants de Louis de Portal fut de faire constater légalement leur état de famille et de noblesse. Nous savons par l'*Histoire des réfugiés,* de M. Weiss, que cette constation était exigée à l'étranger pour les gentilshommes. Mais les titres de la branche de La Portalière avaient péri dans l'incendie de l'habitation de Portal dans les Cévennes, et dans le sac du château de La Portalière, rasé en exécution de l'ordre de Louvois, en date du 3 octobre 1683, portant injonction de *démolir les maisons de ceux qui ne rentreraient pas chez eux après la publication de l'ordonnance* [1].

Rétablir les titres détruits était devenu impossible,

---

[1] Peyrat, *Histoire des pasteurs du désert,* t. Ier. p. 142.

Louis XIV avait fait saisir les registres des consistoires ; les actes civils des protestants leur furent enlevés [1]. Non-seulement il n'y eut plus de nobles parmi les protestants ; mais il n'y eut plus d'enfants légitimes, tous furent bâtards de par le roi et la loi. Il en pouvait être ainsi dans le royaume de France ; mais le sceptre du fils aîné de l'Eglise catholique ne s'appesantissait pas sur la Hollande, le Brandebourg et l'Angleterre.

La famille de Portal, expatriée, s'adressa au chef de la seconde branche de sa maison, *Guillaume de Portal*, établi à Bourges, qui recueillit et envoya des actes notariés ou des copies authentiques, à partir de leur ancêtre commun *François de Portal*. Sur la présentation de ces pièces légales, les preuves de noblesse furent établies en Hollande, dans le Brandebourg et plus tard en Angleterre [2].

La plupart des gentilshommes réfugiés se trouvaient dans la même position que la famille de Portal, et tous n'avaient pas des parents en France qui pussent leur venir en aide. Les faits rapportés par M. Weiss sont précieux à enregistrer ici :

« Sous prétexte de vérifier qu'elles étaient les Eglises « réformées qui subsistaient du temps de Henri IV, et « d'examiner la légitimité de leurs droits, Louis XIV « avait contraint les consistoires à se dessaisir de leurs

---

[1] Weiss, *Histoire des réfugiés*, t. Ier, p. 146.
[2] Ces pièces sont conservées en Angleterre par M. Melville Portal de Laverstoke, ancien membre du parlement.

« titres originaux et de leurs registres de baptême, des
« mariages et des sépultures. Ces pièces furent rete-
« nues, et un grand nombre de familles nobles se
« trouvèrent ainsi privées des moyens légaux de prou-
« ver leur origine. Lorsque, en 1685, on démolit les
« temples, les gentilhommes perdirent les preuves de
« noblesse empruntées à la décoration des tombeaux.
« Dans le pillage de leurs châteaux et de leurs maisons,
« les soldats de Louvois détruisirent leurs papiers de
« famille. Heureusement pour eux, le savant Span-
« heim, ministre de l'électeur à Paris, avait entre-
« tenu des rapports avec les principales familles pro-
« testantes de cette capitale. Le comte de Beauveau,
« du Bellay, de Beville, de Briquemault, Gaultier de
« Saint-Blancard, Abbadie, qui connaissaient la plu-
« part des familles nobles des provinces furent égale-
« ment des témoins auxquels les gentilshommes pou-
« vaient s'adresser pour faire constater leur noblesse.
« Enfin le marquis de Rebenac, ambassadeur de France
« à Berlin, et issu de la maison de Feuquières, que la
« Réforme avait longtemps comptée parmi ses défen-
« seurs, ne refusa jamais aux réfugiés le témoignage
« qu'il pouvait donner de leur naissance, au risque de
« déplaire au cabinet de Versailles [1]. »

Nous avons déjà vu que Louis de Portal et Jeanne de

[1] Weiss, *Histoire des réfugiés*, t. 1er, p. 146.

La Porte, massacrés dans les Cévennes, avaient eu six enfants; l'un d'eux disparut, il fut probablement égorgé avec ses parents; quatre s'enfuirent; le plus jeune, épuisé de fatigue et ne pouvant continuer sa route, fut recueilli à Montauban; enfin le fils aîné, qui achevait son éducation militaire à l'école des Cadets, passa la frontière avec plusieurs de ses camarades, et servit comme officier dans le Brandebourg.

« Louvois, dit M. Weiss, avait créé, en 1682, des
« compagnies de cadets à Tournay, à Metz, et plus
« tard à Strasbourg, à Besançon, pour y placer des
« fils de famille, dont la fortune n'égalait pas la nais-
« sance. Les armées de Louis XIV avaient tiré de ces
« académies militaires une foule d'officiers habiles, et
« elles leur devaient en partie cette discipline rigide
« qui faisait l'admiration de l'Europe, et qui ne fut
« surpassée, dans la suite, que par les armées de Fré-
« déric II. En 1685, un grand nombre de cadets s'en-
« fuirent des villes frontières et se répandirent dans la
« Hollande et le Brandebourg[1]. Le prince d'Orange et
« Frédéric-Guillaume en formèrent des compagnies
« entières. Deux de ces compagnies furent envoyées
« en Brandebourg, dans le régiment de Cornuaud,
« une à Lippstadt, dans celui de Briquemault, et une
« quatrième dans celui de Varennes. »

« Les listes de ces cadets, ajoute l'historien des ré-

---

[1] Il est plus que probable qu'une partie de cette émigration eut lieu en 1684, après les massacres du Dauphiné, du Vivarais et des Cévennes.

« fugiés, nous présentent des noms qui n'étaient pas
« sans illustrations ; les Fouquet, les Beaufort, les
« Bauchardis, les La Salle, les Du Périer, les de Por-
« tal[1], les Montfort, les Saint-Maurice, les Saint-
« Blancard. L'électeur, en instituant ces compagnies,
« jeta les premiers fondements des écoles de cadets,
« qui furent créées, dans la suite, pour l'éducation de
« la noblesse prussienne[2]. »

Marie de Portal, appelée dans le Brandebourg par
son frère et par ses parents, les de Langes et les Mir-

---

[1] MM. Haag ajoutent ces renseignements : « L'électeur, ayant formé une
« compagnie de cadets à l'exemple du prince d'Orange, l'attacha au ba-
« taillon de Cornuaud (presque exclusivement composé de réfugiés français,
« en garnison à Brandebourg) ; de Favolles fut nommé lieutenant-colonel,
« de Rouvillas, major, d'Artis et de Saint-Martin, capitaines de cette com-
« pagnie, dans laquelle servaient Fouquet, de Beaufort, de Bauchardis, de
« La Salle, Du Périer, Portal, Montfort, La Motte, Saint-Maurice, Saint-
« Blancard, de Bragard, Hercule de Gertout, de Temelac, de Péguilhon,
« Alexandre de La Faye, de Camasse et d'autres jeunes gentilshommes,
« dont plusieurs ont rendu des services importants à leur patrie d'adop-
« tion. » (La *France protestante*, art. Cornuaud.)

Erman et Reclam, pasteurs de la colonie française à Berlin, citent dans
leur grand ouvrage les noms ci-dessus comme s'étant particulièrement distingués. « Les listes de ces cadets, disent-ils, nous présentent des noms qui
« ont illustré les colonies françaises réfugiées ; nous y voyons ceux de Fou-
« quet....., de Portal, etc. Les compagnies de cadets, formées par Frédéric-
« Guillaume, répondirent parfaitement à l'attente de leur fondateur. Nous
« verrons sous le règne de Frédéric Ier les officiers réfugiés soutenir avec
« honneur la réputation de bravoure que la nation française avait acquise
« sous les Henri IV, les Condé, les Turenne, et se distinguer dans toutes les
« occasions où ils furent appelés à combattre pour leur nouvelle patrie. »
(*Mémoires pour servir à l'Histoire des réfugiés français dans les Etats
du roi*, par les pasteurs (de Berlin) Erman et Reclam, t. II, p. 201 à 204
    La paye de ces cadets était de 4 écus et demi par mois.

[2] Weiss, *Histoire des réfugiés protestants de France*, t. Ier, p. 142.

mant, qui y occupaient un rang élevé, fut gouvernante des comtesses de Finkenstein. Les réfugiées protestantes qui, dans les premiers temps du refuge, se consacrèrent à l'éducation, appartenaient aux premières familles de leur ancienne patrie, et n'étaient pas inférieures, pour le rang, à celles qu'elles élevaient; elles contribuèrent puissamment à cette politesse des mœurs qui, dès lors, devint commune en Allemagne. Nous copions ici les Mémoires des pasteurs du refuge, Erman et Reclam, qui citent parmi leurs exemples *Mademoiselle de Portal*[1].

« Grâce à l'instruction que les protestants donnaient à leurs filles, ajoute la *France protestante*, beaucoup de jeunes réfugiées trouvèrent, dans leurs talents, d'honorables moyens d'existence[2]. »

« L'électrice Louise-Henriette et la future reine
« Sophie-Charlotte se faisaient présenter les femmes
« que les rigueurs de la persécution arrachaient de
« leur patrie; par une attention délicate, on avait
« modifié l'étiquette de la cour en leur faveur, et *on*
« *les admettait en robe noire et comme parées de cette*
« *indigence volontaire qu'elles avaient préféré à l'apo-*
« *stasie*[3]. »

Marie de Portal épousa M. Lenormant, réfugié français à Amsterdam.

---

[1] Erman et Reclam, t. III, p. 187, 188, 193.
[2] La *France protestante*, art. Portal.
[3] Weiss, *Histoire des réfugiés*, t. Ier, p. 135.

Un siècle après, quelques vieilles familles de France, chassées par la tourmente révolutionnaire, vinrent demander un refuge à la Prusse, et chercher dans l'industrie et le commerce des secours contre la misère. Les filles des nobles dames de la cour de Louis XIV parurent en robes noires à la cour de Frédéric-Guillaume II, comme leurs aînées protestantes sous le grand électeur. L'intolérance en politique conduisit aux fatales conséquences de l'intolérance en religion; seulement la persécution subie par les protestants avait été volontaire, celle imposée aux nobles catholiques fut forcée; l'une avait les grandeurs du martyre, l'autre ne pouvait invoquer que les droits du malheur.

Henri et Guillaume de Portal, après avoir séjourné cinq ans en Hollande, passèrent en Angleterre à la suite de Guillaume d'Orange (1688); ils avaient probablement été incorporés dans les compagnies de cadets nobles que Guillaume avait établies à l'imitation de celles créées par Louis XIV, et dans lesquelles servait un de leurs compatriotes, Paul de Rapin, seigneur de Thoyras[1].

Emu par les scènes de désolation, de massacre et d'exil qu'il avait traversées avant son arrivée en Angleterre, Guillaume de Portal entra dans les ordres sacrés; à l'âge de soixante-cinq ou soixante-six ans, il eut l'honneur d'être nommé gouverneur (*tutor*) du jeune prince

---

[1] Weiss, *Histoire des réfugiés*, t. Ier, p. 309.

Georges, né en 1738, et qui monta sur le trône sous le nom de Georges III. Fort protégé par la cour, il obtint les bénéfices ou cures (*livings*) de Clowne dans le Derbyshire, et de Farnbridge dans le comté d'Essex ; il mourut presque centenaire en 1760, année du couronnement de son royal élève. Le poëte anglais Abraham Portal était son petit-fils[1], il composa une tragédie intitulée : *Olindo and Sophronia* et quelques poésies légères ; ses œuvres furent imprimées en 1781.

Le frère aîné de Guillaume, Henri de Portal, chercha dans l'industrie le rétablissement de sa fortune ; cette carrière venait d'être ouverte à la jeune noblesse française par la générosité de l'Angleterre ; nous savons, par le premier rapport du comité français, imprimé le 19 mars 1688, que quinze mille Français furent secourus dans le cours de l'année 1687. Le comité distingue parmi eux cent quarante personnes nobles avec leurs familles. « Les personnes de qualité reçurent pendant « toute cette année des secours hebdomadaires en ar- « gent, et leurs fils furent placés dans les meilleures « maisons de commerce[2]. »

Henri choisit l'industrie de la fabrication du papier, il fut placé dans une manufacture près de Southampton dans le Hampshire ; la vivacité de l'esprit méridional

---

[1] Voici la réponse à un renseignement que j'avais demandé en Angleterre : « Abraham Portal is descended from William, who came to this country with his brother Henri. » Par conséquent Abraham Portal devait être le petit-fils de Guillaume de Portal.

[2] Weiss, *Histoire des réfugiés*, t. Ier, p. 285.

qu'il possédait à un haut degré, d'après la relation qui
a été écrite par son petit-fils[1], le fit promptement remarquer de ses chefs ; plus tard il appela auprès de lui
des ouvriers français et hollandais, fonda une nouvelle
manufacture et poussa la fabrication à un si haut degré
de perfection, que la Banque d'Angleterre[2] lui accorda
le privilége de fabriquer les *bank's notes*, privilége qui
existe encore dans une branche de sa famille.

« Le seul papier que l'on fabriquait en Angleterre
« avant la Révocation sortait des manufactures du comté
« de Kent et surtout de la grande manufacture de Dart-
« ford. C'était un papier bis ou brun, singulièrement
« grossier. Les premières fabriques de papier furent
« fondées à Londres, en 1685 et 1686, par des ouvriers
« français[3]. » Les billets de la Banque d'Angleterre ou
bank's notes étaient fabriqués en Hollande.

La fortune acquise par la famille de Portal la replaça
au rang d'où l'avaient fait déchoir les confiscations de
Louis XIV, et elle s'honora de l'alliance des premières
familles de l'Angleterre. La Providence n'abandonna
pas les orphelins, dont les pères étaient morts martyrs
de leur foi ; les succès qu'ils obtinrent en Prusse et en
Angleterre témoignent de plus que le niveau de l'instruction et de l'éducation était fort élevé parmi la no-

---

[1] M. William Portal me transmit ces renseignements dans une lettre en
date du 29 avril 1820.

[2] La Banque de Londres fut fondée en 1694. (Bouillet, *Dictionnaire des
sciences.*)

[3] Weiss, *Histoire des réfugiés*, t. Ier, p. 335.

blesse protestante du Languedoc. Les pasteurs du refuge, Erman et Reclam, citent Marie de Portal au nombre de ces nobles proscrites qui, en se vouant à l'éducation, contribuèrent puissamment à cette politesse des
mœurs qui dès lors devint commune en Allemagne;
Guillaume de Portal fut gouverneur du prince royal à
une époque où l'on recherchait pour remplir ces fonctions, non-seulement la naissance et les manières de la
cour, mais une vaste instruction. Quelque temps avant,
Guillaume III avait placé un autre gentilhomme du Languedoc auprès du duc de Portland, son favori, en qualité de gouverneur de son fils, c'était le célèbre auteur
de l'*Histoire d'Angleterre,* Paul de Rapin, seigneur de
Thoyras[1].

La politesse des mœurs appartenait en France à
toute la noblesse, mais l'instruction distinguait les réformés; sous les persécutions, *protestantisme obligeait;*
après avoir été vaincue par les armes, plus tard par
une inqualifiable oppression, la Réforme devait do-
miner par la puissance intellectuelle. Plusieurs pasteurs étaient parents ou alliés à la famille de Portal,
Chamier, de Chavanon, de Chambrun, de La Porte[2].

---

[1] Weiss, *Histoire des réfugiés,* t. Ier, p. 810.

[2] Le pasteur Jean *de La Porte,* employé en plusieurs missions diploma-
tiques et aumônier d'un régiment de réfugiés, n'avait aucun rapport de
parenté avec les *Laporte,* chef des camisards. La conformité de nom n'existe
même pas. Nous croyons que M. Peyrat (*Histoire des pasteurs du désert,*
t. Ier, p. 327) et la *France protestante,* sont tombés dans l'erreur en confondant ces deux familles. Jean de La Porte fut nommé aumônier d'un des
régiments que Guillaume, prince d'Orange, conduisit en Angleterre, parce-

Les enfants de ces proscrits [1] avaient été élevés sous
la double influence des manières polies de la cour

que ce régiment se composait en majeure partie de jeunes gentilshommes
de la principauté d'Orange, du Dauphiné et du Bas-Languedoc, parmi
lesquels *de La Porte* devait avoir un grand nombre de parents, d'alliés et
d'amis.

[1] Branche d'Angleterre :

Premier degré.

Henri de Portal, fils de Louis de Portal et de Jeanne de La Porte, s'établit à Freefolk Priors, dans le Hampshire. Cette propriété devint le centre de
possessions considérables. Il se maria le 26 décembre 1711 à Dorothy Has-
ker, et mourut le 30 septembre 1745 ; il fut enterré dans l'église de Whit
(buried at Whitchurch), dans le Hampshire. De ce mariage sont issus :

1° Joseph, qui continue la descendance ;

2° Priscilla, mariée à William Bridges, esq. ;

3° Elizabeth, mariée à William Peachy, esq. ;

4° Dorothy, mariée à sir John Anderson ;

5° Charlotte, mariée à John Slade, esq., de Maunsel Park, comté de Somerset.

Deuxième degré.

Joseph de Portal de Freefolk Priors, fils et héritier de Henri de Portal,
né en 1719, reçut la commission de juge de paix pour le Hampshire, et obtint en 1773 l'office de haut shérif de ce comté. Il acquit en 1759 le domaine de Laverstoke qu'il joignit à celui de Freefolk. Laverstoke, qui est
aujourd'hui un beau château moderne, était une ancienne abbaye qui existait au onzième siècle et qui est mentionnée dans le *Domesday Book*. Joseph de Portal devint également propriétaire de l'ancienne terre de Ashe
Park, dont parle le *Domesday Book*, et qui est contiguë à celle de Laverstoke

Joseph, marié en 1750 à Sarah, fille de William Peachy, esq., mourut
le 14 décembre 1792 et fut enterré à Laverstoke. De ce mariage sont issus :

1° Henri de Portal de Laverstoke, né en 1752, capitaine au 10ᵉ régiment
de hussards, décédé le 19 mars 1801 sans postérité ;

2° William de Portal de Ashe Park, né le 12 février 1755 (he obtained
the highest honours in the University of Cambridge, in 1777, and was sub-
sequently elected law fellow of Saint-John's college), marié en 1799 à Sophia, fille de sir John Slade, baronnet de Maunsel Park, comté de Somerset,
décédée le 19 janvier 1837, et dont il eut une seule fille, Sophia ;

3° John de Portal de Freefolk Priors, qui continue la descendance ;

4° Charlotte, mariée à sir John Filmer, baronnet de East Sutton Park,
comté de Kent, décédée août 1819 ;

5° Elizabeth, mariée au révérend Stivert Jenkins de Locking, Somerset.

Troisième degré.

John de Portal de Freefolk Priors, né le 29 avril 1764. Il reçut la comde Versailles et de la solide instruction de l'austère Genève.

mission de juge de paix et de député lieutenant du comté de Hants (Hampshire), marié en premières noces, le 6 octobre 1794, à Mary, fille de John Corrie, esq., de Haddesden, comté de Herts, qui mourut en 1813. De ce mariage naquirent huit enfants, dont les cinq premiers morts jeunes :

6° Caroline, mariée au révérend William Knight, de Stevenson, Hampshire, décédée le 20 mars 1837, laissant des enfants ;

7° Charlotte, mariée à Maurice-Ceely Trevillian, esq., du Devonshire ;

8° Frances, mariée au révérend David-Rodney Murray, de Brampton Brian, comté de Hereford, neveu d'Alexandre, septième lord Elibank.

John de Portal épousa en secondes noces, le 1er août 1815, Elizabeth, seule fille de Henry Drummond, esq., de La Grange, comté de Hants (voyez Strathallan dans le Peerage), et de Anne, son épouse, fille de Henry, vicomte Melville. (L'ancienne et illustre famille Drummond a donné une reine à l'Ecosse, *Annabella Drummond*, mariée à Robert III, roi d'Ecosse, et mère du duc de Rothsay. Walter Scott a mis en scène ces trois personnages dans la *Jolie fille de Perth*. Voyez *Histories of noble British families*, part. VIII, Drummond.)

Du mariage de John de Portal et d'Elizabeth Drummond naquirent sept enfants :

1° Henry-John, né le 22 mars 1817, décédé le 22 septembre 1823 ;

2° Melville, qui continue la descendance ;

3° Robert, né le 11 novembre 1820, major au 4e light-dragoons ;

4° Wyndham-Spencer, né le 22 juillet 1822 ;

5° George-Raymond, né le 28 février 1827 ;

6° Adela, née le 7 avril 1818, mariée le 3 mars 1840 à Edward Knight, esq., de Godmersham Park, comté de Kent, et de Chawton House, Hampshire ;

7° Jane-Eliza, née le 24 novembre 1829.

Quatrième degré.

Melville de Portal, esq., de Laverstoke, chef de la famille, fils et héritier de John de Portal, et héritier des terres de son oncle William, né le 31 juillet 1819, prit ses grades universitaires à Oxford, membre du parlement d'Angleterre, juge de paix et député, lieutenant du Hampshire.

Marié le 9 octobre 1855 à Lady Charlotte-Marie Elliot, fille de Gilbert Elliot, comte de Minto, qui a été premier lord de l'amirauté, ambassadeur à Berlin, etc. La fille aînée du comte de Minto a épousé lord John Russell.

De ce mariage sont issus :

Melville-Raymond, né le 9 octobre 1856 ;

Gerald-Herbert, né le 13 mars 1858 ;

Adela-Harriet, née le 14 octobre 1859.

XII

« Vos pères, où sont-ils? »
(Zacharie, I, 5.)

Constanter.
(Devise de la famille.)

Henri, Guillaume et Marie de Portal n'avaient abandonné, à Montauban, leur frère malade qu'après avoir
acquis la certitude qu'il trouverait dans cette ville non-
seulement tous les soins nécessaires pour rétablir sa
santé, mais aussi des protecteurs dévoués; ces enfants
confièrent à l'honnête boulanger protestant qui les avait
recueillis le récit de la catastrophe qui les avait rendus
orphelins et ruinés; les petits-neveux du grand Chamier, mort sur la brèche au siége mémorable de Montauban, devaient trouver des amis dans cette ville; on
prévint les pasteurs et les premières familles protestantes; le salut de ces enfants fut assuré : Pierre, Guillaume et Marie, conduits à Bordeaux et adressés à des
correspondants, réussirent à passer en Hollande, ainsi
que nous l'avons déjà indiqué.

Cependant la prudence exigeait que Pierre de Portal fût caché, on le confia aux soins du boulanger qui devait, aux yeux des catholiques, le faire passer pour un de ses parents ; ce plan de conduite était sage, la suite le prouva ; elle prouva aussi que l'Eglise protestante de Montauban veillait sur l'avenir de cet orphelin.

Le nombre de ces enfants fugitifs devait être bien grand, puisque la cour de Versailles eut peur de la pitié et de la charité publiques. « Le 4 septembre 1684, « on défendit aux particuliers de recevoir dans leurs « maisons des pauvres malades de la religion, *sous pré-* « *texte de charité*[1]. » Pierre de Portal avait été recueilli dix mois avant, et, en dépit de l'édit royal, il conserva l'asile qu'il avait obtenu *sous prétexte de charité*. La foi religieuse de ce malheureux enfant allait être soumise à de nouvelles épreuves.

Le 15 août 1685, les troupes catholiques entrent dans Montauban, tout plie sous la terreur ; cette ville qui, soixante-quatre ans auparavant, avait repoussé toutes les forces de la royauté conduites par quatre maréchaux de France, Montauban courbe le front, les hommes se soumettent, les femmes seules résistent. « Nulle part, dit l'historien des réfugiés protestants, les violences ne furent plus horribles que dans le Midi ; à Montauban, l'évêque Nesmond convoqua, chez le maréchal de Boufflers, les barons de Mauzac, de Vicose,

---

[1] Mary-Lafon, *Histoire du midi de la France*, t. IV, p. 242 ; Drion, *Histoire chronologique de l'Eglise protestante de France*, t. II. p. 222.

de Montbeton; tout à coup les laquais de l'hôtel, embusqués derrière la porte, se jettent sur eux à l'improviste, les terrassent, les contraignent à se mettre à genoux; et, pendant que ces gentilshommes se débattent entre les mains des valets, le prélat fait sur eux le signe de la croix, et leur conversion est censée accomplie. La bourgeoisie, livrée en proie à une soldatesque en délire, est contrainte d'abjurer après un simulacre de délibération publique[1]. »

On peut juger de la cruauté des persécutions auxquelles les protestants furent en butte, dit Madame Camille Lebrun, par cette note écrite de la main de Louvois, peu après la mort de Colbert (1683) :

« Sa Majesté veut qu'on fasse éprouver les dernières
« rigueurs à ceux qui ne voudront pas se faire de sa
« religion; ceux qui auront la sotte gloire de vouloir
« demeurer les derniers doivent être poussés jusqu'aux
« dernières extrémités[2]. »

---

[1] Weiss, t. Ier, p. 87.

L'Historien du Quercy, Catala-Coture, prétend que l'exhortation adressée par l'évêque aux principaux bourgeois fut si touchante, que « tous s'écriè-
« rent d'une voix unanime et avec transport : *Nous sommes tous catholi-*
« *ques;* ils se rendent en foule à l'Hôtel de ville et prennent une délibéra-
« tion publique de renoncer à la religion calviniste. » (T. III, p. 32.) Une délibération, en effet, existe sur les registres de l'Hôtel de ville, mais cette délibération est arguée de faux par Mary-Lafon, qui s'exprime ainsi :
« Notre impartialité nous oblige ici à révéler un fait très grave et d'une
« grande importance pour l'histoire du protestantisme à cette époque. La
« pièce dont il s'agit, et qui vient d'être donnée *textuellement,* a été tran-
« scrite sur les *registres du conseil de police par une main étrangère et*
« *ne porte aucune signature ni le visa d'aucun consul.* » (T. IV, p. 246 notes.)

[2] Le *Dauphiné,* p. 224.

Nous venons de le dire, à Montauban les femmes résistèrent.

Raymonde de Montel, dame d'Astorg de Montbartier, repousse l'ordre d'abjurer la foi de ses pères : elle est rasée et recluse, ses biens et ceux de son mari, Simon d'Astorg, confisqués[1].

La dame Pechels de la Buissonade, chassée de sa demeure suivie de son mari et de ses quatre enfants, est prise des douleurs de l'enfantement, elle se réfugie dans la maison de sa sœur et y est délivrée dans la nuit ; chassée de nouveau au point du jour par les dragons, elle prend son nouveau-né dans ses bras, et, courant toutes les rues sans trouver une seule porte qui s'ouvrît devant elle, elle s'asseoit sur une pierre en face de la maison de sa sœur et y passe la nuit avec son enfant, gardée par quatre soldats. Il fallut qu'une autre femme allât faire honte à l'intendant de sa cruauté, pour arracher la permission de lui donner retraite chez elle, encore n'obtint-elle cette faveur qu'à la condition expresse que ses gardes ne la perdraient pas de vue[2].

Toutes les femmes n'eurent pas à rougir de la honte de leurs maris. Le sieur Pechels de la Buissonade fut incarcéré pendant dix-huit mois, puis déporté à Saint-Domingue.

Simon d'Astorg et Jean de Preissac furent complé-

---

[1] Voyez Benoît, *Histoire de l'Edit de Nantes*, t. V, et la *France protestante*.

[2] Mary-Lafon, *Histoire du Midi*, t. IV, p. 246 ; Benoît, *Histoire de l'Edit de Nantes*, t. V, p. 854 ; la *France protestante*.

tement ruinés ; ces deux gentilshommes appartenaient aux plus anciennes et illustres familles du Languedoc et de la France, nous les trouvons simples marchands à Montauban en 1698. L'histoire n'a vu que les grands événements qui précédèrent et suivirent la révocation de l'édit de Nantes, elle a passé sous silence les douleurs qui se cachaient au sein des familles.

Les gentilshommes, privés de leurs terres, traqués par les agents d'une police inquisitoriale, ne pouvant fuir à l'étranger, demandèrent au commerce des moyens d'exister et d'élever leur familles. Les édits interdisaient aux protestants l'état de barbier ou de garçon apothicaire[1], mais ils pouvaient être négociants, manufacturiers et armateurs !

Louis XI, après l'incendie de Toulouse de 1462, avait permis à la noblesse de faire, sans déroger, le commerce des *marchandises honnêtes*. Ces marchandises étaient le *verre*, le *drap* et la *soie*. Les gentilshommes protestants de Montauban, originaires de Toulouse et du Languedoc, les d'Astorg, les Preissac et plus tard les Portal, etc., choisirent l'industrie de la fabrication des draps, qui avait été importée à Montauban par les réfugiés de Toulouse après le massacre de 1462.

La noblesse de laine et la noblesse de soie avaient été illustrées à Florence, elles formaient deux classes distinctes inscrites sur le Livre d'or de cette république.

---

[1] Voyez les *Plaintes des protestants cruellement opprimez dans le royaume de France.* Cologne, 1686, p. 25 et *passim.*

En 1450, Côme de Médicis était le plus riche négociant de l'Europe. Les fils de Côme le Vieux et son petit-fils Laurent le Magnifique continuèrent le commerce, tout en étant les chefs de la république[1].

Lorsque le descendant des anciens marchands drapiers de Florence, le grand Louis XIV, occupait le trône de France par la grâce de Dieu et de son aïeule *Marie de Médicis*, les familles de Preissac, d'Astorg et de Portal, dépouillées par lui, pouvaient bien faire acte de *marchandises honnêtes* sans déroger.

Le titre de *sire* était anciennement donné à Toulouse à ces négociants nommés *marchands grossiers*. Ainsi, dans le cadastre de cette ville de 1550, paraît *sire Jehan Pauc*, marchand ; il avait été capitoul en 1528[2].

Le dicton populaire de *pauvre sire* ne viendrait-il pas de nos pères les gentilshommes drapiers ?

Ajoutons cette seule remarque : pendant que les marchands devenaient capitouls à Toulouse, les anciennes familles capitulaires de cette ville devenaient marchands à Montauban.

Le verre, le drap et la soie ne pouvant suffire à désanoblir les gens de qualité, il fallut bien avoir recours à d'autres expédients. Dans tous les titres publics et les

---

[1] Voyez Du Mège, *Histoire des institutions de Toulouse*, t. II, Préface, p. iv.

[2] Du Mège, *Histoire des institutions de Toulouse*, t. IV, p. 447. Le titre de *sire* était également donné à Paris aux marchands en gros sous le règne de Henri IV. Nous lisons dans les *Mémoires de l'Etoile* que la femme du *sire Le Brun*, marchand, demeurant en la rue saint Denis, perdit la parole à la nouvelle de l'entrée du roi à Paris (t. Ier, p. 16).

actes de l'état civil on biffa la particule qui précédait le
nom des anciennes familles protestantes. Ne croirait-on
pas assister à une séance du comité de salut public, avec
cette différence toutefois que les aristocrates protestants
n'étaient même pas *citoyens?*

Les gentilshommes des premières familles du Languedoc retranchaient la particule de leur nom dans les
preuves de noblesse, nous l'avons établi; ils voulaient
ainsi montrer l'ancienneté de leur race et prouver que
leurs noms appartenaient à leurs familles et non à leurs
terres; on se servit de ce moyen contre eux, et après
avoir décapité les personnes on décapita les noms.

Ce système de persécutions iniques et de vexations
odieuses et incessantes produisit l'effet inverse à celui
que poursuivaient les agents du pouvoir. Les nobles
protestants furent d'autant plus ardents à conserver
leurs vieux préjugés de caste, que la violence leur in-
fligeait une injuste dégradation.

La lutte s'établit ainsi entre le grand roi, qui voulait
que tous les protestants fussent non-seulement rotu-
riers, mais bâtards, et les gentilshommes protestants
qui prétendaient rester tels qu'étaient leurs pères lorsqu'ils placèrent l'aïeul de Louis XIV sur le trône de
France.

Ce fut à cette époque, à la suite des proscriptions in-
sensées qui frappaient en aveugle toutes les sources de
la fortune publique, que le trésor obéré tomba dans la
plus grande détresse; on s'adressa à toutes les caisses,

on frappa à toutes les portes, on fit argent de tout ce qui pouvait conserver quelque valeur. Enfin on trouva une mine féconde en exploitant la vanité française : l'Etat devint marchand d'armoiries. Chacun, noble, bourgeois ou simple habitant, put, moyennant la somme de vingt livres, voir son blason étalé sur le livre du roi [1].

Les nobles protestants s'empressèrent de souscrire à l'offre de Sa Majesté et firent enregistrer des blasons de fantaisie qui la plupart n'avaient aucun rapport avec l'écusson de leur famille, mais qui leur donnaient un moyen légal et public de perpétuer leurs protestations.

Ce fut une sorte de mascarade de la mi-carême, où au milieu des folles joies du monde et des afflictions de l'Eglise, parurent de sanglantes allusions politiques.

J'ouvre l'*Armorial général de France* (Mss. de la Bibliothèque impériale) et je lis :

« Jean Preissac, marchand à Montauban, porte : *de gueules à une fasce d'or chargée de trois larmes d'azur.* »

Ces larmes d'azur, ces larmes fidèles [2], n'ont pas be-

---

[1] *Armorial général de France,* ou Estat des armoiries des personnes, provinces et communautés dénommées ci-après, envoyées aux bureaux establis par M. Adrien Vanier, chargé de l'exécution de l'édit du mois de novembre dernier pour estre présentées à nosseigneurs les commissaires généraux du conseil, députés par Sa Majesté, par arrests des quatre décembre mil six cent quatre-vingt-seize et vingt-trois janvier mil six cent quatre-vingt-dix-sept. (Manuscrits de la Bibliothèque impériale.)

[2] L'azur ou bleu de ciel est le signe héraldique de la fidélité. Voyez mon *Livre sur les couleurs symboliques.*

Ce Jean de Preissac est sans doute le même que celui dont Saint-Alais a

soin de commentaire ; ces signes d'une douleur muette ne sont pas rares sur les blasons protestants, nous retrouvons les larmes sur l'écusson des Joly de Bammeville et d'autres familles.

Nous avons déjà vu (p. 390) que Guillaume de Portal de Saint-Guilhen, capitaine au régiment de la marine, fit inscrire sur le registre officiel les armoiries de sa famille *en deuil* (1697).

Portal de Bouquies (Villefranche de Rouergue) suivit la même idée et prit deux portes noires : *D'or à deux portes de sable posées l'une sur l'autre.*

Enfin Louis XIV ayant fait saisir les registres de l'état civil des protestants, ceux-ci ne purent prouver leur filiation et furent présumés bâtards; les habitants de Bagnols protestèrent, plusieurs prirent pour écusson la barre, signe de bâtardise ordinaire, *mais occupant le tiers de l'écu;* or, dans ce cas, d'après les lois du blason, la barre est une des pièces les plus honorables[1]. Les protestants s'honoraient ainsi de leur prétendue bâtardise.

Joseph Portal, bourgeois de Bagnols, l'un des derniers descendants de la famille dans cette ville, prit l'écusson suivant : *D'argent à une barre losangée d'or et de sinople*[2].

résumé la biographie dans ces mots : *Jean dont la destinée est inconnue.* Il était fils de Pierre de Preissac, sieur de Cadeillan, qui testa le 1er mars 1692, et de Perside de Lupé. (Voyez la *France protestante.*)

[1] Voyez l'*Armorial universel* de M. Jouffroy d'Eschavannes et la Colombière, *Science Héroïque*, etc.

[2] Registre coté Montpellier, p. 1423.

Tandis que les bâtards adultérins du roi étaient légi-
timés et recevaient les hommages de la cour de Versailles, les enfants légitimes des protestants étaient déclarés bâtards [1].

Louis XIV était sans doute un grand roi, mais il fut
un pauvre criminaliste ; comment ignorait-il que chez
un peuple civilisé le crime seul déshonore et non la punition infligée par la loi ? Les gentilshommes protestants condamnés aux galères, loin d'en être flétris, ano-
blirent le bagne comme le descendant de Louis XIV
devait un jour anoblir l'échafaud.

Ainsi, après la révocation de l'Edit de Nantes, la noblesse protestante eut à subir une double persécution,
religieuse et politique. Non-seulement l'exercice de sa
religion lui fut interdit, mais sa position sociale fut complétement détruite. Les historiens de la Réforme n'ont
eu que des paroles de blâme envers les gentilshommes
qui ne surent résister à la double pression du gouvernement et renièrent la foi de leurs pères ; ils étaient
dans leur droit, mais ils étaient hors de la justice en
passant sous silence la noble abnégation de ceux qui
acceptèrent la persécution sous toutes ses formes et préférèrent une ruine complète à l'apostasie [2].

---

[1] Louis XIV avait omis de faire saisir les archives des notaires et de
faire détruire les actes qui concernaient les protestants ; la famille de
Portal rétablit sa filiation par ces titres publics et authentiques, et fit ainsi
ses preuves de noblesse à l'étranger.

[2] « Les nobles, les riches, dit M. de Félice, avaient abjuré, ou cherché

Une pression violente exercée sur l'esprit humain engendre inévitablement la réaction ; les conversions forcées exaltèrent la foi ; la perte légale de la noblesse, des honneurs, de la position sociale, attacha invinciblement les familles dépouillées aux priviléges qu'on préprétendait leur ravir. La noblesse protestante, malgré le grand roi, resta noble et protestante. Je ne sache pas qu'aucun écrivain ait signalé ce fait curieux que les gentilshommes persécutés et ruinés attachaient la plus haute importance, non-seulement à exercer des professions qui, d'après l'édit de Louis XI, n'entraînaient pas la dérogeance, mais surtout à ne contracter des mariages qu'entre eux. Cette observation a sans doute peu d'importance historique ; elle en présente une réelle comme étude morale et philosophique : l'intolérance est toujours et dans toutes les circonstances une mauvaise conseillère ; en politique comme en religion, elle marche en sens inverse du but qu'elle veut atteindre.

Pierre de Portal, l'enfant abandonné à Montauban,

« un asile sur la terre étrangère, et ceux qui n'avaient ni fui ni suc-
« combé se tenaient presque tous à l'écart. » (*Histoire des protestants de France*, p. 423.) *A l'écart!* c'est-à-dire aux galères, en prison, complétement ruinés, dans la position la plus déplorable, alors qu'un seul mot d'abjuration leur aurait rendu et leur fortune et leurs honneurs. Je cite l'excellente histoire de M. de Félice, pour montrer à quel point *la conspiration du silence,* employée par les catholiques, a pu impressionner, même les écrivains les plus distingués du protestantisme. La *France protestante* et le *Bulletin de la Société de l'Histoire du Protestantisme français* ont largement rendu à chacun selon ses œuvres ; l'historien ne pourra plus désormais prétendre cause d'ignorance.

épousa Isabeau d'Astorg ; cette union fut précédée et suivie de cruelles épreuves.

Les deux familles d'Astorg et de Portal avaient eu une même destinée dans l'histoire du Languedoc ; la bonne et la mauvaise fortune leur furent départies en même temps et presque également. Les d'Astorg entrèrent dix-sept fois dans le capitoulat de Toulouse, de l'an 1298 à l'an 1597 ; les Portal y entrèrent vingt-deux fois, de l'an 1204 à l'an 1423.

Au seizième siècle, les d'Astorg et les Portal embrassèrent la Réforme ; Jehan de Portal, viguier de Toulouse, eut la tête tranchée en 1562 ; en 1569, Antoine d'Astorg, gouverneur de Montauban, suivi de deux cents hommes de cavalerie, marcha sur Toulouse pour venger le massacre des huguenots. Il attaqua le couvent de Saint-Roch, à quatre cents pas des murs de la ville ; on sonne le tocsin, la garnison placée dans le couvent prend les armes, les assaillants se retirent devant des forces supérieures. Cette petite expédition ne précéda que de quelques jours la fameuse bataille de Jarnac ; Antoine d'Astorg y fut tué aux côtés du roi de Navarre [1].

Antoine d'Astorg de Montbartier avait épousé Gabrielle de Goyrans de Lux, dont il eut un fils nommé *Paul* ; la baronnie de Lux, qui appartenait à la maison de Goyrans, passa dans la maison d'Astorg par ce ma-

[1] Durozoi, *Annales de Toulouse,* t. III, p. 575. — La Chesnaie. — Haag la *France protestante.*

riage, et Paul d'Astorg en prit le nom et le titre ; c'est sous le nom de Lux que, protestant zélé, il fit les campagnes contre les ligueurs de Castres et du Lauraguais, avec le capitaine Portal de Revel.

Simon d'Astorg, père d'Isabeau, était petit-fils du baron de Lux ; le nom de *Paul* se transmit dans la famille de Portal comme un souvenir de sa descendance de ce capitaine huguenot[1].

La mère d'Isabeau d'Astorg était Raymonde de Montel, dame d'Astorg de Montbartier, que Benoît cite au nombre des persécutés en 1685[2] ; elle descendait du capitaine protestant de Montel, qui servit sous Henri de Lanes, fils du baron de La Roche-Chalais. Le duc de Rohan nomma Henri de Lanes gouverneur de Montauban en 1628 ; de Montel était capitaine de ses gardes[3].

De son mariage avec Raymonde de Montel, Simon d'Astorg n'eut que deux filles, l'aînée mariée à Pierre de Portal et la puînée qui épousa le sieur de La Plaine[4].

---

[1] Un fils de Pierre Portal et d'Isabeau d'Astorg s'appela *Paul*, ainsi qu'un de ses fils, un de ses petits-fils et son arrière-petit-fils (Pierre-Paul-Frédéric).

[2] Benoît, *Histoire de l'Edit de Nantes*, t. V.

[3] La *France protestante*, article *Lanes*.

[4] Probablement fils d'Antoine de Portes, sieur *de La Plaine*, d'une famille noble du Castrais, qui figure dans une liste de protestants de Castres ramenés dans le giron de l'Eglise par les dragons, en 1685. (La *France protestante*.) La prétendue conversion du sieur de La Plaine et de sa famille fut sans doute un tour d'escamotage officiel, semblable à celui qui eut lieu à Montauban, à la même époque, avec les circonstances odieuses que nous avons rapportées.

Madame de La Plaine mourut fort âgée ; elle avait une tendre affection pour son arrière-petit-neveu, Portal d'Albarèdes, né en 1765, et qui fut ministre de la marine et pair de France. Plus qu'octogénaire et ne pou-

L'union de Pierre de Portal et d'Isabeau d'Astorg présentait de graves dangers, les préliminaires en furent longs et difficiles. Sous ce régime de la terreur religieuse, Pierre de Portal devait cacher son origine. Protestant fugitif, arrêté dans son émigration par une cause involontaire, aux yeux de la loi il était émigré, et comme tel ses biens et ceux de sa famille avaient été confisqués ; reconnu, il aurait été condamné aux galères. La déclaration du 7 mai 1686 porte : « *Les émi-* « *grants arrêtés sont condamnés, les hommes aux galères* « *à perpétuité et les femmes à être rasées et recluses pour* « *le reste de leurs jours* [1]. »

Pierre de Portal cacha sa tête sous le bonnet blanc du mitron, comme plus tard les aristocrates cachèrent la leur sous le bonnet rouge de Danton et de Marat.

Les futurs époux attendirent, espérant toujours que les persécutions s'apaiseraient. L'année 1698 sembla devoir réaliser leurs vœux ; M. de Pontchartrain fit rendre une déclaration qui permettait aux religionnaires de sortir du royaume pour cause de religion, d'y re-

---

vant marcher, elle faisait venir l'enfant dans sa chambre, à Pénardières, et lui disait : « Albarèdes, fais tout ce que tu voudras, va partout où il te plaira, mais ne sors pas de la chambre. » La bonne femme imitait, sans le savoir, Charles IX et Louis XIV, qui avaient permis aux protestants d'aller partout où ils voudraient, mais de ne pas sortir de leurs maisons. (Louvois enjoignit de démolir les maisons de ceux qui ne rentreraient pas chez eux (3 octobre 1683). Nous avons déjà vu pareille injonction faite par Charles IX après la Saint-Barthélemy. (Voyez ci-dessus, page 288.)

[1] Voyez le *Recueil des anciennes lois françaises* d'Isambert, t. XIX, p. 547.

venir et de rentrer dans leurs biens, à la charge de renoncer à leurs erreurs, et la fit envoyer à tous les consuls.

Cette déclaration n'eut pas l'effet qu'on attendait; les religionnaires, peu confiants dans les caresses de la cour, se hâtèrent de sortir de France en si grand nombre que M. de Pontchartrain fit rendre, cette même année, une nouvelle déclaration pour rétablir l'édit de révocation dans toute sa rigueur, et l'année suivante nouvelle déclaration portant peine de mort contre ceux qui favoriseraient l'évasion des protestants[1].

Pierre et Isabeau saisirent ce court intervalle de repos dans une si longue agonie pour faire célébrer leur mariage, qui eut lieu le 8 juin 1698, dans l'église catholique de la paroisse de Villenouvelle, à Montauban. Tous deux étaient orphelins; Simon d'Astorg était mort, et le sort de la mère d'Isabeau était inconnu.

Cette union entre des époux portant des noms aristocratiques de la province était plus que transparente; l'abbé *Vernède*, vicaire, ferma les yeux et donna à ces paroissiens, qui paraissaient pour la première fois à l'église, la bénédiction qu'ils lui demandaient.

A l'honneur du clergé catholique, nous devons constater ici qu'il se refusait au vil métier de délateur qu'on lui imposait et qu'il en fut vertement tancé. « Le roi,

---

[1] Voyez Laferrière, *Histoire du droit français*, t. Ier, p. 437. — Court, *Histoire des Camisards*, t. Ier, p. 4. — La *France protestante* (pièces justificatives), p. 378; — et l'*Histoire de la Marine* d'Eugène Sue, t. V, p. 371.

« écrivait Phélipeaux, apprend que tout cela ne s'exé-
« cute pas par la faute particulièrement des curés *qui*
« *ont la délicatesse de ne vouloir pas se porter délateurs*[1]. »

Quinze mois après leur mariage, Pierre de Portal et
Isabeau d'Astorg durent frémir en lisant la déclaration
du 13 septembre 1699, ordonnant que le procès fût
fait à tous ceux qui auraient été arrêtés sortant du
royaume, ainsi qu'à ceux QUI AURAIENT ESSAYÉ DE LE
FAIRE SANS AVOIR RÉUSSI, QUOIQU'ILS N'EUSSENT PAS ÉTÉ
ARRÊTÉS.

C'était le crime encouru par le malheureux enfant
fuyant les massacreurs de sa famille ; la punition était
les galères à perpétuité[2].

Si l'abbé Vernède avait eu moins de *délicatesse*, il
aurait envoyé Pierre de Portal ramer dans la chiourme
du roi[3].

Le lecteur puritain s'étonnera peut-être que Pierre
de Portal se soit marié à l'église catholique ; mais alors
la population entière des protestants doit être blâmée
de s'être perpétuée en France. On oublie sans doute
qu'à cette époque de proscriptions il n'y avait plus de

---

[1] Coquerel, *Histoire des Eglises du désert*, t. Ier, p. 68.

[2] Déclarations des 13 décembre 1698, 11 février et 13 septembre 1699.—
Court, *Histoire des Camisards*, t. Ier, p. 4.

[3] Une famille protestante du nom de Vernède habitait le Quercy, où elle
possédait le fief de Loubejac. En 1576, *Vernède*, baron de Loubejac, à la
tête des protestants de Caussade, voulut s'emparer de Cahors ; il fut pris
et exécuté le 5 avril, à Cahors. L'abbé *Vernède* appartenait-il à cette famille du Montalbanais? (Voyez la *France protestante*.)

pasteurs dans le Midi. Lorsque l'Eglise du désert s'organisa sous le coup des fusillades, des galères et de l'échafaud, la famille de Portal ne fut pas la dernière à monter sur la brèche.

En 1815, pendant les cent-jours, le petit-fils de Pierre de Portal et d'Isabeau d'Astorg, âgé de quatre-vingt-sept ans, assis sous les chênes trois fois séculaires de Pénardières, et entouré de ses enfants et petits-enfants, le général Portal, Portal de Grandchamp et Portal d'Albarèdes alors exilé dans ses terres[1], leur racontait que dans sa jeunesse son grand-père lui avait souvent répété qu'il avait été *mitron*, et que cependant il était d'ancienne et noble race ; que sa famille habitait le château de la Portalière ; que son père et sa mère avaient été massacrés par les dragons dans les Cévennes, près de Saint-Hippolyte ; que lui, enfant, avait fui avec ses frères, qui passèrent à l'étranger, mais que, succombant à la fatigue et à la misère, il avait été recueilli à Montauban par un boulanger.

Entre le *petit mitron*, victime des dragonnades, et celui qui écrit ces traditions, il n'y a qu'un seul intermédiaire : *Portal de Pénardières.*

Ces souvenirs de nos martyrs s'effacent chaque jour et ne survivraient pas à la génération qui passe s'ils n'étaient consignés par écrit.

---

[1] Voyez les *Mémoires du baron Portal d'Albarèdes,* ancien ministre de la marine.

Pierre de Portal et Isabeau d'Astorg eurent trois fils : le premier leur fut enlevé et fait prêtre[1] ; le second, *Paul*, entra dans l'armée ; le troisième fut la souche des Portal de La Fumade et d'Haurioles.

Paul de Portal naquit en 1701, époque mémorable dans les fastes du protestantisme français ; la guerre des camisards allait éclater (1702)[2], la persécution sévissait avec plus de fureur dans le Languedoc et le Quercy.

D'après la législation existante, les enfants des *nouveaux convertis* devaient être élevés dans des écoles catholiques, sous la surveillance des prêtres. De l'âge de cinq ans à seize ans, ils devaient être mis, à la diligence des procureurs royaux, entre les mains de leurs parents catholiques ou, à leur défaut, entre les mains de telles personnes catholiques qui seraient désignées par les juges[3].

Ce fut en sortant de cette tutelle catholique, et pour fuir les obsessions incessantes des âmes dévotes, que Paul s'engagea volontaire dans le régiment de Provence

[1] L'abbé de Portal, presque centenaire, écrivait à son petit-neveu Porta d'Albarèdes : « Votre bon oncle, âgé de 98 ans. »

[2] On a proposé plusieurs explications du nom de *Camisards;* il me semble qu'on a été chercher fort loin ce qui était très près. Dans notre langue du Midi, *camisa* signifie chemise ; les catholiques du Languedoc donnèrent le nom de Camisards aux troupes protestantes *en chemise* (*camise* ou *camisole*), par opposition aux troupes catholiques *en uniforme.*

[3] Edit du mois de janvier 1686 ; déclarations du 13 décembre 1698 et 16 octobre 1700. (Voyez la *France protestante*, pièces justificatives, p. 395, et à l'article *Abauzit.*)

et fut incorporé comme cadet dans la compagnie de *la lieutenance appointée colonelle*[1].

Les mœurs à cette époque valaient mieux que les lois, et, malgré la volonté du souverain, *privation de noblesse ne dérogeait pas*. L'armée, qui fut toujours en France le refuge de l'honneur national, était à cette époque la sauvegarde des protestants comme elle fut plus tard sous la terreur le salut des *ci-devant nobles*.

Paul devait trouver des protecteurs puissants dans l'armée; à cette époque, son cousin Portal de Saint-Paul, chevalier de Saint-Louis, était commandant dans ce régiment du roi, où les plus grands noms de France, d'Albret, de Larochefoucault, de Pons, paraissent comme simples soldats portant le mousquet[2]; et dans le régiment de Provence, composé d'officiers de cette province, du Dauphiné et du Bas-Languedoc, Paul devait trouver, sinon des parents, du moins des familles alliées ou amies de la sienne.

Pierre de Portal, en faisant entrer son fils dans le

---

[1] Les compagnies de cadets furent supprimées en 1692 et ne furent rétablies par Louis XV qu'en 1726. (Voyez Chéruel, *Dictionnaire des Institutions de la France*.) Louis XIV avait établi que les jeunes gentilshommes pourraient servir comme soldats portant le mousquet dans le régiment du roi; ces cadets étaient incorporés dans la compagnie *colonelle*. (Le père Daniel, *Histoire de la milice française*, t. II, p. 397.) A l'exemple du régiment du roi, il y eut plus tard, dans d'autres régiments, une compagnie *appointée colonelle*, dont la solde était plus élevée et où servaient les enfants de bonne famille; on leur donnait le titre de *Messieurs*, qui, sous Louis XIV et Louis XV, n'était accordé qu'aux nobles. (Certificat de santé délivré à *Monsieur* Portal, à Romans, le 6 juillet 1721. A cette époque la peste ravageait le Midi.)

[2] Le père Daniel, *loc. cit.*

régiment de Provence, voulait non-seulement le mettre à l'abri des convertisseurs, mais lui donner les moyens de visiter les pays anciennement habités par sa famille et le mettre en rapport avec quelques parents sans éveiller les soupçons de la police. Le régiment de Provence était en garnison dans le Dauphiné ; pour rejoindre ce corps, Paul devait suivre la route que son père avait parcourue en fugitif, passer par Saint-Hippolyte, voir les ruines de la maison de Portal, traverser Bagnols et entrer dans le Dauphiné.

Lorsque Paul eut atteint l'âge de dix-neuf ans, son régiment était en garnison à Briançon (Dauphiné); il obtint un congé de deux mois, le 21 juillet 1720, pour aller à Montauban; ce congé fut prolongé, et l'année suivante nous le retrouvons séjournant dans le Valentinois, à *Romans;* son régiment était alors en garnison à Manosque, Paul avait donc fait un grand détour; non-seulement il passe par Romans, mais il y demeure pendant six semaines ; c'était là qu'anciennement habitaient ses pères ; *La Portalière* était auprès de cette ville, ainsi que la terre de Montmiral, seigneurie de la famille de Langes. Le but de Paul était dès lors atteint; il se rendit à Manosque pour demander son *congé absolu*, qui lui fut délivré le 28 juillet 1721[1].

Ce simple soldat qui obtient des congés quand il les demande, qui va où il lui plaît et qui se retire du ser-

[1] Pièces conservées dans la famille.

vice lorsqu'il en manifeste le désir, avait nécessairement des protecteurs parmi les officiers de son régiment.

Il n'est pas sans quelque intérêt historique de rechercher les liens qui unissaient les protestants restés en
France avec leurs parents émigrés. Les oncles de Paul
de Portal étaient établis en Prusse et en Angleterre.
L'électeur de Brandebourg avait distribué des charges
de la cour aux gentilshommes réfugiés qui n'étaient
point entrés dans l'armée ; on les admit dans le corps
diplomatique avec le titre de conseillers d'ambassade.
Quelques-uns de ces conseillers furent chargés dans la
suite des affaires ecclésiastiques et civiles des réfugiés
français ; de ce nombre furent Henri de Mirmant et
François d'Agoust, seigneur de, Bonneval[1]. Les familles de Mirmant et de Portal étaient alliées, et deux
congés furent délivrés à Paul de Portal par le capitaine
aide-major d'Agoust de Roquebrune ; les familles
d'Agoust et de Portal avaient souvent servi dans les
mêmes régiments ; nous avons déjà cité (p. 86) une
montre ou revue de cinquante hommes de guerre, du
10 octobre 1602, dans laquelle paraissent Joseph
d'Agoust et Claude de Portal. En invoquant les souvenirs de sa famille, Paul ne devait pas être un étranger
dans le régiment de Provence.

M. Ch. Coquerel, dans son *Histoire des Eglises du*

---

[1] Erman et Reclam, t. III, p. 69. — Weiss, t. Ier, p. 146-148.

désert, nous fait connaître les moyens de communication qui existaient entre les membres d'une même famille établie en France et à l'étranger :

« Dans ces temps encore voisins de la grande émi-
« gration des huguenots, on avait vu des familles de
« négociants ou de manufacturiers quitter en partie leur
« province et leur pays, et d'autre part laisser une
« branche en France sur le théâtre de leur ancienne
« prospérité. La portion regnicole de la famille réfu-
« giée, obligée de se plier aux édits, figurait parmi les
« nouveaux convertis, et servait en même temps de
« comptoir de correspondance et d'affaires à la por-
« tion exilée. De là des rapports et des voyages. Ces
« communications inquiétaient la cour, on craignait
« l'action d'émissaires politiques..... Le 30 septembre
« 1729 intervint une ordonnance du roi..... ordon-
« nant qu'aucun nouveau converti ne pourrait sortir
« de la province du Languedoc sans donner caution
« que son voyage était effectivement pour le com-
« merce. Il fut de plus réglé que les réfugiés qui sou-
« haiteraient venir comme voyageurs dans le royaume
« ne pourraient obtenir une permission de Sa Majesté
« qu'après avoir prouvé que c'était pour le com-
« merce[1]. »

Ces maisons de commerce devinrent les intermédiaires entre les membres émigrés et regnicoles d'une

[1] *Histoire des Eglises du désert*, t. Ier, p. 225, 226.

même famille. Ce fut ainsi que Louis d'Audiffret ayant
été mis en possession des biens de son gendre Henri
de Mirmant, de sa fille Marthe et de sa petite-fille Marguerite, dame de Cabrol de Travanet, leur faisait passer
les revenus de leurs biens dont il était devenu le propriétaire apparent par sentence des officiers royaux de
Nîmes, du 23 mai 1690, en conséquence de la déclaration du roi de décembre 1689. Noble exemple qui
malheureusement ne fut pas imité dans toutes les familles[1]. Ce fût sans doute par le même moyen que les
émigrés de la famille de Portal furent mis en possession des titres qui devaient établir leur état de noblesse
et qui leur furent envoyés par leur cousin Guillaume
de Portal; par réciprocité, des recommandations de
Berlin durent venir en aide au jeune soldat protestant
qui servait en France.

Rentré à Montauban, Paul de Portal devint, comme
son père et son grand-père d'Astorg, manufacturier,
fabricant de draps. Trois ans après, le 19 juillet 1724,
il épousa Anne de Noalhac, petite-fille de Jean-Jacques
de Noalhac et de Marthe de Solinhac[2].

---

[1] Pièces relatives à la famille de Mirmant, dossier appartenant à M. le
marquis d'Audiffret, sénateur.

[2] *Solinhac*, ancien de Montauban, fut secrétaire du synode provincial
tenu à Milhau en 1674; nous ignorons si c'est le même que le ministre
Solinhac, pasteur à Réalville, qui assista au synode de Saint-Antonin, le
23 septembre 1682. (Voyez Haag, la *France protestante*, article *Jaus-
saud*, p. 56.)

L'industrie n'était pas seulement à cette époque un moyen de rétablir sa fortune, elle fut comme l'armée une sauvegarde contre les persécuteurs; bientôt elle devint une puissance dans l'Etat.

La France ruinée par l'émigration de ses meilleurs et plus riches fabricants, les sages conseils de Colbert dédaignés, les sévères leçons de l'expérience apprirent enfin à Louis XIV le mal irrémédiable qu'il avait infligé à ses peuples. Les chefs d'atelier bannis, massacrés, envoyés aux galères, le travail s'arrêta. Le peuple des ouvriers condamné à mourir de faim pour le salut de l'âme du monarque murmurait; il lui fallait du pain, du pain à tout prix. La cour de Versailles comprit enfin, mais trop tard, qu'elle était entrée dans une impasse et qu'il fallait marcher ou périr. Ne voulant se déjuger, elle fit les offres les plus séduisantes aux anciens chefs d'industrie expatriés pour les rappeler en France; ces offres repoussées ou ne produisant aucun résultat utile, on encouragea le travail national, on protégea les industries naissantes sans renoncer aux moyens odieux qui en avaient amené la destruction. On vit alors cet étrange spectacle d'un gouvernement châtiant les hérétiques par devoir de conscience et anoblissant par nécessité politique leurs fabriques et leurs armements maritimes[1]. Les Joly de Bammeville à Saint-Quentin, les Massieu à Caen, les Feray aux Hâvre, fu-

---

[1] Louis XIV anoblit la carrière des armements par son édit du mois d'août 1669.

rent non-seulement tolérés quoique protestants, mais anoblis ou confirmés dans leur noblesse; plus tard le vénérable fondateur de l'industrie des toiles peintes en France, Christophe-Philippe Oberkampf, fut non-seulement anobli, mais ses établissements reçurent le titre de manufacture royale.

Les draps de Pierre Massieu étaient si beaux que Louis XIV voulut en être vêtu, comme la reine *Marie-Antoinette* et les dames de la cour de Versailles s'habillèrent avec les toiles peintes de Jouy. Quatre cents familles étaient employées dans les vastes ateliers de Massieu. Cet habile manufacturier mourut en 1704 dans l'impénitence finale; aux termes de la législation de 1686, son corps devait être traîné sur la claie et jeté à la voirie; il n'en fut pas ainsi cependant, ses enfants héritèrent de ses biens et son fils Michel continua à diriger ses établissements[1]. Ne fallait-il pas que le roi fût habillé !

La célébration du culte réformé fut interrompue à Montauban jusqu'en 1733; cette année, le Bas-Languedoc députa aux Eglises de la haute province, dont Montauban faisait partie, Michel Viala en qualité de prédicateur seulement.

En 1735, l'Eglise de Montauban écrit aux frères de la basse province pour leur demander la visite d'un pasteur tous les ans pour l'administration des sacre-

---

[1] Voyez la *France protestante* de MM. Haag.

ments ; en 1736, l'Eglise montalbanaise fut réorga-
nisée, son prédicateur Michel Viala ayant reçu l'ordi-
nation à Zurich[1]. A partir de cette date, tous les actes
civils et religieux de la famille de Portal furent passés
au désert ; pas un de ses membres n'encourut la peine de
l'excommunication fulminée par le synode du 19 mars
1723. Voici un des articles de cette résolution : La vénérable assemblée, après avoir mûrement examiné la
question de savoir si on pouvait assister aux mariages
et aux baptêmes de l'Eglise romaine, « *a dit que cela ne*
« *se pouvait point faire, c'est pourquoi a délibéré que*
« *toutes les personnes qui y auront assisté seront suspen-*
« *dues de la sainte Cène jusqu'à ce qu'elles auront fait ré-*
« *paration publique et donné des marques d'un véritable*
« *repentir.* »

Quelle peine que la privation d'un sacrement qui entraînait la condamnation à mort pour le pasteur et les
galères à perpétuité pour les fidèles[2].

Le 14 mai 1724, Louis Phélipeaux avait signé le trop
célèbre édit qui non-seulement renouvelle, mais ag-
grave les dispositions de la législation antérieure. Les
pasteurs encourent la peine de mort, « *sans que ladite*
« *peine de mort puisse à l'avenir être réputée commina-*
« *toire.* » Ceux qui ne les auront point dénoncés seront punis, les hommes aux galères à perpétuité, les
femmes à être rasées et renfermées pour le reste de

---

[1] Coquerel, *Histoire des Eglises du désert*, t. Ier, p. 285, 286.
[2] Voyez Coquerel, t. Ier, p. 104, 105.

leurs jours; confiscation des biens des uns et des autres[1].

Ces ineptes fabricants d'édits sanguinaires ne voyaient pas qu'ils transformaient une question religieuse en une question de point d'honneur. Celui qui n'affrontait pas la mort et les galères était flétri par ses frères du nom de *lâche*[2]; ce mot seul explique que la législation devint inapplicable parmi des populations guerrières comme celles de Montauban et des Cévennes, dont les armes avaient naguère humilié l'orgueil de la royauté; comment envoyer aux galères cent mille, deux cent mille, un million de réfractaires? On peut affirmer, et l'histoire le confirme, que plus la législation fut impitoyable, plus le protestantisme grandit en nombre et en puissance. Que faire contre des populations qui considéraient comme le plus grand châtiment, comme la plus profonde humiliation cette peine que les synodes infligent aux tièdes : ils ne seront point visités par les pasteurs; ILS NE SERONT POINT AVERTIS DE LA TENUE DES AS-

---

[1] Voyez cet édit dans la *France protestante*, aux pièces justificatives, p. 392.

[2] Voici un des articles du synode provincial, tenu dans les Cévennes le 10 août 1730 : « On écrira une lettre circulaire adressée aux protestants « sous la croix, pour leur faire connaître l'obligation indispensable où ils « sont de se rendre dans les assemblées de piété, toutes les fois que la di- « vine Providence leur en fournira l'occasion; et cela pour obéir aux lois « divines, qui nous ordonnent de rendre à l'Être suprême un culte reli- « gieux et public. Si après avoir été suffisamment instruits de la nécessité « de ce devoir, ils refusent de le remplir, ils seront déclarés s'être séparés « de l'Eglise du Seigneur et n'être plus ses enfants, MAIS DES LACHES, DES « TIMIDES ET DES TIÈDES QUE DIEU VOMIRA DE SA BOUCHE. » (Voyez Coque- rel, t. Ier, p. 201.)

SEMBLÉES[1] ; en d'autres termes, ils n'auront point l'*honneur* d'encourir les galères !

Le rétablissement de l'Eglise protestante à Montauban, en 1736, était un crime selon la loi ; les assemblées furent sévèrement défendues, les fidèles poursuivis et châtiés. La veuve Aquié de Bergis, d'une famille alliée plus tard à la famille de Portal, fut condamnée à faire amende honorable et à être enfermée à perpétuité dans l'hôpital général de la ville. Les ministres Jacques Boyer et Hollard furent condamnés à mort et exécutés en effigie. Quatre des assistants furent condamnés aux galères[2].

Pour infliger de si indignes châtiments, que reprochait-on aux nouveaux chrétiens ? D'être des factieux, des révolutionnaires. Mais le roi n'eut jamais de plus fidèles sujets. Oubliait-on que sous la Fronde, alors que les catholiques abandonnaient la cause du roi, le Vivarais, les Cévennes fournissaient des soldats dévoués, et que presque toute la noblesse réformée des provinces méridionales s'élevait contre le prince de Condé et gardait pour le roi le Languedoc, la Saintonge et une partie de la Guyenne ? Le cardinal de Mazarin disait : « *Je n'ai* « *point à me plaindre du petit troupeau ; s'il broute de* « *mauvaises herbes, du moins il ne s'écarte pas*[3]. »

---

[1] Coquerel, *Histoire des Eglises du désert*, t. Ier, p. 269.

[2] Voyez de Félice, *Histoire des protestants de France*, p. 323 de la seconde édition.

[3] A cette époque, la royauté eut une armée de protestants pour la servir,

En 1744, le synode national vota la célébration d'un jeûne solennel dans toutes les Eglises réformées du royaume, *pour la conservation de la personne sacrée de Sa Majesté*, pour le succès de ses armes, pour la cessation de la guerre et pour la délivrance de l'Eglise.

Pendant une des assemblées de ce synode, un membre communique une lettre qu'il vient de recevoir et qui contient la nouvelle de la grave maladie du roi. Tous se jettent à genoux et demandent à Dieu, dans une ardente prière, le rétablissement de la santé de Sa Majesté ; le synode arrête que des prières seront célébrées dans toutes les Eglises[1].

L'année suivante (1745), paraissent de plus cruelles ordonnances (1ᵉʳ et 16 février) :

Sa Majesté étant informée que nonobstant que tout exercice de la religion réformée soit interdit dans le royaume, cependant il s'est tenu depuis quelque temps plusieurs assemblées dans la généralité de Montauban, a ordonné..... S'ensuit : Condamnation à mort contre tout ministre et galères perpétuelles contre tous ceux qui lui donneraient asile ; galères perpétuelles pour tout homme et prison perpétuelle contre toute femme ou fille présents à une assemblée, avec confiscation des biens, *le tout sans forme ni figure de procès;* pour les absents des assemblées, amende arbitraire contre tous les

---

il ne pouvait y en avoir une pour la combattre ; les officiers protestants avaient juré fidélité au roi, ils maintinrent leur serment.

[1] Art. 24. (Voyez Coquerel, t. Iᵉʳ, p. 289-313.)

réformés des lieux, avec recouvrement par voie de garnison militaire ; amende de trois mille livres contre chaque réformé habitant le lieu où un ministre aurait été arrêté, laquelle amende, en cas d'une dénonciation, devrait bénéficier au dénonciateur[1].

Deux jours après l'expédition du 1er février, la délibération suivante partait du Languedoc :

La vénérable assemblée a convenu d'un sentiment unanime que tous ceux qui feront baptiser leurs enfants ou qui se marieront dans l'Eglise romaine seront vivement censurés, suspendus de la sainte Cène et proclamés à la tête d'une assemblée religieuse[2].

La guerre était déclarée, mais une guerre dans laquelle le sang ne devait couler que du côté des protestants ; les pasteurs interdisaient toute résistance armée, le port des armes dans les assemblées était défendu, les nobles déposaient leurs épées[3].

En présence de ce redoublement de persécutions, la prudence exigeait l'interdiction des assemblées de jour ; les colloques des 17 janvier et 10 mai 1745 décidèrent que les fidèles se réuniraient la nuit *pour éviter* les suites fâcheuses qui pourraient résulter d'un trop grand éclat[4].

Ce fut dans une de ces assemblées du désert qu'un

[1] Ordonnances du 1er février 1745 et du 16 février 1745. (Voyez Coquerel, t, Ier, p. 297 à 302.)
[2] Synode provincial du 3 février 1745. — Coquerel, t. Ier, p. 298.
[3] Coquerel, t. Ier, p. 327.
[4] Coquerel, t. Ier, p. 328.

des petits-fils de Pierre de Portal et d'Isabeau d'Astorg épousa Marie Mazet en 1749. Cinq ans après, à la fin de l'année 1754, le parlement de Toulouse, suivant ses traditions d'intolérance, bouleversa l'existence civile des protestants de Montauban et des diocèses environnants, enjoignant à toutes personnes dont les mariages n'auraient pas été bénis par un prêtre de se séparer, sous peine d'amende et de punition corporelle, et ordonnant de faire réhabiliter leur union devant les archevêques ou évêques[1]. La persécution précéda l'arrêt.

Portal d'Haurioles fut jeté dans les prisons de Villefrance, tandis que sa femme était enfermée dans celles de Rhodez[2]. Après les avoir détenus pendant une année, après les avoir complétement ruinés par la confiscation de tous leurs biens, on les remit en liberté pour montrer leur noble misère en spectacle au peuple protestant : *Laissez passer la justice du roi.*

Dépêche du ministre Saint-Florentin à l'intendant de Montauban, L'Escalopier.

10 janvier 1750.

« *J'ai, Monsieur, autant de défiance que vous des dispo-*
« *sitions que marquent le nommé* Portal *et* Marie Mazet
« *sa prétendue femme. Néanmoins comme leur détention ne*
« *saurait être perpétuelle et que leur misère est extrême, je*

---

[1] Coquerel, *Histoire des Eglises du désert*, t. II, p. 180.
[2] Archives générales, E. 3510. — La *France protestante*, article *Portal*.

« *crois qu'il y a lieu d'avoir égard à leurs* représenta-
« tions, et je vous envoie les ordres du roi nécessaires
« pour les mettre en liberté. Au reste, il est bien que
« vous vous fassiez remettre, comme vous me le pro-
« posez, leurs promesses réciproques, et il est néces-
« saire que vous leur fassiez défendre toute cohabita-
« tion jusqu'à ce que leur prétendu mariage ait été
« réhabilité[1]. »

Le ministre de la maison du roi et l'intendant de
Montauban s'entendent pour la destruction d'un acte de
l'état civil, crime prévu et puni par les lois de tous les
peuples civilisés. En déchirant cet acte, Saint-Florentin
et L'Escalopier en établissaient la validité; en défendant
la cohabitation, ils reconnaissaient l'existence du mariage.

Ce mariage ne fut point réhabilité par le prêtre. Portal
et Marie Mazet se réfugièrent en Bretagne.

La famille de Portal possédait une des principales
manufactures de drap de Montauban, ses débouchés
étaient en Bretagne; deux fois par an ses commis mon-
taient à cheval et parcouraient cette province, vendant
aux marchands drapiers et recevant le prix des marchandises livrées six mois avant.

Portal d'Haurioles fut l'agent de ses cousins; son fils
fut ingénieur et son petit-fils était capitaine au 35ᵉ de
ligne en 1824.

---

[1] Cette pièce est extraite des registres des secrétaires d'Etat, conservés
au dépôt des Archives générales. (Voyez Coquerel, t. II, p. 27 et 3.)

Admirons ici l'intelligence des agents du pouvoir ; pour intimider une famille riche, pour servir d'exemple à la population protestante, on incarcère et on ruine un cadet de Gascogne, mais on a le plus grand soin de ne pas attaquer les chefs d'une manufacture qui faisait vivre le peuple. L'industrie des draps, importée à Montauban par les Toulousains échappés au massacre des huguenots de 1562, était restée *une industrie protestante*. Condamner ses chefs, les dépouiller de leur fortune eût été condamner et dépouiller la population turbulente des cardeurs, très catholique il est vrai, mais qui, réduite à la mendicité, affamée, aurait fait un mauvais parti à ses amis les prêtres et l'intendant. Les protestants étaient vraiment aussi difficiles à ruiner qu'à convertir.

Le système de l'intimidation eut peu de succès sur la famille de Portal, la condamnation de l'un de ses membres ranima son zèle religieux. Le samedi, à neuf heures du soir, elle partait pour se rendre au culte du désert, tantôt d'un côté, tantôt d'un autre, le plus souvent près de Négrepelisse, à plus de quatre lieues de Montauban; chacun sortait de la ville séparément ou par petits groupes, les enfants à la main ou sur les bras; on se réunissait à quatre ou cinq kilomètres sur la route, à un point désigné. On montait alors dans des carrioles, des charrettes; à leur défaut on transportait les enfants et les impotents sur des brouettes ou sur le dos, c'est ainsi que Judith de Portal, impotente, fille de Paul de

Portal, était portée tour à tour par ses cinq frères
jusqu'à l'endroit où elle trouvait la charrette de la famille.

On arrivait vers une heure ou deux heures du matin
à l'endroit désigné pour la célébration du culte et qui
changeait à chaque service. On passait deux heures en
prières et exhortations, puis l'on repartait vers quatre
heures du matin et l'on rentrait à Montauban vers huit
ou neuf heures, après avoir fait huit ou dix lieues, une
partie à pied et chargé, et avoir été exposé toute la
nuit aux intempéries de l'air.

Chaque dimanche, chaque grande fête on recom-
mençait; l'hiver comme l'été.

Le culte en plein air, la nuit, dans un désert, au
fond d'un ravin ou dans une sombre forêt; les chants
de ces psaumes que les martyrs entonnaient en marchant au supplice; le discours du pasteur, dont chaque
parole était un arrêt de mort; cette fraternité du malheur, ces fidèles illustrés par leurs pères, confesseurs
de la foi chrétienne, et qui eux aussi aspiraient au
martyre; pouvait-il y avoir, pour les vives imagina-
tions du midi de la France, un plus grand spectacle,
un culte plus émouvant?

On a dit que les cérémonies protestantes n'avaient
aucune poésie; mais quel plus grand poëme que le
culte de nos pères!

Pierre de Portal, sieur de Pénardières, fils de Paul
de Portal et d'Anne de Noalhac, épousa, devant l'église

du désert, Guillemette Delfau, fille d'un capitaine d'infanterie qui, en quittant le service, refusa, comme
protestant, la croix de Saint-Louis qui lui était offerte.

Le 15 janvier 1761, le ministre du saint Evangile,
François Rochette, bénit le fils du sieur de Pénardières,
né le même jour; cet enfant fut le général Portal [1].
L'administration du sacrement de baptême entraînait la peine de mort; ce n'était pas une vaine menace.

Huit mois après, le 13 septembre 1761, le même
pasteur Rochette, passant près de Caussade, petite ville
à cinq lieues de Montauban, fut prié de conférer le
baptême à un enfant, dans une campagne peu éloignée.
Il était minuit, Rochette et ses guides s'égarèrent; une
patrouille de milice, à la recherche d'une bande de
vagabonds qui infestaient les environs, les arrêta.
Conduits devant les magistrats, on leur déféra le
serment de dire la vérité; Rochette se serait sauvé
par un mensonge, il déclara sa qualité de ministre de
la religion réformée. A cette révélation inattendue, les
magistrats, effrayés des conséquences fatales qu'elle
devait entraîner, firent transférer le captif dans un
lieu d'où il était facile de s'évader. Le zèle de quel-

---

[1] Voyez, pour les campagnes du général Portal, le *Dictionnaire des
Contemporains* de Vapereau. Nous n'avons à relever qu'une seule erreur.
Le général Portal est mort à Montauban, le jour anniversaire de sa naissance, le 15 janvier 1856, âgé de quatre-vingt-quinze ans, et non pas au
mois d'avril.

ques catholiques détruisit cet espoir de salut. Ils répandent le bruit que les protestants prennent les
armes, c'était une insigne fausseté ; mais le but était
atteint. La population se soulève, les magistrats sont
entraînés par cette rumeur perfide, on sonne le tocsin ;
les catholiques s'arment, arborent les cocardes et les
croix blanches de la Saint-Barthélemy, et parcourent
les rues en désordre, s'excitant au massacre des huguenots ; ceux qu'ils rencontrent sont frappés et blessés grièvement.

La nouvelle se répand, à Montauban, que le pasteur
Rochette est arrêté ; trois gentilshommes verriers,
les frères *de Grenier*, accourent à Caussade ; près de
la ville, ils sont reconnus et poursuivis par un dé-
tachement de quinze miliciens ; ces braves lancent
des chiens de boucher sur les traces des fugitifs ; déchirés, culbutés, on les arrête et on les jette en
prison.

Il résulte de l'instruction devant le parlement de
Toulouse, que les frères de Grenier, déchirés par les
chiens, lapidés par le peuple, ne repoussèrent ces
lâches attaques que par *un seul coup de bourrade*, et
ne firent point usage de leurs armes [1].

Le 18 février 1762, le parlement de Toulouse condamna à mort le pasteur Rochette et les trois frères
de Grenier ; voici l'extrait de l'arrêt :

[1] Voyez Coquerel, *Histoire des Eglises du désert*, t. II, p. 283, et la
France protestante.

« A condamné et condamne à être livrés aux mains
« de l'exécuteur de la haute justice, qui, ayant dé-
« pouillé ledit Rochette, tête, pieds nus, en chemise,
« la hart au cou [1], ayant écriteaux devant et derrière,
« portant ces mots : *Ministre de la religion prétendue*
« *réformée*, montera, tant ledit Rochette, que lesdits
« trois Grenier frères, sur le chariot à ce destiné,
« les conduira devant la porte principale de l'église
« Saint-Etienne de cette ville, où étant à genoux, te-
« nant en ses mains une torche de cire jaune, du
« poids de deux livres, lui fera faire amende hono-
« rable, et demander pardon à Dieu, au roi et à la
« justice, de ses crimes et méfaits ; et l'ayant remonté
« sur ledit chariot, les conduira à la petite place du
« SALIN, où à une potence, qui, à cet effet, y sera
« plantée, ledit Rochette sera pendu et étranglé jus-
« qu'à ce que mort naturelle s'ensuive ; après quoi
« ledit exécuteur fera monter sur un échafaud, qui
« sera dressé à cet effet sur ladite place du SALIN,
« lesdits trois frères Grenier, où il leur tranchera la
« tête ; savoir, à Grenier-Commel le premier, Grenier-
« Sarradou le second, et Grenier-Lourmade le der-
« nier [2]. »

---

[1] La hart était la corde avec laquelle on pendait les suppliciés.

[2] Les frères de Grenier eurent la tête tranchée comme nobles ; mais
avant de décapiter leurs personnes, le parlement, selon l'usage appliqué
aux protestants, décapita leurs noms en retranchant la particule. (Voyez
ce procès et l'arrêt dans l'*Histoire des Eglises du désert* de C. Coquerel,
t. II, p. 267 et suivantes.)

A cette époque, les exécutions capitales se faisaient à Toulouse, sur la place Saint-Georges ; quel fut le motif du parlement pour assigner la petite place du *Salin ?* M. Coquerel laisse supposer que ce fut dans la crainte d'un enlèvement ; mais il dit lui-même que cette crainte n'était pas fondée (t. II, p. 288). Il n'y avait presque plus de protestants à Toulouse, le parlement fut donc déterminé par un autre motif. L'histoire des familles vient ici éclairer et expliquer l'histoire générale. Deux cents ans avant (1562-1762), la tête du viguier Jehan de Portal avait roulé sur la place du *Salin ;* deux cents huguenots, ses compagnons de martyre, ensanglantèrent cette même place. Ce fait était patent, avéré, connu de tous, répété par tous les historiens, par Raynal, dont l'*Histoire de Toulouse* avait paru trois ans avant (1759).

En assignant cette place pour le supplice de Rochette et des frères de Grenier, le parlement évoqua le souvenir lugubre des exécutions de 1562, et poursuivit de sa vengeance les descendants des anciens martyrs. Deux cents familles du Languedoc virent apparaître, à ce nom sinistre de *Salin,* l'image sanglante de leurs ancêtres suppliciés.

Cette même année, pour la glorification du second jubilé centenaire de l'égorgement des huguenots, parut « l'*Histoire de la délivrance de la ville de Tou-* « *louse, arrivée le 17 mai 1562, où l'on verra la con-* « *juration des huguenots contre les catholiques, leurs*

« *différens combats, la défaite des huguenots et l'ori-*
« *gine de la procession du 17 mai, etc.* »

Conduit devant l'église Saint-Etienne, Rochette ne
fit point amende honorable : « Craignez Dieu, hono-
« rez le roi, dit-il; si j'ai contrevenu à ses lois tou-
« chant les assemblées religieuses, c'est que Dieu
« m'ordonnait d'y contrevenir; quant à la justice,
« je ne l'ai point offensée, et je prie Dieu de pardon-
« ner à mes juges. » La marche des condamnés fut
le triomphe des martyrs sous la croix; à leur aspect,
la foule éclatait en sanglots; Rochette s'avançait avec
sérénité, et fidèle, en mourant, à ses devoirs de pasteur, il ne cessait d'exhorter ses compagnons. En
montant sur l'échafaud, il entonna ce verset du
psaume CXVIII :

La voici l'heureuse journée.

Les trois frères, en s'embrassant, recommandèrent
leur âme à Dieu; Grenier de Commel mourut le premier; Grenier de Sarradou fut décapité ensuite; et
lorsque Grenier de Lourmade posa sa tête sur le billot
sanglant, le bourreau lui dit : « Vous venez de voir
« périr vos frères, changez pour ne pas périr comme
« eux. — *Fais ton devoir,* » répondit le martyr.

La foule s'écoula morne et silencieuse, pensant à
cette dernière parole du pasteur à un soldat qui pleu-
rait : « *Mon ami, vous qui êtes prêt à mourir pour le*

« *roi, pourquoi me plaignez-vous de mourir pour mon*
« *Dieu?* »

L'exécution de Rochette et des frères de Grenier
glaça d'effroi, non-seulement les protestants, mais
les catholiques; l'indignation publique fit justice du
sanglant arrêt du parlement de Toulouse. La tolérance naquit de l'excès de l'intolérance; ces martyrs
de la foi chrétienne furent les derniers; mais la réaction qui s'opéra dès lors dans les esprits, ne se ma-
nifesta dans les actes que quelques années plus tard.

Rochette avait péri pour avoir béni quelques mariages et quelques enfants nouveau-nés; les actes de
l'état civil subirent le contre-coup de son exécution,
les prêtres fanatisés ne gardèrent dès lors aucun mé-
nagement; huit mois après le supplice du pasteur de
Montauban, le 12 novembre 1762, naissait un nouvel
enfant dans la maison de Portal de Pénardières; enlevé et porté à l'église Saint-Jacques, Portal de Grandchamp fut baptisé catholique; ses parents protestèrent,
par leur absence, contre cet acte de violence, *ce vol à
l'enfant;* les témoins avaient été *loués*[1].

---

[1] Le parrain, la marraine et les deux témoins, gens inconnus, ne si-
gnent pas, *faute de savoir*.

Un placet, adressé au roi en 1745 par les protestants *nouveaux convertis*, renferme ce passage : « Car comme les curés veulent exiger des par-
« rains et des marraines des engagements contraires à leur conscience,
« les pères sont obligés de faire présenter leurs enfants par les premiers
« *pauvres* catholiques qui se rencontrent, dont on leur impose les
« noms, etc. » (Coquerel, t. Ier, p. 306.) Ajoutons que le mariage contracté devant l'Église du désert, non-seulement était nul, mais entraînait
la peine des galères et l'illégitimité des enfants.

Trois ans après, un nouvel enfant venait augmenter la famille de Portal de Pénardières; sa femme, Guillemette Delfau, l'avait dérobé à l'inquisition du curé en se cachant dans une propriété près de Montauban, à *Albarèdes;* le lendemain de sa naissance, il fut baptisé par un pasteur, qui n'était connu des catholiques que sous le pseudonyme de *Murat* [1], mais qui portait un nom illustre, JEAN DE GRENIER. Le frisson parcourt les membres en lisant ce nom si fièrement porté par les trois frères martyrs, apposé sur un acte entraînant la peine de mort pour le pasteur et les galères pour les parents [2].

Le sieur et la dame de Pénardières [3] étaient loin de

---

[1] M. Coquerel (*Histoire des Eglises du désert*) ne cite ce pasteur que sous le nom de Murat (t. II, p. 393); il ignorait son vrai nom, *Jean de Grenier*, et par suite, il ne l'inscrit pas dans la *table des surnoms* que les pasteurs du désert prenaient pour échapper aux persécutions. M. Coquerel donne cette table t. II, p. 600.

[2] Voici cet acte de naissance :
« Le premier novembre mil sept cent soixante-cinq a été baptisé par
« nous, Jean de Grenier dit Murat, ministre du saint Evangile, Pierre-
« Barthélemy Portal, né le trente-un octobre dernier, fils de Pierre Portal
« et de Guilhalmette Delfau, mariés, habitants du lieu d'Albarèdes, juris-
« diction de Montauban. Parrain, Pierre Espinasse; marraine, Pérette
« Lacaze; témoins, Jean-Jacques Garrigue et Blaise Espinasse. »

[3] Le sieur de Pénardières possédait des rentes et censives féodales, qui furent rachetées en vertu de la loi du 15 mars 1790. Les anciens tenanciers payèrent peu ou ne payèrent point; la dépréciation des assignats survint, et Portal de Pénardières, avec le montant du rachat des droits féodaux de sa terre, tout compte fait, acheta une paire de bottes, fort satisfait d'en être quitte à ce prix. Heureusement pour lui, son fils, le capitaine Portal, aide de camp du général Pérignon, monta un des premiers à l'assaut de la redoute Montesquiou et tourna les canons contre l'ennemi. Promu chef de bataillon sur le champ de bataille par les représentants du peuple et mis à l'ordre de l'armée, il sauva son père et sa famille de l'échafaud. Lorsque la population de Montauban en tumulte vint féliciter

prévoir que cet enfant, qu'ils nommèrent *Albarèdes* et qu'ils cachaient avec tant de sollicitude, serait, quoique protestant, ministre de la marine et des colonies, ministre d'Etat et pair de France sous deux rois descendants de Louis XIV, et qu'il relèverait la puissance navale de la France [1].

Louis XVI rendit l'état civil aux protestants par son édit de 1787. Des registres furent ouverts dans les communes, et les familles des réformés y firent inscrire les titres constatant les naissances, les mariages et les décès. Ce grand acte de réparation ne disposa pas seulement pour l'avenir, il eut un effet rétroactif; les actes de l'état civil des non—catholiques furent re-

le père de ce brave officier, Portal, ignorant la gloire de son fils, recommanda son âme à Dieu, pensant que sa dernière heure était venue.

[1] Voyez la *Biographie universelle* de Michaud; la *France protestante* de MM. Haag; les *Mémoires du baron Portal d'Albarèdes*, etc.

Le blason étant un moyen de reconnaître les différentes branches des familles, nous donnons ici l'abrégé historique des armoiries des Portal. Les armes primitives, inscrites sur le livre des capitouls de Toulouse dès l'an 1295, étaient : *d'argent au lion rampant de sable*. La branche cadette de Bagnols, en conservant l'écusson primitif, ajouta pour brisure un chef d'azur chargé de trois étoiles d'or. Cette branche se divisa en trois rameaux : le premier conserva la brisure primitive, le second ajouta un chevron, et le troisième prit six étoiles représentant les six lettres du nom de Portal. Enfin la branche de La Portalière porte, en France et en Angleterre : *d'argent au lion rampant de sable, au chef d'azur chargé de six étoiles d'or posées trois et trois*. Cette séparation des étoiles ou lettres du nom de Portal rappelle les supplices et les massacres de cette famille et la séparation violente de ses descendants. Ces armes ont été confirmées par les titres de baron et de pair de France conférés par le roi Louis XVIII. (Voyez d'Hozier. — *L'Armorial de la pairie*. — Milleville, *Armorial historique de la noblesse de France*. — Jouffroy d'Eschavannes, *Armorial universel*. — Et pour l'Angleterre, *Burke's Landed gentry*, etc.)

çus, non-seulement à dater de l'édit, mais les titres antérieurs conservés par les familles furent également transcrits[1]. La réhabilitation légale fut complète ; les registres des protestants de France devinrent le nobiliaire du désert.

---

[1] Art. 24 de l'édit de novembre 1787. (Voir les pièces justificatives de la *France protestante*, p. 462.)

FIN.

TABLE DES MATIÈRES

FIN DE LA TABLE.

www.ingramcontent.com/pod-product-compliance
Lightning Source LLC
Chambersburg PA
CBHW050551270326
41926CB00012B/2005